◆ 中国石化催化剂有限公司 2020 年全员“三基”知识竞赛

◆ 中国石化催化剂有限公司齐鲁分公司供排水车间脱盐装置

◆ 中国石化催化剂有限公司齐鲁分公司铝溶胶装置泵房

◆ 中国石化催化剂有限公司上海分公司装置区

◆ 中国石化催化剂有限公司长岭分公司贵剂联合车间操作室

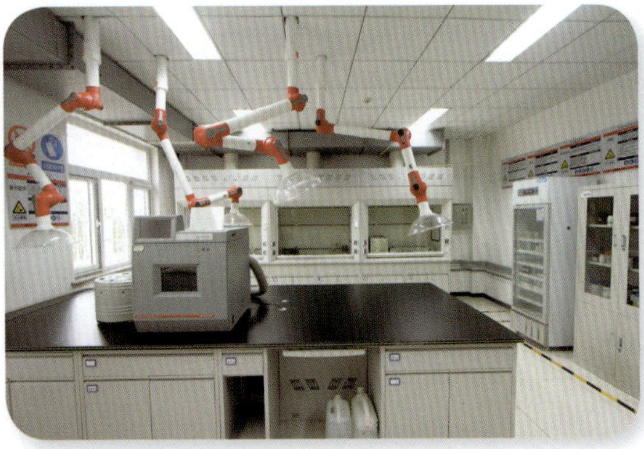

◆ 中石化催化剂（北京）有限公司分析室

◆ 中国石化催化剂有限公司长岭分公司综合车间污水处理装置

◆ 中石化催化剂（北京）有限公司脱硝装置

◆ 中石化南京催化剂有限公司江北应急物资库房

◆ 中石化催化剂大连有限公司立体库

◆ 上海立得催化剂有限公司原料库

◆ 上海立得催化剂有限公司操作室

◆ 中国石化催化剂有限公司北京奥达分公司资料台账

◆ 中国石化催化剂有限公司标准化手册

◆ 中国石化催化剂有限公司工程技术研究院实验室化学试剂柜

新时期企业“三基”管理新实践

中国石化催化剂有限公司　组织编写

中国石化出版社

内 容 提 要

本书共分四个部分、九章，第一部分“三基”工作概述，第二部分基层建设，第三部分基本功训练，第四部分基础工作，借鉴了国内外不同领域开展基础工作的有益经验和做法，总结了中国石化催化剂有限公司近年来开展“三基”工作的具体实践，收集了催化剂各分（子）公司开展“三基”工作的大量生动案例，可供石油石化等相关领域的企业管理人员参考阅读。

图书在版编目（CIP）数据

新时期企业“三基”管理新实践 / 中国石化催化剂有限公司组织编写 .—北京：中国石化出版社，2023.5
ISBN 978-7-5114-6914-4

Ⅰ. ①新… Ⅱ. ①中… Ⅲ. ①催化剂 – 石油化工企业 – 工业企业管理 – 研究 – 中国 Ⅳ. ① F426.22

中国国家版本馆 CIP 数据核字（2023）第 056040 号

中国石化出版社出版发行
地址：北京市东城区安定门外大街 58 号
邮编：100011 电话：（010）57512500
发行部电话：（010）57512575
http://www.sinopec-press.com
E-mail:press@sinopec.com
北京艾普海德印刷有限公司印刷
全国各地新华书店经销
*
787 × 1092 毫米 16 开本 23.5 印张 4 彩页 415 千字
2023 年 5 月第 1 版 2023 年 5 月第 1 次印刷
定价：98.00 元

编委会

PREFACE 序

“三基”工作即基层建设、基础工作、基本功训练，是20世纪60年代大庆石油会战时期会战工委在1964年提出的加强基层工作的方针，是广大基层干部和职工在基层工作实践中的智慧与创造的结晶，蕴含着企业基层工作要以人为本加强政治思想工作、以建立岗位责任制为核心制度体系，不断提高员工履责技能的管理理念。“三基”工作的方针提出后，迅速在全国石油及石化企业推广，并在推广中不断积累经验、丰富内涵，形成了“三基”工作起源于大庆油田，发展于石油石化行业的格局。在广泛而长期的实践中积累的经验证明，无论是过去的计划经济时代，还是现在的社会主义市场经济时代，在企业管理从依靠经验的管理模式向现代管理理论指导下管理模式转变，现在又向数字化智能化管理模式转变的进程中，“三基”工作蕴含的管理理念和包括的管理方法是现代国有石油石化企业的管理基因，始终具有强大的生命力；“三基”工作依然是我们国有石油石化企业非常重要的基础性管理工作。正所谓“基础不牢，地动山摇”，放松“三基”工作，就有可能出现员工思想波动、队伍涣散，企业凝聚力下降，优秀员工时有流失；就有可能导致安全环保风险失控，安全事故、环境污染事故时有发生；就有可能造成质量管理失控，用户投诉、客户流失时有发生；就有可能致使生产设备、仪器仪表故障时有出现，导致正常的生产经营活动受到影响。我们加强企业管理，抓队伍稳定、抓安稳长满优生产、抓产品品种质量，必须加强“三基”工作。

随着信息技术的发展，我们正在大力推进生产过程数字化、智能化，企业管理数字化、智能化。在我理解，数字化、智能化是现代企业管理的手段和方法，可以具有部分或大部分替代人的体力或智力劳动的功能，对提高生产及管理效率、灵活应对市场等都大有作用，但智能化不可能完全替代人的劳动，更何况数字化和智能化也是由人来完成的。千万不能认为数字化、智能化是万能的，人的管理包括围绕人的管理的企业思想文化建设、规范员工行为的制度建设、提高履责能力的培训体系建设，这些是企业管理中永恒的核心，推进企业管理数字化、智能化必须结合和融合“三基”，坚持抓好“三基”。

中国石化催化剂有限公司（以下简称催化剂公司）是对分散在4个直属研究单位和4个直属企业的11个催化剂生产企业的人员和资产进行重组，于2004年底组建的，经过19年的努力，现已成为全球知名的炼油化工催化剂生产商、供应商和服务商。为了建设成“科技型、生产服务型和先进绿色制造”的世界级催化剂公司，一直坚持“大抓基层、大抓责任、大抓现场”的“三基”工作理念，特别是2019年，催化剂公司在全面分析“三基”管理现状的基础上，启动了“三基”管理深化行动，创造了许多强化提升“三基”的工作经验；与时俱进抓实“三基”工作，创新方式方法，丰富“三基”工作内容，推动基层管理取得了明显提升。

他们抓“三基”坚持系统思考，建立长效机制。通过不断探索实践，形成了“基础工作标准化、基本功训练系统化、基层建设契约化”的“三化”长效机制。“长效机制”在管理学上是指能长期保证制度正常运行并发挥预期功能的制度体系。要建立长效机制，必须满足两个基本条件：一是要有比较规范、稳定、配套的制度体系；二是要有推动制度正常运行的“动力源”。它不是一劳永逸、一成不变的，而是随着时间、条件的变化不断丰富、发展和完善的。“三化”机制就是立足改革发展变化实际、运用发展眼光丰富“三基”时代内涵，采取一系列创新措施构建管理长效机制的一种生动体现。

他们抓“三基”坚持眼睛盯住市场，功夫下到现场。形成了“答案就在现场”的共识，要求领导干部“面向生产，面向基层，面向群众”，掌握“第一线、第一手”信息，有问题现场解决。加强基础工作，提出了加强现场管理的一系列举措，如开展“两房两室”基层标杆单位创建评比活动，以点带面带动现场管理标准化、规范化；编制生产、设备、安全环保、工程现场、分析室、实验室标准化管理手册，为基层标准化创建和管理提供统一标准；强调眼睛盯住市场，新冠肺炎疫情期间面临严重的生产经营困局，各分（子）公司充分发动群众攻坚克难，实现稳产高产，积极为客户解决防疫物资难题，牢牢抓住了终端客户，为公司长期稳定发展打下坚实基础。

他们抓“三基”坚持以人为本，始终把培养人放在第一位，形成依靠员工抓“三基”，抓“三基”为了员工成长的理念。公司不断深度挖掘员工现场智慧，不断丰富组织知识存量，形成了如《分子筛事故案例汇编》《特有工种操作试题库》等知识宝库；坚持在实践中培养人才，长期坚持管理人员轮岗交流活动，总结各公司成功工作经验，提升管理人员的知识技能，目前，全公司范围“人人上讲台，人人可以当教官”已成风气。

催化剂公司组织编写的《新时期企业“三基”管理新实践》一书是他们近几年大抓“三基”工作做法和经验的总结，现在由中国石化出版社出版，为企业和广大基层工作者认真落实中国石化集团公司党组的要求，抓好“三基”工作，提供了可以学习参考的材料。希望大家能从他们的经验和方法中得到启示和借鉴。

我也希望催化剂公司在抓“三基”取得实实在在效果的基础上，进一步强化提升“三基”工作，为公司行稳致远、建成世界领先企业奠定坚实基础。

FOREWORD 前言

“三基”工作是石油石化行业的压舱石、传家宝。针对大庆石油会战初期任务繁重而基层工作相对薄弱的突出矛盾，余秋里、康世恩等老一辈领导同志及时总结大庆油田基层管理的经验教训，鲜明、创造性地提出了加强“三基”工作，以党支部建设为核心的基层建设，以岗位责任制为中心的基础工作，以岗位练兵为主要内容的基本功训练，有力保证了大庆油田开发建设的顺利进行。

“三基”是经过实践检验的基石性管理理念和管理方法，“三基”工作永不过时！当前形势下抓“三基”是一剂固本培元的良药，可以治责任衰减这个顽症，可以清“低、老、坏”这个流毒，也可以固基层基础这个根本。

抓“三基”就是传承石油精神、弘扬石化传统。2019 年 9 月 26 日，习近平总书记在《致大庆油田发现 60 周年的贺信》中指出：“大庆精神、铁人精神已经成为中华民族伟大精神的重要组成部分。”2021 年 10 月 21 日，习近平总书记视察胜利油田，强调“石油战线这面旗帜，还要在新时代继续飘扬”“大庆精神、铁人精神就是整个石油战线的精神”。习近平总书记的重要讲话和指示批示，充分体现了对石油石化人的亲切关怀，饱含着对石油石化工业的厚望，深刻揭示了“物质变精神、精神变物质”的辩证法。如何传承石油精神、弘扬石化传统？就是要抓实“三基”工作。我们继承和发扬老一辈石油人的革命精神和优良传统，始终保持红色底蕴和战斗情怀，就必须把“三基”作为看家本领练好。

2022 年 8 月 17 日，中国石化集团公司董事长、党组书记马永生在《中国石化报》发表署名文章:《用好“三基”这个传家宝 夯实公司高质量发展根基》，文中指出“三基”的生命力在于其蕴含的管理理念根植于革命传统和中国精神，完全契合新时代做强、做优、做大国有企业的新要求。“三基”工作是苦干实干、“三老四严”、求真务实、精细严谨等优良传统在管理领域的生动体现。“三基”工作体现了中国特色社会主义思想的管理方法，凝结着对党忠诚的红色基因、实事求是的科学精神、严细管理的优良作风。同时，形势在深刻变化，新时期的“三基”与以往的“三基”不完全一样，不能生搬硬套以往做法。

中国石化催化剂有限公司一直致力于“大抓基层”，努力探索“三基”工作新的实践，将功夫下到现场，为打造“科技型、生产服务型和先进绿色制造”的世界领先催化剂公司提供了坚实的基础保障。2019 年，催化剂公司在全面分析“三基”管理现状的基础上，启动了“三基”管理深化工作，着力推进基层建设，持续夯实基础工作，大力开展基本功训练，有效提升了公司“三基”工作总体水平。

本书认真总结了中国石化催化剂有限公司（以下简称催化剂公司）三年来开展“三基”工作的具体实践，分为四个部分共九章：第一部分“三基”工作概述，第二部分基层建设，第三部分基本功训练，第四部分基础工作。本书收集整理了催化剂公司各分（子）公司开展“三基”工作的大量案例，对今后进一步强化提升“三基”工作具有一定的参考作用。

本书内容借鉴了国内外其他相同或不同领域开展基础工作的有益经验和做法；编写过程中得到中国石化集团公司企改和法律部及催化剂公司领导的大力支持，催化剂公司各部门和分（子）公司提供了宝贵的基础资料，其中，企业管理部、齐鲁分公司、北京奥达分公司、上海分公司等多家单位提出了许多建设性意见，在此一并表示感谢！

“三基”工作实践性很强，需要常学常新，与时俱进，不断探索新的方式方法，由于编者水平有限，本书疏漏不足之处在所难免，欢迎读者批评指正，推动企业管理迈上新台阶。

本书编委会

CONTENTS

目录

第一部分

“三基”工作概述

第一章
大庆石油会战与大庆精神、铁人精神

大庆油田位于黑龙江省大庆市，于 1959 年发现，1960 年投入开发，是我国最大的油田，也是世界上为数不多的特大型陆相砂岩油田之一。大庆油田的开发建设永远是共和国历史上浓墨重彩的一笔。

第一节　大庆石油开发建设的历史背景

1864 年，加拿大著名石油地质学家亨特第一次提出了石油成因理论。他详细阐明了低等海洋生物可能是石油的原始母质，石油或是由海洋植物衍生而来，或是由动物的残余物衍生而来。此后，绝大多数西方石油地质学家都认为，几乎所有石油都产生于海相沉积物中。由于中国大地构造大多属于陆相沉积，许多西方学者便认定中国的陆相沉积环境不可能形成大油田，这就把中国划在了贫油的圈子里。

1952 年，中国全国石油总产量为 43.5×10^4t，其中天然油 19.5×10^4t，似乎印证了中国是贫油国。1953 年，毛泽东在中南海召见地质部部长李四光，询问中国石油的发展前景，李四光根据新华夏系沉降带理论认为在中国辽阔的领域内，天然石油的蕴藏量应当是丰富的，关键是要抓紧做好地质勘探工作。他说：“中国西北出油希望虽然最大，然而还有许多地方并非没有希望。”之后，他又提出了“华北平原和松辽平原的‘摸索’工作是值得进行的”“通过深钻和地震的方法，可以揭露出有重要经济价值的沉积物”等观点。周恩来在后来的一次会议上谈到同李四光谈话的情况时说：“地质部长很乐观，对我们说，石油地下蕴藏量很大，很有希望。”

1949 年，新中国刚刚成立就面临着国内石油短缺、西方石油禁运的问题，外国人要用石油“窒息”红色中国，国际环境相当严峻。

第二节　大庆石油会战

新中国成立后，石油工业十分薄弱，石油资源远远不能满足大规模经济建设的需要，国家不得不耗用大量外汇进口原油和成品油。

一、余秋里出任石油工业部部长

在 1956 年举行的第一届全国人民代表大会上，国务院的新成员——石油工业部，是唯一一个没有完成“一五”任务的工业部门。第一个五年计划中，每年全国的石油产量为 201×10^4t，实际上只完成了 146×10^4t，而当时全国每年所需的石油在 500×10^4t 左右。当时西方国家对我们实施的经济封锁和恶化的中苏关系，导致进口石油非常困难，国内到处都喊缺油，就连北京的公共汽车也背上了煤气包，空军训练和执勤的飞机也因为油料紧张不能正常起飞。

为了加快石油工业发展进程，中央决定调整和充实石油工业的领导力量。1958 年 2 月 11 日，第一届全国人民代表大会第五次会议通过决定，任命余秋里为石油工业部部长，同时，中央决定由邓小平主管石油工业。任命翌日，余秋里驱车直奔中南海来见毛泽东。余秋里提出：把有限的人力、财力、物力集中起来，使用在最关键的地方，突破一点带动全面。他坚信一定能够找到石油。毛泽东赞同余秋里的意见，鼓励他说：“给你尚方宝剑，先斩后奏。”

二、发现大油田

新中国成立前后，石油勘探重点在西部地区。1958 年，按照国务院邓小平的意见，中国石油勘探布局重点开始向东部经济和交通发达地区转移。1959 年 4 月，位于黑龙江省境内松辽盆地大同镇的“松基三井”开钻，同年 8 月 3 日见到油气显示，9 月 26 日下午喷出了工业油流，标志着一个新油田的发现。当时正值国庆 10 周年前夕，按照黑龙江省委书记欧阳钦的建议，新油田被命名为“大庆油田”。

经测试，“松基三井”日产原油 13.02t，经过 5 个月连续试采，证明产量稳定可靠。余秋里在回忆录中写道：“松基三井的喷油，松辽油田的发现，不是偶然的碰运气，而是在正确的理论指导下，贯彻了正确的方针，采取了正确的方法，进行了大量艰苦工作的结果。”“松基三井”在我国石油工业发展史上具有里程碑的意义，它标志着持续了多年的关于中国石油资源贫富的论战就此结束。

三、大庆石油会战

1960 年 1 月，石油工业部党组召开扩大会议，准备加快松辽地区勘探和油田开发，集中石油系统力量，“来一个声势浩大的大会战”。当年 2 月 13 日，石油工业部向中共中央提交了《关于东北松辽地区石油勘探情况和今后工作部署问题的报告》，中共中央批准了这一报告，于是一场声势浩大的石油会战由此开始了。

余秋里申请调动克拉玛依、玉门、柴达木、四川的队伍到松辽会战，并请求中央安排军队转业计划时分配给大庆3万官兵。2月22日，中央下达了《中央决定动员3万名退伍兵给石油工业部》的指示，指出：“为了集中力量迅速开采在东北大庆地区发现的新油田，决定从部队今年度退伍兵中动员3万人交石油工业部参加开采大庆地区新油田工作。”之后，中央军委又决定给大庆分配3000名转业军官。从3月份起，转业、退伍的官兵陆续来到大庆，他们中间有不少是党团员，有的还参加过抗美援朝战争，给大庆会战增添了一支生力军。同时，石油系统37个厂矿、院校组织精兵强将自带设备来到大庆，国务院一些部门人员也加入开采大军中，这支石油大军挺进东北松嫩平原，头顶青天，脚踏荒原，展开了一场气吞山河、波澜壮阔的大会战。

1960年4月29日，大庆石油会战万人誓师大会（图1-1）在萨尔图广场召开。据资料统计，参加石油大会战的队伍超过5万人，其中石油系统1.5万人，地方和兄弟部门5千多人，参战主体为解放军退伍官兵3万多人。面对如此庞大的誓师队伍，独臂将军余秋里充满豪情地宣布：“现在，石油大会战誓师大会开始！”随着一声令下，全场一片沸腾。大会树立了王进喜、马德仁、段兴枝、薛国邦、朱洪昌五位标兵（图1-2），领导亲自为他们披红戴花，王进喜代表参加会战的石油工人喊出“宁肯少

图1-1　石油大会战誓师大会

图1-2　王进喜、马德仁、段兴枝、薛国邦、朱洪昌五位标兵

活二十年，拼命也要拿下大油田”的钢铁誓言。在国家的号召下，来自全国各地的石油战士，在大庆油田完成会师，他们抬着标语牌，写下决心书、挑战表，雄赳赳气昂昂地奔赴火热的会战前线。

面对恶劣的自然环境和财力、物力的严重匮乏，以铁人王进喜为代表的老一辈石油人，在极其困难的条件下，自力更生、艰苦奋斗，仅用三年半的时间就夺取了大会战的胜利，共探明特大油田面积超过 860km^2，从根本上改变了中国石油工业的面貌，一举甩掉了中国贫油落后的帽子。1963 年 12 月 3 日，全国人大二届四次会议闭幕，周恩来总理向世人宣布：“中国人民使用‘洋油’的时代，即将一去不复返了！”消息一公布，立即在世界上引起了巨大震动。

大庆石油会战不仅创造了巨大的物质财富，还涌现出以铁人王进喜为代表的一大批英雄模范人物，培育了震撼民魂的大庆精神、铁人精神。1964 年，毛泽东发出了“工业学大庆”的号召，并多次接见“铁人”王进喜。中共中央转发《石油工业部关于大庆石油会战情况的报告》，总结了大庆会战的 9 条经验，即：社会主义现代化企业，必须革命化；高度的革命精神与严格的科学态度相结合；现代化企业要认真搞群众运动；认真做好基础工作，狠抓基层建设；领导干部亲临前线，一切为了生产；积极培养和大胆提拔年轻干部；培养一个好作风；全面关心职工生活；认真地学习人民解放军的政治工作经验。

第三节　大庆精神、铁人精神与“两论”“两分法”

“艰难困苦，玉汝于成。”2019 年习近平总书记在《致大庆油田发现 60 周年的贺信》中指出：“在 60 年前，党中央作出石油勘探战略东移的重大决策，广大石油、地质工作者历尽艰辛发现大庆油田，翻开了中国石油开发史上具有历史转折意义的一页。60 年来，几代大庆人艰苦创业、接力奋斗，在亘古荒原上建成我国最大的石油生产基地。大庆油田的卓越贡献已经镌刻在伟大祖国的历史丰碑上，大庆精神、铁人精神已经成为中华民族伟大精神的重要组成部分。”

一、大庆精神

大庆精神是中华民族精神的重要组成部分，体现了当代中国人民的理想、信念和追求，是社会主义核心价值观的直接体现。

1. 为国争光、为民族争气的爱国主义精神

大庆石油会战是在极其困难的时候、极其困难的地点、极其困难的条件下进行

的。会战队伍喊出了“三要”“十不”的豪言壮语。“三要”是：一要甩掉石油工业的落后帽子；二要高速度、高水平拿下大油田；三要在会战中夺世界冠军，争取集体荣誉。“十不”是：第一，不讲条件，有条件上，没有条件要创造条件上。第二，不讲时间，特别是工作紧张时，不分白天黑夜地干。第三，不讲报酬。第四，不分级别，有工作大家一起干。第五，不讲职务高低。第六，不分你我，互相支援。第七，不分南北东西，就是不分玉门来的，四川来的，新疆来的，一齐上。第八，不管有无命令，只要是该干的活抢着就干。第九，不分部门，大家同心协力干。第十，不分男女老少，能干就干，什么需要就干什么。

当时，生产条件很困难：设备不齐全、不配套；汽车、吊车不足；没有公路，道路泥泞；供水、供电设备严重不够。面对恶劣的自然环境和财力、物力的严重匮乏，广大石油职工没有被吓倒，硬是靠几万人的干劲，采用人拉、肩扛加滚杠的办法，把几万吨设备器材从火车上卸下来，运到钻井现场。

爱国主义是人们对祖国的深厚情感，是一个民族、一个国家经济发展和社会进步的强大动力。大庆石油会战所洋溢的不甘落后、知难而进，决心改变我国石油工业落后面貌的团结精神，以铁人王进喜为代表的英雄模范所表现出来的革命加拼命的英雄主义气概，集中展现了石油职工为国争光、为民族争气的爱国主义情怀。

2. 独立自主、自力更生的艰苦创业精神

大庆油田的勘探和开发，没有外国人参与，完全是我们中国人摸索出来的。它用铁一般的事实证明，我们国家完全能够依靠自己，高速度、高水平地勘探大油田、开发大油田。

苏联第二个大油田——杜依玛兹油田，用了10年多的时间，建成年产原油995×10^4t的生产规模；大庆油田达到它同样的生产规模，仅用了5年的时间。苏联勘探速度最快也是最大的罗马什金油田，从头一口井见油到大致了解油田面积用了3年多时间；而大庆油田探明油田面积并大体上算出储量，仅用了1年多时间。苏联部长会议正式命名的格林尼亚功勋钻井队，用11个半月时间，打井31300m；而大庆油田1202钻井队，只用九个半月时间就打井31746m。

创业是一个民族、一个国家、一个企业实现崇高理想和奋斗目标的意志体现。大庆石油会战是一部艰难的创业史，广大石油职工战天斗地、以苦为乐，在十分艰难困苦的条件下，干出了前人没有干出的业绩。开工3年多，就建成了集油、输油、储油、注水、供电、机修、通信、道路等八大系统工程。

3. 讲究科学、“三老四严”的求实精神

科学求实就是尊重实践，遵循事物发展的客观规律。大庆石油会战把革命精神和科学态度紧密结合起来，以《实践论》和《矛盾论》为指导，进行了大量的科学研究工作，解决了几个重大技术难题，创造了世界石油发展史上的一个奇迹。

在制订油田开发方案的科学依据方面，大庆油田的资料依据比较充分，有85口探井的资料，有2.8万多块岩心样品的分析数据。而苏联杜依玛兹油田制订开发方案时，只有16口探井的资料、1270多块岩心样品的分析数据。为了弄清原油在铁路运输中的温度变化，确定冬季油库合理的加热温度，技术人员手持温度计，顶着寒风，跟随油罐车行程上万公里。大庆油田的生产井，全部做到了井场无油污、井下无落物。一丝不苟的严格管理，使大庆石油职工形成了“当老实人、说老实话、办老实事”“严格的要求、严密的组织、严肃的态度、严明的纪律”的“三老四严”优良作风。

4. 胸怀全局、为国分忧的奉献精神

会战时期，石油职工始终不渝地把国家的利益放在第一位，识大体，顾大局，积极为国家作贡献。一望无际的大草原上天寒地冻，没有床铺、灶具，连吃饭、住房等起码的生存条件都成了问题，沼泽地很多，蚊子多得吓人。是先建石油城，还是先把会战搞上去？当时国家资金有限，在处理国家与个人、生产与生活的关系上，大庆石油职工提出：要先全局，后局部；先国家，后个人；先生产，后生活。打井没有水，就破冰取水；没有房子，就挖“地窝子”，建“干打垒”；粮食短缺，就挖野菜充饥，开荒种地。

这种奉献情怀，镌刻在艰苦卓绝的会战岁月里。经过120天的日夜奋战，完成了$30\times10^4m^2$的“干打垒”，只投资了900万元，如果建成砖瓦结构的房屋，大约需要6000万元，在20世纪60年代经济建设最困难的时期，为国家节省了半个多亿的资金。“干打垒精神”感动了国人，《人民日报》报道大庆油田时这样深情地写道：看到了“干打垒”，就像看到了当年的延安窑洞；来到大庆，就像回到了战争年代的延安。

二、铁人王进喜与铁人精神

1.“煤气包”成为他为国分忧、为民族争气的思想动力之源

1959年9月，王进喜出席甘肃省劳模会，被选为新中国成立10周年国庆观礼代表和全国“工交群英会”代表。休会期间，王进喜参观首都“十大建筑”，看到行驶的公共汽车上因为没有汽油而背着“煤气包”，他感到一种莫大的耻辱，这位坚强的西北汉子蹲在街头哭了起来。从此，这个“煤气包”成为他为国分忧、为民族争气的思想动力之源。

1960年2月，石油大会战打响。玉门闯将王进喜带领1205钻井队于3月25日

到达萨尔图车站，下了火车，他一不问吃、二不问住，先问钻机到了没有、井位在哪里、这里的钻井纪录是多少，恨不得一拳头砸出一口油井来。钻机到了，没有吊车和拖拉机，汽车也不足。王进喜说：“我们30人就是吊车、就是拖拉机、就是大卡车，绝对不能等”“活人不能叫尿憋死，还是那句话，有也上，无也上，创造条件上！就是尿尿也要开钻！”王进喜带领全队工人用撬杠撬、滚杠滚、大绳拉的办法，“人拉肩扛”把钻机卸下来，运到萨55井井场，仅用4天时间，把40m高的井架竖立在茫茫荒原上。井架立起来后，没有打井用的水，王进喜组织职工到附近的水泡子破冰取水，带领大家用脸盆端、水桶挑，硬是靠人力运水超过50t，保证了按时开钻。萨55井于4月19日胜利完钻，进尺1200m，首创5天零4小时打一口中深井的纪录。

1960年4月29日，1205钻井队准备往第二口井搬家时，王进喜右腿被砸伤，仍在井场坚持工作。由于地层压力太大，第二口井打到700m时发生了井喷，危急关头，王进喜不顾腿伤，扔掉拐杖，带头跳进泥浆池，用身体搅拌泥浆，最终制服了井喷。

2.“铁人”的由来

当时，王进喜住在赵大娘家里，可钻井队进屯后，他只在赵大娘家住过一天，第二天起床走了以后，就再也没回来睡过觉。井架立起来以后，王进喜还是没有回到赵大娘的那间“干打垒”睡觉，赵大娘不放心，就做好饭，提着柳条筐来到井上看王队长，当时赵大娘看到的是：王进喜躺在泥浆槽子里面，身上盖着老羊皮棉袄，头上枕着一个铁疙瘩（牙轮钻头）。赵大娘感慨道：“我活了大半辈子，除了那些打鬼子、打土匪把脑袋别在裤腰上的人外，没见过这么拼命的人，你们王队长可真是个铁人哪！”

工作组成员得知后，迅速向萨中指挥宋振明汇报。宋振明说：“大娘叫得好，王进喜当之无愧。”并立即向会战党委做了汇报。余秋里听了汇报十分高兴，“好！这是个好典型，我们就借用老百姓形象而生动的语言，叫他王‘铁人’，铁人就是我们的旗帜。”就这样，大会战期间的第一个标兵就树立王进喜，名号就叫“王铁人”。

1960年4月，大庆油田第一次技术座谈会在安达铁路俱乐部一个会议室召开，参加会议的有工人、专家、教授、工程技术人员和各级干部，与会人数达到500多人。余秋里讲到形势任务时，他大声道：“我们必须具有猛攻猛打、雷厉风行、严肃认真、扎扎实实的工作作风，刻苦耐劳、艰苦奋斗、顽强克服困难的精神和把困难留给自己，把方便让给别人的共产主义风格。”最后他又提高了声音说：“总之，我们每个队、每个人，都要有革命战争时期那种敢于冲锋陷阵、英勇牺牲的精神和压倒一切困难而不被困难所压倒的气概！”

说到这里余秋里大声问道：“王进喜来了没有？”王进喜正蹲在凳子上聚精会神地

听余部长讲话，突然听到余部长大声叫自己，马上站起来说：“来了！”余秋里微笑着对他说：“来来来，到中间来，叫大家看看你！”王进喜不好意思，最后被一个干部拉到中间站在高处。余秋里指着他说：“这就是王进喜，大会战中的第一个英雄，我们的王铁人。为了工作，他连续54个小时没有离开井场，自己买摩托车用来跑配件，这是工人阶级的高度觉悟。赵大娘管他叫‘铁人’，这是一个非常光荣的称号。因此，会战指挥部号召参战的全体职工都要向铁人王进喜学习，学习他的高度阶级觉悟和共产主义风格。”讲到这里，余秋里带头举手高呼：“向王铁人学习！向王铁人致敬！”全场站起来跟着余秋里高呼。

等会场平静下来，余秋里又说：“铁人来自于大会战，大会战需要铁人。有了这样一批铁人，困难再大大会战也能打下去，我们要人人学铁人，人人做铁人，高速度拿下大油田，把‘贫油国’帽子甩到太平洋里去，为大会战立功！”这时几位领导带头把王进喜抬了起来，然后绕场一周，全场再次响起“向王铁人学习！向王铁人致敬！”的口号声。从此，“铁人”王进喜很快就传遍中国大江南北，成为一种大庆油田精神，成为中国石油工人的典型代表，也成为中国工人阶级特别能吃苦、特别能战斗的精神的象征。

3. 铁人精神内涵丰富

“铁人”是20世纪50~60年代社会送给石油工人王进喜的雅号，而铁人精神是王进喜崇高思想、优秀品德的高度概括，也集中体现了我国石油工人的精神风貌。铁人精神内涵丰富，主要包括：“为国分忧、为民族争气”的爱国主义精神；“宁可少活20年，拼命也要拿下大油田”的忘我拼搏精神；“有条件要上，没有条件创造条件也要上”的艰苦奋斗精神；“干工作要经得起子孙万代检查”“为革命练一身硬功夫、真本事”的科学求实精神；“甘愿为党和人民当一辈子老黄牛”，埋头苦干的奉献精神等。铁人精神无论在过去、现在和将来都有着不朽的价值和永恒的生命力。

从现场发现王进喜的先进典型，到树立王进喜铁人形象的整个过程，我们可以从管理上理解余秋里部长的情怀和管理艺术。毛泽东同志曾经指出，“群众观点是共产党员革命的出发点和归宿，从群众中来，到群众中去，想问题从群众出发就好办”。可以说，群众路线是我党传统的法宝之一，一切依靠群众，一切为了群众，前提就是要做好群众工作。做好群众工作，首先，领导干部要做到手中有典型、有各方面典型，就是要善于发现、挖掘、培养典型，要让员工感到榜样就在身边，这实质上也是一种可视化管理，通过一个人、一件事明确管理者的要求，就是要通过发现铁人王进喜，来激励大会战全体员工，满腔热忱投入到油田开发建设过程中。其次，群众语言是做好群众工作的敲门砖，如果领导干部能在工作中彻底摒弃官腔、绕圈子、长篇大论等群众听不明、看不懂、心生反感的所谓古今名言、专业术语、政治理论，用群众语言教育群众，工作往往会达到事半功倍的效果。大庆油田会战期间的"敢搞大名堂、甘当小炉匠""把麻烦揽上来、把方便送下去""在战略上蔑视三千米、在战术上重视一公分""不累不痛、功夫稀松，下得苦工，才能出得硬功"等，这些喜闻乐见的群众语言，既明确了管理者的要求，又深刻影响了职工。王进喜说的"活人不能叫尿憋死，还是那句话，有也上，无也上，创造条件上！就是尿尿也要开钻！"更是代表他的鲜明的人格特征。又比如，华为公司任正非说："在华为，坚决提拔那些眼睛盯着客户，屁股对着老板的员工；坚决淘汰那些眼睛盯着老板，屁股对着客户的干部。前者是公司价值的创造者，后者是谋取个人私利的奴才。""让听见炮火的人呼唤炮火"。

三、"两论"起家，"两分法"前进

（一）"两论"起家

毛泽东同志的《矛盾论》《实践论》是马克思主义方法论"中国化"的经典之作，是辩证唯物主义方法论的权威阐述，深刻精准，逻辑严谨，透彻实用。中国共产党的伟大成功，包括我国新民主主义革命的成功，都得益于《矛盾论》《实践论》所提供的科学方法论在实践中的指导作用，大庆油田的开发建设也正得益于此。

1. 学习"两论"为取得会战胜利奠定了基础

1959 年 12 月，东北协作区会议在哈尔滨召开，周恩来亲自参加了会议。当时，石油工业部党组正筹备着石油大会战，周总理预见到会战将是一场大仗、恶仗，他对余秋里等人讲，要用毛泽东思想指导大会战，用辩证唯物主义的立场、观点、方法分析、解决会战中可能遇到的各种问题。

大庆油田会战初期，职工思想出现不少问题，有的对石油会战心存疑虑；有的面对困难环境，产生畏难情绪，尤其面对这样一个上千平方公里的特大油田，缺乏勘探开发的实践经验。面对重重矛盾和困难，余秋里等会战领导认为：从领导思想上不能就事论事、头痛医头、脚痛医脚。必须透过现象看清本质，抓住主要矛盾和矛盾的主要方面。主要矛盾解决了，其他问题就会迎刃而解。为此，石油工业部机关党委于 1960 年 4 月 10 日下发决定，组织全体会战队伍认真学习毛主席的《实践论》《矛盾论》，并号召要用"两论"的立场、观点、方法来组织大会战的全部工作。

学习"两论"的决定，得到了广大职工的拥护。干部读、技术人员读、工人读，到了夜间，人们围着篝火学习。通过学习"两论"，会战队伍一致认识到，这困难，那困难，国家缺油是最大的困难；这矛盾，那矛盾，社会主义建设等着油用，是最主要的矛盾。

2."两论"的基本内容

广大会战职工认真学习"两论",努力掌握马克思主义哲学这一认识世界、改造世界的强大思想武器,努力清除唯心论和形而上学的思想影响,逐步地认识到大庆油田的具体实际和油田开发建设的规律,比较好地解决了会战工作中的一系列问题。1974年、1975年、1978年,大庆油田党委多次总结了"两论"起家的实践,主要包括:

1)调查研究是一切工作的第一步,没有调查就没有发言权。油田找到了,但是油田有多大,油层有多厚,成条还是成块,是个好油田还是坏油田等,都要靠实践,靠系统地、周密地进行调查研究,在占有大量的第一手资料的基础上去认识。大庆油田广大干部、工人和科技人员,把高度的革命精神同严格的科学态度结合起来,狠抓第一手资料。从打一口井必须取全取准20项资料72个数据做起,取得了4.9×10^4m岩心数据、5万多条测井数据曲线,分析了70多万个岩样、1000多个油层试油情况,进行了800多万次化验,3800多万次地层对比。这样,就比较客观地搞清了油田多大、油层多厚,油层物理化学性质以及油层连通情况。原来,大庆油田下面存在着几套油层,每一套又由若干个小层组成,每一小层的厚度,薄的只有几十厘米,厚的有几十米。还认识到,地下油层不是像想象的那样整个连成一片,而是犬牙交错,极为复杂。

2)认识只有回到实践中去,才能得到检验,才能纠正其错误或片面性。搞清了油田的地下情况,为制订比较符合实际的油田开发方案提供了依据。方案是否正确,是否合乎实际,还要接受实践的检验。油田开发遇到的第一个问题,就是如何保持油井的自喷开采。按照一切经过实践的观点,首先开辟了一块$30km^2$的生产试验区,开展了10项开发试验,并采取领导、工人和技术人员三结合的方式,充分发扬民主,确定了早期内部注水、保持油层原始压力的开发方针。为了试验注水效果,不仅在室内进行模拟试验,还先后打了63口试验井,进行注水效果试验,不断认识并逐步解决油水之间的矛盾,避害趋利。这样,就取得了注水的主动权。实践证明,早期内部注水的开采方针是合乎实际的。在油田开发的具体实践中,也不是一次就把井打完,而是采用分区开采的原则,开发一个区,总结一个区,修正方案再开发一个区。这样,开发方案就经历了一个实践、认识、再实践、再认识的循环往复的过程,使之一次比一次更接近于实际。

3)矛盾贯穿于事物发展过程的始终,正是矛盾推动着事物的运动和发展。油田的开发充满着矛盾。油田一经开采,地下的油气水就开始产生剧烈的变化。从大庆油田来说,水蕴蓄着油的驱动能量,要长时期地保持油井自喷能力,就必须注水以保持压力。但是油层压力有大小，水在油层中通过的能力有高低。因此，层间出现了新矛盾，有的油层水推进快，油出得快；有的油层水推进慢，油出得慢；有的油层水淹。所以，对每个油层必须天天做具体分析，及时掌握地下油水变化的情况。全油田每天要录取几十万个数据，全面了解油层间的矛盾、油井间的矛盾、局部和全局的矛盾，准确地予以调整。最理想的是想往哪一层注水就往哪一层注，想注多就注多，想注少就注少，以具体解决特殊矛盾。油田工程技术人员和干部、工人自力更生，奋发图强，经过 1018 次试验，制成了我国独有的多级水力式封隔器——能够同时、多层、有控制地注水的新技术，从而创造了一套大庆油田特有的“六分四清”采油新工艺，它能充分调动注水之利，努力控制注水之害。加上油井压裂等改造措施，保持了油井的旺盛生产能力以及油田的长期高产稳产。

4）正确处理主要矛盾和非主要矛盾的关系。大庆油田的发现并尽快投入开发，影响着我国石油工业的全局。集中全国石油企业的优势兵力、全国石油院校的优秀人才，来到大庆会战，形成弱者中的强者，劣势中的优势，大大加快了大庆油田开发建设步伐，只用 3 年多时间就拿下了大庆油田，结束了靠“洋油”过日子的时代，使得全国石油工业变被动为主动。在油田建设上，抓住产能建设这一主要矛盾，集中兵力，快速全歼，全部建设项目的 92.8% 做到了当年开工、当年建成、当年投产，提高了投资效益。在生产建设与安排职工生活的关系上，大庆领导机关坚持勤俭的原则，把国家有限的资金用到油田开发建设上去，生产建设力求高速度、高水平，生活设施则因陋就简，在优先发展生产的基础上逐步改善群众生活。

5）诚心诚意地、卓有成效地依靠群众的智慧，调动群众的力量。大庆石油会战的胜利，油田开发建设的成就，绝对离不开相应的物质技术基础。但是，在大体相同的物质条件下，由于人们的精神面貌不同，必然产生不同的结果。在会战初期极为艰难的条件下，大庆领导机关树立了以“宁肯少活 20 年，拼命也要拿下大油田”的王进喜为代表的一大批英雄模范。大庆会战职工继承和发扬我国工人阶级的革命传统、优良品质，以强烈的爱国主义精神和民族自豪感，不怕困难、勇挑重担的革命英雄主义气概和高度的国家主人翁责任感，坚持“有条件要上，没有条件创造条件也要上”，不怕苦，不怕死，不为名，不为利，一心为会战，战胜重重困难，赢得油田开发建设的高速度、高水平。

6）主观和客观，理论和实践的统一，不是一次完成的。要在新的历史条件下，达到新的主观和客观的统一，就必须坚持靠“两分法”前进。

1964 年 12 月，周恩来总理在第三届全国人民代表大会第一次会议上所作的《政府工作报告》中指出：大庆油田的建设，“是学习运用毛泽东思想的典范。用他们自己的话说，是‘两论起家’，就是通过大学《实践论》和《矛盾论》，用辩证唯物主义的观点，去分析、研究、解决建设工作中的一系列问题”。

毛泽东思想指挥着大庆石油会战。中国在如此困难的情况下，组织如此大规模的会战，原来的企业管理模式显然无法适应。党中央和石油工业部领导以高超的智慧和组织艺术，会战中选准主攻方向、集中优势兵力打歼灭战，将大兵团协同作战的战略思想运用到石油生产建设中来，创造出了一套完整的石油会战管理模式。这种模式指导了中国石油工业的一次次会战，取得了一个个胜利。

通过认真学习“两论”，广大会战职工树立了勇于实践、敢于革命的思想，掌握了认识世界、改造世界的强大思想武器，认识了大庆油田的具体实际和开发建设的规律。这对于油田组织实施生产自救、战胜困难，对于“高速度、高水平”地拿下大庆油田，起到了重要的思想保证作用。大庆油田从松基3井出油，到1963年底，国家共投资7.1亿元，建成原油生产能力500×10^4t规模，累计生产原油1500×10^4t，上缴利润9.44亿元，折旧1.16亿元，合计10.6亿元，投资回报率达到149%。

（二）“两分法”大踏步前进

1964年，《人民日报》发表了《大庆精神大庆人》长篇通讯。毛泽东同志发出了“工业学大庆”的号召，又发表了《加强相互学习，克服固步自封、骄傲自满》。全国学大庆，大庆怎么办？

1964年，铁人王进喜到北京参加全国人大三届一次会议。12月26日，毛主席过71岁生日，举行便宴，王进喜、陈永贵、邢燕子、董加耕等4位劳模应邀出席。当谈到大庆时，毛主席说：“石油工人们一起奋斗搞出一个大庆来，很不错嘛！石油工人干得很凶，打得好。要工业学大庆。”毛主席不断地给4位劳模夹菜，语重心长地嘱咐他们“不要翘尾巴”。这顿饭，王进喜没喝酒，吃得也很少，就是坐那儿看毛主席，听毛主席讲话，牢牢地记住了那句“不要翘尾巴”的嘱咐（图1-3）。

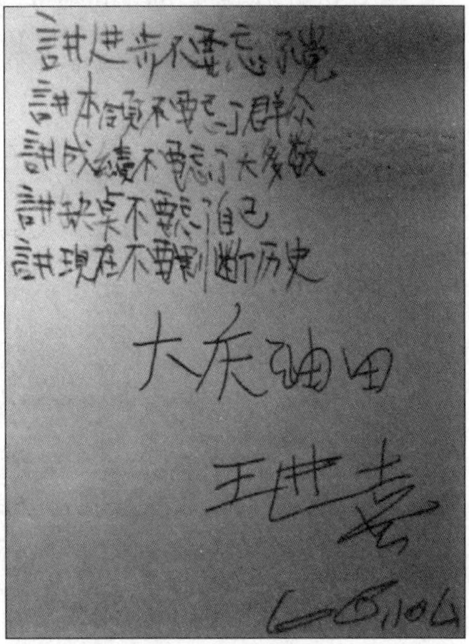

图1-3 王进喜日记

荣誉面前，会战工委提出了“前进依靠‘两分法’”。这里所说的“两分法”也就是毛主席的“一分为二”思想，采取辩证的态度，既要看到成绩，又要看到差距。“两分法”的主要内容是：在任何时候，对任何事情，都要学习“两分法”。成绩越好，形势越好，越要一分为二，只看成绩、只看好的一面，就会思想上骄傲自满，成绩就会变成包袱，大好形势也会向反面转化；对待干劲也要用“两分法”，干劲一来，引导不好，就会只图速度，不顾质量，结果好心肠出不来好效果，反而会挫伤职工的积极性；领导要及时提出新的鲜明的经过努力能够达到的高标准，引导职工始终向前看；以“两分法”为武器，坚持抓好工作总结，走上步看下步，走一步总结一步，步步有提高，方向始终明确。要坚持学“两点论”，反对“一点论”，坚持辩证法，反对形而上学，揭矛盾，找差距，戒骄戒躁，不断前进。

1966 年“五一”刚过，周恩来总理便第三次来到大庆。吃过午饭，周恩来顾不上休息，就在大庆工委领导人的陪同下来到南二区 6 排 32 井。采油一部副指挥孙燕文介绍说，现在全部油井生产旺盛，保持自喷。周恩来笑着说：“你们没有自己夸自己吧？”大庆领导认真地回答道，实事求是。周恩来听后满意地说：“实事求是好。”晚上 9 点半，大庆工委召开座谈会，周恩来听取了大庆全面工作汇报，他一再嘱咐大庆人：“不能忘记一分为二的观点，任何时候都不能满足。”

“两分法”使大庆人在油田开发建设中，不断经受成绩和挫折、顺境和逆境的考验，胜不骄、败不馁，锐意进取，促进了油田的长期持续稳健发展。会战职工讲：“脑子里有了‘两分法’，取得成绩喜不倒，有了困难吓不倒，碰了钉子弯不了，我们靠‘两论’起家，又靠‘两分法’前进。”

从大庆会战指挥部副指挥宋振明的一次报告《以两分法为武器大踏步前进》可以印证那个年代的管理特点。报告中的语言生动、感染力强、充满着辩证法：

“32139 队的工人以‘战略上要藐视四千米，战术上要重视一公分’的精神，用三千二百米的钻机，打了四千多米。”

“在设备管理上，机器虽然越来越老，但机况越来越好，修理水平有很大提高，制造上搞出了一些大名堂。他们是‘敢搞大名堂，甘当小炉匠’，给任务就敢承担，有设计就敢制造。既搞制造，又搞修修补补，背上三袋（工具、配件、干粮袋）上前线，有啥修啥，做到了设备一、二级保养不离开现场，大大方便了生产。”

“去年我们狠抓了结合生产练兵，干什么，学什么，缺什么，练什么，急需的先练，生产任务越紧张，练兵越要勤。”“有的工人说：‘不累不痛，功夫稀松，下得辛苦，才能出硬功。’”

“对待群众干劲也要用‘两分法’，群众干劲起来了，就要冷静地考虑，把群众干劲引向正确方向。”

“‘看到个人干劲不大、思想必定有牵挂，开会不发言、脑子必定有纠缠，情绪不正常，脑子必定有名堂’，这是根据生产工作中人的动态来做好思想工作。”

“必须正确处理好机关工作的几个关系：

第一，业务和生产的关系。企业一切工作，必须从生产出发，一切为了前线，一切为了前线打仗。

第二，基层与机关的关系。机关必须树立为基层服务的思想，通过服务来搞好管理。

第三，严格与灵活的关系。执行制度，原则要求一定要严，具体方法要灵活。

第四，约束和促进的关系。规章制度要有约束力，但更重要的是要促进职工在生产、建设中的主动性、创造性。一个好的制度，要增加职工的‘敢’字，减少‘怕’字，发挥群众的创造性。不能使群众一动手就怕违反这一条，一动手就怕违反那一条，束缚职工的手脚。

第五，变与不变的关系。生产是发展的，是运动的，组织、制度、计划要适应生产，因此，变是必然的，不变是不可能的，但要相对的稳定，不能总是翻来覆去的乱变，使人无所适从。”

第二章
“三基”工作的基本概念

习近平总书记鲜明指出：“精神是一个民族赖以长久生存的灵魂，唯有精神上达到一定的高度，这个民族才能在历史的洪流中屹立不倒、奋勇向前。”大庆精神、铁人精神是中华民族精神的重要组成部分，要传承大庆精神、铁人精神，就要抓实“三基”工作。

第一节 “三基”工作的由来

“三基”工作是总结大庆石油会战初期加强基层建设的基本经验。会战工委认为，要办好石油企业，必须把根基打得扎实、牢靠。“根基”就是钻井队、采油队、施工队、车间等基层单位。会战一开始，会战工委强调一切工作都要立足基层、面向基层、服务基层，努力做到政治上帮助基层，组织上充实基层，技术上装备基层，生活上关心基层，把抓基层、打基础、建设队伍作为自己的着眼点。

1.“三基”工作的提出

大庆石油会战以来，在基层建设方面，大庆油田始终坚持“支部建在连上”，在钻井队、采油队、基建队以及家属管理站设立党支部，坚持“抓工作从思想入手，抓思想从工作出发”，充分调动参战员工的劳动热情。在基础工作方面，会战初期总结生产实践建立了岗位责任制，明确了岗位责任制是企业生产管理中的一项根本制度。在基本功训练方面，主要是坚持岗位练兵，干什么、学什么，缺什么、补什么，经常组织技术“赛巧”和开展技术能手竞赛活动，促进职工技术素质的不断提高。同时，多层次、多渠道、多形式地对职工进行以岗位培训为主的全员培训，有效地提高了企业职工的群体素质和岗位工作能力，增强了企业的活力，提高了经济效益。

1963 年 11 月 6 日，康世恩在“全国工业交通工作会议”作报告，总结了大庆会战成功的九条经验：革命精神、科学态度、群众运动、“三基”工作、集中优势兵力打歼灭战、严细作风、思想政治工作、机关革命化、全面关心职工生活。1964 年正式确定基层的工作方针，即“三基”工作，基层建设、基础工作和基本功训练，其基本内涵，就是指加强以党支部建设为核心的基层建设，加强以岗位责任制为中心的基础工作，加强以岗位练兵为主要内容的基本功训练。

2.“三基”的形成过程

“三基”工作源于基层、源于现场，是针对大庆石油大会战时期，生产现场的队伍建设、管理缺陷提出的一揽子解决方案。

（1）基层建设的由来：两次冬训解决什么问题

大庆石油会战初期，仅中央军委就从沈阳、济南、南京抽调了 3 万名退伍官兵，加上先期从玉门、克拉玛依、四川等油气田抽调的从部队转业的 1 万多名第一代石油工人，因此在当时的会战大军中，80% 以上的人员有军人的背景和作风，敢于冲锋陷阵的精神十分高涨。然而，提高战斗力与提高生产力毕竟是两个不同的管理对象。

大庆会战初期的采油四队队长刘安全，在解放战争中曾是一名勇敢的战士。1960 年的夏天，他带领着全队职工昼夜奋战在井场，很少休息和按时吃饭，急了动不动就训人，因为所管理的油井连续刮掉蜡片，影响了安全生产，他一气之下平均一个月撤换一个井长，为此，上级专门派人到队上检查。检查人员在队部门前首先看到的是一个眼泪汪汪的青工，脖子上挂着一块牌子，上面写道“我刮掉了蜡片，不要跟我学”。在当时艰难困苦的创业环境下，刘队长这种拼命也要拿下大油田的急切心理和急躁作风，在基层站、队的领导言行上很普遍，使得干群关系一度紧张。怎样认识和解决这一问题呢？油田会战的组织者从 1960 年底到 1961 年初，在全区进行了一次冬季整训，发扬三大民主，整顿干部作风。通过相互帮助、相互教育、相互启发、相互沟通，加强了基层的班子建设，凝聚了创业精神。1961 年 2 月，会战工委的领导康世恩在一次总结会议上，总结出“抓生产从思想入手，抓思想从生产出发”的基层管理经验，迅速在油田推广。

第一次冬季大规模整训和耐心细致的思想政治工作，使广大参战职工在极其困难的情况下充满信心，坚持会战，夺得了 1961 年大庆会战和建设的重大胜利。在胜利面前应该解决什么问题，成为第二次冬季整训的课题。会战工委认为，生产管理取得成效也需要像部队打了胜仗后一样地评功摆好、鼓舞士气、以利再战。这个评功摆好实质上是广大参战职工家属的一次自我教育，主要是在基层展开，极大地调动了广大参战职工家属的生产积极性，对巩固和强化团队建设产生了深远的影响。“基础不牢，地动山摇”，大庆油田始终把基层建设作为全部工作和战斗力的基础。

（2）基础工作的由来：一把火烧出岗位责任制

大庆油田最早建成投产的“中区一注水站”因管理不善，曾酿成严重火灾。1962

年 5 月 8 日 1 时 15 分，中区一注水站柴油机排气管冒出了火星，火星被吹进了房顶的保温层中，引燃了油毡纸和锯末子。当班工人看见房顶冒火苗，7 个灭火器 2 个不好使，消防水龙头、水带损坏，水枪丢失，只能眼睁睁看着火苗变成熊熊大火，把厂房和设备全部烧毁，损失高达 100 多万元。一把火烧出了全油田大讨论、大分析、大总结，一把火烧出了岗位责任制，一把火被留在了大庆油田的史册上。

当天，该站党支部围绕“一把火烧出的问题”，结合本单位的实际，开展了大讨论。大家一致认为，随着生产的发展，建立合理的规章制度是十分必要的。同时，也提出：高度的政治责任心是岗位责任制的灵魂。他们从查物点数做起，把全站每样东西、每件事情，由谁管、怎么管、负什么责任，都落实到岗位和每个人身上，做到了事事有人管，人人有专责，办事有标准，工作有检查，这就是当时的岗位责任制，形成了岗位专责制、巡回检查制、交接班制、设备维修保养制、质量负责制等五项制度。

“一把火”，烧出了重大的损失，烧出了惨痛的教训，也烧出了冷静与清醒。“一把火”，烧出了岗位责任制，提高了管理水平，保证了企业不断向前发展。

（3）基本功训练的由来：“4・19”与岗位练兵

由于松辽平原冬季漫长，钻井和油田的产能建设一般是每年的 4 月份开工，因此大庆会战初期工委下令，每年的 4 月 1 日在百里油田区鸣炮开工，象征着春雷滚滚。然而，1961 年 4 月上旬，春雷过后是惊雷，铁人王进喜领导过的钢铁钻井队钻的井，井斜超过了规定的 3°，达到 5.6°，如果睁一只眼闭一只眼也能过去，照样可以完钻试油。但会战工委的领导康世恩不这样认为，他从这口井上看到忽视了质量问题的苗头和倾向，不能因小失大，小题要大做。4 月 19 日，针对钻井质量问题，他在群英村油建礼堂的千人大会上，点名叫钻井指挥部的领导站到主席台前亮相挨批，后来赶到会议现场的已是钻井大队长的王进喜也主动上台陪批。事后，这个井队的职工含着眼泪跟着王进喜背水泥填死了那口不合格的井。当时王进喜跟大家说：“没有这耻辱的一页，队史就是假的，这一页不但要记录在队史上，还要铭刻在每个人的心里。要让后来的人都知道，我们填掉的不只是一口不合格的井，而是填掉了低水平、老毛病和坏作风。”从此“低、老、坏”就成为工作不细、质量不精、水平不高的代名词，至今仍是管理者的口头禅。“4・19”以后，这里的油井都打得笔直。最直的井，井斜只有 0.6°，井底位移只有 0.4m。打个比方说，这就等于一个人顺着一条直路走，走了 1km，偏差没有超过 0.5m。

打铁先得自身硬，必须有过硬的技术本领作保障。在这种思想的倡导下，涌现出很多有技术、有责任心的青年职工，如青年司机侯祖跃，他当时开着一辆从捷克进口的太脱拉重型水泥车——油田会战的关键设备，在半年完成了4000个工时工作的同时，做到了车辆完好率100%，出勤率100%，安全生产100%，完成任务100%。也就是从那时候起，岗位练兵、应知应会、技术比武、秋季打擂等逐渐形成制度。

3.“三基”工作经验推向全国

1963年底，大庆石油会战取得了决定性的胜利。根据中央安排，12月24日至25日，作为石油会战总指挥的康世恩在北京市干部大会上作了长达两天的《关于大庆石油会战的报告》，第一次全面、系统地总结了大庆石油会战的历程、成果、做法和经验，其中就包括了大庆石油会战以来加强以基层建设、基础工作和基本功训练为内容的“三基”工作经验，自此，“三基”工作作为企业基层管理经验在全国推广。1964年1月25日，毛主席向全国发出号召：“工业学大庆”，从此，毛主席和党中央树立的大庆红旗一直在我国工业战线高高飘扬。

第二节 “三基”工作的发展

“三基”工作，是在不断发展的基础上总结出的一线管理经验，从其诞生的第一天起，就不断被赋予新的内容。五十多年来，石化企业依靠抓“三基”工作不断发展壮大的过程，也是“三基”工作的内涵不断得到丰富的过程。其间，“三基”工作受到过两次大的冲击，一次是“文化大革命”，另一次是改革开放以来国外一些现代化管理方法对“三基”工作造成的巨大冲击。

1.“三基”工作的发展及现实要求

（1）“三基”工作的发展阶段

“三基”工作的发展经过了四个阶段：

第一阶段是20世纪60年代的大庆石油会战时期，以“三老四严”“四个一样”为代表的一大批严格的行为准则和规章制度构成了“三基”工作的原始基础。

第二阶段是在一系列制度的基础上，概括出了“以党支部建设为核心的基层建设，以岗位责任制为中心的基础工作，以岗位练兵为主要内容的基本功训练”的“三基”工作概念。

第三阶段是现代管理阶段，是由经验管理向理性管理的升华，“三基”工作内容不断深化。2006年，中国石化集团公司颁布了《基层单位“三基”工作基本要求编制指引》。

第四阶段是当前从严管理阶段，中国石化集团公司前董事长戴厚良指出“事故是‘三基’工作滑坡到一定阶段的必然结果”。反思2010年中国石油大连“7·16”事故和 2013 年中国石化“11·22”事故，事故的总根子是“三基”工作薄弱。2015 年 10 月中国石化集团公司发布《关于进一步强化提升“三基”工作的指导意见》，旨在进一步发扬传承“三基”工作优良传统，加强基层建设、夯实管理基础、增强岗位责任心、提升岗位执行力，打牢集团公司有效改革发展根基。2017 年 1 月将《关于进一步强化提升“三基”工作的指导意见》修订为《关于强化提升中国石化“三基”工作的指导意见》，并提出抓“三基”要以安全工作为突破口。2017 年 9 月中国石化出台了《中国石化强化安全“三基”工作指导意见（试行）》。

（2）“三基”工作的现实要求

2021 年 5 月 8 日，中国石化集团公司下发了《关于推体系、夯基础、控风险，全力筑牢新时期中国石化安全新防线的指导意见》（总经理令第 2 号），2021 年 6 月 16 日发布《中国石油化工集团有限公司 HSE 管理体系手册》，这是中国石化持续建设安全发展长效机制的重要举措，手册中明确了安全“三基”基本要求：

基层建设：基层主要负责人对本单位 HSE 工作全面负责，基层专业技术人员承担专业安全环保管理职责；企业应选优配强基层主要负责人，选用懂专业、会管理的优秀干部充实基层管理力量；基层工艺、设备、安全等专业管理人员应具备相应的专业管理能力，实行上岗前能力评定；基层单位应配备安全工程师或安全员，明确环保管理人员，在班组配备兼职安全员；基层单位应强化“三标”建设，创建“标准化车间”“信得过班组”。

基础工作：基层单位应识别上级制度要求，按学习了解、直接适用、制度承接等方式，将适用要求添加到对应的管理文件、作业文件等管理要求中，以日检、周检、月检等方式检查执行情况，每季度对承接制度全覆盖检查，并对查出问题进行溯源分析；基层单位应推行标准化管理，对交接班、巡回检查、监盘操作、设备操作及维护等实行标准化操作，重要操作执行“手指口述”操作法；基层单位必须对现场所有作业进行风险识别，进行现场交底，并按要求办理作业许可证、落实监护。

基本功训练：基层单位应按照“五懂五会五能”要求，开展基层员工培训和班组副班集中学习，培训时间符合相关要求；基层日常培训应立足岗位技能要求；企业应建立岗位培训定期复训机制，操作人员上岗证每年复审一次，考试不合格者，要落实待岗或离岗培训；基层单位应开展 HSE 事故事件教训分享。

2.“三基”工作的定义与核心

（1）基层单位

“三基”工作的主体是基层单位，《中国石油化工集团有限公司 HSE 管理体系手册》（2021 年 5 月）明确指出，所谓基层单位是指企业内部直接从事生产经营、辅助及相关配套业务活动的最基本行政建制单位，为基层班组上一级组织机构，能为本单位绩效负责的组织机构，一般指车间、队/站。

（2）基层建设

基层建设的定义：基层单位的组织建设、队伍建设和文化建设。包括：基层单位的领导班子建设，党支部建设，工会和共青团组织建设，班组建设，员工队伍建设和企业文化建设。

基层建设的要义：概括地讲是团队的力量。包括职业化素养、合理的分工、高效的人员配置、卓越的团队文化。

基层建设的核心：强调以人为本，激活每一个细胞，打造始终充满激情的战斗团队。

（3）基础工作

基础工作的定义：基层单位完成生产任务必不可少的一系列基础性管理工作。主要包括：以确保员工安全、生产安全、环境保护为中心的职业健康安全环境管理，以确保生产稳定和长周期运行为主要目标的工艺技术、设备、质量、作业现场等管理，以确保完成经济指标、降低生产成本为中心的基层成本管理和计量、统计等管理，以确保生产管理秩序为目标的规章制度和资料信息管理，以调动员工积极性、确保完成各项任务为重点的岗位管理和绩效考核等管理。

基础工作的要义：概括地讲是提高组织执行力的基础性工作。包括抓制度建设明确责任，提高员工的责任心；现场管理方法的完善，提高解决现场问题的能力；采用先进管理工具，保证安全提高绩效。

基础工作的核心：基础工作是基层建设和基本功训练共同作用的结果。强调提高员工的责任心和执行力，抓好每一个环节，强调的是干什么事都不是随意的；强调的是制度为先；提升组织执行力。抓制度建设、维护和制度的落实，通过精细化的管理手段，实现管理上的科学规范。

（4）基本功训练

基本功训练的定义：以岗位说明书确定的工作内容和任职条件为依据，明确培训需求和目标，开发和提升基层单位领导干部、专业技术人员和技能操作人员职业能力的一系列活动。

基本功训练的要义：概括地讲即个人力量，包括修炼学习型员工，使用和创造先进的方法和工具。

基本功训练的核心：强调的是提升每个员工的每一项技能。如对技能操作人员基本功训练的最基本要求是，在巡回检查时，第一时间发现问题；在日常操作时，第一次就把事情做对；在应急情况下，第一反应是正确的。

3.“三基”工作需要坚持的原则

新时期开展“三基”工作要坚持“以人为本、系统思考、问题导向”的原则。

（1）坚持以人为本

抓好“三基”工作的关键在“人”，尊重“人”，培养“人”，依靠“人”，充分发挥人的主观能动性，全体员工工作技能的提升、全体员工参与到管理之中，是三基工作最重要的原则。尊重员工在管理中的主体地位。生产一线干部职工是三基工作的重要实践者，要以制度的形式确保员工参与到各项制度、规范的制定中来。每一个员工都是企业的宝贵财富，员工的每一项建议都有价值，将员工的创造，通过制度、标准“固化”下来，实现一人到众人，由一时到长效的发展。当员工的人格得到尊重，工作得到信任，价值得到认可，许多激情和活力就会随之迸发。

中国石化催化剂有限公司确立了“人尽其才　成就梦想”的人才理念。

人尽其才：坚持人才是企业发展的第一资源的理念，要深入发掘每个员工身上的闪光点，把合适的人放到合适的岗位上，充分发挥每个员工的长处，最大限度地整合人才资源，为企业的持续发展提供不竭动力。

成就梦想：企业造就人才，人才成就企业。要坚持“德才兼备、以德为先”的选人标准与“重绩效、看作为”的用人导向，为广大干部职工提供无限舞台，创新发展空间，实现职业价值，成就个人梦想。

以员工发展为本，加大员工培训的力度。培训是权利，是奖励，应加大员工培训力度，不断改善员工的知识结构，启发员工创造性思维，营造浓厚的学习氛围，优先选派生产骨干和优秀人才离岗培训。利用深度会谈的方式，实现知识共享，搭建知识交流的平台，加强基本功训练，让员工自觉遵守规则。确保员工在日常工作和应急反应时一出手就正确，培养员工成就一生的好习惯。

应急管理部、人力资源和社会保障部、教育部、财政部和国家煤矿安全监察局2019年下发的《关于高危行业领域安全技能提升行动计划的实施意见》（应急〔2019〕107号）文件中明确提出，高危企业新上岗人员安全生产与工伤预防培训不得少于72学时，考核合格后方可上岗；要建立健全并严格落实师带徒制度，出徒后方可独立上岗。要加大从职业院校招收新员工力度，逐步提高从业人员中高中阶段及以上文化程度的招收比例。工作岗位调整或离岗3个月以上重新上岗的人员要接受针对性安全培训，考核合格方可重新上岗。推行企业新型学徒制，实行“入企即入校”企校合作培养培训。

以员工发展为本，坚持作风训练不放松。“三基”工作重点在基层，重心在现场。可以说，企业资产就掌握在技能操作人员的手中，工厂如战场，现场无小事。要通过把看似平常的、细小的、频繁的日常行为，一点一滴抓实抓细，培养一支作风过硬的职工队伍。要通过弘扬“三老四严”“四个一样”的大庆精神，坚持抓事育人，要通过抓小事、小问题、小毛病，抓出一个成功的管理模式。

1961 年 5 月，余秋里部长在干部大会上，讲到作风问题，他说：“工作作风是看不见的东西，但它是客观存在的，能产生长久的作用和深远的影响。工作扎实、紧张、严格、认真是一种作风；马马虎虎、松松垮垮、随随便便、稀稀拉拉、拖拖沓沓又是一种作风。两种作风产生两种不同的工作效果，养成好作风的根本原因在于干部的政治觉悟和表率作用。”

打赢石油大会战的四字秘诀：

“严”就是坚持工作的高标准，不“降格以求”，不满足已经达到的水平，有了差错，决不原谅自己。

“细”就是工作抓得细，做到精雕细刻，像绘画、绣花一样。

“准”就是要问题看得准，工作抓得准。

“狠”就是雷厉风行，说干就干，干就干好。

余部长也曾一口气说出 30 多个“严”：

严，就是在一切工作上，不马虎、不凑合，严格要求；严，是现代化企业的客观要求；严，就是做事认真，干就干得漂亮，绝不凑合应付；严，就是对工作卡得非常紧，一点也不迁就，遇到问题毫不含糊，不让它滑过去；严，就是一切工作都有一个高标准，不“降格以求”，不满足已经达到的水平，有了差错，绝不原谅自己；严，是在战斗中养成的，任何一个有战斗力的部队，都必然是严的，不严就散了；严，领导自己首先要严，领导自己不严，糊里糊涂，得过且过，即使天天吼“三老四严”，那也是空的；严，不是惩办主义，不是命令主义，领导严，大家也严，就会出干劲；严，就可以出责任心；严，就可以出战斗力；严，就可以出规格；严，就可以出高标准；严，就可以出好产品；严，就可以出技术；严，就可以出办法；严，就可以出好风气；严，就可以使自由主义、个人主义没有市场；严，就可以把歪风邪气打倒；严，就可以避免错误；严，就可以保证思想上、政治上一致；严，就可以保证行动上一致；严，就可以保证团结；讲严不单是讲工艺上的严，而在政治思想上也要讲严，在原则上不让步；严，就是按党的原则办事，按标准办事，按工艺办事；严格要求是斗争的需要，是革命的需要，是阶级利益的需要，是社会主义建设的需要；严，不是要你去瞪眼睛、竖眉毛，是要对问题不马虎，对原则不让步。

（2）坚持系统思考

“三基”工作虽然产生的具体背景不同，且内容上各有侧重，但其都是在大庆石

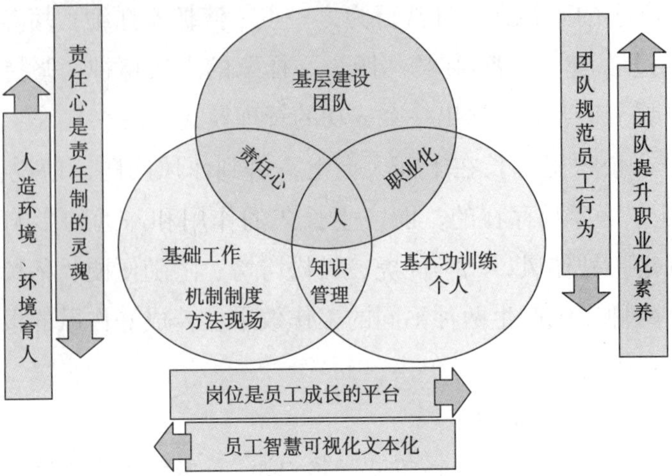

图 2-1　以人为核心的“三基”工作

油会战期间形成的，都是总结会战经验的产物，因此三者之间并非是相互独立的，而是一个有机联系、相辅相成的整体。

如图 2-1 所示，基层建设和基本功训练都是通过对“人”的素质的提升来达到加强基层管理的目的，前者着重于团队的培养而后者则侧重于对个人的培养。二者的联系体现在职业化的训练上，通过对员工职业化的训练，不仅能够实现个人能力的提高，还能通过个人作用于团体，使整个团队的素质得到提升。

基础工作相较于前两者而言侧重于对“物”的管理，即主要通过加强对制度的建设和现场的管理来提升基层管理的质量。基本功训练和基础工作的联系体现在知识管理方面，知识管理简单而言就是利用集体的智慧提高企业的应变和创新能力，而将员工在职业化训练中所产生的智慧通过制度加以固化的过程也就是知识管理的过程。

基础工作和基层建设的联系体现在员工的责任心上，责任心是责任制的灵魂，对企业而言，员工的责任感更胜于能力。总而言之，“三基”工作的核心是“人”，重视“人”，培养“人”，依靠“人”。作用于人的层面的基层建设和基本功训练的效果，最终要通过基础工作“物”的层面、通过现场来体现。

基础工作强调的是制度管人与流程管事。用合理的制度管理人，就需要不断完善“基础工作”管理的规章制度，用制度保证先进的管理理念、执行优秀的企业文化。基础工作的落脚点是提高全体员工的执行力。我们的管理系统和西方管理的最大不同在于我们是以人为载体的，西方管理是以文本为载体的。文本就是一系列制度的统称，文本化实际上就是制度化，标准化是文本化的最高形式。实行文本化管理就是要将公司每一名员工的经验都变成公司的财富，就是要求持续不断地将公司的管理经验提升为管理标准和规范。就是要以文本为载体，将公司的管理成果连续不断传承下去。采用文本化和标准化管理，可以保证管理体系的相对稳定性，保证已有的有效管理经验的传续性，保证同一管理制度在不同时期起到相同的管理效果，减少“人为”管理的失误因素，使得每一项管理行为都在“有序可循，有法可依”的状态之下，从而达到管理的可控化效果。

为此做好“三基”工作要以一个整体来看，要宽眼界、高定位、长规划，要跳出本单位考虑问题，放开眼界向全国优秀企业和世界上的优秀企业学习，不能老是纵向和自己比有多少进步，要与当前同行业本系统的标杆单位进行现实的横向比较，找准差距，明确目标。

案例

中国石化催化剂有限公司北京奥达分公司的“三方共建聚合力　融入中心促发展”活动，正是体现了系统思考的管理原则。为全面贯彻新时代党的建设总要求，有效推动基层党组织“组织力提升工程”实施，构建结对帮带、互相促进、共同提高的党建格局，促进基层党建工作质量再提升，2020年9月3日，中国石化长岭炼化化工部聚丙烯区党支部与中国石化北京化工研究院聚丙烯研究所党支部、中国石化催化剂北京奥达分公司机关第二党支部在长岭炼化接待会议中心举行了党支部结对党建共建启动会（图2-2），旨在从产业链为聚丙烯提升效益提供坚强组织保证。

图2-2　党建共建工作交流会暨党建共建协议签订仪式

开展“三基”工作要坚持系统思考的原则，就是要处理好“三基”专业与专业“三基”的关系。“三基”专业是指总牵头部门和专项牵头部门，总牵头部门如企业管理部，负责组织协调、督促检查和总结评价；专项牵头部门如党群工作部、人力资源部负责党组织建设、班子和班组建设、企业文化、基本功训练，主要负责“三基”工作中的基层建设、基本功训练。专业“三基”是指专业牵头部门，如安全环保部、生产经营部、设备管理部、技术开发部、工程管理部等，负责本专业的安全环保、生产运行、工艺质量、设备、工程的专业的基础管理工作，更多体现在“三基”工作中的基础管理。我们还要把握“三基”工作是党政结合点，基层党支部要抓“三基”促融合，行政工作要抓“三基”形成全体员工“我要安全”的自觉。

虽然“三基”工作的主体是基层单位，但机关也有“三基”，同时，机关开展“三基”工作是否到位，其效果一定要在现场检验，比如对人力资源部而言，协助抓好基层的基本功训练就是人力资源部的基础工作。基层的基本功训练，我们也不能满足于基层员工的六种培训手段，对领导干部、工程技术管理人员也要明确训练方法、目标和要求。

（3）坚持问题导向

有资料研究表明：98% 以上的事故发生在生产班组，90% 以上的事故是由于违章指挥、违章作业以及设备隐患未能及时发现和消除等人为因素造成的，而 70% 的死亡事故发生时都有同事在场。2005 年，位于吉林省吉林市的某石化企业双苯厂的硝基苯精馏塔发生爆炸，共造成 8 人死亡，60 人受伤，直接经济损失 6908 万元，并引发了震惊中外的松花江重大水体污染事件，直接起因是岗位操作人员两次违反操作规程操作，深层次的原因是生产现场运营管理粗放。

发现不了问题是最大的问题，要把能否发现问题，发现多少问题，能否在第一时间解决问题作为现场人员的考核依据，“为发现问题而进装置”，这样才能使交接班制、巡回检查制更具目标性和实效性，才能从根本上改变员工上岗操作的行为方式，把工作质量提升到一个更明确、更严格的高标准。同时，要从根本解决问题上下功夫，寻找高一级的解决方案，并举一反三防止同类问题出现。

重视现场更要重视现场原始数据，要善于根据现场的原始数据做好趋势分析，发现问题进行科学总结，指导实践。资料、台账的管理是企业管理中基础的基础。资料的管理、归纳分析不仅是提高效益实现本质安全的需要，也是员工个人成长的需要，是企业创造历史的需要，而台账是执行制度的必要条件，失去台账支持的制度是假制度。

问题是企业管理的起点，对待现场问题的态度是组织和个人成长的标志。领导层要保持对装置现场的专注，直面一线保持与员工接触，善于倾听员工对安全的隐忧和建议，获取尊敬，并培养员工责任感；领导层要主动承担现场事故、事件和问题的管理责任，善于从机制、制度入手提出一揽子解决方案；企业所有人、所有部门的最终服务指向都应是装置现场核心一线，要有现场感，主动服务、勇于承担责任、善于解决现场问题。对于现场问题，我们应该还有这样的认识：

现场“低、老、坏”问题是事故的基础；预防问题的成本永远低于解决问题的成本；现在没有问题，预示将来会有大问题；在生产中出现的问题，在市场上一定会被发现；一次解决 100 个问题的人，最后一个也解决不了；终端问题是领导问题；问题是开启秘密宝藏之门；发现问题是水平，解决问题是能力，害怕问题是无能，掩盖问题是渎职，重复出现相同的问题是作风问题。

基层单位是“三基”工作的主体，在抓“三基”工作过程中，存在的主要问题有：

“三基”工作有要求没氛围，甚至没要求没氛围，管理要求不明确，更谈不上；

领导干部思想革命化不够，主动降低了工作标准，更谈不上自动自发，始终充满工作激情；

文化建设、安全文化建设应加强，出现事故就事论事多，根本原因分析少，更谈不上从员工行为习惯入手，形成优秀的安全文化；

存在形式主义，工作不深入，只对工作流程负责，不对工作结果负责，更谈不上主动承担现场问题的管理责任；

现场管理标准低，存在脏乱差、低老坏现象，更谈不上“一平二净三见四无五不缺”；

资料不全、台账不实，不能做到重痕迹、可追溯，更谈不上将资料、台账作为资源；

基本功训练手段单一，更谈不上员工由基本功训练的客体向主体转变。

第三节 “三基”工作的核心

从大庆石油会战时期“三基”工作的形成过程，到“三基”工作新时期的具体实践，实质上“三基”工作的核心，可以概括为要始终坚持党的群众路线、弘扬“三老四严”“四个一样”的石油精神、明确“两论”是企业管理的根基。

一、始终坚持党的群众路线

中国共产党在长期革命斗争中形成了“一切为了群众、一切依靠群众”和“从群众中来、到群众中去”的群众路线。群众路线是中国共产党的生命线和最根本的工作路线。坚持党的群众路线，不但是党在长期革命中制胜的法宝，在社会主义建设特别是在大庆油田勘探开发过程中也起到巨大的推动作用。艰苦卓绝的大庆石油会战，是运用与依靠“两论”指导实践的胜利，也是运用党的群众路线理论狠抓队伍建设，速战速决速胜的一个成功范例。

1. 石油大会战的基础是人民群众

“人民，只有人民，才是创造世界历史的动力。”人民群众是社会主义事业的建设者和劳动者，劳动者是生产力中最具主体性也是最活跃的要素。全国石油系统 37 个局、厂、院、校，由主要领导带队，组织精兵强将，自带设备、工具，参加大会战。从学习“铁人”王进喜到学习“王进喜、马德仁、段兴枝、薛国邦、朱洪昌”，从五大标兵很快发展到百名标兵，“比学赶帮活动”热气腾腾，激励着石油会战职工克服各种困难，把会战打了上去。从 1960 年 4 月 29 日举行誓师大会到 6 月 1 日一辆挂着 21 节油罐的列车从萨尔图装油外运，到 8 月份，原油日产量已达到 3000 多吨。

2. 群众路线的关键是工作作风

马克思主义认识论与以往旧唯物主义认识论的不同之处在于，把实践的观点作为第一的和基本的观点，实践对认识具有决定性的作用。党的优良作风概括为理论联系实际、密切联系群众、批评和自我批评以及艰苦奋斗、求真务实等作风。会战时期，大庆油田践行党的群众路线的基本经验是领导指挥靠前，油田机关坚持"三个面向""五到现场"。

三个面向：面向生产、面向基层、面向群众；五到现场：每项工程都要做到生产指挥、政治工作、计划工作、后勤供应和生活服务到现场。

"把方便送下去，把麻烦揽上来。"大庆石油会战期间，从部领导到司局级干部，除了开会、外出以外，每天都要下基层、跑现场，同干部、技术人员、工人当面交谈，进行调查研究，了解实际情况，检查指导工作。在现场能解决的问题，当面拍板解决；重大问题，带回驻地研究解决。晚上都要回驻地碰头，分析情况，研究问题。有时晚上参加基层活动，回来很晚也得碰头，遇到这种情况，往往要工作到半夜。这样使很多问题都能得以及时解决。除了每月一次的"五级三结合"（部、局、指挥部、大队、基层五级，干部、技术人员、工人三结合）会或技术座谈会外，时间长的大型会议开得不多，文件发得很少，主要是一竿子插到底，实行面对面领导，到现场解决问题，靠领导碰头会解决问题，定了就办，一抓到底，掌握了生产建设和各项工作的主动权。大会战时期密切联系群众、求真务实的优良作风，揭示了马克思主义认识论的实践决定认识，认识指导实践的辩证关系。

3. 党群关系的核心是工作方法

石油大会战初期，一些基层干部缺乏管理经验，采取简单粗暴的方式使矛盾激化，导致干群关系紧张。当时的会战指挥部借鉴的是解放战争时期在部队开展新式整军的经验，对会战队伍进行整训。发动群众对会战的各项工作提意见，十几天就征集了数万条意见，主要是针对基层干部的，其中有干部存在的问题，也有职工自身的觉悟问题。会战指挥部以此作为抓干部工作作风最好的切入点，借以密切干群关系，调动职工群众积极性。对工作作风简单粗暴的干部给予批评与引导，对受情感伤害的职工赔礼道歉。

1961 年受全国大气候的影响，职工思想波动较大，自行离队、不辞而别、久假不归的有 622 人。针对这一情况，油田指挥部决定开展总结评功活动，激发革命志气。活动分为三个阶段：第一阶段是自上而下地"三讲、五摆"，即大讲形势、大讲成绩、大讲经验，摆形势、摆成绩、摆经验、摆进步、摆前途；第二阶段是“四提”，即提问题、提意见、提困难、提办法；第三阶段是制订比、学、赶、帮、超的规划。针对总结评功中暴露出来的问题，开展技术练兵。通过这种群众性的总结评功运动的开展，激发了会战职工争上游、站排头的革命志气，对巩固、稳定会战队伍和发展会战起了很大作用。在总结评比中，既讲成绩、经验，又讲缺点、教训，在此基础上，评出先进、表彰先进、宣传先进，使总结评比成为加强队伍建设、推动工作前进的一种动力。这种总结评功活动，运用的是矛盾分析法，体现了马克思主义的活的灵魂，即具体问题具体分析，对症下药，有针对性地解决实际问题，整顿了干部作风，密切了干群关系，保护和调动了广大会战职工的积极性。

二、弘扬“三老四严”“四个一样”的石油精神

“三老四严”的提法，最早出现于1962年，到1963年就形成了完整的表述。

在会战中大庆采油一厂中四队曾发生过这样的事情，一名学徒工由于操作失误，挤扁了刮蜡片，隐瞒不报，队长辛玉和知道了这件事后，组织全队在这口井前召开事故分析现场会，进行深入的讨论。经总结提炼后提出：对待革命事业，要当老实人，说老实话，办老实事；对待工作，要有严格的要求，严密的组织，严肃的态度，严明的纪律。1964年5月石油工业部召开第一次政治工作会议，将采油一厂中四队的经验总结提炼为“三老四严”精神，并在全油田加以推广。

大庆石油会战中的“四个一样”，最早是由李天照任井长的采油一厂二矿五队5—65井组提出来的。即对待革命工作要做到：黑天和白天一个样；坏天气和好天气一个样；领导在场和领导不在场一个样；没有人检查和有人检查一个样。“四个一样”是大庆职工把党的优良作风和解放军的“三大纪律八项注意”同油田会战具体实践结合起来的产物。

1962年3月，大庆油田建立和推行岗位责任制后，会战工委结合生产实践，开展树立岗位责任制的思想教育，增强了广大职工的主人翁责任心和执行制度的自觉性，涌现出以李天照井组为代表的一大批先进单位和个人。李天照井组管的是一口1961年7月投产、地处油田边缘的油井。自投产以来，未发生过一次事故；井场设备有863个焊口和170多个阀门，没有一个漏油漏气；使用过的大小工具无一损坏丢失；记录的上万个产量和压力等数据，经反复检查后无一差错；油井长期安全生产，月月超额完成生产任务。其基本生产经验是能自觉从严，做到了“四个一样”。大庆会战工委大力总结推广他们的先进经验，使“四个一样”逐步成为大庆职工的优良作风。这一优良作风建立在广大职工的主人翁思想基础之上，其实质是一种高

度的自律精神。职工队伍有了这种好作风，各项制度就能切实贯彻，各项工作就能扎实开展，一个小队、一个班组、一个人即使单独执行任务，也能信得过，干出来的事情也能过硬。

案例 原料入错库致 19 人死亡

图 2-3 四川宜宾某公司“7·12”事故

2018 年 7 月 12 日，宜宾某公司发生重大爆炸着火事故，造成 19 死 12 伤，直接经济损失 4142 余万元。

公司将 2t 名字标注为原料的 COD 去除剂、实际是易爆危险化学品的氯酸钠送到公司仓库，公司库管员在没有核实的情况下，将其作为原料丁酰胺错误入库，三个多小时后即被操作工领出倒入反应釜进行正常的升温脱水作业，原料立刻发生爆炸，导致反应釜严重解体（图 2-3）。

案例 不严不细，传递风险，装置停工

2012 年 4 月 3 日，某公司裂解装置换热器 EA-203A 循环水回水管线埋地部分由于管线安装时未按规范对埋地管线进行外部防腐施工，埋地管线地面以下 0.5m 范围内无外防腐层，致使管线在使用过程中发生外部腐蚀，管壁严重减薄、穿孔，管线发生泄漏，装置停车（图 2-4）。

2011 年 2 月 18 日，某公司四蒸馏装置减底渣油线弯头因安装建设阶段材质错用，致运行中严重腐蚀减薄，发生泄漏着火事故，装置停工（图 2-5）。

图 2-4 某公司“4·3”非计划停工事故

图 2-5 某公司“2·18”泄漏着火事故

三、明确"两论"是企业管理的根基

1. 大庆油田开发建设的基本经验

《矛盾论》《实践论》这两篇文章，运用唯物辩证法总结了中国共产党领导中国革命斗争的实践经验，从两种宇宙观、矛盾的普遍性、矛盾的特殊性、主要矛盾和矛盾的主要方面、矛盾诸方面的同一性和斗争性、对抗在矛盾中的地位等方面，深刻阐述了唯物辩证法最根本的法则：矛盾的对立统一法则。

大庆油田的开发建设的基本经验之一，就是通过学习《实践论》和《矛盾论》，用辩证唯物主义的立场、观点、方法，去分析、研究、解决油田开发建设中的一系列问题。在任何时候、任何情况下都要坚持两分法，形势好的时候要看到不足，保持清醒的头脑，增强忧患意识，形势严峻的时候更要一分为二，看到希望，增强发展的信心。

"两论"提示我们，要用不断发展变化的观点看待问题，矛盾是普遍存在的，矛盾的主要方面和主要矛盾是不断发展变化的，对待管理中的难点，我们第一是确定主要矛盾是什么；第二是确定主要举措；第三是坚持实践的观点，强化执行；第四是总结经验，坚持"两分法"总结经验教训，打一仗、进一步，吃一堑、长一智。

2. 要在动态变化中把握安全生产规律

安全与危险是一对矛盾。安全与危险是不断变化的，安全中一直存在着危险，危险中一直存在着安全。当系统的危险性降低到某种程度时，该系统便是安全的，而这种程度是为人们普遍接受的状态。如骑自行车的人不戴头盔并非没有头部受伤的风险，只是人们普遍接受了该危险发生的可能性不大；而对骑摩托车和自行车的赛车运动员而言就必须戴头盔，人们认为该风险发生的可能性大。生产现场戴安全帽比不戴安全帽的安全性要高，但不等于戴安全帽就绝对安全了，戴安全帽，违章作业、冒险作业，同样会发生事故。

我们对系统危险的感知是随着时间而不断变化的。对安全与否的判断，也是一个不断变化的过程，同样一个系统对不同的人的危险程度是不一样的（比如高空作业，对年龄大的员工而言，相对危险性大）；同样一个人对同一项工作在不同时间段对危险的感知也是不一样的（比如，开车时间长了的人，因为见过、经历的事故的增多，而自觉把行车速度降了下来，正如人们常说的"越开越慢"）。

要在动态中把握安全生产的规律。唯物辩证法认为绝对静止和不变的事物是不存在的，现实系统总是处于安全与危险的矛盾之中不断发展。"没有变化就没有事故"，安全的前提，就是对变化了的人、时间、空间、对象的危险感知，从而做出正确的判断，避免事故。图 2–6 展示了某大型公司 36 个月事故统计数据，从图 2–6 中可以看

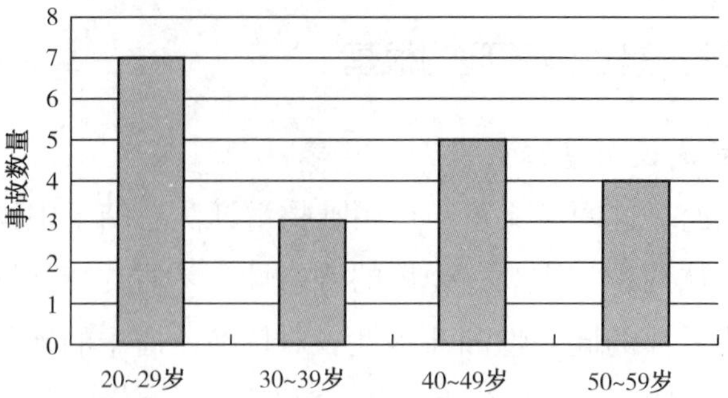

图 2-6　不同年龄段 36 个月的事故统计

出，员工刚入厂经验不足，又极易出现蛮干、不遵守作业规程等情况，因而事故率比较高；之后的 30~39 岁这个年龄段职工的事故率下降，是由于这个年龄段的职工年富力强、经验丰富；而后的 40~49 岁这个年龄段职工事故率又上升，是因为职工经过一段时间的工作之后，又出现了松懈麻痹的思想，而 50~59 岁这个年龄段职工事故率下降，说明职工具备了足够的安全经验，安全意识提升。这几升几降，反映出我们需要在动态中把握安全，特别要注重员工的心理变化，预防由于心理变化而导致的行为异常。

案例

2019 年 3 月 21 日，位于江苏省盐城市响水县生态化工园区的某公司发生特别重大爆炸事故，造成 78 人死亡、76 人重伤，640 人住院治疗，直接经济损失 19.86 亿元。事故的直接原因是该公司旧固废库内长期违法储存的硝化废料持续积热升温导致自燃，燃烧引发爆炸。从事故的直接原因我们可以看出，有些危化品、危废品随着储存时间的延长，其危险性是不断增加的，这就是《矛盾论》中告诉我们的，矛盾是不断发展变化的，次要矛盾发展成为主要矛盾，量变到质变形成事故。

“没有变化就没有事故。”事故的发生是我们对变化了的工艺、设备、环境、管理体系、制度标准以及人的心理没有充分的把握。江苏响水“3·21”特别重大爆炸事故和河南义马“7·19”重大爆炸事故之后，应急管理部印发了《化工园区安全风险排查治理导则（试行）》和《危险化学品企业安全风险隐患排查治理导则》，明确要求，当发生以下情形之一时，应根据情况及时组织进行相关专业性排查：

1）公布实施有关新法律法规、标准规范或原有适用法律法规、标准规范重新修订的；

2）组织机构和人员发生重大调整的；

3）装置工艺、设备、电气、仪表、公用工程或操作参数发生重大改变的；

4）外部安全生产环境发生重大变化的；

5）发生安全事故或对安全事故、事件有新认识的；

6）气候条件发生大的变化或预报可能发生重大自然灾害前。

3. 抓住主要矛盾和矛盾的主要方面

“三基”工作要坚持“答案就在现场”的管理理念，将功夫下到现场。现场安全管理要紧紧盯住关键部位、薄弱环节，从物的不安全状态分析，我们认为机械密封、金属软管、膨胀节、流量计等是薄弱环节，从人的不安全行为分析，液化烃作业等特殊作业，安全风险较大。中国石化催化剂上海立得公司，对安全风险较大的金属软管一方面尽量不用、少用，另一方面对现场的金属软管进行特殊管控，每一条金属软管都标注有安全日期，以便定期更换。

案例 1

2017 年 12 月 30 日，某企业柴油加氢装置因循环氢高压阀门压盖螺栓断裂，造成氢气泄漏。断裂原因：检查发现螺栓材质中碳含量严重超标，镍含量偏低。企业内进行排查：共安装同批次高压阀门 67 台，18 台压盖螺栓存在断裂和裂纹现象。系统内企业进行排查：一企业发现使用同批次阀门共 9 台，1 台阀门的压盖螺栓 1 条已经断裂；另一企业使用 9 台阀门，7 台螺栓已经出现裂纹。

案例 2

2017 年 8 月 17 日，某公司第二联合车间 140×10^4t/a 重油催化裂化装置发生火灾事故，无人员伤亡，直接经济损失约 90 万元。

事故原因是原料泵检修过程中对轴承箱内未进行有效清洁，泵驱动端轴承箱内存在异物，导致润滑失效，造成轴承异常损坏，密封波纹管多处断裂，引起油料泄漏着火，原料泵出口逆止阀前法兰垫片、预热管和封油管因泵体剧烈振动损坏或破裂导致大量油料泄漏，造成事故扩大。

案例 3

2016 年 8 月 11 日，某发电厂的热电联产项目在试生产过程中，2 号锅炉高压主蒸汽管道上的差压式流量计裂爆，导致发生一起重大高压蒸汽管道裂爆事故，造成 22 人死亡，4 人重伤。

事故暴露出：一是事故喷嘴质量严重不合格；二是发现事故喷嘴泄漏没有及时有

效处置；三是厂房设计不符合标准规范要求，人员聚集的集中控制室失去安全防护作用；四是管道检验检测没有按标准规范进行，监管缺失，放过了焊缝隐患。

案例 4

2017 年 6 月 5 日，山东临沂某石化公司装卸区一辆运输液化气罐车，在卸车作业过程中发生液化气泄漏爆炸着火事故，造成 10 人死亡、9 人受伤。

事故暴露的问题：一是，企业布局存在重大隐患，物料装卸站离储罐区和生产装置太近；二是，物料装卸站北侧紧靠化验室，化验室内电气、化验仪器均不防爆；三是，8 个卸车位同时 24 小时作业，十多辆液化气槽车同时进入卸车现场，造成风险叠加；四是，安全职责不清，司机进行卸车接管作业；五是，企业负责人和员工业务素质、应急处置能力差；六是，罐区容量太大，罐区之间安全距离不足；七是，厂区内车辆乱停乱放；八是，厂区办公楼用作工人倒班宿舍；九是，评价报告信口开河……

第二部分

基层建设

第三章 基层建设

基层建设以完善并落实“三项建设”为主要内容，即基层党组织和基层领导班子建设、基层班组建设和基层文化建设。

基层建设强调的主要观点：

1）“三基”工作是压舱石、传家宝；抓“三基”就是抓安全，抓“三基”就是抓效益。

2）出色工作的五部曲：积极响应、认真策划、主动回复、及时总结、乐于分享。

3）人文素养决定安全，决定产品品质。

4）培养“两气”：沉稳持重的静气和博览群书的书卷气。

5）营造“两个环境”：清爽整洁的现场环境和风清气正的人文环境。

6）抓工作从思想入手，抓思想从工作出发。

7）思想政治工作的及时性决定有效性。

8）一张球台就是一个阵地，一次活动就是一次凝聚。

9）文化引领，营造“我们要安全”的安全文化。

第一节　打造始终充满激情的战斗团队

基层建设的核心是激发团队的力量，打造始终充满激情的战斗团队。“抓工作从思想入手、抓思想从工作出发”，抓思想，就是要创造风清气正的人文环境；抓班组，就是要明确班组是预防事故的第一阵地；抓文化，就是要坚持“四不伤害”“三个提醒”，营造“我们要安全”的安全文化氛围。

一、基层单位是“三基”工作的主体

“支部建在连上”，在部队，连队是部队全部战斗力之所在；在企业，基层单位是“三基”工作的主体。

1. 基层单位的定义

对于石油化工行业，基层单位是指企业内部直接从事生产经营、辅助及相关配套业务活动的最基本行政建制单位，为基层班组上一级组织机构，能为本单位绩效负责的组织机构，一般指车间、队/站。

2. 基层单位是企业管理最基本的组织单元

基层单位是企业管理的主体，也是“三基”工作的主体。

（1）“三基”工作的对象主要是基层单位

大庆石油会战工委通过总结会战初期加强基层建设的基本经验，于1964年提出加强“三基”工作，即加强以党支部建设为核心的基层建设，加强以岗位责任制为中心的基础工作，加强以岗位练兵为主要内容的基本功训练。

加强“三基”工作是大庆石油会战时期形成的抓好基层工作的基本经验之一。会战工委认为，要办好石油企业，必须把根基打得扎实、牢靠。“根基”就是钻井队、采油队、施工队、车间等基层单位。一切工作都要立足基层，面向基层，服务基层，努力做到政治上帮助基层，组织上充实基层，技术上装备基层，生活上关心基层，把抓基层、打基础、建设队伍作为自己的着眼点。

1960年开展了学习“王进喜、马德仁、段兴枝、薛国邦、朱洪昌”和红旗单位活动；1961年开展了以“政治工作好、计划完成好、革命作风好、企业管理好、生活管理好”为目标的五好单位和红旗手活动；1962年提出了“加强基层工作，开展五好红旗队活动，大力改进作风，全面管好生产”的工作方针；1963年全面检查了会战以来基层建设工作情况，总结了加强基层建设、健全经常性政治工作的基本经验；1964年强调了以基层建设、基础工作和基本功训练为内容的“三基”工作。

（2）“三湾改编”与企业管理

1927年9月9日，毛泽东领导秋收起义。失败后，起义部队往山上走，一路被追杀，死伤不断。9月29日，起义部队来到江西永新县三湾村。原有5000多人的秋收起义部队仅剩不足1000人，并且整个部队思想非常混乱，这些人和这支队伍的活路在哪里？还能不能活下去？未来在哪里？革命还能不能干？值不值得干下去？对此大家有不同的说法。人心浮动，逃亡不断，士气非常低落，后来连军官都逃亡了。毛泽东意识到这种状况持续下去肯定是死路一条，因此到达三湾的当天晚上，就主持了全体委员会，决定对整个队伍进行如下整顿改编：

缩编：整编部队，把原来的工农革命军第一军第一师缩编为一个团，下辖两营十连，称工农革命军第一军第一师第一团。

建组织体系：党组织建在连上，设立党代表制度，排里有党小组，班里有党员；

营、团以上建党委，全军由毛泽东领导，从而建立起贯通最高层的最基层的组织体系，党代表制度使得军队各层级逐步形成了双首长负责制，确立并实现了“党指挥枪”。

士兵民主：推行士兵民主、官兵平等、经济公平，尊重士兵，破除旧军雇佣关系。连上建立士兵委员会，有五项职责：一是参加军队管理；二是维持红军纪律；三是监督军队经济；四是开展群众运动；五是做士兵思想政治教育工作。

三大纪律八项注意：与此同时，毛泽东酝酿出三大纪律：第一，行动听指挥；第二，不拿群众一个红薯；第三，打土豪要归公。几个月后，毛泽东又提出了六项注意：上门板，捆铺草，说话和气，买卖公平，借东西要还，损坏东西要赔。后来在这三大纪律六项注意的基础上，又演绎出我军的三大纪律八项注意。三大纪律：一切行动听指挥，不拿群众一针一线，一切缴获要归公。八项注意：说话和气，买卖公平，借东西要还，损坏东西要赔，不打人骂人，不损坏庄稼，不调戏妇女，不虐待俘虏。

“三湾改编”的效果：一是在内部出现了全新的领导力、执行力、凝聚力、战斗力，整个队伍的精神面貌大变。二是在外部树立了全新的社会形象和口碑，全新的民心向背和群众基础，以及全新的号召力。内部有了精气神、外部树立了好的品牌，一切的转机和生机从此开始。三是党由一个抽象的概念转化为一个每日都在的实体。

“三湾改编”之后，毛泽东带领秋收起义部队，继续向井冈山深处进发，以崭新的风貌、明确的原则和灵活的策略，整合了袁文才、王佐的井冈山农民武装。之后，又陆续整合了朱德的南昌起义余部，毕占云和张威起义部队，彭德怀、黄公略起义部队，季振同、董振堂宁都起义部队，整合过程的成功就在于坚持了“三湾改编”确立的原则和做法。罗荣桓这样评价“三湾改编”的效果：“‘三湾改编’，实际上是我军的新生，正是从这时开始，确立了党对军队的领导。如果不是这样，红军即使不被强大的敌人消灭，也只能变成流寇。”

“三湾改编”的启示：“三湾改编”是中国共产党建设新型人民军队最早的一次成功探索和实践，虽然它的诸多表面元素与今天全球化、互联网时代的企业管理都相去甚远，但从组织设计与管理的角度来看，“三湾改编”仍然可以给我们跨世纪的启示和反思：

一是建立合理的组织架构。从企业战略目标出发，确立一个符合和适合企业运行的组织架构。假如您的企业有 1000 人，是否可以通过科学、有效的组织设计和管理，来推进企业的蓬勃发展？“三湾改编”告诉我们：任务该被分割到什么程度，工作归类的基础，个人与团队该向谁报告，经理人能有效指挥的人数，决策权力从何而来，如何规范员工的约束力。

二是贯彻明确的组织理念。从最高层领导到普通员工，在企业全员范围内，确立共同的人生观、价值观、事业观，营造忠诚于企业愿景的文化氛围，共同铸就职业命运共同体。

三是尊重员工的个人价值。以彼此尊重、信任为基础，以人为本，以诚相待，最大范围听取民主意见，挖掘个人潜在价值，打造共同奋进的团队氛围。

四是确立明晰的行为准则。在民主基础上，建立统一的行为规范和纪律规则，确立团队协作、组织高效的约束屏障。

“三湾改编”所确定的“团营建党委、连队建支部、班排建党小组”的原则，使得党由一个抽象的概念转化为一个每日都在的实体，党来到了夜晚营地的篝火旁，来到了每个战士的身旁。“支部建在连上”，明确了连队能够形成独立作战单元，连队是部队全部战斗力之所在，这一点对企业管理的借鉴意义在于，支部建在车间（队）上，明确基层单位是企业管理最基本的组织单元，是企业全部生产力之所在，所以“三基”工作的主体也是车间（队）。

（3）“支部建在队上”

1958 年川中石油会战前夕，余秋里来到基层开展调研。他从一个钻井队到另一个钻井队，上钻台、进帐篷，同工人谈话，嘘寒问暖、谈工作、聊生活。看似漫无边际的闲聊，实际都是围绕一个中心，即基层工作中存在什么问题，怎样才能加强基层建设。他发现，当时井队干部忙于组织生产和职工生活，没有多少精力做工人的思想工作，井队普遍存在着党的领导和思想政治工作薄弱等问题。南充会议上，余秋里以其军事政治家的真知灼见，提出了石油队伍建设的一个开创性思路：

“我们找油是以井队为生产单位，所以一切工作在于井队，一切跃进在于井队，各个地区工作做得好不好，也都集中反映在井队。所以，加强井队建设，是我们石油勘探能否取得成功和部、局工作意图能否获得顺利执行的关键。毛主席早就说过，红军之所以艰苦而不溃散，支部建在连上是一个很重要的因素。我们的井队当然还有地质普查队，也应该把党支部建设好，每个井队都要有政治指导员，这是完全必要的，完全正确的……”

从此，我国石油队伍有了“支部建在队上”和“指导员制度”，这是余秋里的创造发明，也是我们党和军队光荣传统在石油队伍中的继承发扬。实践证明，像石油工业部这样执行特殊任务的经济工作战斗队，支部建在井队和政治指导员制度，是符合中国国情的，也是使队伍取得胜利、队伍坚强有力的政治保证。余秋里的这一贡献影响了整个石油工业建设，也将继续影响石油工业发展。

“要让那些具备少将能力的人当连长。”在坚持以客户为中心的基础上，华为公司提出，要打造以项目为中心的拉动式、眼镜蛇式组织：头部（业务前端的项目运营）可以灵活转动，一旦发现觅食或进攻对象，整个身体的行动十分敏捷，可以前后左右甚至垂直蹿起发起攻击，而发达的骨骼系统（管理支撑体系）则环环相扣，转动灵活，确保在发起进攻时能为头部提供强大的支撑。华为公司任正非发现，要取得变革的成功，最关键的一点是人才策略：将最优秀的人才，配置到最创造价值的岗位上。少将连长的概念由此而生。所谓少将连长，就是指直接面对客户的一线销售将会是经验丰富、专业的具有资源整合能力的员工。尤其是针对优质客户和重要的老客户，要把精锐的全能型“海军陆战队员”用来攻克难关，并配置合适的资源。

中国石化催化剂有限公司在推进“科改示范行动”中认识到，随着公司改革发展的不断深入，基层单位的管理幅度、管理难度变大了，对基层领导干部的政治素养、业务水平、管理能力和领导艺术都提出了更高要求。为了激励基层领导干部积极开展工作，重点突出车间主任（书记）的岗位价值、能力贡献和责任意识，探索并实施车间主任津贴这一改革举措，制定了《关于加强车间主任（书记）队伍建设的实施意见（试行）》（石化催〔2021〕2号），综合考虑车间类型、车间规模、管理难度等因素，设置了不同津贴标准，采取“年初定标，季度考核，年终一次兑现”的方式落实津贴发放，充分激发基层车间主任和书记干事创业的热情。

3. 基层组织建设的任务、内容与方法

基层组织建设包括基层领导班子建设和基层党组织建设，明确组织建设的基本任务，掌握组织建设的基本方法，找准工作的切入点，是提升工作绩效的关键。

（1）基层党组织的主要任务和基层领导班子建设的基本内容

基层党组织是团结带领员工贯彻落实党的理论、路线、方针、政策和各项任务的战斗堡垒，加强基层党组织建设，重点要加强党组织的制度建设、组织建设，加强党员的教育管理，发挥先锋作用，团结凝聚员工，形成一个好的团队。

一是要明确基层党组织的抓班子、带队伍、强管理、保稳定、促发展的主要任务，努力把基层党组织建设成为教育党员的学校、团结群众的核心、攻坚克难的堡垒。

二是要发挥党员先锋模范作用：建立“把业务骨干培养成党员和把党员培养成业务骨干”的双向培养机制，通过党员责任区、党员示范岗、党员项目攻关、党员突击队、党员志愿服务等途径，推动基层党员发挥先锋模范作用。

三是要确保队伍稳定、运行操作平稳：坚持解决思想问题与解决实际问题相结合，坚持“抓工作从思想入手、抓思想从工作出发”，做到“四必访”“五必谈”，积极推广EAP计划，深入做好一人一事的思想政治工作，落实对员工心理疏导和情绪管理。

四是要加强基层党组织对基层工会、共青团组织的领导，坚持党建带工建、带团建，领导、支持工会、共青团依法依章程，创造性地开展员工和团员青年广泛参与的群众性活动。

（2）基层领导班子建设的基本内容

加强基层领导班子的思想建设、作风建设、能力建设，着力打造一支高素质的“四好”（政治素质好、团结协作好、作风形象好、工作业绩好）基层领导班子队伍。

一是要选优配强基层一线领导班子，着力增强基层领导在思想政治工作、生产经营管理、处理复杂问题、维护和谐稳定等方面的能力。

二是要贯彻民主集中制，建立健全基层领导班子议事规则和工作制度，注重发挥基层领导班子整体功能。

三是要按照“党政同责、一岗双责”的要求，落实岗位责任，做到分工协作、互相补位，保证领导班子高效运转。基层班子主要领导可交叉任职、岗位交流，不断强化基层领导班子团队的优势互补功能。

四是要注重基层班子的作风建设，坚持把“严细实”作为干事创业的行为准则，认真落实基层班子成员跟班带班值班制度，参加班组交接班，在深入班组、深入岗位、深入现场中把各项工作做细。

案例 中国石化催化剂有限公司北京奥达分公司以“八化”工作法为抓手，发挥支部功能强“三基”

一、实施背景

2018年爆发的一起环保事件，让全体奥达人意识到基层组织建设和基础工作不牢将给企业的生产经营带来多大影响，企业组织力建设和员工队伍管理水平上不去将对企业的生存和发展造成多大影响。基础不牢、地动山摇，为进一步改进和加强“三基”工作，北京奥达分公司于2019年印发《发挥支部功能强“三基”工作方案》，发挥党支部在基层建设中引领作用、在基础工作中促进作用、在基本功训练中带动作用，推动“三基”工作全面提升。

二、基本做法

基层党支部作为党的工作和战斗力的基础，抓好“三基”工作是主要任务之一。奥达以“八化”工作法为抓手强化“三基”工作，充分发挥党支部战斗堡垒和党员先锋模范作用，有力推动现场管理提升、目标任务措施落地。具体做法如下：

1.工作职责标准化。各党支部要牵头梳理各岗位工作职责，做到机关党支部岗位职责内容明确，车间党支部岗位职责看板上墙（图3-1、图3-2）。做到职责落实到人，工作主动补位。

图 3-1　党员责任区

图 3-2　党员亮承诺

2. 专业管理制度化。各党支部要组织学习专业及管理制度，配合各部门车间主管领导严格推进制度落地执行，确保各项工作按计划、按要求达到预计目标。

3. 现场管理定置化。结合安全可视化工作，推行现场定置化管理，做到办公环境整洁规范，现场物品标识形式统一，摆放美观整齐。

4. 岗位培训系统化。紧密结合部门车间实际，采取多种形式开展岗位培训，培训内容落地、注重学习效果、采取适当激励，结合学习内容开展专项讨论。

5. 工作安排定期化。做到工作安排定期化，阶段工作有计划、有检查、有整改、有考核，不欠账。

6. 工作过程程序化。具体工作要做到各环节流程清晰，内容明确。

7. 目标责任、考核奖惩定量化。要积极运用相关激励制度，创造公平、公正、积极向上的竞争环境。

8. 台账、资料、器具规范化。各车间要规范台账资料格式，做到器材规范统一。

三、实施效果

1. 各党支部均实现了目标任务上墙，职责落实到人。基层党支部结合工作实际，查漏洞、补短板，进一步健全完善了部门和车间内部管理制度。

2. 以点带面推行标准化、定置化管理，如各车间全面实现电子巡检、标准化巡检，现场标识管理、工具、器具摆放、设备维护保养等进一步规范统一。

3. 多个党支部成立党员突击队，紧密围绕生产经营开展项目及技术攻坚、修旧利废、降本增效等。

4. 各党支部结合攻坚创效目标任务开展形式多样的劳动竞赛及共建活动。

5. 岗位练兵及技能培训亦有声有色，如机关第三党支部的“技师上讲台”、一车间党支部的岗前十分钟培训、聚丙烯催化剂车间的“匠心之路，岗位成才”品牌系列活动，等等。

四、评价与体会

发挥支部功能强“三基”工作方案实施一年多以来，公司各党支部进一步发挥了在“三基”工作中的战斗堡垒作用，形成支部带党员、党员带群众，以党建带“三基”，以“三基”工作促进基层建设、基础工作及基本功训练全面提升的良好局面。

二、抓思想，创造风清气正的人文环境

思想是行动的先导，“我愿意”是干好工作的大前提，抓思想要激发员工的工作自觉性，抓思想的根本目的是，创造风清气正的人文环境，让每个员工都能心情舒畅地工作。

1. 抓工作从思想入手，抓思想从工作出发

“抓工作从思想入手，抓思想从工作出发”，是大庆油田思想政治工作的优良传统，是在创业时期形成并一直延续至今的正确处理思想政治工作与经济工作关系的基本原则，也是大庆油田思想政治工作的一条基本经验。

1961 年 1 月，在战区党支部书记会议上，采油二矿二队党支部书记杨洪儒介绍经验时提出，“领导要想搞好生产必须从思想工作入手，思想工作必须从生产实际出发”。油建二大队二中队张国钧介绍经验时说：“我们运用抓生产从思想着手，抓思想从生产出发的方法，树立了以做油为主业，以油田为家的长期会战思想。”1964 年石油工业部政治部在《关于加强基层建设，健全经常性政治工作的 12 条基本经验》中，将大庆油田在思想政治工作上创造的这些经验，概括为“抓生产从思想入手，抓思想从生产出发”。自此，“两抓”作为大庆油田思想政治工作基本经验长期坚持下来。

抓工作从思想入手，就是坚持思想领先，抓工作首先要抓住人的思想政治教育，注重解决工作过程中遇到的各种思想问题，把思想工作做到前头。抓思想从工作出发，就是思想政治工作必须围绕经济建设这个中心进行，根据经济工作实际，确定思想政治工作任务，把思想政治工作贯穿于生产建设的全过程，保证生产建设任务的完成和经济效益的提高。

总体而言，“抓工作从思想入手，抓思想从工作出发”，就是要避免思想脱离实

际，要避免就事论事或空对空说教。对基层群众来说，他们对思想工作的认识往往都是从离自己最近的事情开始和落脚的，人们努力争取的一切都同自己的利益有关。所以必须把思想工作与解决实际问题结合起来。

同理，在企业安全管理工作中，我们也要坚持抓安全从思想入手、抓思想从安全出发。

（1）抓安全从思想入手

企业安全管理要从员工的安全意愿入手，用意愿强化意识，用意识促进安全技能学习，用过硬的专业技能保证安全。

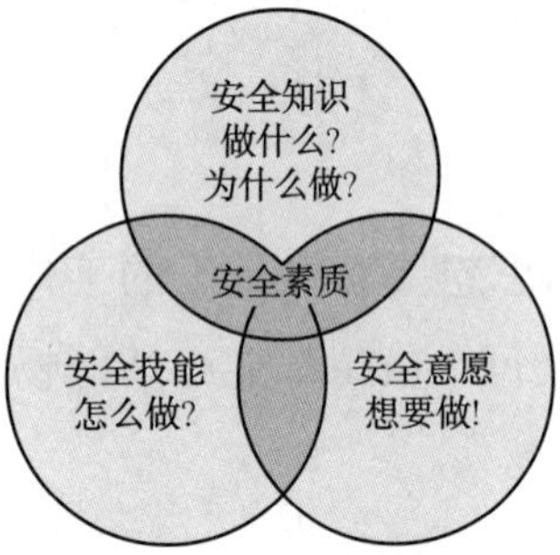

图 3–3　人的安全素质

安全素质专指人面对已知风险和潜在风险所体现出来的一种综合响应。综合来讲安全素质就是人的安全知识、安全技能与安全意愿的交集（图 3–3）。

所谓的安全意愿，指的是员工履行安全生产职责，实现安全绩效的意志和愿望。所谓的安全意识，指的是在人们的思想意识中对安全的认知，包括安全价值观、安全警惕性。而安全知识是指人们面对风险时，知道该怎么做，包括安全技术规程、安全制度、安全常识。安全技能，就是应对风险的技术能力，具备防护自身不受伤害或者防止物体不稳定的本领，掌握应对风险所采取的主动措施，懂得风险发生后的应急处置。

安全意识往往停留在思想上，而安全意愿不仅仅是在思想上，同时还在情感上主动地追求，才能自觉履行安全职责。安全意愿是核心，安全意愿是安全意识的前提和基础。安全意愿就是要从思想上解决“安全为了谁”的问题，它是实现“我要安全”的一把钥匙。安全意愿是核心层次的问题，要让员工有安全意愿，就要从情感角度入手，有了感情依托，才会有态度的转变，而“安全为了谁”正是促使员工形成安全意愿的关键。

从思想入手抓安全，就是要打牢员工安全生产的思想基础，就是要解决“安全为了谁”的问题。安全为了自己，安全就是行孝道，安全就是为了你的家人。

1）敬畏生命，安全为了你自己。中国文化以传统文化为核心，中国传统文化是一种伦理型文化，其最重要的社会根基是以血缘关系为纽带的宗法制度。孟子曾说：“天下之本在国，国之本在家。”这高度概括了中国传统社会的实质，而“孝道”是其中最基本的原则，“百善孝为先”的思想深深地根植于每个中国人的心中。因此，将安全生产和尽孝道联系在一起，不仅能够发扬中国传统文化的精髓，最重要的是能够引起员工内心深处的共鸣，“我的安全不是我个人的，属于我的父母和妻儿”，从而化被动为主动，自觉保证和维护安全生产。下面这两个例子就是将二者完美结合的典范。

案例 注重安全就是行孝道

河北阳邑矿业公司连续十几年安全无事故的一条重要经验就是做好了让员工入脑入心的思想工作。其井口有一段赠言：

你是家中梁，工作要思量，
梁折家遭殃，生活无保障；
你是妻子天，莫让天塌陷，
天塌人心寒，妻儿无人管；
你是父母心，牵挂重千斤，
儿走他乡路，老人泪沾襟。

赠言通过“家中梁、妻子天、父母心”等温暖人心的词组，让职工意识到安全工作的重要性，在思想上自觉执行管理章程的各种规定，让职工明白你的安全不是你自己的，是你全家老小的。注重安全就是行孝道，对老人来说子女平安就是他们最大的心愿。每个员工都能敬畏生命，珍视健康，注重孝道，这就打下了安全生产的思想基础，员工就能自觉增强安全意识。如果上班前员工能想想“野老念牧童，倚杖候荆扉”（老叟惦念着放牧的孙儿，拄杖等候在自家的柴门）的情景，就能在工作中谨慎从事，自觉绷紧安全弦，那么很多安全事故就可以避免。

你的平安是对家人最好的爱。在阿根廷著名的旅游景点卡特德拉尔，有段蜿蜒的山间公路，其中有3km路段弯道多达12处。因为弯道密集，因此经常发生交通事故，人们都称这段道路为“死亡弯道”。这段路从1994年通车到2004年，共发生了320起交通事故，106人丧生。交通部门在该段路入口处竖立了提示牌：“前方多弯道，请减速行驶”，没起作用；于是将提示语改成触目惊心的文字：“这是世界第一的事故段”“这里离医院很远”，事故依然高发。

就在人们的智慧仿佛穷尽时，老司机葛麦斯公布的“独家安全秘籍”给公路管理当局以新的启示。葛麦斯驾车43载，不仅从未发生过交通事故，甚至连一次违章记录都没有，因此在他退休前，当地交通部门决定颁发一枚“优秀模范驾驶奖章”给他。

颁奖当天，记者问葛麦斯：“要如何才能做到像你这样平安驾车呢？”

葛麦斯回答道：“其实开车时，我都由家人陪着啊！不过乘客看不到我的家人，因为他们都在我的心里。”

记者不解，葛麦斯笑着说：“想想你的妻子正等着你吃晚餐；你还要陪孩子上学；年迈的父母正是需要你照顾的时候……你就会小心驾驶。”

原来，葛麦斯的秘诀，就是时时刻刻把对家人的爱放在心中。隐去管理者的身影，让亲人取而代之，去唤醒操作者的安全意识，这就是著名的“葛麦斯安全法则”。

当局随即将“死亡弯道”提示牌内容更换成：“家人在家等你吃饭，请不要让他们失望”“安全驾驶，不要让白发苍苍的父母为你伤心”“您的平安是对家人最好的爱”……结果该段路的交通事故率大幅度下降，2005 年仅发生 6 起交通事故，而 2006 年和 2007 年一起也没有发生。

2）坚守安全道德，安全为了工友、社会。安全道德，应该是员工基于生存、发展本能的需要，在安全生产中所产生的一种系列性、非强制的社会准则和规范。这种行为规范，虽不同于规章制度，但具有经济的效用性。员工将自己满足的实现方式转移到促进他人和社会的轨道，这就是一种高尚与道德的体现。但其内涵不仅仅是对群体利益的维护，也包含着对个人利益的维护。没有对他人和社会利益的维护，道德将失去最基本的特征，而没有对个人利益的维护，则不仅培养不起来崇高的道德感情，甚至已有的道德感情也会崩溃，失去持久的动力。对他人危难的冷漠和无动于衷，就是对待安全问题的不道德，其行为必然导致社会及其全体成员利益的损失。安全道德是社会公德、职业道德的重要组成部分，也是一个与安全生产紧密关联的重要问题。我们可以通过思想教育、理念渗透，让员工从感性上升到理性，遵守安全规程是天经地义的事情，没有讨价还价的余地和可能，从思想根源上认为遵守安全规程就是遵守安全道德。建立员工个人诚信档案有助于弘扬员工的安全道德。

“三违”是不道德的行为。不道德的行为是指员工在生产作业中违反劳动纪律、违章操作，给自己和他人造成伤害的行为。比如在习惯性违章方面，所表现出来的不认真执行巡回检查制度，点卯式巡检；不能在第一时间发现问题，即便发现了问题，也不及时处理、上报，得过且过，等等。不道德的行为也就是主观上的故意的不安全行为，比如“三违”，要树立“违章作业就是自杀，违章指挥就是杀人，对违章作业不制止就是见死不救，对违章指挥不惩处就是纵容杀人”以及“我的安全我负责，他的安全我有责”等安全道德理念，让每个员工在内心深处都有一种安全道德潜意识，唾弃“三违”、憎恨“三违”、谴责“三违”，真正使安全成为员工的日常习惯，从思想深处铲除滋生侥幸心理的土壤。实践反复证明，出事的基本上都是“三违”、冒险、视隐患于不见、隐瞒包庇、放任自流等行为所造成的恶果。由此可见，不一定出事的侥幸心理非常危险，它是一种不道德行为，缺少的正是安全道德。

潞安集团漳村矿设立了《安全诚信积分》档案，为每位员工建立安全诚信积分账户，出发点是为了让每名员工都能够自觉树立安全诚信意识，督促职工在生产作业过程中规范操作，实现诚信文化与安全文化的有效“搭接”，它有效反映了职工在生产工作中的安全诚信情况。当职工第一次出现违章，如果认错态度较好，经安全教育后只记录在档，但如果当月重复出现一般违章，记3分，否决当月安全账户；以此类推，一名职工出现两次以上一般违章或者一次严重违章，记6分，同时清空他本年度累积的安全账户；如果一个人连续出现三次以上违章，记12分，否决全年的安全账户。年度末考核分A、B、C三个级别对职工进行管理：不足3分的被评为A级优秀诚信职工，全额领取安全账户奖励；4~6分的被评为B级一般诚信职工，要进行为期三天的统一培训；7~12分的被评为C级不诚信职工，必须进行为期七天的安全培训，考试合格方可重新上岗。

安全诚信账户不只对安全不诚信员工进行扣分处理，更会对安全诚信员工进行加分奖励。该矿制定了《安全诚信员工奖励实施办法》，把年度零“三违”作为安全优秀班组、优秀个人的重要条件，同时，年度零“三违”员工年底领取安全账户金额时一线职工增加400元，二线增加200元。

“过去违章交上罚款就完事，如今不仅要交罚款还要载入个人诚信档案，诚信值低了，我在同事面前怎么抬得起头，所以一定得注意安全啊！”安全诚信账户已经成为该矿职工安全诚信建设一张标志性名片，将安全诚信意识根植到了员工的脑海里，影响着大家操作的每一个环节。

安全道德行为主要是指践行安全承诺，自觉做到“四不伤害”（我不伤害自己、我不伤害别人、我不被别人伤害、保护我的伙伴不受到伤害）。安全道德行为所表现出来的是为他人生命和健康负责的服务意识和集体荣誉感。员工的安全道德行为依赖于“我们要安全”的团队安全文化而固化，员工的安全道德行为因义无反顾地为他人安全而升华。

（2）抓思想从安全出发

简单说来，员工的思想状态一定要和现场的工作环境与要求对应起来。思想政治工作的及时性决定有效性，在动态中把握员工的思想变化，有针对性地做好思想政治工作。

管理深处是哲学。在现场安全管理上，应该特别强调“没有变化就没有事故”的管理观点，要在不断发展变化的环境下，有针对性地做好员工的思想工作。

比如企业有九个时段易发生事故，对这些变化把握不住，就可能发生事故：

1）企业组织机构发生变化、企业经营扩张时：一些企业短时间迅速扩张，甚至是跨行业扩张，安全管理跟不上，安全漏洞、盲点、误区多，事故多发、易发。

2）时间紧、任务重、工作环境艰苦时：在这时期，职工往往连续奋战，造成职工疲劳，容易发生违章行为。一些职工有时认为按照安全规程规定的要求去做，会耽误时间，影响进度，于是，他们想方设法改变或简化正常的作业程序，违章导致事故发生。

3）天气变化、设备运行时间较长时：雷雨季节易发生雷击起火事故，装置、设备运行到后期，其故障率会明显上升。

4）即将下班或工程收尾阶段：经过一天的劳作，职工的体力和精力消耗很大，盼望早点下班休息。这时，也往往会出现思想溜号，工作精力不集中，从而导致违章行为。作业接近尾声，一直平安无事，人们对事故的警惕性会有所松懈。

5）夜间作业或单独作业时：夜间作业由于管理松弛，职工思想麻痹松懈，形成盲区，是安全生产多发时段；单独执行作业任务时，职工容易发生习惯性违章，这是因为他们离开了集体，放松了对自己的要求，在没有监护的情况下，造成思想麻痹。

6）同一区域交叉作业时：同一生产区域、同一时间有两个以上单位（班组）同时作业，特别是一些外来施工作业人员对生产区域情况不熟悉、协调配合差、相互干扰等，易造成事故发生。

7）采用新工艺、新材料、新设备、新产品时：当企业采用新工艺、新材料、新设备、新产品的时候，为了争时间、抢速度，往往仓促上马、试车、使用，进而酿成悲剧。另外，对新工艺、新材料、新设备、新产品安全性能不清楚，安全培训不够，也是事故发生的重要原因。

8）效益下滑、生产面临困难时：在紧张的经济形势下，一些企业会千方百计降低成本，减少安全投入，弱化安全保障，安全事故风险加大。

9）节假日前后和特殊时期：节假日过后上班，一些职工还沉湎于节日的欢乐气氛中，心思并没有真正回到工作岗位上，很容易发生习惯性违章行为。另外，职工因工作和生活方面面临一些困难和压力，情绪不好，造成上班时间精力分散，违规作业，可能导致事故。

案例 交接班前后半小时最易发生事故

①2018年7月12日18时30分左右，宜宾市某公司发生一起爆燃事故，事故造成19人死亡，12人受伤。事发时正值交接班期间。

②1988年7月6日21时31分，英国北海油田，Piper Alpha（派佩·阿尔法）石油平台发生多次爆炸，造成167人死亡。事故原因：压缩机房内的凝析油注入泵A上的安全阀拆下检修，用一盲板法兰临时装上并且未上紧，工作交接班也没有交接清

楚；下一班操作工人在工作中，凝析油注入泵B故障出现跳闸，在不清楚A泵状况，也未进行检查的情况下，便启动了A泵，造成凝析油冲破盲板法兰大量外溢，遇火花起火爆炸。

③交接班不认真，误将催化剂重复投料造成安全事故。2009年11月，山东淄博市某公司发生了一起爆炸火灾事故，导致11人死亡，4人重伤。经调查，4号反应釜投料时间比以往早半个小时，在操作工人周某接班前，孙某已经投加完反应催化剂，但是着急聚会忘记做记录，接班的周某还是按照原来的惯例进行操作，两人未进行认真细致的交接班，将反应催化剂重复添加，反应速度失控导致釜内温度压力急剧上升引发爆炸事故。

即将下班或工程收尾阶段易发生事故，原因在于，此时的员工会普遍产生一种麻痹心理，往往放松了警惕。基层领导干部、工程技术人员要坚持一分为二看待问题，处理好员工劳动热情与安全生产的关系，时间紧、任务重，领导干部要“热”一点，充满激情地调动员工完成任务的决心；“编筐窝篓全在收口”，工程即将结束时，员工往往会被胜利冲昏头脑，不知不觉中产生麻痹心理，这时候员工是“热”的，基层干部要“冷”一点，更应绷紧安全这根弦。

案例 新建球罐试压后，为什么会报废?

某公司球罐队在吉林某公司抢建一球罐，由于是冬季施工，施工条件异常艰苦，施工工期卡得也非常紧，工人们昼夜奋战，真的按期完成了主体工程，最后一道工序是用水做球罐的强度和密度试验，试验结束后就该进行下一道工序，由另外的施工队伍进行保温作业，此时全队上下普遍沉浸在一种高度紧张之后的放松情绪中，殊不知危险即将发生。当时，正在进行水压试验，队长也正在安排一桌酒席，为大家庆功。试验结束，全部符合要求，队长就安排新来的技术员小张：“把球罐水放掉，不然夜里球罐水会结冰。”小张接受任务后就去放水，队长带着一群人直奔酒店。不久，小张放完水后也赶到酒桌上，队长还问：“水放了吗？”“放了！”

结果，第二天大家赶到球罐旁，全傻眼了。原来，小张给球罐放水时，只把底阀打开了，罐顶阀没打开，球罐由于负压作用，水没放净，底阀冻裂，球罐局部变形，球罐报废。

回顾一次次惨痛的安全事故，血的教训告诉我们，一次事故就是一个违章的过程，一次事故就是一个放纵思想的必然结果，一次事故就是一场人生的悲剧。每一次事故的发生，都是因为人们头脑里以人为本、生命至上的观念在淡化，是因为享受心存侥幸、投机取巧片刻的快感，是因为安全责任、道德义务的极度缺失，是因为思想上失去了对生命的最基本的敬畏。

思想麻痹是最大的隐患，管理放松是事故的根源。“祸固多藏于隐微，而发于人之所忽者也。”追根溯源，安全事故的起因往往是由于思想麻痹所带来的行为瘫痪。比起隐藏于形形色色表象之下的隐患，潜藏更深的思想麻痹是最大的安全隐患。隐患有两种：即有形隐患和无形隐患，有形隐患容易发现，摸得着、看得见；无形隐患是安全意识淡薄、思想麻痹大意，故称之为思想“隐患”，因为隐蔽性强，不易发现，常埋在人们心底。思想上的隐患让人放松安全第一意识，让安全措施得不到真正落实，让人不能举一反三接受事故教训。所以，它的存在给安全工作带来威胁，增加了难度，埋下了定时炸弹，稍有不慎，将铸成大祸，后果不堪设想。

在生产现场中，经常会发现各种各样的不起眼的小隐患，这里缺个螺栓，那里的阀门不严，等等，很多人都置若罔闻，保持一种事不关己高高挂起的态度，不关心这些不起眼的小地方。事实上有些事故隐患并不是发现不了，而是没有及时去检查发现和及时整改。为什么会出现这种现象呢？究其原因，主要是一些企业管理者和生产一线职工在思想上存有“隐患”。他们对身边或自己生产岗位上的隐患熟视无睹，采取消极态度，满不在乎，认为这些隐患暂时不会对安全生产构成威胁，心存侥幸，放松警惕，将安检人员的忠告和整改意见当成耳边风，殊不知，就是他们这种侥幸心理会酿成大祸，古语云：千里之堤毁于蚁穴，就是这个道理。

分析各类安全事故，就会发现这些事故很大部分是责任事故，自然灾害造成的事故仅占少数。安全事故的发生，归于一点，就是“安全第一”的思想不牢固。安全责任制不落实，安全管理松懈，安全投入不足，千隐患万隐患，思想上的隐患是最大的隐患。思想麻痹的最大危害还在于其传染性，原本的清醒者逐步在周围的麻痹中丧失警觉，成为习惯性违章中的一员。

危机是问题积累的结果。由于当事人一点一滴地应付，一次一次地漠视，而致积少成多、积重难返，终于像瓦斯一样，累积到临界值时，一触即发。有些员工思想懒惰、怕麻烦、图省事，有的事故隐患整改起来比较困难，因此，有的现场管理人员就以此为借口，或者对隐患睁只眼闭只眼，或者听之任之，致使隐患继续存在，导致事故发生。很多人在事故发生后，推脱责任，找理由找借口，麻木不仁，依然意识不到事故的根源，事实上这也从反面告诫我们：人命关天，你的一点麻痹就是一条“祸根”，很可能就把自己甚至大家当作了牺牲品。量变最终会引起质变。尤其是单位的各级管理人员，思想千万不可麻痹。牵一发而动全身，也许在你眼中是不起眼的小问题，但由此带来的后果可能就会不可估量，需要付出惨重的代价。环境的隐患并不可怕，可怕的是人思想上的“隐患”，思想上的“隐患”不消除，环境上的隐患很难得到排除。由此可见，人思想上的“隐患”是企业安全生产中最大的隐患。

案例 “12·23”井喷事故

2003年12月23日，重庆市开县发生特大井喷事故，富含硫化氢的天然气猛烈喷射30多米高，失控的有毒气体随空气迅速向四周弥漫。事故导致243人因硫化氢中毒死亡、2142人因硫化氢中毒住院治疗、65000人被紧急疏散安置。

该井从产生溢流到井喷的直接原因之一是，作业人员在起钻过程中存在违章操作，钻井液灌注不符合规定；井喷失控的直接原因是，钻具组合中去掉了回压阀，致使起钻发生井喷时钻杆内无法控制，使井喷演变成为井喷失控。事故扩大的直接原因是，未能及时决定并采取放喷管线点火措施，以致大量含有高浓度硫化氢的天然气喷出扩散，造成事故扩大，导致重大损失。

吴某A作为具体负责施工的钻井队队长，井队井控工作第一责任人，在作业过程中，忽视生产安全，对当班工人卸下回压阀的行为未能及时发现，在发现回压阀被卸下后亦未采取有效措施予以整改；在井喷失控后，又未按照有关规定，及时安排专人监视井口喷势情况，为点火决策提供依据。

王某作为定向井服务中心工程师、现场技术组负责人，违规决定卸下钻具组合上的回压阀。

宋某作为钻井队技术员，在作业过程中忽视生产安全，对王某决定卸下钻具组合中回压阀的行为，违规予以认可。

吴某B作为现场抢险负责人，本应按职责要求和有关规章制度的规定，及时查明现场情况，积极采取有效措施，阻断危害物源，却未能正确履行职责。

向某作为钻井队副司钻，在负责灌注钻井液时，本应每起3柱钻杆灌满钻井液一次，却连续起出6柱钻杆后才灌注钻井液。

肖某在从事录井监测工作的生产作业过程中，违反录井队的管理要求，在发现连续起出9柱钻杆未灌注钻井液时没有报告当班司钻。

如果定向井服务中心工程师、现场技术组负责人王某，严格执行在钻柱上始终安装钻具内防喷工具回压阀的有关规定，不违章决定卸下原钻具组合中的回压阀防井喷装置，那么井喷事故就不会发生。

如果身为钻井队井控管理人员的宋某，不违章执行王某的决定卸下回压阀，那么就不会埋下事故隐患。

如果钻井队队长、井队井控工作第一责任人吴某A能准确掌握生产动态，及时发现问题勒令整改，那么这一重大事故隐患就能及时得以控制和消除。

如果钻井队副司钻向某不违反操作规程，在起出6柱钻杆后才灌注钻井液一次，致使井下液柱压力下降，那么就不会造成溢流并导致井喷。

如果肖某正确履行职责，及时发现向某的严重违章行为并报告，那么这一重大事故隐患还能在最后时刻得以补救。

如果现场抢险负责人吴某B能审时度势尽快组织实施点火，将硫化氢有毒气体充分燃烧，那么就不会造成这次事故的扩大和恶化。

很显然，这六个“如果”构成了一个紧密的链条，如果其中任何一个环节被斩断，那么“12·23”特大井喷事故就有可能避免发生，就不会有243人被高浓度的硫化氢夺去生命，也就不会造成直接经济损失达6432.31万元的严重后果。可令人悲哀的是，这个链条被麻痹和过失紧紧串起，最终成为引爆特大安全事故的导火索。

有科学家做过实验，如果将烟头扔在铺满纸屑的地板上三十次，能引起火灾的概率只有一次，而这一次也还要有其他的因素存在，如气候干燥、室内温度过高、没有预警设备不能及时发现险情、周围有其他易燃易爆物品等，这也就是说，重大安全事故的发生并不是多么轻而易举，只要能避免形成“导火索效应”，避免重大安全事故的发生也并不是天方夜谭。如果将“12·23”特大井喷事故当成一个极具杀伤力的炸药包，那么，涉嫌犯有重大责任事故罪的六名直接责任人的集体思想麻痹、接连失职就是点燃炸药包的导火索。

2. 让员工天天好心情，让好心情成为生产力

2021年9月1日实施的《安全生产法》第四十四条明确规定：生产经营单位应当关注从业人员的身体、心理状况和行为习惯，加强对从业人员的心理疏导、精神慰藉，严格落实岗位安全生产责任，防范从业人员行为异常导致事故发生。

员工心理健康、人格健全是企业安全管理的基础，心理健康才能保安全。有专家曾研究过事故发生原因，发现约70%的事故发生在员工心理波动的情况下，而情绪因素与事故发生率的关系表明，职工心情愉快的情况下事故发生率低，愤怒、受挫、忧虑时事故发生率高。

（1）加强人文关怀，做好心理疏导

近年来，某大型公司员工总数在下降，而非生产性死亡人数不降反升，每年死亡30余人。2007~2016年的10年间，员工在岗期间的非生产性事故死亡人数数倍于安全事故，其中，突发疾病和交通事故占88%，平均年龄只有44岁。为此，该公司提出：要加强人文关怀，做好心理疏导，疏解员工工作生活压力，开展“家”文化建设，开展健康管理。

中国石化《HSE 管理体系手册》对员工健康管理提出明确要求：

倡导健康企业建设，开展员工健康促进活动，建立健全员工健康管理工作机制，实行全员健康管理，制定年度员工健康管理工作计划并组织实施；

企业应为员工提供安全健康的工作环境与劳动条件，对职业病危害因素进行动态监控和定期检测、评价、公示，对超标场所进行治理；

企业应为员工提供必需的个体防护装备，并要求员工正确穿戴，在易燃易爆区域推行使用阻燃工装；

企业应按要求配置职业病防护设备设施、职业卫生应急设备设施；

企业应定期开展全员健康检查，对员工健康状况进行评估，不得安排有职业禁忌证人员从事所禁忌的工作；

企业应按要求做好工伤、职业病等人员的治疗、康复等工作；

企业应对非生产性的事故事件建立统计分析机制，提出预防措施；

推行员工帮助计划（EAP），在人员密集场所推广配置自动体外除颤仪（AED），关注员工工作时间外的安全和健康。

目前，全球企业已进入一个追求心理和精神需要的“心经济”时代，健康就是生产力，据报道，世界 500 强企业中超过 95% 的企业都引进了 EAP 服务项目，在美国 100% 的 500 强企业开展了 EAP 服务。美国哈佛大学的专家对美国大中型企业实施 EAP 效应进行调查，发现大约 1 美元 EAP 费用支出可以节省 5~16 美元开支。

有研究表明，当某人在过去 18 个月的生活变化单位（LCU）累计值达 150 时，即表明他很有可能患病或发生事故。美国有学者认为，在离婚判决前 3~6 个月里，违章和事故率迅速升高，LCU 值达到 150 后的第 3 个月，违章和事故率达到高峰。

生活事件与 LCU 值见表 3–1。

表 3–1　生活事件与 LCU 值

生活事件	LCU 平均值	生活事件	LCU 平均值
配偶死亡	100	工作遭遇困难	38
离婚	73	个人疾患	53
被解雇	47	经济状况发生改变	37
生活习惯改变	23	与领导有矛盾	20

（2）对员工进行精神激励

抓思想除了要关注员工日常工作的细微环节之外，还要对员工进行精神激励，因为情感是影响人们行为最直接的因素之一，任何人都有渴望各种情感的需求。一个人在报酬引诱及社会压力下工作，其能力仅能发挥60%，其余的40%有赖于领导者去激发。这就要求领导者要多关心群众生活，关心群众的精神生活和心理健康，提高员工的情绪控制力和心理调节力，努力营造一种相互信任、相互关心、相互体谅、相互支持、互敬互爱、团结融洽的氛围。俗话说：遣将不如激将。在企业里面命令下属去做事，不如激励下属去做事。领导适时地激励，可以使员工同心同德、提高工作绩效。

欣赏员工的每一个闪光点。员工再小的成绩也要赞美，并告诉他的家人。赞美、信任和期待具有一种能量，它能改变人的行为，当一个人获得另一个人的信任、赞美时，他便感觉获得了社会支持，而当这种赞美是当着家人的面给予时，他便感觉获得了家人的尊重和支持，从而增强了自我价值，变得自信、自尊，获得一种积极向上的动力，并尽力达到对方的期待，以避免对方失望。

让每一名员工分享企业的成就和荣耀。“团结”就好像是一棵果树，不仅在幼年的时候需要细心的呵护，在果实累累的时候也需要巩固和培养，而让员工，尤其是为企业立下汗马功劳的员工，分享企业的成就和荣耀，能够进一步将他们与企业联结在一起，培养主人翁意识，以企业荣辱为个人荣辱。

参与是最好的激励。让员工参与重要的会议，鼓励他们对企业的发展提出建议，包括反对意见。增加员工对企业文化和决策的认同感，认同是执行的最有效前提。同时，员工参与可以发挥集体智慧，多元化的思维有利于企业正确决策的形成。

带着感情关心职工于细微中。员工的生日送一本他可能喜欢的书，题写一句有意义的话，并有针对性，让他感到有用。千篇一律的“生日快乐”等于什么也没说，只能使职工感到是一种形式而已，对谁都一样。送两张电影票给恋爱中的职工。职工父母亲来单位探望，借自己的车让他去接他的父母亲，请他的父母亲吃顿饭。将职工子女参加演出的照片放在宣传橱窗内。职工子女升学，给职工放一天假……

如果有机会，就将员工介绍给企业高层管理人员。为员工在企业中提升创造机会，使得员工个人价值得到实现，才有可能更好地为企业创造价值。同时，员工和高层管理人员的接触不仅能够展现自我，而且还可以通过与高层管理人员的交流，获得对企业更高层次的认识。

员工在工作之外的出色表现，也要给予赞扬和认可。个人对自我价值的实现追求是多方面的，工作能力的认可仅是其中之一。对成就感的渴望是与生俱来的，不管这种成就源于哪个方面。而别人的认可是获得成就感的主要方式，对员工工作外表现的认可，体现了企业对员工全方位的关注，有利于员工自信心的建立。

鼓励员工学习新知识和新技能，以实现他们的个人理想。不断激发员工的进取心和学习欲望，强烈的进取心会促使个人努力掌握新的知识和技能，也会激发他们努力去掌握更多的新知识和新技能。

不定期的聚会和活动。如中秋晚会、重阳节爬山等活动，给予员工不同的平台展示自己，以培养员工丰富的个人兴趣，陶冶情操，个人全方位能力的提高对其在工作上的表现有积极的作用。于细微处体现企业对员工的关怀，让员工对企业产生家庭式的依赖，增强员工对企业的归属感。

每年组织一次员工家属年会。这是家属、员工和公司的一场家庭盛会，是拉近公司和员工、公司和员工家属关系的盛会。此举提高了企业的凝聚力，增进了家属、员工和公司相互之间的情感，提高了员工的忠诚度，实现了公司更加稳定健康的发展。

（3）一张球台就是一块阵地，一次活动就是一次凝聚

组织开展好职工文体活动是各级组织的职责，也是职工所盼，企业发展所需，同时也是企业文化建设的要求。只要坚持围绕中心，抓好结合，推进创新，就一定能丰富职工生活，改善职工精神面貌，助力企业稳定和谐发展。

为什么说健康向上的文体活动也是生产力？首先，通过文体活动，传播了企业文化，宣传了企业形象。企业的文体活动是企业文化的重要载体，是企业文化最外在、最直接的表现形式，它以喜闻乐见、生动活泼的形式来宣传和体现企业文化。文艺活动有利于培养员工的团队意识，特别是大合唱等团体比赛项目，更能体现一个团队的团队精神。

其次，文体活动培养了员工积极进取的心态。在文体活动中，员工不可避免地都有争取好成绩和实现追求目标的心理动机。这就产生了竞争的危机，为了在竞争中取胜，员工也不断地挖掘、开发自身最大的潜能，不断地刻苦训练自己，从而也不断培养了在工作中积极进取的心态和精神品质，并把这种精神品质带到工作岗位上，在工作的实践中不断升华。

再次，文体活动提升了员工的思想道德素质、健康素质。现代企业对文体活动应有更深的理解，这种活动不但包括文娱、体育活动，还应包括提升员工技能水平、综合素质等方面带有趣味性、竞争性的活动。

文体活动是一种行动教育，一种潜力巨大的教育力量。在文体活动中，员工潜在的品质和作风最容易真实地表现出来，而规则意识、协作精神、道德规范正是通过公开、公平、公正的竞赛，在极为自然、生动活泼的活动中培养的。文体活动培养了员工遵守纪律、尊重规则、尊重对手、团队协作等良好的道德品质，为员工在工作中养成遵章守纪的习惯打下了良好的基础。文体活动培养了员工敢打硬仗的意志品质，员工通过在活动中与其他对手比较，相互学习、互相帮助，赞扬对手的成功而使自己得

到精神的升华。

文体活动的开展也在员工中强化了"珍爱生命、关注健康"的意识，为员工安全体面的工作打下了坚实的思想基础。员工的身体、心理健康是企业的财富，文体活动也舒缓了员工工作的紧张心理，增强了体质，培养了阳光般的心态，使员工工作和生活快乐起来。"我参与、我健康、我快乐"文体活动营造了良好的环境，提升了员工文化艺术修养。

最后，通过文体活动，密切了干群关系、群群关系。通过工余的文体活动，干部更容易走进群众的内心世界中，了解到平时不可能知道的信息。干部和员工一同出现在活动现场，也是干部员工交流的重要渠道。通过艺术分享、竞技交流、融洽合作，相同爱好的人走在了一起，也创造了良好的人际关系环境，陶冶了员工的情操，培养了健康的生活情趣，提升了文化艺术修养。健康有益的文化生活是滋养人们心灵的"润滑剂"和"减压阀"，展示了员工才华，使员工更加热爱生活、工作。

中国石化催化剂有限公司长岭分公司贵剂联合车间党支部持续推进"家文化"建设，这既是支部凝聚团队人心、促进业务发展的有力抓手，更是车间提升队伍战斗力、凝聚力和幸福感的有效载体。在党支部书记办公室里，一对直角摆放的旧沙发成了员工最喜欢的地方，大家都知道，在这个角落，内心的烦闷可以得到倾诉，工作的难处可以得到解决。

"祝你生日快乐，祝你生日快乐……祝甘师傅生日快乐，健康长寿，来来来，许愿吹蜡烛啦！"在一片祝福欢笑声中，满头银发的甘师傅拉着老伴儿，笑得眼中带泪。已经算不清这是党支部为离退休失独老同志甘师傅过的第几次生日了。每逢甘师傅快过生日，车间工会主席总会预定好蛋糕和饭店，约上领导和同事们一起到老师傅家去探望。在贵剂联合车间这个大家庭里，每位员工都如家人。

除了给车间员工家一般的温暖外，党支部更是勇于担起社会责任，多年来，支部一直坚持资助3位贫困学生，如今他们已成功考上大学，党的温暖为他们插上了翅膀，使他们走出了山村，改变了命运。

上海立得催化剂有限公司每年都会开展主题家庭日活动，公司在"六一"儿童节期间，邀请员工一家来到公司开展主题活动，让家人了解员工的工作环境、工作内容，吃上一顿食堂精心烧制的饭菜，送上员工亲手制作的礼物，让员工及家属真正感受到公司大家庭的温暖。

三、管理就是沟通

杰克·韦尔奇曾说过："管理就是沟通、沟通、再沟通。"在日常工作中，85%的管理问题都是沟通不当造成的，来自领导层的信息只有20%被下级知道，而反馈的信息不超过10%，平行交流的效率则高达90%以上。管理人员平均每天花70%的时间在沟通上，其中，听占40%，说占30%，读占16%，写占9%，可见沟通的重要性。

1. 只有面对面，才能心贴心

要以人为本，时刻保持心与心的沟通。以人为本的实质就是坚持把人摆放在一个至高无上的地位；尊重、平等、宽容是做好思想政治工作的基础，而心理帮助即体现了以人为本。将心理健康教育融入思想政治工作，变“说教”为有关政策的宣传，变“居高临下”为平等的“内心沟通”，从科学角度做人的工作。认真倾听职工心声，及时了解职工心理动态，重视他们在工作、学习、生活中遇到的种种实际困难和存在的各种思想问题，体现人性和人情，增强思想政治工作的亲和力。通过情感上的交流，产生心理上的同步共振，达到思想上的共鸣，切不可摆出那种不苟言笑、长于说教的姿态。思想政治工作者同样有喜怒哀乐，该说就说，想笑就笑，保持年轻人的心态，敞开心扉，舒展个性，富有更多的人情味。只有这样，才能真正理解职工的思想观念、情感需要，才能开展富有成效的工作。

2. 掌握沟通方法，丰富沟通渠道

沟通的方法有多种，比较常见的有工作沟通法、活动沟通法、家属参与法和典型培育法。

工作沟通法：岗位是最好的成长平台，企业要为员工负责一辈子，就是要通过工作本身使员工提高技能、增长才干。基层领导干部要有“贵人”意识，给予年轻员工及时的指点，使其在工作岗位上锤炼、成长。

活动沟通法：如中国石化催化剂有限公司成立15年，举办“逐梦十五载、携手创未来”系列庆典活动（图3–4），极大振奋了员工精神，增强了员工干事创业的信心。

家属参与法：将员工的亲人、家庭作为管理的因素，把员工家属的亲情关爱引入企业日常管理之中，做到以情感人，激励员工做好工作。员工的工作成绩，受到家属的肯定，往往会产生更大的激励作用。基层建设的一个重要内容，就是要让员工家属分享他在企业中的荣耀，通过开展各种活动，将思想政治工作渗透到员工家庭之中，延伸到8小时之外，提升员工的综合素质。

典型培育法：基层领导要善于将管理要求，变成一个个员工的行动表现，员工的优秀表现就是管理者的管理主张，实质上这也是管理可视化的基本要求，基层领导要善于发现典型、善于挖掘典型、善于培育典型，实行领导手中有典型、员工身边有样板。

图 3-4　中国石化催化剂有限公司成立 15 周年庆典活动

3. 倾听是态度，也是工作艺术

好员工的标志是与公司保持一致，好领导的标志是耐心听员工把话说完。要在倾听中了解实情、在倾听中取得信任、在倾听中增进感情、在倾听中增长知识。

实现高效沟通需要三个重要的能力：信任、共情、共识。信任是前提，共情是基础，共识是目的。高效的沟通是以信任为前提的，建立信任的过程被称为“建立彼此的联系”。建立信任首先需要表达尊重，然后需要支持对方成果，并且为对方提供足够的时间和鼓励。每次沟通还需要感受对方的情绪，聆听对方的倾诉，以同理心来感受对方情绪背后的需求。当专注于彼此的感受和需要而不是对方的行为时，更容易通过情感交流实现共情，促成彼此之间的倾听、理解和互助，如此沟通就会更高效。高效的沟通还要在深度了解对方需求的基础上表达自己的需求，在双方观点不一致时，求同存异并达成共识。达成共识有两个关键要点：信息互换和情感交流。达成共识不仅需要智慧，更要有爱心和耐心。

有效沟通秘籍：简化语言、倾听、善于赞美、对对方的能力表示有信心、对事不对人、多运用真诚的微笑、控制你的情绪。

如何倾听：适时总结、鼓励他人、关注重点、听关键词、注意观察、对方优先、消除干扰（不能边听边打电话）。

案例 最杰出管理者的一次失误

一天，本田宗一郎正在闭目休息……

罗伯特："总经理，您看，这个车型太棒了，上市后绝对会受消费者的青睐……"

罗伯特看了看本田，话没说完就收起了设计图纸。此时正在闭目养神的本田觉得不对劲，急忙叫了声"罗伯特"，可他头也没回就走出总经理的办公室。

后来，罗伯特拿着自己的设计到了福特汽车公司，受到了高层的关注，新车上市后给本田公司带来了不小的冲击。

本田认识到了"听"的重要性，也让他认识到如果不能自始至终倾听员工的讲话，不能认同员工的心理感受，难免会失去一位技术骨干，甚至一个企业。

第二节 以培育团队精神为核心的班组建设

班组是企业预防事故的第一阵地。抓好安全生产，核心在领导，关键在班组。安全制度落实得好不好，安全要求执行得到不到位，安全技能水平高不高，班组最有发言权。班组员工主动发现、主动上报、主动处理、主动管理，班组成员有能力、有经验、有担当、有作为，才能更有效地控制生产中的安全风险。

一、准确把握班组、班组长的地位和作用

加强基层建设，是企业推进科学管理、精细管理，全面提高职工队伍素质，打牢企业发展基石的有效途径。而班组是企业生产经营活动的基层组织，是企业一切工作的落脚点。加强班组建设是企业一项长期的战略举措。

1. 班组

（1）班组的概念

班组是企业从事生产经营活动或管理工作最基层的组织单元，是企业组织结构的基石，是连接企业与职工的桥梁纽带，是激发职工活力最活跃的细胞，是提升企业管理水平，构建和谐企业的落脚点。

（2）班组的地位和作用

看企业有没有竞争力，关键要看班组、看岗位，没有优秀的班组工作为基石，企业的腾飞就是一句空话。世界上跨国公司和具有综合竞争力的企业，没有一个是班组建设搞不好的，如果企业班组建设搞不好，企业可以兴旺一时，但绝不会持久。所以，班组建设表面上看是企业内部的微观事务，但把它放到全面建设小康社会、加快

推进社会主义的伟大事业中来认识，放到日趋激烈的国际竞争环境中来审视，意义就十分重大。

“上面千条线，下面一根针”，企业所有的管理目标、管理思想，企业的发展战略、发展方向最终都要落实到每一个班组，正如在战场上，战术再得当、武器再先进，得由一线士兵扣动扳机，班组是企业有限资源的真正使用者。

第一，班组处于企业组织生产经营和管理服务的第一线，担负着保证企业实现生产、经营目标的任务。班组同时也是企业生产经营链条上最基本、最重要的环节，是企业实现劳动者、劳动资料和劳动对象的合理组织及科学结合，以及取得最佳经济效益的场所。劳动者、劳动资料（工具、机器设备等）和劳动对象（原材料）是生产力的三要素。生产力的三要素主要是在班组里实现结合，没有班组内生产力三要素的结合，就没有企业的生产活动。三要素结合得是否适当，直接关系到企业产品产量的多少、质量的高低、经济技术指标的好坏。三要素适当结合，保证企业所有班组按质、按量、按时、低耗、安全地完成生产任务，就能保证企业目标和发展战略的实现。

第二，班组是企业经济活动的细胞，是企业增强活力的源头。“问渠那得清如许，为有源头活水来。”一个企业要发展，就得有活力和生机，而企业活力的源泉来自劳动者的积极性、智慧和创造力。班组是职工从事劳动和创造物质财富的直接场所，是企业中最基本的劳动集体。班组可以带动起整个班组职工的活力和生机。“群众是真正的英雄”“经验产生于最基层”“班组搞不好，企业活不了”，只有班组这个“细胞”活了，具有强大的生命力，才能很好地开发企业活力源泉，使企业“肌体”充满勃勃的生机和活力，只有全体职工的潜能被激活，能力才可被释放。班组的创造力是惊人的，丰田公司之所以被全球生产制造企业顶礼膜拜，其成功的根本在于打造了全员自动自发、持续改善的机制，它能做到数十年如一日致力于一线员工智慧的挖掘，它所提倡的“三现”（现场、现物、现时）主义也正体现出对基层生产一线的重视。

第三，班组是人才成长的摇篮，是企业人才培养的第一阵地。班组是人才成长的起点，人才素养、能力的养成 80% 在班组，企业要基于长远发展，教化引导员工的成长，传承公司文化，把班组作为企业培养各层级接班人的第一阵地，“猛将始于卒伍，宰相发于州郡”，温室里培养不出接班人，正如华为公司任正非告诫新员工的那样“公司永远不会提拔一个没有基层经验的人做高层领导工作”，人才只有在基层一线历练，才能担当起企业发展的大任。一律从基层干起这是任正非提过的明确要求。实战出真知，历练长才干，生产一线班组也是一线技术人员成长的舞台。班组是企业能工巧匠的“聚集库”，是推进企业技术进步、技术革新的生力军，对搞好企业群众性的技术革新和合理化建议活动起着主力军作用，新入职员工如何迈出第一步，将会影响他的一生。班组是他的第一课堂，班长、师傅是他的第一任老师，要从养成教育抓起，尽快使他们融入公司的企业文化，同时，企业班组也是为社会培养优秀公民的阵地，在企业能够遵章守纪，在社会上才能遵纪守法。

第四，班组是企业民主管理的基地，具有团结和稳定职工队伍的重要作用。让员工参与管理是对员工最好的激励形式之一，只有真正把员工当作主人，让他们也参与到企业管理各个环节之中，才能真正实现企业民主管理。全心全意依靠职工群众办企业是最基本的工作原则，参与是最好的激励，使全员自觉参与企业管理，实现全员、全过程、全方位的管理是企业成熟的标志，“每个人都重要，每个人都是组织的主人”，而班组正是实现这一观念的基地，避免“少数人管理少数人”或者“少数人管理多数人”，让一线班组参与制定制度、参与管理对团结和稳定职工队伍有着重要作用，班组是制度落实的基础，制度只有落实到基层才是真正的落实。

第五，班组是企业文化的土壤，企业文化生根、发芽、落地于班组。企业文化建设的重心应放在班组文化建设上，从班组文化建设入手让企业共同的理想信念、价值观念、行为准则等深入到职工心中，企业文化只有在班组生根、发芽、落地才能形成真正的企业文化。因为班组是企业自下而上发展的基础，是完成企业安全生产各项任务的最前沿“小分队”。企业的先进管理理念、科学管理制度、合理劳动组织、完善安全措施，都要靠班组去贯彻落实。班组文化是凝聚班组全体成员的桥梁和纽带，是班组建设的核心内容。优秀的企业文化要靠优秀的班组文化来体现，班组文化建设是检验企业文化建设水平和发展程度的重要标志。班组文化是班组实践企业文化理念所形成的班组管理和行为理念，班组文化体现企业文化的基本特征。

（3）班组的结构特点：“小、全、细、实、公”

班组的结构“小”，相对而言，班组的规模小，成员少，结构简单。

班组的任务“全”，“全”是指企业的任何工作都要落实到班组，企业的人、财、物的指标都在一定程度上指向班组，企业的各项工作都要在班组扎根，这就决定了班组的任务是全方位的，具有全面性。如生产工作、成本核算、劳动保护、环境卫生、资金分配、宣传学习、工会工作、学生实习等。

班组的工作“细”，“细”是指班组的指标任务细、考核检查细、管理要求细，企业的各项规章制度、工作标准、管理办法、细则、措施等都要具体落实到班组，再分解落实到每个工种、岗位，具体到个人。

班组的工作要求“实”，就是要认真落实安全生产责任制，做到责任明确，考核项目、考核标准和奖励办法明确。把企业的各项管理措施和工作目标分解为具体的量化要求，在班组最终落实。

班组的管理要"公"，"公"是公平、公正、公开，班长在管理工作中要公平对待每件事、每个人，不能厚此薄彼。公正地理解上级有关要求、规定，使班组工作自觉和上级保持一致。公开是指坚持班务公开，经营好"班组之家"，培育职工"参政、议政、理政"的能动性。

2. 班组长

（1）班组长的地位

班组长是企业班组的负责人，既是直接生产者，又集基层班组的指挥员、司令、政委、士兵于一身。

从企业管理的纵向来看，班组长处于企业生产指挥的"兵头将尾"地位。班组长作为生产第一线的直接指挥者，需要具体负责并贯彻落实上级的决策，要领导班组完成安全生产任务，实现经营目标，从这个意义上来说他是"兵头"；同时，不管是几级管理的企业，班组长总是行政指挥的终点，从这个意义上来说他又是"将尾"。所以班组长在企业的生产经营管理活动中处于承上启下的重要地位。

从企业管理的横向来看，班组长处于企业生产和管理相互联系贯通的"枢纽"地位。班组长在企业生产中，既代表管理者一方，又代表生产者一方，具有双重身份。班组长通过对班组生产经营的组织和指挥，把企业管理层的意志和决策，分解为班组每位职工的具体行动，处于沟通管理者和生产者之间关系的地位。

从企业班组内部管理来看，班组长在班组生产中、日常管理中起着主导作用，处于"核心"地位。"班长是军中之母。"班组长在生产组织及日常管理工作上应起到"主心骨"作用。班组工作要统一协调地进行，就必须以班组长为核心，精心打造优秀的基层团队，才能保证企业机体健康，在实际工作中，经营层的决策做得再好，如果没有班组长的有力支持和密切配合，没有一批领导得力的班组长来组织开展工作，经营目标就很难落实。

（2）班组长的作用

1）执行指挥作用。正确执行上级的生产指令，按照作业计划组织生产。负责生产现场的管理，及时解决生产过程中出现的各种问题。班组长作为"兵头将尾"，是贯彻制度、措施的桥梁与纽带，是生产现场的直接指挥者和组织者，也是班组生产现场的第一责任者。班组能否有序地开展安全工作，取决于班组长现场作用的发挥。

2）组织协调作用。班组长的职位虽小，但班组内的生产管理、民主管理和思想政治工作等管理内容都要通过班组长来组织实施。同时班组长是班组成员在生产和工作中相互关系的协调者。班组成员之间存在的思想观念、技能特长、情趣爱好等方面的差异、矛盾，需要班组长的及时协调，没有班组长的协调沟通，小毛病可能就变成大问题，小隐患可能酿成大事故，小隔阂可能形成大分歧。

3）第一教练作用。班组是企业培育人才的第一阵地，班组长要像教练一样，带着欣赏的眼光发现、挖掘和培育职工的特长，多渠道、多方面创造条件让员工的特长成为成才的条件，为人才的产生、培养发挥出浇水、培土、施肥的作用。班组长要站在企业战略发展的高度，坚持始终把培养人放在第一位的管理核心，为企业培养各个层级的优秀管理人才和技能人才。“世界上最无价的是，别人作为一个过来人，作为一个旁观者，给你的指点与建议”这在成功学上被定义为帮助你成功的“贵人”，班组长要做这样的“贵人”，既抓住了企业管理的本真，又提高了自我。

4）职业精神第一榜样。班组长的工作性质决定了，每天的工作都必须和班组成员，也就是管理对象面对面的接触。其自身形象的好坏，直接影响班组的战斗力，一个好的班组长，要坚持正确的思维方式，永远不说消极话；要拒绝借口、自动自发养成跑着干活的习惯；要带头学习技术业务知识，善于发现问题和隐患；要在关键时刻冲在前，困难时期干在先，只有这样，才能赢得班组成员的尊重和信任。班组长要做职工职业精神的第一榜样，让自己成为标杆是取得信任与争取追随者的桥梁和纽带。

5）最后一道防线的把关作用。班组是效益产生的源泉，成本控制的 90% 发生于班组；班组是质量管理的保障，产品质量的 90% 形成于班组；班组是安全生产的最重要的防线，企业事故 85% 以上是由现场作业人员“违章指挥、违章操作、违反劳动纪律”造成的，班组长身在生产第一线，亲临生产现场，是治理隐患、治理“三违”的第一责任者。“系统零隐患、设备零缺陷、生产零违章、操作零失误”是班组长的基本职责。要树立“我是最后一道防线”的把关意识，将问题解决在萌芽状态，班组长最接近一线员工，对每一名职工的素质和思想最了解，对“三违”现象看得最清，发现最早，而及时的纠正可以使职工养成遵章守纪的习惯，消除人的不安全行为，更重要的是可防止习惯性违章造成大的灾难。班组长最了解设备运行情况，要始终坚持把发现问题放在首位，这样，可以使设备始终保持正常运行，消除物的不安全状态。

6）思想政治工作的主体作用。经济学原理表明无须投入资本，只要注入关心、爱护等情感因素，就能获得产出。班组长是职工最直接的领导者，同时也是职工最亲近的人，也是最了解职工的人，职工每一个微小的心理变化，细心的班组长都能明察秋毫。其实，每个人的心都像上了锁的大门，任你再粗的铁棒也很难撬开。只有把自己变成一枚细腻的钥匙，进入到人的内心，了解别人，才能打开心锁。班组长最了解职工的心，反之，班组长一句消极的话，可能会使开多次大会以及形成的重要决议都在他面前失效。

7）承上启下的桥梁纽带作用。班组是生产活动最基层的单位，作为“兵头将尾”的班组长，既是班组各项工作的组织者和领导者，又是传达上级精神指示的中间环节，是连接企业中层管理者和基层员工的桥梁，起着承上启下的桥梁纽带作用。班组长这种作用的发挥，可有效防止大企业病。所谓大企业病，就是企业信息不畅、机构臃肿和员工的忠诚度下降。有资料表明，一些大企业的执行效率由上至下呈逐层递减之势，最终落实到基层，其执行效率只能实现34.3%；而企业的反馈系统由下至上逐层递减，最终只能将34.3%的信息反馈到决策层，怎么样避免这种企业厄运之轮，一方面需要企业对组织机构进行改革，实行扁平化管理；另一方面，班组长要正确理解上级精神，不折不扣地将上级的要求传到职工的耳朵，落实到具体工作中。要将一线职工的所思所想、要求及时上传，让上级第一时间掌握第一手信息。

（3）班组长管理的几种类型

1）生产技术型。生产技术型的班组长，一般都是业务尖子，技术高超，处理问题的能力强，但往往缺乏人际关系的协调能力，不主动向他人取经，以为自己技术比别人好，工作方法简单，他们常常陷入“唯业务”和“唯技术”的误区，不会发挥下属的作用，也缺乏培养人的意识。因此，对这一类班组长有必要进行管理知识的培训。

2）盲目执行型。盲目执行型的班组长，缺乏独立思考和管理创新，简单执行，唯命是从，不能正确理解上级的真正意识，上级怎么说，自己就怎么执行，常常表现为态度和作风过硬，理论水平低，业务能力不强，下属会看不起他，出了问题他会逃避和推卸责任，班组工作缺乏活力，处于被动状态。

3）得过且过型。在工作中往往表现为做一天和尚撞一天钟，得过且过，对待自己所从事工作缺乏应有的尊重，缺乏应有的责任心和起码的道德风范。上级要求的，规范中明确的，只是形式上的执行，或者不能将上级的要求及时传达给员工。

4）劳动模范型。劳动模范型的班组长有干好工作的强烈愿望，但无干好工作的管理手段。一般在工作中细致、认真、严守规章制度，能够以身作则，但工作缺乏条理，全凭一个人干，甚至会被下属指挥得团团转，只知道自己埋头苦干，不懂得如何调动班组成员的积极性，让大家去干。

5）哥们义气型。哥们义气型的班组长对待班组成员常常是称兄道弟，像哥们一样，在工作中自然也容易义气、感情用事，缺乏原则性，这实质上是把自己混同于非正式小团体、小帮派的小头目了，没有发挥班组长应有的作用。

6）外科医生型。外科医生型的班组长在进行管理的时候，就如外科医生一样，管理得有条不紊，工作有重点，团队配合默契、交接清楚、全神贯注。在这个团队里，有时不需要语言，一个眼神就能知道彼此如何配合，这种班组长是最好的领导型主管。

国务院国资委要求把班长培养成政治强、业务精、懂技术、会管理和具有现代意识的基层管理者。所谓政治强，始终把培养人放在第一位；始终和公司保持一致（永远不说消极话），把班组变成弘扬企业文化的阵地；把自己拔高一层以更高的视野考虑问题（拒绝借口，自动自发）；善于学习、熟悉政策法规。所谓业务精，对自己所从事的工作要有深切的了解，当一名行家里手、业务骨干、解决问题的专家。所谓懂技术，班组长要能熟练掌握所需要的专业知识、技能，懂得越多越好，越深越好，要掌握所从事职业的发展趋势、最先进的技术发展情况。所谓会管理，班组长要掌握现场管理的基本方法（5S）；掌握学习型组织的管理方法；注重人文关怀、心理疏导；注重培育团队精神。

上海立得催化剂有限公司，在生产操作层面组织制定《生产班组整体优化方案》，组织实施生产班组长全员竞聘（图 3–5），自主选择本班员工；未被选入生产操作班组的员工，实行降薪处理，另成立生产机动班组（负责生产现场的维护保养工作）予以接纳，严格执行“易岗易薪”。

对生产班组、机动班组员工予以动态绩效评定，在生产班组工作绩效靠后的员工随时划入机动班组，在机动班组的员工通过绩效评定优胜的还能重回生产班组，同时在生产班组缺员的情况下，优先采用公开竞聘的方式在机动班组选定优胜员工进入生产班组。

通过对班组进行“三能”（能进能出、能上能下、能增能减）管理，生产班组人员积极性大大提高，技能操作水平进一步提升，班组人员不断优化，优化后节约人工成本各类费用 84 万元。

图 3–5 上海立得催化剂有限公司班组长竞聘与现场考核

3. 班组管理的特点

班组的特点是面向每一个人，把任务落实到个人、考核到个人、管理到个人，是企业生产经营中最细的一个层次。

（1）班组管理的特点

班组管理是直接性管理。班组成员是生产的直接操作者，因此班组管理是面对面的直接管理。

班组管理是具体性管理。班组管理在整个企业管理结构中属于执行层，是管理链条的实施终端，所以一切管理行为都只能是实在的、具体的、针对性强的。管理决策所需要的生产过程信息来自班组，管理职能、制度和目标的落实、分解都终止于班组。这种具体性还体现在班组工作的琐碎和繁杂。

班组管理是群众性管理。班组管理是人人参与的管理，每个人都有自己的生产任务，都是生产者，班组管理的职责又都是班组工人自己承担的，班组成员既是班组管理的主体，又是班组管理的客体。因此，班组的管理既是生产者自己的管理，也是群众集体参与的管理。

班组管理是多元性管理。企业工作千头万绪，一切工作的落脚点又都在班组，班组管理所涉及的对象“人”和“事”的多样性决定了班组管理的多元性。

（2）班组建设存在的问题

找准问题，一线藕丝牵大象；问题失准，千钧大锤砸苍蝇。班组建设中存在的问题主要有：

班组建设有要求而无氛围。多数企业的班组建设采用自上而下、逐层推进、严格考核的方法，对基层缺乏具体指导，致使基层班组对班组建设的目标意义没有得到理解，只停留在形式上、口号上。基层班组方向不明确，参与程度相对较低，应付考核，未形成全员参与的氛围。

班组建设硬件投入多，而软件投入少。班组建设为班组提供了必要的硬件条件，但在如何科学推进策划、效果考核上，则缺乏系统性的思考和方法。

重视制度建设，忽视文化管理。重视班组管理制度建设和考核机制，对班组日常工作进行考核、监督、跟踪，忽略了如何利用文化进行管理，文化管理是最高境界的管理，通过系统、环境的力量来影响、同化员工的思维和行为方式，让员工变被动为主动。

强调物质奖励，忽视精神培育。在班组考核过程中重视物质奖励，但在精神上如何培育、如何进行激励，缺乏一套科学有效的方法，使员工精神领域出现了一定程度的“瘸腿”现象，人是精神的动物，精神的激励、荣誉激励必不可少。

重视现场管理，忽视人的素养培育。重视现场管理，如要求员工对工具、物品进行定置管理，但在如何形成员工日常工作习惯与素养的层面上还欠缺必要的手段和方法。

重视班组长专业技能的提升，忽视其管理能力的培养。多数班组长专业技能强，但缺乏管理经验和科学的管理方法，只会干不会管理。遇到问题，班组长依靠较强的专业技能，主动冲上前，但不知道如何调动班员参与的热情与方法，班长干活，班员看热闹，企业中不注重班组长管理能力的培养，往往将班组长的个体技能提升等同于班组建设。

离开现场管理搞班组建设。班组建设缺乏扎实的做事态度和实事求是的办事作风，热衷于提出一些似是而非的概念或空洞无物的口号，如 N 型班组，“六精管理”（精细、精确、精准、精益、精实、精美）。

班组建设必须集中精神抓现场管理，离开现场管理的班组建设多半是一种虚功。优秀企业的班组建设就是通过一种方法把现场的所有内容统一起来，有机运作，国际上公认的成功工具是 5S，发达国家都把它作为现场的基本管理方法来运用。

（3）新时期现代化班组的变化

班组在企业中面对的各种关系发生了变化。从纵向关系上看，有的企业组织结构扁平化使上下、隶属层次减少、平等互动关系增多、上下级关系弱化、授权增多、自主性和独立性增强；从横向关系上看，内部联系网络化，使横向关系加强、交流知识机构增多。

班组及班组成员的角色发生了改变。现代企业组织的发展趋势使得班组的自主性和独立性增强，很多企业授予了一线班组独立思考和及时处理问题的权力，强调过程控制，倡导无边界管理使问题一露头就被敲掉。班组长与班员之间，班组长由过去的上情下达者和发号施令者向教练、顾问、朋友和服务者转变。

班组在企业中的运行方式、管理方式发生了改变。组织机构扁平化强调管理重心下移，倡导团队式的组织形式，班组也承担着更大的管理责任。组织运行柔性化拓展了班组边界，要求班组对内外环境的变化做出快速反应，自主状态增多，随着信息化的推进，使各级指挥员都能轻松直面一线，一线的信息也能迅速上传至指挥者。同时信息化也丰富了班组的合作经验和管理手段，有助于人们在更大视野考虑问题。

二、班组建设要以培育团队精神为核心

美国加州的红杉树高 90m，相当于 30 层楼的高度，平均树龄在 2000~3000 年。一般来说，自然界的规律是“根深叶茂”，越是高大的植物，它的根理应扎得越深。但红杉的根只是浅浅地浮在地面而已，红杉如何能长得如此高大，且屹立不倒呢？经研

究发现，红杉的成长，必定是一大片红杉林，并没有孤立的红杉，它们的根部彼此紧密相连，一株接着一株，结成一大片，再大的飓风，也无法撼动。红杉的茁壮成长给我们以极大的启迪：事业的成功源于团结协作，如红杉的根部相连，以充分而紧密的团队关系，创造出屹立不倒的伟业。

1. 团队和群体

（1）团队和群体的定义

群体是指两个或两个以上的人，为了达到共同的目标，以一定的方式联系在一起进行活动的人群，群体成员共享信息，作出决策，帮助每个成员更好地担负自己的责任。

管理学家罗宾斯认为，团队是由两个或者两个以上的，相互作用、相互依赖的个体，为了特定目标而按照一定规则结合在一起的组织。团队是由员工和管理层组成的一个共同体，它合理利用每一个成员的知识和技能协同工作，解决问题，达到共同的目标。团队的构成要素总结为5P，即目标、人、定位、权限、计划。

（2）团队和群体的区别

群体是萍水相逢，偶然在一起的一群人，虽然在时间、空间上和团队有某些共同的特点，但他们在心理上没有什么相互影响和相互作用，缺乏协作性，没有凝聚力。

团队不是简单的“1+1=2”，而是“1+1>2”，团队成员为共同使命感和责任感而共同努力，会产生个人努力总和的群体效应。

团队和群体有着根本性的一些区别，群体可以向团队过渡。团队与群体的区别在于，任何聚集在一起的群体，都可以称为团体，如旅游团，观看球赛的人群，在同一单位工作的一群人，在一个教室里上课的学员，在同一个医院上班的医疗人员，但是要成为“团队”，必须要具有共同的愿望与目标，和谐、相互依赖的关系以及具有共同的规范与方法。

群体的作用是中性，而团队的作用是积极性。群体的责任个体化，而团队的责任既有个体的，更强调共同的。群体的信息分散，而团队强调信息共享。群体的技能是随机的或同质的或不同的，而团队的技能是互补的。群体强调个人绩效，而团队则强调集体绩效。

2. 团队精神

中国有一句话叫作“人多力量大”。其实，在群体组织中，并不必然得出“1+1>2”的结果，德国科学家瑞格尔曼的拉绳实验也能告诉我们这一点：参与拉绳实验的测试者被分成四组，每组人数分别为一人、二人、三人和八人。瑞格尔曼要求各组用尽全力拉绳，同时用灵敏的测力器分别测量拉力，测量的结果出乎人们的意料：二人组的拉力只是单独拉绳时二人拉力总和的95%；三人组的拉力只是单独拉绳时三人拉力总和的 85%；而八人组的拉力更是降到单独拉绳时八人拉力总和的 49%。

现代社会把人们组织起来，就是要发挥团队的整体威力，使团队的整体大于各部分之和。而拉绳实验却告诉我们：1+1<2，即整体小于各部分之和。如何消除个人组成团队的不良影响呢？就是要在组织中建立团队精神。团队精神是指组织成员对组织感到满意与认同，自觉地以组织的利益和目标为重，并在各自的工作中尽职尽责，自愿并主动与其他成员积极协作、共同奋斗的意愿和作风。团队精神的核心是奉献，奉献成为激发团队成员的工作动力，为工作注入能量。团队精神的精髓是承诺，团队成员共同承担集体责任。没有承诺，团队如同一盘散沙；做出承诺，团队就会齐心协力，成为一个强有力的集体。

团队精神体现在三个方面：

首先，在团队与成员之间的关系上。团队精神表现为团队成员对团队的强烈归属感，团队成员把团队当成“家”，把自己的前途与团队的命运联系在一起，愿意为团队的利益与目标奋斗。团队成员极具团队荣誉感，在处理个人利益与团队利益的关系时，团队成员采取团队利益优先的原则，个人服从团队。团队与其成员结成牢固的命运共同体，共存共荣。

其次，在团队成员之间的关系上。团队精神表现为成员之间的相互协作。团队成员彼此间利益共享，相互宽容，相互信任。在工作上互相协作，在生活上彼此关怀。团队成员和谐相处，凝聚力强，追求团队的整体绩效。

最后，在团队成员对团队事务的态度上。团队精神表现为团队成员对团队事务的全心投入。团队充分调动成员的积极性、主动性、创造性，让成员参与管理、决策。团队成员在处理团队事务时尽职尽责，充满活力，热情洋溢。

3. 团队建设的真谛

先有团队，才有个人，团队的利益和力量远大于个人。团队不仅强调个人的工作成果，更强调团队的整体业绩。团队所依赖的不仅是集体讨论和决策，它同时也强调成员的共同贡献。但是，团队大于各部分之和，一根筷子轻轻被折断，但把更多的筷子放在一起，想要折断却是很困难的事。

没有完美的个人，只有完美的团队。“一滴水怎样才能不干涸？”“把它放到大海里去。”个人再完美，也就是一滴水；一个团队、一个优秀的团队就是大海。一个有高度竞争力的组织，包括企业，不但要有完美的个人，更要有完美的团队。

团队就是我们学习知识的来源和进步的动力。当团队的每一个人都坦诚相待，都有一份奉献精神时，取长补短，个人的能力肯定会得到大大的提升，三人行，必有我师焉。如果大家把团队里面每一个人的优点长处都变为自己的优点长处，灵活运用，不仅团队的力量日益强大，自己的能力、潜力也会慢慢得到升华。

4. 团队精神的“培育”

班组中团队精神的培育核心是要以员工的成长为动力。一个团队学习的过程，就是团队成员思想不断交流、智慧火花不断碰撞的过程。英国作家萧伯纳有一句名言：“两个人各自拿着一个苹果，互相交换，每人仍然只有一个苹果；两个人各自拥有一个思想，互相交换，每个人就拥有两个思想。”如果团队中每个成员都能把自己掌握的新知识、新技术、新思想拿出来和其他团队成员分享，集体的智慧势必大增，就会产生 1+1>2 的效果，团队的学习力就会大于个人的学习力，团队智商就会大大高于每个成员的智商，整体大于部分之和。这就要求在班组成员之间灌输“我愿意帮助别人，我愿意接受别人的帮助”的思想，同时使他们认识到工作的过程是自我成长的过程，是个人价值在岗位上的体现，只有加强与人合作，才能实现最大价值。

（1）共同的愿景——凝聚人

“没有行动的目标只能是一种梦想，没有目标的行动只能是一种苦役，目标和行动才是成功团队的希望。”“企业愿景”是企业描绘未来的样子，“愿景”应该把员工的心和员工的精神衔接起来。它是一项关于员工和企业想要创造什么的主张，它是值得追求的某种东西，它给在企业中工作的人们提供共同的价值观。

彼得·圣吉特别强调，团队的“共同愿景”一般源于领导者的个人愿景。好的领导创造愿景，清晰明确地陈述愿景，充满真情地享有愿景，并不屈不挠实现愿景。同时，企业的愿景不仅来自领导，要积极筹划以便被员工理解，把愿景变为现实，用愿景来吸引员工做好现实工作，领导层要充分和员工交流愿景，让每个员工都清楚理解它。

企业的“共同愿景”落地，更需要从下至上的过程。小愿景体现大愿景，小愿景保证大愿景的实现。作为一个团队要有自己的愿景，并使全体成员理解它，自觉服从它。团队的凝聚力源自都能认可的团队愿景。

（2）良好的沟通环境——鼓舞人

一个人身在团队之中，良好的沟通是一种必备的能力。对团队而言，成员间的沟通能力是保持团队有效沟通和旺盛生命力的必要条件；对个体来说，想要在团队中获得成功，沟通是最基本的要求。

三人行，必有我师。每一个人的身上都会有闪光点，都值得我们去挖掘并学习。要想成功地融入团队之中，善于发现每个工作伙伴的优点，是走进他们身边、走进他们之中的第一步。欣赏长处，熟悉短处，最主要的是扬长避短。欣赏同一个团队的每一个成员，就是在为团队增加助力；改掉自身的缺点，就是在消灭团队的弱点。在逆境中看到机会而不是困难，并且相信我们的同事会做得很好。

团队成员之间要相互欣赏，团队领导更要欣赏每个员工的闪光点。相信员工的力量，不仅要看到他们的缺点，金无赤金，人无完人，事物一分为二的“方法论”告诉人们，在后进者身上找出优点更重要，要善于做到发现、挖掘、培育员工的闪光点，并将员工的闪光点、偶尔为之的好做法文本化。

要培养团队中的民主气氛，让所有团队成员充分参与团队的各项活动；让所有的团队成员享有同等的发言权，每个人的意见都同等重要，在团队内部培养尊重不同观点的态度；认可团队内部的不同动机、不同意见和价值观；在进行决策、解决问题、化解纠纷或进行团队工作的过程中，综合多种观点；让每一个团队成员参与团队讨论的全过程，使每一个团队成员都获得充分的信息，团队领导要尽量了解更多情况。

（3）真诚的互助合作——成长人

社会分工越来越细，协作也需要越来越强。良好的合作氛围是绩效团队的基石，没有合作就无法取得优异的业绩。长于此、短于彼，每个团队成员都有自己的长处，又都有不擅长的地方。团队能使我们取长补短，没有完美的个人，只有完美的团队。

在团队精神的培育上，就是要让“我愿意帮助别人，我愿意接受别人的帮助”成为共识，让成员之间体会到帮助人的快乐，及时与成员分享快乐，享受接受别人帮助的幸福。通过这种真诚的互助合作，使每一个员工都得到成长。

团队的智慧远远高于个人的智慧，当一个团队真正开始学习的时候，就能产生高效率，团队成员的成长发展速度也会大大加快。

对于石油化工行业而言，更强调团队整体素质的提升。任何一个班组、一个人、一个局部的微小失误，都可能是灾难性的。所以，基本功训练的重点内容在于全员性，要致力于一线员工智慧的挖掘，并通过制度加以固化，迅速放大到整个组织。

中国石化催化剂有限公司每年都会开展全员岗位练兵活动，练兵内容包括生产、设备、安全、党建、管理、企业文化等多个领域，练兵对象涵盖公司所有人员，采取线上线下相结合的形式开展练兵，并且采取个人积分制、年底一次性兑现。每两年会举办一次集团公司级、催化剂公司级业务技能竞赛，以赛促练，通过竞赛评选出各岗位的顶尖人才，并由获奖人员分享传授岗位技能，带动全员岗位技能提升。

（4）建立新型的领导与员工的关系——引导人

现代企业管理中，管理机构的扁平化、经营方向的专业化、人员使用的专业化、生产运行的信息化等构成了新的变化。而管理的核心一直是以人为本，管理的本质是把人们组织起来，帮助他们更好地实现其目的和目标。企业不仅要依靠员工，更要谋求与员工共同发展、实现人生价值、共享发展成果。

领导与员工的关系，不应再是管理者和被管理者之间的关系，而应是朋友、教练和伙伴的关系，领导应由发号施令者转而成为人才培养者。从这个角度来说，团队领导要由“羊倌”向“领头羊”转变。所谓“引导人”就是要以自身的修养、人格，精湛的专业技术让下属敬服，作为一名教练帮助每个成员都能在工作中进步、长本事，以朋友的身份帮助成员解决工作生活中的困难，以伙伴的身份共同完成艰苦的任务。

管理者首先应该把管理的目光投向自己，不间歇地规范自己、完善自己和超越自己，树表率、立诚信、讲亲和，以团队的荣誉作为自己的骄傲。这样，就能使自己成为领头羊，培养众多追随者。

（5）坚持团队学习——培养人

如果把个人学习比喻成细胞，那么团队学习就是器官。团队学习就是在团队合作基础上，为达到一致目标，而持续进行全方位的学习。彼得·圣吉说：“现代组织中，是团队而不是个人成为基本的学习单位，因此团队学习是不可缺少的。当团体真正在学习的时候，不仅整体产生出色的成果，成员成长的速度也比其他的学习方式更快。”可见，团队学习的目的是使团队智商大于个人智商。我们培养团队精神的核心应该是以成长为动力，所谓成长就是个人和团体的成长，让每一个团队成员都能认识到，团队就是学习的来源和进步的动力。团队的智慧远远高于个人的智慧，当一个团队真正开始学习的时候，就能产生高效率，团队成员的成长发展速度也会大大加快。坚持团队学习，学相同才能思相近（共识），思相近才能言相和（共鸣），言相和才能行相辅（共振）。

团队学习可以采取深度会谈的方式。深度会谈是在所有对话者参与的同时，分享所有对话者的意义，从而在团队和个体中获得新的理解和共识的交流活动过程。这个过程是一个人人畅所欲言，充分表达自己意见的过程，大家以多样的观点探讨复杂的问题，每个人提出心中的假设，并自由交换他们的看法。在一种无拘无束的探索中，人人将深藏的经验和想法浮现出来。

亚里士多德曾经说过：“告诉我的我会忘记，给我看的我会记住，让我参加的我会理解。”把基层单位、班组建成学习型团队的关键在于共同参与，利用相同的工作时间、相同的工作环境和工作任务。通过工作学习化，学习工作化，通过学习、讨论，形成共识并努力实践进行共同的验证和体验，在这个过程中，每个人都取得进步。

三、班组长也是思想政治工作的主体

管理就是沟通，在日常工作中 85% 的管理问题是沟通不当造成的，而平行交流的效率高达 90% 以上。企业信息不能及时传递到最基层组织的现象，称之为“脚不跟头”，怎么样避免“脚不跟头”？一方面要把思想政治工作融入中心工作，贯穿于中心工作的全过程，另一方面要发挥好班组长思想政治工作主体作用，让班组长及时获取企业管理信息，同时发挥好班组长和员工的面对面平行交流的沟通优势，上情下达、下情上达。

1. 班组长的角色认知与管理优势

（1）角色认知

面对下级是领导者：确保员工以高度的热情、信心来完成任务。

你应该做到：为班组设立共同的目标，让大家清楚努力的方向；了解每位员工的特点，尽量给每个员工安排合适的工作；利用各种办法激励员工，让他们保持自信和工作积极性；保持与员工良好的沟通，了解他们的需求与愿望；保持幽默和愉快的心情，在解决困难时表现出热情与信心。

面对下级是指挥者：合理组织人力、财力与物力，以确保任务完成。

你应该做到：就工作任务拿出整体思路和具体行动方案；合理分工，明确职责；做好工作的督导检查，及时发现问题，解决问题。

面对下级是教练：能够发现员工工作中存在的不足，并及时提供指导与培训，以改善他们的行动。

你应该做到：善于发现员工的问题所在；设立重点目标，制定培训计划；选择合适的时机与方式进行培训；及时评价与跟进，发现新的问题。

基层员工对你的期望：让每个人清楚要干什么，标准是什么；办事公道，一碗水端平；关心员工对工作的感受，关心员工生活；员工工作遇到困难时，能及时给予指导；对员工出色表现，能及时给予赞扬、认可。

面对上级是执行者：不折不扣地完成任务是你的义务。

你的表现应该是：正确领会上级的意图；服从上级的指挥；就如何完成任务提出你的建议和所需要的帮助；尽力克服困难，圆满完成任务；及时向上级汇报任务完成情况。

面对上级是责任者：你必须为本班组发生的所有情况承担责任。

你的表现应该是：出现问题时，不推卸、不指责和埋怨，主动承担责任，从自身找原因；遇到困难时，走在员工的前边，妥善地解决问题。

中层主管对你的期望：能够准确领会上级的指示和意图，并向员工布置与传达；能够带领本班组成员保质、保量、安全、准时地完成各项生产任务；能够及时准确地为上级提供基层信息。

面对同级是合作者：请站在他人立场上，了解他的需要，并尽力提供配合。

你应该注意：一切从大局出发，不要只关注部门利益；把握双赢原则，实现互利互惠；真诚相待，互相尊重。

（2）如何发挥班组长优势

班组长素有“兵头将尾”之称，他们在第一线，触觉最敏感，也最有发言权，容易感受员工的喜怒哀乐，发现问题快，有时三言两语之间问题就解决了，职工易接受。班组长具有管理优势、疏导优势、可控优势、带头优势、感召优势。

管理优势：班组长既是生产者，又是管理者。这就决定了班组长具有双重职能，他们既要对安全生产进行管理，又要做员工的思想政治工作。

疏导优势：班组长与员工在思想上、感情上接近，容易使员工产生“是自己人”的认同感和信服感，从而有助于发挥对员工的疏导作用。

可控优势：班组长是与员工朝夕相处的直接“顶头上司”，对员工的不良言行，掌握得比较全面，对问题看得清、摸得准；能及时加以制止，并有的放矢地开展批评教育，对员工起到较好的制约作用。

带头优势：班组长是员工职业精神的第一榜样，班组长始终与员工在一起，其一言一行对员工影响很大。

感召优势：班组长一般都是班组的“领头雁”，在班组中具有较大的号召力和感染力。

（3）大企业病与班组长作用

企业厄运之轮讲的是，在企业中信息层层衰减，经过的管理层级越多，信息衰减得越厉害，有统计表明基层的信息经过四个管理层级，最高层领导只能得到基层信息的 34.3%；同样，基层员工得到企业的管理要求也是层层衰减的，经过四个管理层级，只能得到 34.3% 的管理信息。厄运之轮的困境下，问题越来越多、问题越来越大、问题越来越严重……多少优秀的管理者就是这样把自己给毁掉了，这就是厄运之轮，如图 3–6 所示。

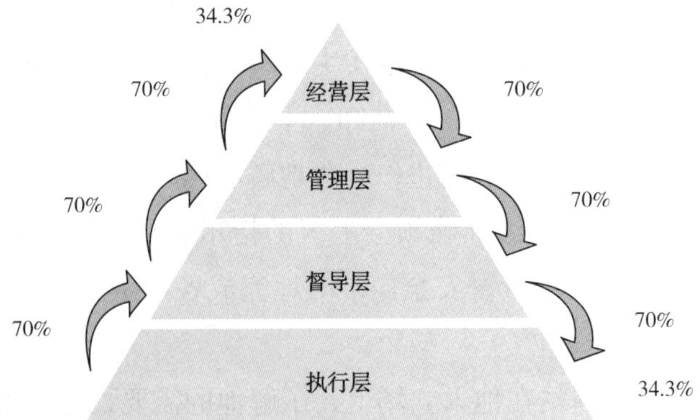

图 3–6　企业信息传递衰减

甚至有些信息是经过加工的二手信息，高层得到的信息是被包装过的，迟到的、最差的信息和最少的信息量汇在一起，往往也就有更大的危害性。所以说，管理者要深入一线跑数据，直面一线向现场要信息。

大企业病：是指企业发展到一定时期、一定规模，出现机构臃肿、信息不畅、效率低下和员工忠诚度下降的现象，大企业病表现出肥胖症、迟钝症、失调症、僵化症。肥胖症：信息不畅、机体僵硬、机构庞大；迟钝症：职责不清、文山会海、决策复杂；失调症：本位主义、矛盾增多、协调困难；僵化症：安于现状、墨守成规、保守封闭。

大企业病在班组建设的表现：强调制度、体系建设，但制度却识别不到岗位；强调内控管理、业务流程建设，但每个人都在对流程负责，不对这件事的结果负责，把业务做成事务；强调加强思想政治工作，但一线班组却不了解公司的主张；强调密切和职工群众的联系，但领导干部却不能直面一线……

如何解决大企业病？企业领导要直面一线，让班组长更多掌握管理信息资源，做到上情下达；班组长要及时向上一级反馈生产信息和员工身体状况、心理状态等，做到下情上达。

2. 思想政治工作的及时性决定有效性

（1）做到“三个第一”“四看十查”“五清楚、六必访、七必谈”

“三个第一。”思想政治工作的及时性决定有效性，班组长在日常管理工作中，要第一时间发现员工思想变化并开展工作，第一时间发现并纠正员工违章，第一时间上情下达、下情上达。

案例 女职工长发卷入机器中

女工覃某是某公司塑料厂员工，相貌俊秀，长发齐腰，平常的一个工作日，接班后，她就走向生产线进行巡检，不料，长发被卷进传送轴。当其他工友闻讯赶来时，只见她的头发已经完全被卷入机器中，头皮已经卡在了传送带缝隙。一个工友立即上前关闭机器电源，但是已经来不及了，此时覃某的头皮已经被全部扯了下来。大家赶紧把她送到医院，其他工友随即将被卡住的头发剪断，将她的头皮送往医院。经过抢救，医生用原皮回植，手术成功，但覃某头部可能不会再长头发了。

事故调查表明，该名女职工上班没戴安全帽，是这起事故的直接原因。然而，深层次原因是，该名女工正值离婚期间，情绪低落、精神恍惚，以至于忘记戴安全帽。

分析这起事故，我们设想一下，如果，带班班组长能够第一时间观察到她的情绪变化，并马上进行必要的心理安抚，可能这个事故就避免了。思想政治工作的及时性决定有效性，开展“四看十查”活动，使班组长在第一时间发现员工思想变化并马上开展工作，会有效避免事故的发生。

壳牌公司研究表明，70%的死亡事故发生时都有同事在场，90%的安全事故与工作时的违章有关，为此，壳牌公司不仅要求全体员工遵守制度，而且赋予他们权力——积极干预他人的不安全行为，这种干预完全不受职级限制。

“上班看脸色、班中看干劲、吃饭看饭量、休息看情绪。”员工心情舒畅是员工安全工作的基础，班组长要关心员工心理、情绪变化，从而第一时间做好思想政治工作。

班前“十查”：是否有伤有病？是否连续工作？是否酒后上岗？是否失眠困乏？是否玩乐过度？是否离岗时间长？是否新到岗或到新岗？家庭有无大事、急事、难事？到岗途中有无麻烦？有无严重的社会纠葛？

在基层建设中抓思想工作，离不开班组，作为最基层的组织机构，班组是思想工作的基础和前沿阵地，班组长是思想政治工作的主体，班组工作要做到“五清楚，六必访，七必谈”。

所谓“五清楚”就是：

清楚一：对员工家庭状况要清楚，即对每个员工的家庭收入、家庭成员、社会关系等方面要有所了解；

清楚二：对员工性格爱好要清楚，即对员工的人生观、价值观以及特长爱好要有一个深入的了解；

清楚三：对员工工作表现的优缺点要清楚，即对员工在工作中的优势和劣势要明了，取其长而补其短，发挥员工在工作中的主观能动性；

清楚四：对员工的业余生活和社会交往要清楚，即关心员工的业余生活、文体活动，积极引导员工在交际方面的良性发展；

清楚五：对员工不同时期的思想变化要清楚，即掌握员工的心理变化规律，根据员工工作规律性积极引导员工思想健康发展。

所谓“六必访”就是：

必访一：员工婚丧嫁娶要必访，即员工婚丧嫁娶等，要亲自到现场或委派代表进行祝福或慰问；

必访二：员工家庭发生矛盾要必访，即员工夫妻间、兄弟姊妹间因某些原因发生矛盾冲突时，积极进行劝说调解，消除矛盾，实现员工的家庭和睦；

必访三：员工生病住院要必访，即员工无论因工伤还是其他意外伤害生病住院，要亲自到医院或委派他人进行慰问并送上健康祝福；

必访四：员工家庭有困难要必访，即员工家庭因经济或者其他原因出现困难时要进行资助或帮助，使其家庭形势好转，能专心工作；

必访五：员工缺勤旷工要必访，即员工出现缺勤和旷工情况时，要与个人进行谈心或进行家访了解原因，努力帮助其改正；

必访六：员工本人和家庭发生重大变故要必访，即员工本人和家庭因不可抗拒力量发生重大变故时，要进行深入了解，尽心尽力对员工进行帮助，并积极引导员工用平常的心态去面对，确保员工和家庭渡过难关。

所谓“七必谈”就是：

必谈一：员工思想波动要必谈，即员工个人思想有情绪、有波动时，要主动进行谈心交流，用正确的人生观、价值观去进行指导、引导，变波动为平稳；

必谈二：员工受到批评要必谈，即员工在工作中出现失误受到批评时，要进行教育指导，使其认识错误并加以改正；

必谈三：员工人际关系紧张要必谈，即员工与上级领导之间、同事之间发生矛盾导致关系紧张时，要通过谈心疏导，找出原因，解开疙瘩，达到团结；

必谈四：员工工作变动要必谈，即员工工作发生调动或免除时，要进行新岗位的教育培训或思想开导，使其迅速适应新环境、新岗位或重新定位自己找到合适的岗位；

必谈五：新员工入队要必谈，即新工人进入工作队伍时，要从工作、生活等多方面去关心他、爱护他，以师带徒，以身示范，使其尽快适应工作环境，熟悉岗位工作逐步成熟起来；

必谈六：员工完不成工作任务要必谈，即员工完不成工作任务时，要进行询问了解其原因，从工作技巧或精神鼓励上进行帮助，使其在以后的工作中能够顺利完成或超额完成任务；

必谈七：员工发生“三违”要必谈，即员工在工作中发生“三违”现象时，不要用批评和处罚来对待，而要从心灵上进行沟通，通过耐心的教导和帮助，真正从根本上杜绝“三违”的发生。

上述对班组工作“五清楚，六必访，七必谈”的要求，实际上就是在工作上体现企业对员工的关怀和爱护。而且企业对员工的责任不仅限于工作时间，还要延展到八小时之外。

（2）班组长要应用“费斯汀格法则”，防止员工不良情绪的传染

美国社会心理学家费斯汀格（Festinger）有一个很出名的判断，被人们称为“费

斯汀格法则”：生活中的10%是由发生在你身上的事情组成的，而另外的90%则是由你对所发生的事情如何反应所决定的。换言之，生活中有10%的事情是我们无法掌控的，而另外的90%却是我们能掌控的。

案例

卡斯丁早上起床后洗漱时，随手将自己的高档手表放在洗漱台边，妻子怕被水淋湿了，就随手拿过去放在餐桌上。儿子起床后到餐桌上拿面包时，不小心将手表碰到地上摔坏了。卡斯丁疼爱手表，就照儿子的屁股揍了一顿，然后黑着脸骂了妻子一通。妻子不服气，说是怕水把手表打湿。卡斯丁说他的手表是防水的。于是二人猛烈地斗起嘴来。一气之下卡斯丁早餐也没有吃，直接开车去了公司，快到公司时突然记起忘了拿公文包，又立刻转回家。可是家中没人，妻子上班去了，儿子上学去了，卡斯丁钥匙留在公文包里，他进不了门，只好打电话向妻子要钥匙。妻子慌慌张张地往家赶时，撞翻了路边水果摊，摊主拉住她不让她走，要她赔偿，她不得不赔了一笔钱才摆脱。待拿到公文包后，卡斯丁已迟到了15分钟，挨了上司一顿严厉批评，卡斯丁的心情坏到了极点。下班前又因一件小事，跟同事吵了一架。妻子也因早退被扣除当月全勤奖，儿子这天参加棒球赛，原本夺冠有望，却因心情不好发挥不佳，第一局就被淘汰了。

在这个事例中，手表摔坏是其中的10%，后面一系列事情就是另外的90%。都是由于当事人没有很好地掌控那90%，才导致了这一天成为“闹心的一天”。

试想，卡斯丁手表摔坏之后，假如换一种反应，比如，他抚慰儿子：“不要紧，儿子，手表摔坏了没事，我拿去修修就好了。”这样儿子高兴，妻子也高兴，他本身心情也好，那么随后的一切就不会发生了。可见，你控制不了前面的10%，但完全可以通过你的心态与行为决定剩余的90%。

在现实生活中，常听人抱怨：我怎么就这么不走运呢？每天总有一些倒霉的事缠着我，怎样就不让我消停一下有个好心情呢？谁能帮帮我？

这都是一个心态问题。其实能帮助自己的不是他人，而是自己。倘若了解并能熟练运用“费斯汀格法则”处事，一切问题就能迎刃而解了。

（3）关注员工的心理健康和身体健康

人的情绪对人的安全行为具有重要的调节与控制作用，如员工受生活事件的影响与事故强相关，员工的生物规律与安全行为也是相关联的，员工生理状态和身体健康水平决定员工的工作质量。

应用人体体力、情绪和智力的变化规律，做好安全工作。

20 世纪初，德国的一个内科医生威尔赫姆·弗里斯和一位奥地利心理学家赫尔曼·斯瓦波达通过长期临床观察发现病人的症状、情感和行为的起伏变化，存在着以 23 天为周期的体力变化和以 28 天为周期的情绪波动规律。大约 20 年后，奥地利的一个大学教授，研究了几百名高中生和大学生的考试成绩以后，发现人的智力也存在着一个以 33 天为周期的波动规律。后来的一些学者经过反复试验，认为每个人从他出生那天起，直至生命终止，都存在着周期分别为 23 天、28 天、33 天的体力、情绪和智力的变化规律，并用正弦曲线绘制出人的变化周期曲线，如图 3–7 所示。

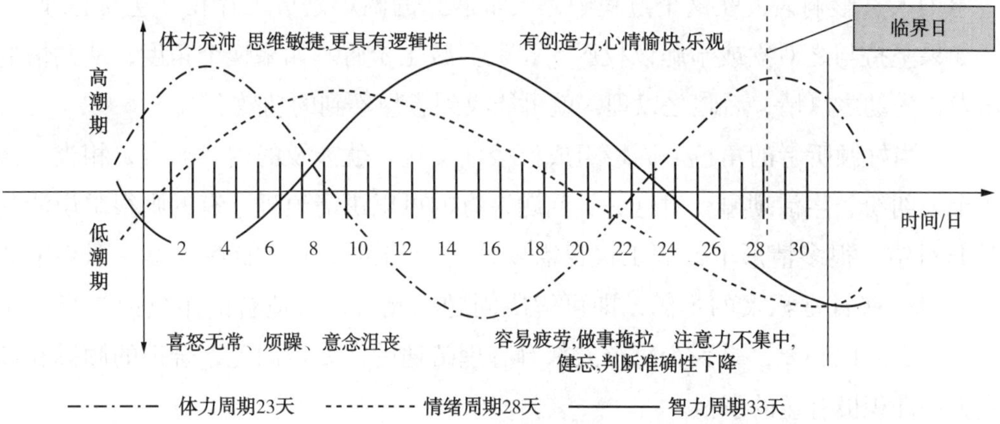

图 3–7　人的变化周期曲线

在每一个周期中，上半周期对人的活动起到一个积极、良好的作用，称为高潮期。体力表现为体力充沛；情绪表现为有创造力，心情愉快、乐观；智力表现为思维敏捷，更具有逻辑性和解决复杂问题的能力。下半周期对人活动有一个消极、抑制的作用，称为低潮期。体力表现为容易疲劳、做事拖拉，情绪喜怒无常、烦躁、意念沮丧，智力表现为注意力不集中、健忘、判断准确性下降。在所有三个周期中，由高潮期向低潮期或由低潮期转向高潮期的那一天称为临界日。在体力周期和情绪周期临界日发生事故的可能性很大；而智力周期临界日在安全方面则认为是不重要的，但如果和其他临界日相重，则产生的综合效果增大。在情绪周期与体力周期的临界日相重时，发生事故的概率更大，双重临界日一年中大约有六次。三重临界日一年中有一次，按生物节律的理论，发生危险的概率将增长到最高程度。

除人自身体力、情绪和智力的变化规律外，外界因素同样会影响员工的身体健康、心理变化。山东电网某公司一位职工在高空作业时眩晕，差点酿成事故。该公司抓住这件事不放，刨根问底：为什么会眩晕？因为没吃早饭。为什么没吃早饭？因为孩子患病，妻子上夜班，来不及做。得知真相后，该公司制定了一条规定，每逢重要操作任务，一律在单位集体就餐，“不吃早饭就是违章！”

3.班组长思想政治工作的方法

（1）换位思考，将心比心、以诚相待

思想政治工作离不开说，班组长作为班组的领头人，要养成与班组成员谈心交流沟通的好习惯，在沟通交流的过程中，尤其要注重方式方法，真心实意地当好三种角色，做到将心比心、以诚相待。

一是做好共情角色。班组长与班组成员谈话交流的目的，就是为了说服人、教育人、感染人、影响人，在这个过程中，最常遇到的困难是员工存在“逆反心理”。此时，如果坚持与之对立或干脆以权压人，就会激化矛盾。如果换个角度，从共情的立场出发，先动之以情，后晓之以理，就可能收到意想不到的功效。

二是当好倾听者的角色。同班组成员谈话交流，就涉及的内容而言，相当一部分属于个人纠纷、生活琐事。对这一类问题，有的可以讲清道理，有的则很难说清其中的是非对错。很多情形下，职工仅仅需要几句恰当的安慰，能够诉说一下心中的委屈，宣泄一些日常积聚的不满，即可解决问题。此时，最适合的角色便是当好倾听者。倾听之所以必要，是因为每个人都有心理疏通的需要。因此，合理的倾诉和宣泄就成为一件积极有益的事情。

三是扮好“过来人”角色。“过来人”角色是敞开心扉给人看，以自己的亲身经历或体验启发对方自觉地认识错误。有的时候，犯了过错的职工已形成种种为自己开脱的心理准备，若是一上来就加以训斥或质问，则会让对方感觉到班组长是在威胁自己，就会以强硬的态度进行反抗，或者找出许多客观理由来为自己辩解。相比之下，采用“过来人”的角色，将心比心，以情感人，效果自然会好得多。

“管理者的最低行为就是员工的最高标准。”班组长不能把自己定位在严格管理之外，要求班组成员做到的自己没有做到。班组长要想管好班组成员，让大家自觉服从管理，先管好自己是前提。班组长在学习、工作中要时时刻刻严格要求自己，任劳任怨、埋头苦干，困难面前抢在前，不计较个人得失，以率先垂范的行为感召、引导和教育职工，这是做好班组思想政治工作的前提。

（2）赢得信任是基石

信任被认为是一种依赖关系。我愿意跟你一起出去打猎，我愿意跟你一起做买卖，我愿意跟你一起冲锋陷阵，靠的都是熟人之间的感知和判断。这些，人工智能还做不到。人工智能会是无比聪明和强大的工具，但是人类身上藏着的感知能力，那份良知良能是大自然几十亿年进化出来的极其灵敏的工具。

信任飞轮：人和人的感知一旦叠加，会形成一股漩涡般强大的力量，不断地卷入更多的人、更多的外部资源，推动一个东西飞速旋转，称之为“信任飞轮”。

稻盛和夫——世界著名实业家、哲学家，创建的两个世界级公司京瓷公司、第二电信公司都进入世界500强，后来，他以78岁高龄出任日航总裁拯救濒临倒闭的公司，仅用424天，就使日航起死回生。他说：“我爱员工，员工就会爱顾客，更多的人就会选择日航。”这即是所谓的“信任飞轮”。

班组长如何取得员工的信任呢？

一是要具备高尚的品德和较强的技艺。优秀的品德是树立威信的重要因素，班组长天天与职工一起学习、工作，只有做到大公无私、不贪功利、严于律己、处事公正，才能受到班组成员的尊敬。同时，具备较强的技艺，专业立身，善于解决现场问题，这样，才能赢得班组成员的信服。

二是要正确对待职工的不同意见和牢骚怪话。当自己的意见与职工的看法出现分歧时，班组长要善于容纳不同的意见，同时要善待职工的牢骚怪话。不可否认，职工有些属于歪理的怪话，不符合要求，需要批评教育。但更多的牢骚话，往往道出了职工的真实想法，也在一定程度上反映了真实情况，可以说是检验班组长决策的晴雨表。因此，班组长对待班组成员不同意见和牢骚怪话的正确态度，应该是“闻逆言而不怒，闻错言而不怨，闻微言而不弃”。要从班组职工的牢骚话中提炼总结出不足的地方，并虚心、积极地修正。

三是要学会善于围绕“人”字做文章。一个班组就好比一个家庭。由于每个成员受教育的程度不同、素质高低各异、接受新鲜事物的能力不一样，每个人都有不同的特性和脾气，也有自己的长处与弱项，作为班组长只有根据班组成员的性格特点等综合情况，细心研究并做好“人”的文章，营造正气，抵制邪气，才能让大家自觉拧成一股绳，劲向一处使。

要善用“小能人”。每个班组都有一些“小能人”，有的聪明伶俐，有的业务高超，有的会写，有的善说，班组长要善于利用每个人的长处，通过发挥每个人的长处，带动其他职工业务技能、思想素质等综合水平的不断提升。

要关心“老实人”。有的职工秉性耿直、不善表达，处处吃苦在前，能够埋头苦干，作为班组长一定要对工作勤恳、性格内向的人，更加关心和爱护，不能让他们觉得付出了等于不付出，从内心产生不平衡感，要保护这些人的积极性，让他们感到付出得值。

要管好“调皮人”。对这样的职工，要做到原则问题不迁就，鸡毛蒜皮不计较，既坚持原则，又灵活掌握，并经常与他们谈心，中肯地指出他们的不足与缺点，使他们逐步改掉不良习气。

要做公正人。管理的准则是公平、公正与公开，随着社会的发展，职工的民主意识越来越强。班组长在管理工作中，不能偏心眼，特别是在班组成员敏感的问题上，更要做到民主、透明，一碗水端平。

（3）满足员工成长需求是根本

企业要坚持把培养人放在第一位，班组长也要从满足员工的成长需求出发做好工作，这是一个根本问题，员工在自己的工作岗位，每一天都在进步、成长是最有价值的一件事。

班组长要授之以渔，当好“贵人”，及时给员工指点。班组长要鼓励员工学习新的技能，让其在不同岗位锻炼，为员工增值，这是最好的思想政治工作。班组长要坚持抓员工教育不放松，努力培养员工良好的安全习惯，使其一出手都是正确的，都非常精准。班组长要积极把优秀的部下举荐给上一级领导，美国著名心理学家詹姆士曾经说过“人性最深刻的原则就是希望别人赏识自己”。班员取得进步时，班组长一个信任的微笑、一次肯定颔首、一个激励的眼神、一句鼓励的话语等这些及时性的奖励会产生意想不到的效果。

案例　中平能化“456789”班组现场管理模式

四排查：不安全的人、不安全的环境、不安全的事、不安全的设备和工具；

五规范：岗位标准、作业标准、工作标准、质量标准、员工行为；

六巡查：工程进度、工程质量、工作质量、安全隐患、文明生产、文明行为；

七落实：任务到人、责任到人、安全到人、考核到人、分配到人、工作点到人、工具设备到人；

八确认：生产任务、作业准备、隐患排查处理、措施到位、设备运行情况、材料情况、岗位操作标准、组员个人基本情况；

九到位：隐患查处、技术管理、质量控制、设备保养、成本核算、任务落实、向值班领导汇报、与上下班交接、三员二岗作用发挥（班组安全检查员、质量监督员、群众监督员和党员安全岗、青年岗）。

案例　中国石化催化剂有限公司长岭分公司“创新班组管理，提升装置现场执行力”

一、实施背景

云溪裂化剂联合车间成立于2019年4月11日，车间有50000t/a裂化剂生产线1

条，以及配套18000t/a Y型分子筛生产线4条和20000t/a NaY分子筛生产线1条。开工初期，主要面临人员紧缺、劳动强度大、装置未达标达产、奖金系数低等几个尖锐问题，并且新装置开工过程需要一个摸索期，班组对于新装置的操作熟练程度不够，设备工艺问题逐步暴露，非计划停工时间较多。创新班组管理，提升全员积极性和装置现场执行力势在必行。

二、基本做法

1.人员优化调整，发挥最大战斗力

实行“增人不增奖，减人不减奖”的人员精简管理模式，NaY分子筛单元单独组建大NaY班组，实行专业化管理，抓住质量源头；改性分子筛单元和裂化剂单元合并组建联合班组，实行横向管理。2020年大力推进岗位大联合改革，大联合岗位设置大主操、主操和岗员，更加注重大联合岗位中各工序之间的互相配合和合作，实现工序之间主次结合，重点突出，以适应将来中控室投用之需，又解决了车间当前缺员的紧迫问题。

2.开展大融合讲堂和“导师带徒、精一岗会多岗”活动

要求班组党员、生产骨干、班长、管理人员等定期把自己所学、掌握的好的技能、技术、操作经验和新操作法制作成ppt课件，定期进行交流学习。另外大力开展“导师带徒、精一岗会多岗”活动，适应新装置新特点，解决人员紧张问题，保证装置安全生产（图3-8、图3-9）。

图3-8　导师带徒现场教学

3.强化基础管理

提升基本技能首先健全车间经济责任制，并落实到位；成立一系列攻关小组，解决装置瓶颈；加强专业训练，打造技能型班组，不断摸索和优化改进，将总结提炼出来的最佳操作参数进行固化，形成操作指南，在全员中灌输和定型，指导优质生产。

图3-9　打造技能型班组，现场交流研讨

4.建立岗位重要操作参数交接班互检制度

将各工序影响产品质量和产量的重要操作参数纳入交接班重点管理项目，对交接班实行互检制度，每班设立互检员互

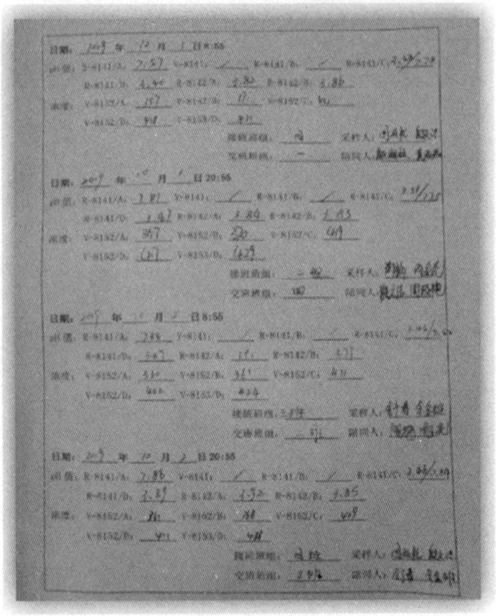

图 3-10　建立岗位重要操作参数交接班互检制度

相抽检，保证重要参数的控制到位（图 3-10）。

5. 挖掘员工潜能，打造创新型班组

针对装置生产过程中关键环节、设备和控制点出现故障，号召基层广大操作员积极编写处置方案，形成操作手册，保证了装置生产“安稳长满优”。

6. 大力开展班组劳动竞赛，打造节约型班组

从质量、产量、收率和成本等方面建立班组劳动竞赛制度，并依据“增人不增奖，减人不减奖”原则，做到奖优罚劣，提高全员降本增效的重视度。另外建立月度班组成本分析制度。

7. 实施班组民主管理，打造和谐型班组

每班给予 2000 元的日常考核奖金，由班组二次分配，用于奖励那些日常工作干得较好的。班组长在严格执行制度的基础上实施人性化操作，使职工有归属感、认同感。车间劳动竞赛各岗位分开考核，杜绝吃大锅饭现象。

8. 实施班组帮扶制度

鉴于班组人员精简，装置区域大，生产任务重，现场整改难度大，车间制定班组管理提升帮扶制度，具体办法：将车间白班管理人员分成 5 组，分配至车间 5 个班组，对班组管理工作进行帮扶、提高。管理人员按照班组区域帮扶分组情况，车间对全年班组管理提升帮扶组各项工作完成情况进行嘉奖；同时，对解决生产过程异常、加班开停工、义务加班等表现突出的同志进行个人或团队嘉奖。

9. 成立日常运维班

针对装置纯体力工作和部分需要体力的技术工作在处理上时间相对固定，车间从各班组抽调人员组建生产日常运行维护班，规定具体工作范围、具体工作界定条件以及班组卫生规格化整改区域，从而释放劳动力。

三、实施效果

装置在 2019 年 7 月顺利达标达产，连续两年获得长岭分公司先进集体称号，2020 年顺利通过绿企创建，获评“绿色基层”。创新班组管理较好地提升了生产班组发现问题和解决问题的能力，生产日益稳定和顺畅，又较好地优化了生产骨干年龄层次和技能水平结构，优化了车间人才成长通道。

四、评价与体会

班组工作对车间生产各项工作的完成具有举足轻重的作用，只有通过创新班组管

理，调动班组积极性，全员参与到车间工作中来，上下一心，才能保证车间各项任务的完成。

第三节　建设“我们要安全”的安全文化

文化主导行为，行为主导态度，态度决定结果，结果反映文化。“你将达到的安全水平取决于你展示你愿望的行动”，这是杜邦公司的至理名言。企业的安全文化主导员工的行为，从而决定企业的核心竞争力。华为公司的任正非就曾经讲过：“文化是为华为公司的发展提供土壤，文化的使命是使土壤更肥沃、更疏松，管理是种庄稼，其使命是多打粮食。”

一、企业文化、安全文化的基本概念

1. 企业文化的基本概念

（1）企业文化

企业文化是在一定的条件下，企业生产经营和管理活动中所创造的具有该企业特色的精神财富和物质形态，包括：文化观念、价值观念、企业精神、道德规范、行为准则、历史传统、企业制度、文化环境、企业产品等，是一种不同于其他企业的特定元素。

（2）价值观是企业文化的核心

价值观：就是行为背后的原因，是指一个人对周围的客观事物的意义、重要性的总评价和总看法。

企业价值观：就是要回答企业为什么存在，存在的意义是什么。

核心价值观：是一个公司最重要的最持久的指导原则，是不需要任何证明的系列的根本信条；是企业的思想路线；是员工自觉遵循的基本想法和行动指南；是企业的思维方式；是企业的基本个性。企业核心价值观常见维度：客户、员工、品质、市场、诚信道德、社会责任。

企业核心价值三大要则：尊崇规律、敬畏客户、凝聚员工。

尊崇规律：大前提，企业需要合规合法运行，合法合规是企业生存的前提，规律是天道，顺应规律企业才可兴盛。尊崇什么样的规律呢？尊崇商业规律、尊崇行业规律、尊崇社会发展规律、尊崇经济发展规律。

敬畏客户：明确客户价值的理念，客户是企业的衣食父母，只有为客户提供价值的企业才会长寿。明确终端客户的理念，将服务延伸到终端客户。明确企业与客户间

的关系，企业要把自己当作一个医生，为客户提供一揽子解决方案。明确换位思考的思维方式：“如果我是客户，我需要什么？”明确为客户服务的最高境界，全部满意→令客户惊喜→令客户感动。这是因为，企业核心竞争力 = 为客户创造独特价值的能力 + 组织执行力。如丽思·卡尔顿酒店：我们以绅士淑女的态度为绅士淑女提供服务。如华为：眼睛盯着客户，屁股对着老板。

凝聚员工：尊重员工，员工是企业的平等合作伙伴；开发员工，企业收益依据员工产出，企业强大基于员工成长；约束员工，保证员工能够有效产出可交换的价值；凝聚员工，与优秀员工的长期合作能使企业效益最大化。

（3）愿景、使命、目标

企业的愿景是指对一个企业的前景和发展方向的一个高度概括的描述。一般由企业核心理念和对未来的展望构成。企业的使命是指一个企业的生产经营的哲学定位，也就是经营观念。

企业目标就是实现其宗旨（使命）所要达到的预期成果，是一个企业发展的终极方向。区别：目标具体，愿景笼统；目标是即将实现，能够通过努力实现的规划，愿景是一幅前景，能够指引员工前进的理想。愿景有助于确定发展目标，发展目标为实现愿景服务。

企业使命是回答我们存在的价值是什么，也就是经营理念。企业使命的基础是企业愿景，企业愿景包括企业使命，企业使命是企业愿景中具体说明企业经济活动和行为的理念；企业愿景不表达企业经营行为的领域和目标；企业使命包括企业哲学、企业宗旨两部分；企业使命表明公司存在的根本目的和理由。

案例 中元成公司优秀执行 30 条

1. 发现不了问题是最大的问题。
2. 思考问题上行一级，把自己拔高一层考虑问题。
3. 没有记录就没有发生，没有总结就没有提高。
4. 善于发现问题，善于总结经验，善于马上解决问题，善于从根本上解决问题。
5. 不冒职业风险，不犯低级错误。
6. 结果不好就是不好，不要解释，要结果。
7. 积极响应、认真策划、主动回复、及时总结、乐于分享。
8. 任何事故都是可以避免的，任何事故都可追溯管理原因。
9. 人生如旅行，工作是修行。
10. 数据的真实性是企业的生命。

11. 答案就在现场。

12. 好领导的标志是耐心听员工把话说完，好员工的标志是始终和公司保持一致。

13. 每一个人每一天所做的事都要有价值，不能把业务做成事务。

14. 工作质量 = 安全。

15. 坚持和细节一样重要，起于落实成于恒。

16. 当“贵人”成就他人，交“高人”提升自我。

17. 把自己当作一个医生，为客户提出一揽子解决方案。

18. 成功的基础是坚持做专业，只有专业人士，才能把一件事理解得很专业，把一件事做精、做透、做绝。

19. 多想一遍，少说错一句话；多看一遍，少做错一件事。

20. 管理是盯出来的，技能是练出来的，办法是想出来的，潜力是逼出来的。

21. 没做好就是没做好，没有任何借口。随便找借口，成功没入口。

22. 努力赞美别人，赞美别人 = 复制别人的优点。

23. 不需要你看到别人没有用，要让别人看到你有用。

24. 不要指望别人帮助你，要指望别人需要你。

25. 沟通重在换位思考。

26. 做足一百分是本分。

27. 做事三要素，计划、目标和时间。

28. 任何人都可成为老师。

29. 你今天的日积月累 = 别人明天的望尘莫及。

30. 公司利益高于一切，团队至高无上。

企业文化的一切努力和最终追求是员工行为习惯的形成、共同的行动模式及明确的价值行为选择，企业文化是否取得效果，关键在于“理念”“制度”和“习惯”。中国石化催化剂有限公司积极推进“专业化重组企业文化和管理融合的探索与实践”，着重从“让文化理念促进企业和客户及其他利益相关者达成共识；让文化理念和企业管理政策及制度的建设相辅相成，实现在制度层面的有效落地；让文化理念落实到每个员工的自觉行动中，最终成为员工行为习惯”三个角度出发，不断提升公司自身综合管理能力和核心竞争力。形成了《企业文化诊断报告》《企业文化手册》《员工行为指引》《企业文化故事集》《企业管理大纲》等企业文化建设成果。搭建了活力文化节、《活力》期刊等文化建设宣传展现载体（图 3-11）。

图 3-11　中国石化催化剂有限公司企业文化成果

2. 安全文化的基本概念

（1）安全文化的提出

1986 年 4 月 26 日，苏联切尔诺贝利核电站四号反应堆因有关人员玩忽职守、粗暴违反工艺规程而发生核泄漏事故，超过 8t 的强辐射物质喷涌而出，20 多万平方公里土地及居住其上的 320 万人受到核辐射污染侵害。至 2006 年的 20 年中，共计 27 万人因此致癌，9.3 万人病危死亡，善后工作已花费 150 亿美元。事故使昔日繁华的普里皮亚季小镇至今仍是死亡之城。至今，4 号反应堆下的 200t 核燃料的残留物亟须加固，放射性辐射将持续 10 万年。新掩体还将耗资 10 亿 ~20 亿美元，这起事故是“二战”以来最大的核灾难。

在事后调查中科学家发现，切尔诺贝利核泄漏的事故主因并不是缺乏防护措施或技术不成熟、机械故障等客观原因，这是一起典型的人因事故。核电，作为当时世界最顶尖的技术领域，从 1954 年世界第一座核电站——苏联奥布宁斯克核电站并网发电以来就一直受到世人的关注，其中核电安全方面的研究更是重点。至 1986 年，核电技术已经相当成熟，核安全配套设施的构建也趋于完善，按理说这样的核事故是不应该发生的。但是，他们却忽视了人这个最关键的安全因素。最坚固的堡垒往往是被人从内部攻破的，切尔诺贝利也是由工作人员自行切断了自动保护系统，实验时也是内部工作人员关掉了蒸汽分离器的安全联锁系统，一系列的人因错误最终导致了惨剧的发生。

1987 年，科学家在递交切尔诺贝利核泄漏事故调查报告的同时，也提出了核安全文化这一概念。概念指出，人才是安全的最重要因素，如果不能消除人的因素，即使技术再成熟，防护设施再先进，事故也依然会发生。核安全文化也就是我们现在的企业安全文化的源头与前身，它第一次将安全文化推上了安全建设的舞台。

切尔诺贝利核泄漏事故主要原因：有人做了不该做的事，有人没做该做的事！

事故教训：先进的技术、严格的管理不能避免事故的发生！

经验启示：安全管理说到底是对人的管理，对于人，必须上升到安全文化管控才有效！“薄弱的安全文化”是导致此次灾难的一个重要因素。

自此以后，安全文化在其他主要事故调查和系统失效分析中被讨论和采用。我们再看看杜邦公司是如何进行事故反思的。

2014 年美国当地时间 11 月 15 日凌晨，世界第二大化工公司美国杜邦公司位于休斯敦东南拉波特地区的工厂，因储存甲硫醇的存储罐阀门失效，造成甲硫醇大量泄漏，由于现场有 5 名工人直接暴露于有害气体甲硫醇中，最终导致 4 人死亡。

杜邦 CCPS（化工过程安全中心）总结以上事故教训，确定了以下 10 项关于过程安全文化的核心原则：

1. 把建立一个系统的过程安全体系作为最重要、紧急的事。没有过程安全就无法开展安全生产。

2. 强有力的领导力。管理层激励员工追求卓越的过程安全，并做到“言行一致”。

3. 培养相互信任机制。每一个人都应做到言出必行。

4. 开放和坦诚的沟通交流。开放沟通交流渠道，倾听员工的意见，给予反馈。鼓励员工传递企业内关于过程安全缺陷的信息，并且确保员工不会因此受到指责。

5. 保持忧患意识。对企业或工厂存在的危险和风险时刻保持忧患意识。

6. 了解危险 / 风险并采取行动。分析识别企业内的过程危险和风险，通过安全措施控制这些风险并进行有效管理。

7. 赋予员工与其过程安全职责相适应的必要权限和给予相应支持。员工获得授权和资源以执行指定的过程安全职责。

8. 听取专家的意见。高度重视与过程安全相关的知识技术。

9. 反对偏差行为正常化。坚决不能容忍对已认可的规范和标准有任何的偏差。

10. 评估并推进过程安全文化。可以从内部或者外部事故案例获得经验教训，通过不断学习和吸取经验教训来保持和提高过程安全文化。

（2）安全文化的定义、分类及主要功能

1）安全文化的定义：

1991 年出版的 INSAG-4（《安全文化》）报告将安全文化定义为“存在于单位和个人中的种种素质和态度的总和”。英国健康安全委员会核设施安全咨询委员会（HSCASNI）认为，上述的安全文化的定义是一个理想化的概念，于是提出了修正的定义：“一个单位的安全文化是个人和集体的价值观、态度、想法、能力和行为方式的综合产物，它决定于健康安全管理上的承诺、工作作风和精通程度。”

文化是人类精神财富和物质财富的总称，安全文化和其他文化一样，是人类文明的产物，企业安全文化是为企业生产、生活、生存活动提供安全生产的保证，具有安全文化的单位有如下特征：相互信任基础上的信息交流，共享安全的重要思路，对预防措施效能的信任。

简而言之，安全文化是人类在生产、生活、生存活动中，为保护身心安全与健康所创造的有关物质财富和精神财富的总和。管理和技术是企业进步的两只轮子，文化是驱动轴。再严格的管理、再先进的技术也不能保证不出事，安全管理说到底是对人的管理，对人的管理必须上升到文化管控才能有效。

2）安全文化的分类：

从文化的形态来说，安全文化可以分为安全观念文化、安全行为文化、安全管理文化和安全物态文化。安全观念文化是安全文化的精神层，安全行为文化和安全管理文化是安全文化的制度层，安全物态文化是安全文化的物质层。

安全观念文化：主要是指决策层和员工共同接受的安全意识、安全理念、安全价值观。安全观念文化是安全文化的核心和灵魂，是形成和提高安全行为文化、管理文化和物态文化的基础和原因。如杜邦公司的“一切事故都是可以避免的”，中国石化在“11・22”事故之后提出了“一切风险都可以控制、一切违章都可以杜绝、一切隐患都可以排除、一切事故都可以避免”的安全理念。

安全行为文化：指在安全观念文化的指导下，人们在生活和生产过程中的安全行为准则、思维方式、行为模式的表现。行为文化即是观念文化的反应，同时又作用于和改变观念文化。企业在安全管理过程中，就是要通过不断强化员工的安全行为，使安全行为成为行为习惯，习惯成自然，在自然中体现安全文化。壳牌公司唤醒员工安全意识的三件宝：“吸烟到指定地点、乘车要系安全带、上下楼梯必须扶扶手”，天长日久的坚持就形成了良好的安全行为，全体员工一样的坚持，就形成了安全文化。

安全管理文化：安全管理文化是企业行为文化中的重要组成部分，它对企业和员工的行为产生规范性、约束性影响和作用，它集中体现观念文化和物质文化对领导和员工的要求。安全管理文化的建设包括从建立法制观念、强化法制意识、端正法制态度，到科学地制定法规、标准和规章，严格的执法程序和自觉的执法行为等。如陶氏化学公司楼梯行走安全规则，牌子上面分列中英文两排文字，字体很大，非常醒目，时刻提醒上下楼梯的人注意安全。细看陶氏化学公司楼梯行走安全规则：安全第一；不要奔跑；使用扶手；一步一个台阶；地面潮湿时多加小心，以防滑倒；小心台阶上损坏的边缘；开灯照明；勿携带阻碍视线的物件；搬移重物和大物件时请求帮助。可以说每一条规则都是小得不能再小的描述。

安全物态文化：安全物态文化是安全文化的表层部分，它是形成观念文化和行为文化的条件。从安全物质文化中往往能体现出企业领导的安全认知和安全态度，反映出企业安全管理的理念和哲学，折射出安全行为的长效。所以说，物质是文化的体现，又是文化发展的基础。企业在生产过程中的安全物态文化所体现的是生产工艺的本质安全性、生产工具和安全装置等物态本身的安全条件和安全可靠性。如劳动保护用品、联锁装置、超速和超限自动保护等，本质安全型防爆器件，泄压阀等。

3）安全文化的主要功能：

企业安全文化具有导向作用。企业安全生产的决策和管理是在一定的观念指导和文化气氛下进行的。它不仅取决于企业领导及领导层的观念和作风，而且还取决于整个企业的精神面貌和文化气氛。积极向上的企业安全文化可以为企业安全生产工作提供正确的指导思想和健康的精神气氛，约束企业员工的行为，引导领导作出决策，指导和促进企业的安全生产。

企业安全文化具有激励作用。积极向上的思想观念和行为准则，可以形成强烈的使命感和持久的驱动力。心理学研究表明，人们越能认识行为的意义，就越能产生行为的推动力。积极向上的企业安全文化就是一把员工自我激励的标尺，他们通过对照自己的行为，找出差距，可以产生改进工作的驱动力，企业内共同的价值观、信念、行为准则又是一种强大的精神力量，它能使员工产生认同感、归属感、安全感，起到相互激励的作用。

企业安全文化具有凝聚、协调和控制作用。现代企业管理中的系统管理理论告诉我们，组织起来的集体具有比分散个体大得多的力量。但是集体力量的大小又取决于该组织的凝聚力，取决于该组织内部的协调状况及控制能力。企业的凝聚力、协调和控制能力可以通过制度、纪律等刚性连接产生。但制度、纪律不可能面面俱到，而且难以适应复杂多变及个人作业的管理要求。而积极向上的共同价值观、信念、行为准则是一种内部黏结剂，是人们意识的一部分，可以使员工自觉地行动，达到自我控制和自我协调。

企业安全文化具有辐射作用。安全文化的辐射作用就是通过宣传企业安全的重要性、企业安全对企业效益的影响，来带动其他行业对安全的重视，带动社会大众对安全的重视，从而提高我国社会整体安全素质。

（3）安全文化建设基本要求

1）安全文化建设基本要求：

重视内外部环境，每一个企业所面临的文化环境都是独特的，应充分考虑其内外部文化特征；其复杂性、动态性、全面性和艰巨性决定安全文化建设是一个系统工程。

认清基本过程，安全价值观决定了安全态度的状态，安全态度决定安全行为；建立有效引导全体员工安全态度和行为的机制。

全员参与，参与是最好的激励；员工的每一项建议都有价值；现场问题要在第一时间被发现。

实现持续进步；实现在法律和政府监管之下的安全自我约束；实现企业生产水平持续进步。

2022 年 7 月 6 日中国石化集团公司下发《关于进一步加强“三基”工作的通知》，通知中提出了厚植基层文化的要求；大力传承石油精神、弘扬石化传统，着力打造以“严、细、实”为鲜明特质的基层文化；坚持把解决思想问题与解决实际问题结合起来，加强形势任务教育，有针对性地做好一人一事思想政治工作，健全完善“我为群众办实事”长效机制，及时为员工解决急难愁盼问题，促进员工始终保持良好工作状态；大力选树宣传岗位责任心强、业务技能高、工作成绩突出的先进典型，积极营造比学赶帮超的浓厚氛围。

严：就是“严字当头”。对待工作，有严格的要求、严密的组织、严肃的态度、严明的纪律。

细：就是“细字当先”。工作中要始终拿着“放大镜”，对每个节点、每个工序、每个需要检查或注意的地方，一丝不苟，一点一点去做好过程控制和节点控制。

实：就是“实字当家”。坚持当老实人、说老实话、办老实事，踏踏实实工作，清清白白做人，静下心来谋发展，沉下身子做事情。

2）中国石化安全文化建设的五项工作：

一是加强全员安全诊断。基层单位应建立诊断建议评分标准和奖励机制，按避免事故后果的大小及发现问题的多少，奖励具有突出表现的员工。

二是推广安全经验分享。基层单位应重视经验分享和学习，及时分享本单位、同行业的优秀做法，并认真组织学习和讨论。

三是加强行为安全管理。首先编制《行为安全手册》，明确本单位禁令类行为和提倡、提醒类行为清单，征集职工意见，对手册实行动态管理，不断丰富基层单位的安全知识存量。其次对禁止类内容，依据企业相关规定进行处理。基层单位应注意控制未遂和异常事件，通过安全观察与沟通等方式，不断发现、纠正员工的现场不安全行为，将不安全行为纳入《行为安全手册》。

四是推进安全可视化。基层单位要通过安全警示、安全色、行为标语等手段，使得安全风险由隐性变为显性，强化现场管理，营造安全氛围，提升员工安全意识，让安全文化“易看到，易感知，易遵循”。

五是丰富安全活动内容。基层单位应积极组织以亲情、关怀、激励等为主题的安全活动，建立贴近基层、具有自身特色的安全文化。基层单位应不断强化基层建设，打造安全示范班组和安全示范岗。对于安全示范班组和安全示范岗应予以奖励和宣传，通过以点带面，充分发挥先进典型的示范引领作用，营造“学先进，做先进”的良好氛围。

二、安全文化建设

1. 安全文化建设基本内容

（1）安全文化建设六大系统

包括安全承诺系统、安全行为规范系统、安全行为观测系统、安全行为激励系统、安全文化活动系统、安全信息传播沟通系统等六大系统。

案例 东风日产“安全车”安全文化系统简介（图 3-12）

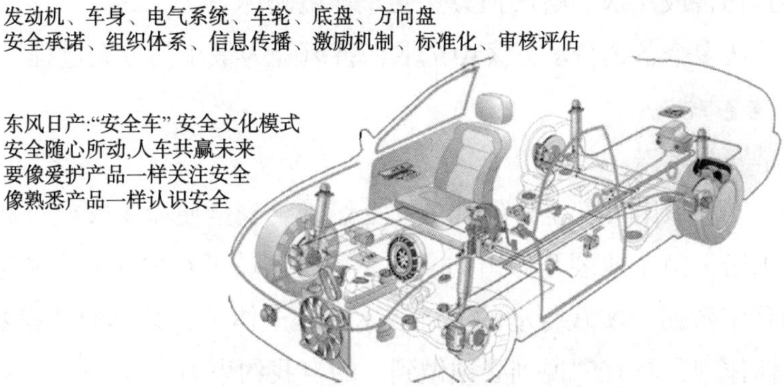

图 3-12 东风日产“安全车”安全文化系统

（2）安全文化建设的核心

安全价值观：是人（个人和集体）处理安全问题时总看法。回答“安全对我重要吗？”

安全态度：员工（个人）对各种安全问题所产生的内在反应倾向。明确“我要安全”的安全意识。

安全道德：在涉及他人安全利益时衡量人的行为正当与否的观念标准。形成“安全不是个人的事”的共识。

安全行为规范：人们在企业生产活动中为保证安全和健康所应该具有的行为举止要求和标准。“让安全成为习惯。”

（3）安全文化建设基本术语

安全承诺：由企业公开做出的、代表了全体员工在关注安全和追求安全绩效方面所具有的稳定意愿及实践行动的明确表示。

安全绩效：基于组织的安全承诺和行为规范，与组织安全文化建设有关的组织管理手段的可测量结果。

安全价值观：被企业的员工群体所共享的、对安全问题的意义和重要性的总评价和总看法。

安全愿景：用简洁明了的语言所描述的企业在安全问题上未来若干年要实现的志愿和前景。

安全使命：为实现企业的安全愿景而必须完成的核心任务。

安全目标：为实现企业的安全使命而确定的安全绩效标准，该标准决定了必须采取的行动计划。

安全缺陷：可被识别和改进的、对组织和个人追求卓越安全绩效造成阻碍的不完善之处。

不符合：任何与工作标准、惯例、程序、法规、管理体系等的偏差，其结果能够直接或间接导致伤害或疾病、财产损失、工作环境破坏等。

保守决策：从多个备选行动方案中选取伤害风险为最小的方案过程。

2. 安全承诺系统

（1）什么是安全承诺

安全承诺：安全承诺 = 安全价值观 + 安全愿景 + 安全使命 + 安全目标。

企业安全承诺：由企业公开做出的、代表了全体员工在关注安全和追求安全绩效方面所具有的稳定意愿及实践行动的明确表示，是全体员工共享的“我要安全”的意愿和追求的具体体现，具有“说到必须做到”的自我约束力。

个人安全承诺：将企业的安全承诺承接到自己的岗位工作和身边事情里。

（2）安全承诺的基本特性、功能与作用

安全承诺的科学性、特色性、时代性和实践性集中表现在全员参与。

科学性：通过安全价值观、安全愿景、安全使命、安全目标的制定，揭示企业安全生产规律，明确企业安全生产的愿景和目标，奠定企业安全生产的思想基础。

特色性：企业安全承诺是企业员工智慧的聚合，汇聚着企业历史特色和专业特征，展示企业对安全的思考、定位、追求和实践，是企业安全发展的核心要素。

时代性：企业安全承诺的内容是企业在不同的发展阶段，与时代紧密结合的产物，安全承诺要顺应时代发展，也要有一定的前瞻性。

实践性：企业安全承诺是理论与实践、思想与行动、当前安全发展阶段与战略目标相结合的产物，应该具有强烈的可执行的现场特征。

（3）安全承诺系统案例及优秀公司的安全理念

1）优秀企业的安全理念：

①中国石化 HSE 管理理念（图 3-13）：

HSE管理理念

HSE先于一切、高于一切、重于一切

一切事故都是可以预防和避免的

对一切违章行为零容忍

坚持全员、全过程、全天候、全方位HSE管理

安全环保源于设计、源于质量、源于责任、源于能力

九大保命条款

(1)用火作业必须现场确认安全措施
(2)高处作业必须正确系挂安全带
(3)进入受限空间必须进行气体检测
(4)涉硫化氢介质的作业必须正确佩戴空气呼吸器
(5)吊装作业时人员必须离开吊装半径范围
(6)设备、管线打开前必须进行能量隔离
(7)电气设备检维修必须停验电并上锁挂牌
(8)接触危险传动、转动部位前必须关停设备
(9)应急施救前必须做好自身防护

十条HSE禁令

安全生产禁令
(1)严禁违反操作规程擅自操作
(2)严禁未到现场安全确认签批作业
(3)严禁违章指挥他人冒险作业
(4)严禁未经培训合格独立顶岗
(5)严禁违反程序实施变更

生态环境保护禁令
(1)严禁无证或不按证排污
(2)严禁擅自停用环保设施
(3)严禁违规处置危险废物
(4)严禁违反环保“三同时”
(5)严禁环境监测数据造假

图 3-13 中国石化 HSE 管理理念

②埃克森美孚公司的安全理念：

安全永远比产量和效益更重要；

卓越的安全、健康和环保表现为企业提升价值；

有效的 HSE 管理是公司动作的许可证；

作业中的风险可以降低，甚至可以避免；

实现无伤害、无事故、无疾病和对环境无影响的作业操作。

③中国石油的 HSE 管理原则条款内容：

任何决策必须优先考虑健康安全环境；

安全是聘用的必要条件；

企业必须对员工进行健康安全环境培训；

各级管理者对业务范围内的健康安全环境工作负责；

各级管理者必须亲自参加健康安全环境审核；

员工必须参与岗位危害识别及风险控制；

事故隐患必须得到及时整改；

所有事故事件必须及时报告、分析和处理；

承包商管理执行统一的健康安全环境标准。

④陶氏化学公司 EH&S 十大金律：

我对自己及同事的安全负责，安全始终处于首要位置并贯穿我们的所有行为；

我坚信所有事故可以避免，我在此郑重承诺并做出最大努力以达到零事故目标；

我积极与同事协作以防止任何不安全之环境及行为，我保证自己及同事的工作环境之安全；

我关注安全条例、程序及法规，并在需要时帮助完善；

我参加为提高自身安全知识水平和表现能力而举办的安全活动；

我就所有事故及环境问题进行汇报并参与相关讨论；

我是 EH&S 活动的共同参与者；

我时刻注意自己的活动，确保了解危害性并采用安全的方式来进行；

我对新员工及合同工进行安全指导，帮助他们以安全的方式进行活动；

我每年对这些条律进行重新评估，这是我年度目标的一个整体部分。

2）某公司安全承诺系统：

安全价值观：10000−1=0。

安全不能有万分之一的侥幸；付出一万倍的努力，追求万无一失的结果。

安全理念：安全第一、预防为主、全员参与、综合治理、改善环境、保护健康、以人为本、持续改进。

安全第一：坚持利润、产量、进度、成本必须让位于安全。

预防为主：以人为本，坚守安全承诺，落实基于风险的安全管理。

专业支撑：坚持管专业必须管安全、管生产经营必须管安全。

固本强基：抓基础、抓基层、抓基本功、抓细节、抓持久，实现本质安全管理。

安全愿景：建设本质安全企业，探索最佳安全实践。

释义：对应公司战略目标，“创建‘国内一流、世界知名’现代能源化工企业”。

安全使命：安全汇聚力量，安全延长价值。

安全使命与企业使命相对应，关键词：汇聚、延长。

释义：安全汇聚力量是指重视安全的公司受人尊重，会有更多的追随者，客户会更多地选择我们公司的产品。

安全管理提升员工素养是指，工作的过程是成长的过程，是员工价值的提升；安全习惯的养成是员工幸福美满生活的保障，是为员工负责一辈子。

安全目标：人员行为规范，管理科学高效，风险全面在控，安全实现“三零”。

3）杜邦公司安全承诺系统（图 3−14）：

3. 安全文化建设如何落地

（1）一个重点：强化安全领导力

领导力是指在管辖的范围内充分地利用人力和客观条件以最小的成本办成所需的事，提高整个团体的办事效率和能力。领导力与领导过程、领导行为、领导能力、领

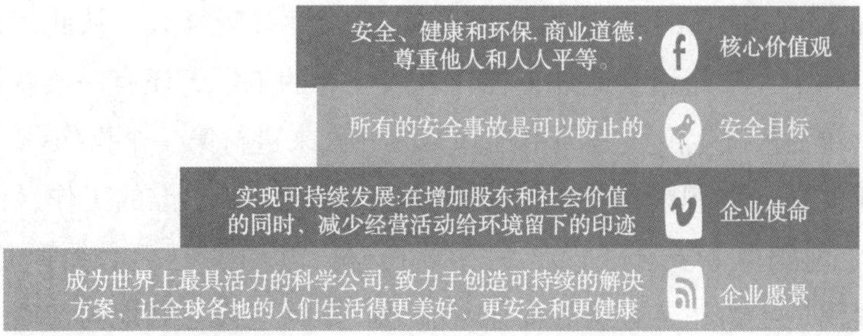

图 3–14　杜邦公司安全承诺系统

导知识和领导情境等密切相关。

安全领导力是指安全领导者对他人实施影响，指引其他个人或群体完成既定安全任务，从而促使组织实现安全目标的活动过程。

安全领导力强调的管理观点：

管理者的最低行为等于员工最高标准；

员工只做你检查的，不做你希望的；

将软口号变为硬措施；

安全源于设计、安全源于管理、安全源于责任；

大安全源于小变化，没有变化就没有事故；

小作业往往引发大事故；

要把安全责任落实到岗位、落实到人头；

要把安全制度识别到岗位、分解到现场；

良好的安全行为习惯积淀成文化，用文化管控安全；

（正确理解）追责是防范事故的敌人；

知道事故是怎么发生的，就是最好的预防策略。

1）美国杜邦公司的“有感领导、直线责任、属地管理”（图 3–15）。

有感领导就是指安全领导力，就是指领导对安全工作的引领、示范、带动作用，让员工可以“看到、听到、体验到”管理者对安全的承诺。企业各级领导通过以身作则的个人安全行为，体现出良好的领导行为和组织行为，使员工真正感知到安全生产的重要性，感受到领导做好安全工作的示范性，感悟到自身做好安全工作的必要性。

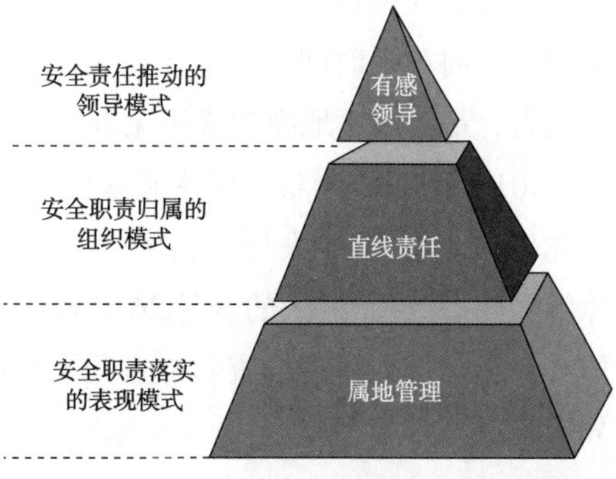

图 3–15　有感领导、直线责任、属地管理

比如：1815 年，杜邦的工厂发生人身伤亡事故，炸死 9 人。从此，杜邦家族搬进工厂，以表示和工人共命运。此外，杜邦家族领导的工厂，还有一条铁律，就是每逢新装置投产、新工艺试生产，必须由杜邦家族的人来进行第一个操作。

直线责任就是强调职能部室的“专业安全”的理念，“谁的工作，谁负责”。“三个必须”：管行业必须管安全、管业务必须管安全、管生产经营必须管安全。

属地管理就是强调基层班组的责任、能力、奉献：树立属地为“家”的意识，实现全方位、全过程管理；建立属地清晰、权责明晰、能岗匹配、责任落实、考核到位、动态管理的机制。

2）安全领导力具体通过哪些实践来体现？

①强调领导干部在岗在位。

2018 年的河北盛华“11・28”事故，暴露出个别中央企业同样存在主要负责人能力不足、履职不到位的问题。主要负责人及重要部门负责人长期不在公司，劳动纪律涣散，员工在上班时间玩手机、脱岗、睡岗现象普遍存在，不能对生产装置实施有效监控。

企业主要负责人应制定月度个人安全行动计划，个人安全行动计划要体现五个原则：可量化、可执行、可坚持、可更新、可视可感受。如每月召开 1 次安全例会或安委会，组织开展 1 次隐患排查，组织 1 次事件调查或分析会，参加 1 次班组安全活动，开展 1 次安全观察与沟通等。

②强调建立异常工况处理授权决策机制。

事故的发生具有突发性，但是事故的发生也是一个变化过程。企业要想确保突发的异常工况能够第一时间得到有效控制，建立并有效运行异常工况处理授权决策机制就显得十分必要。

企业在预案编制过程中要始终把从业人员及周边居民的人身安全和环境保护作为事故应急响应的首要任务，赋予企业生产现场的带班人员、班组长、生产调度人员在遇到险情时第一时间下达停产撤人命令的直接决策权和指挥权，提高突发事件初期处理能力，最大限度地减少或避免事故造成的人员伤亡。

2019 年 7 月 19 日，河南省煤气（集团）有限责任公司义马气化厂空分装置发生爆炸事故，造成 15 人死亡、16 人重伤。而造成该起事故直接原因的空分装置冷箱故障问题在事故前 24 天的 6 月 26 日就已出现。事故调查报告显示，冷箱故障后企业各层级人员都进入了现场查看，召开了专题会，但却未及时采取有效、可靠措施，致使异常状况演变成事故。

③强调对“三违”（违章指挥、违章作业、违反劳动纪律）的检查处置。

"三违"是导致生产安全事故发生的"害群之马"。企业负责人安全领导力也表现在自身能否做到遵章守纪，能否对"三违"行为进行严厉处理，尤其是领导干部能否做到不违章指挥等。

2019 年榆林"5·2"电石炉喷料事故就是前车之鉴。该事故的主要原因之一是存在"三违"现象，比如违规放水炮，严重违反交接班管理制度；违规将两个班的工作人员同时安排清理料面，造成作业人员数量超标；现场作业人员没有按规定穿戴防护服及防护用具。

《危险化学品企业安全风险隐患排查治理导则》中明确安全领导力十项排查内容：

4.1.1　企业安全生产目标、计划制定及落实情况。

4.1.2　企业主要负责人安全生产责任制的履职情况：

建立、健全本单位安全生产责任制；

组织制定本单位安全生产规章制度和操作规程；

组织制定并实施本单位安全生产教育和培训计划；

保证本单位安全生产投入的有效实施；

督促、检查本单位的安全生产工作，及时消除事故隐患；

组织制定并实施本单位的安全事故应急预案；

及时、如实报告安全事故。

4.1.3　企业主要负责人安全培训考核情况；分管生产、安全负责人专业、学历满足情况。

4.1.4　企业主要负责人组织学习、贯彻落实国家安全生产法律法规，定期主持召开安全生产专题会议，研究重大问题，并督促落实情况。

4.1.5　企业主要负责人和各级管理人员在岗在位、带（值）班、参加安全活动、组织开展安全风险研判与承诺公告情况。

4.1.6　安全生产管理体系建立、运行及考核情况；"三违"（违章指挥、违章作业、违反劳动纪律）的检查处置情况。

4.1.7　安全管理机构的设置及安全管理人员的配备、能力保障情况。

4.1.8　安全投入保障情况，安全生产费用提取和使用情况；员工工伤保险费用缴纳及安全生产责任险投保情况。

4.1.9　异常工况处理授权决策机制建立情况。

4.1.10　企业聘用员工学历、能力满足安全生产要求情况。

（2）二本书：红蓝二本书

1）蓝皮书——《安全文化手册》。所谓蓝皮书是指企业要编写《安全文化手册》，春风化雨、循循善诱，告诉全体员工应该有什么认识、应该这样做。

《安全文化手册》以九大核心理念为中心：

①系统思考、体系融合。

将现行的ISRS体系（国际安全评级系统）、HSE体系、安全生产标准化体系整合为安全一体化管理体系，实现一套文本支撑多个体系。

②安全是我们的责任。

成立安全生产分委会，强化化工过程安全管理，明确专业管理职责，建立协调统一的安全生产管理体系；实现管专业必须管安全、管生产经营必须管安全。建立关键装置重点部位安全包联管控模式，实施公司主要领导整体负责，分管领导、专家技师包点承包，职能部门专业监督指导，基层单位落实基础管理的管理模式。明确基层岗位"三个负责"：对属地区域内作业活动的安全负责、对进入属地区域所有人员的安全负责、对属地区域内环境的整洁负责。

③ 班组是预防事故的第一阵地。

班组长也是开展思想政治工作的主体，班组长要开展"三看、十查"活动；"三标"班组建设：内部管理标准化、岗位操作标准化、作业环境标准化；三项基本制度：交接班制、巡回检查制、设备维护保养制；三个提醒：提醒自己、提醒他人、接受提醒。

④ 安全是基于风险的管理。建立风险分级管控、隐患排查治理双重预防机制，加强化工过程安全管理，提升本质化安全管理水平，强化应急管理。

⑤ 员工参与对企业安全至关重要。深度挖掘员工智慧，开展组织学习，丰富安全知识存量；应用组织学习克服组织错误；及时激励员工的安全行为；开展安全经验分享。

⑥ 有效的训练是安全的保证。坚持"三个必须"的基本要求；实现"三个第一"的基本目标；坚持以"三化"为基本手段。

⑦ 让安全成为习惯。抓员工养成教育不放松；开展安全观察与沟通；严格执行安全生产禁令；坚持标准作业程序；工作之余的安全同样重要。

⑧ 承包商是我们的好伙伴。承包商、供应商往往是一个专业的突出代表；承包商参与安全事务改进。

⑨ 功夫下到现场。生产装置是管理的第一现场；降低"低老坏"，消除"脏乱差"；保持设备完整性；完善特殊作业监管模式，坚持能量隔离、机械隔离和工艺管

理控制作业风险；识别大风险、消除大隐患、杜绝大事故。

2）红皮书——《员工行为规范手册》。所谓红皮书是指企业要编写《员工行为规范手册》，铁面无私、令行禁止，告诉全体员工绝对不能这样做。

案例 某公司《员工行为规范手册》

3 规范内容和要求

3.1 通用安全行为规范

3.1.1 上下楼梯必须扶扶手。

3.1.2 乘车（含后排）必须系安全带。

3.1.3 规范车辆行驶及停车。

一车一杆，禁止抢行；禁鸣喇叭，遵守标志、标线低速缓行，礼让行人；车辆停放时要端正放在停车位内，禁止压线超边，车头一律向外。

3.1.4 员工应熟知劳动保护标准，正确穿（佩）戴劳动保护用品，配备必要的安全工具。工作服穿戴要做到“两系好、三系紧”。

“两系好”：系好安全帽带，系好劳保鞋带；

“三系紧”：领口紧、下摆紧、袖口紧。

3.1.5 管理层（班长以上）按要求参加安全观察与沟通。

3.1.6 公司鼓励员工利用各种时间、通过各种方式主动进行安全学习和分享。

安全分享可结合会议、培训等工作和交接班、班组安全学习等常态化组织进行，时间不宜过长，一般不超过5分钟。

3.1.7 领导干部值班期间，每次值班至少发现3个一般以上问题；基层管理人员要参加班组交接班，实现班班见领导。

3.1.8 各级领导班子成员对安全目标、责任、措施、行为等进行承诺。

3.1.9 领导干部、职能部室定点联系生产装置；领导干部承包关键装置、要害部位，承包本单位最大安全风险点。

3.1.10 员工应选择健康的生活方式，保证充足的休息时间，获得较好的休息效果，上岗时保持充沛的精力和注意力。

3.1.11 保持工作现场清爽整洁，实行定置管理。

3.2 生产操作安全行为规范

3.2.1 强调以生产调度为中心的指挥系统，严格执行调度令。

3.2.2 严格按照操作规程、操作手册（操作法）、作业指导书、工艺卡片等要求，规范实施生产操作、巡检、现场监护等行为。

3.2.3 树立基于风险的安全意识，开展JSA分析，拒绝不安全的工作。

3.2.4 “带着问题去巡检”，避免点卯式巡检，发现问题及隐患第一时间汇报并记录。

3.2.5 熟悉本岗位应急处理预案，熟练使用应急处置卡，能第一时间处理险情。

3.2.6 按要求定期参加安全学习、培训，严格遵守学习纪律，保证培训效果。

3.2.7 开展安全经验分享，鼓励员工分享发生在自己身上的险肇事件，组织不将其作为处罚的依据。

3.2.8 生产装置负责人、工程技术管理人员，要定期安全巡检，要及时发现问题解决问题。

3.2.9 员工有权拒绝不安全的工作、有权拒绝违章指挥、有权制止不安全的行为。

3.2.10 员工在工作中做到不伤害自己、不伤害他人、不被他人伤害、保护他人不受伤害。

3.2.11 职能部门要主动识别法律法规、标准规范，并保证落实到岗位；基层单位要根据事故案例、安全检查中暴露出的问题，举一反三反思本单位存在问题，落实整改措施。

3.2.12 做到“三不动”“三不离”“三预想”。

三不动：正在使用的设备不动；对设备的性能、状态不清楚不动；不是自己分管的设备、工具不动。

三不离：正在进行的作业活动没进行完不离开；正在使用的设备、设施有缺陷，没人受理前不离开；发现工艺控制指标有异常时，未查清原因不离开。

三预想：工作前要预想，可能出现的风险有哪些，我具备控制风险的技能和工具吗？工作中要预想，时间和工作地点是否和工作要求相一致？工作后要预想，按要求记录和上报给我的主管了吗？

3.3 特殊作业安全行为规范

3.3.1 强化信息沟通。

企业应掌握承包商从业资质，确认现场作业人员的实际能力要求；掌握施工设备及工器具、施工材料等基本信息，确保具有安全认证的施工工具及材料进入现场。

承包商应掌握生产现场物料危险特性、逃生通道、生产状况等信息。

企业与承包商共同开展作业前JSA分析；开展安全技术交底。

3.3.2 实行能量隔离。

实行能量三隔离（工艺隔离、电气隔离、机械隔离），防止能量意外释放，造成事故。

实行采用深度化预制、模块化组装减少现场作业的人员、设备和材料，防止危险叠加。

3.3.3 严格作业许可。

作业许可的审批人必须在现场确认作业条件和审批。

作业现场负责人在作业许可前，必须组织人员运用 JSA 等方法进行危害识别及风险分析。

作业许可过程中，必须从严控制作业次数、作业时限、作业人员和许可审批。

3.3.4 强化现场监管。

杜绝无证作业、无票作业；

杜绝随意变更作业时间、地点或随意增加作业项目；

杜绝受限空间作业不开票、不分析、不隔离；

杜绝高空作业不系安全带；

杜绝容器内搭设脚手架不验收、不挂牌。

4 安全行为负面清单

4.1 十大不可违背条例

4.1.1 恶意排放易燃、有毒、强腐蚀性化学品或恶意调整工艺参数等严重违章操作的行为。

4.1.2 无牌、无证、酒后驾驶机动车辆或发生重大交通事故构成犯罪等严重违反交通法律法规的行为。

4.1.3 严重违章指挥或强令他人冒险作业的行为。

4.1.4 严重违反直接作业环节安全规定的行为。

4.1.5 未经审批解除或绕过安全联锁和擅自停用安全、环保设施的行为。

4.1.6 未经审批携带烟火进入公司，在公司禁烟区内吸烟，酒后上岗的行为。

4.1.7 寻衅滋事，打架斗殴行为。

4.1.8 睡岗、精神不振等严重违反劳动纪律的行为。

4.1.9 泄露公司机密或盗窃、损坏公司财物的行为。

4.1.10 恶意违反安全承诺造成不良后果的行为。

4.2 领导干部安全行为负面清单

4.2.1 领导干部落实上级要求照本宣科，不结合实际分解落实。

4.2.2 领导干部识别不到安全风险、查找不到事故隐患、发现不了问题。

4.2.3 领导干部安全承包、安全观察、安全检查不深入现场，形式主义，应付了事。

4.2.4 领导干部违章指挥生产、施工。

4.2.5 领导干部进入现场不按规定着装。

4.3 生产操作方面安全行为负面清单

4.3.1 违规排放易燃、有毒、强腐蚀性等危险化学品。

4.3.2 未经授权私自摘除工艺联锁、私自调整工艺参数。

4.3.3 员工巡检时形式主义，发现不了明显的事故隐患。

4.3.4 危险化学品装卸人员装卸作业时擅离岗位。

4.3.5 未经许可开动、关停、移动机器或开动、关停机器时未给信号。

4.3.6 随意触摸不熟悉的机械、器具及控制开关。

4.3.7 擅自拆除安全装置或造成安全装置失效。

4.3.8 擦洗或拆卸正在运转中的转动部件。

4.3.9 操作带有旋转部件的设备时戴手套。

4.3.10 用汽油、易挥发溶剂擦洗设备、衣物、工具及地面等。

4.3.11 不用夹具固定、用手拿工件进行加工。

4.3.12 与正在作业的人长时间交谈。

4.3.13 在照明不足的情况下作业。

4.3.14 在防爆区域内使用手机，离岗、串岗等违反劳动纪律行为。

4.3.15 未经培训合格独自上岗作业。

4.4 施工作业方面安全行为负面清单

4.4.1 检修作业前未按规定进行有效能量隔离；未按规定切断动力电源进行故障处理、检维修作业。

4.4.2 随意变更施工检修时间、地点和增加项目。

4.4.3 穿越吊装警戒线，在吊物下穿行；违反现场安全警示标志、信号指令要求或未经许可进入警戒区域。

4.4.4 动火作业或受限空间作业过程中，没有按照要求重新进行气体分析。

4.4.5 在易燃易爆场所使用非防爆工具及用铁器敲击。

4.4.6 不妥善放置高处作业中使用的工具、工件，以投掷的方式接送工具、工件。

4.4.7 使用未经检查合格的吊装设备或没有合格标签的移动梯子、电动设备等作业工具。

4.4.8 拆卸可能含有物料的管线、设备时没有戴防护面罩，拆开的井、坑、孔洞临边未及时装设硬防护或铺设盖板。

4.4.9 消防设施、应急设施没有按时检查或堵塞消防通道、占用防火间距、妨碍消火栓的正常使用。

4.4.10 安排无监护资格的人员进行动火、受限空间、高处作业等危险作业的监护工作或作业监护人做与监护无关的事情。

4.4.11 各级各类管理和监护人员不尽职、擅离职守、擅离现场。

4.5 劳保着装方面安全行为负面清单

4.5.1 不按规定着装者进入生产岗位和施工现场。

4.5.2 穿戴易产生静电的服装进入易燃、易爆区，尤其是在该区穿、脱衣服或用化纤织物擦拭设备。

4.5.3 在有旋转零部件设备旁，穿过大服装、佩带过长悬挂物（如工作吊牌等）。

4.6 应急处置方面安全行为负面清单

4.6.1 看、听见现场报警不采取应急措施。

4.6.2 在高含硫化氢环境下不佩戴正压式空气呼吸器。

4.6.3 意外事件发生时，向事发地聚集“看热闹”。

4.7 非生产过程安全行为负面清单

4.7.1 行走、上下楼梯和骑车时目视手机。

4.7.2 行人不走人行横道。

4.7.3 非机动车辆过马路不下车推行。

4.7.4 作业时姿势不规范、不协调。

4.7.5 单手上下直爬梯。

4.7.6 携带违禁品进入厂区。

4.7.7 工作内外驾车、乘车不按规定系安全带或佩戴头盔，超员、超载、超速、逆行等。

4.8 办公室安全行为负面清单

4.8.1 物品摆放不规范，靠近电源、热源等部位杂乱堆放易燃物品。

4.8.2 阻碍消防设施或消防通道。

4.8.3 过载使用电气设备。

4.8.4 久坐不站，不调整姿势休息。

4.8.5 泄漏公司机密以及盗窃、损坏公司财物。

（3）三个环节：安全文化建设关键三环节

1）员工普遍参与。安全文化的基本特征是企业全体员工基本上都能遵守同一个安全习惯，比如在杜邦公司上下楼梯必须扶扶手。

一个年轻人刚刚入职杜邦公司，上楼时没有扶扶手，这时一个老者对他说：“上下楼梯必须扶扶手。”开始这个年轻人还不以为然，慢慢他发现，所有人都是这么做的，忽然明白了，这就是杜邦安全文化的一部分，每个人必须遵守这一规定，你不这样做，可能会有无数双眼睛看着你，你也不可能融入杜邦公司。

同样，对一个人而言，也需要全时段参与，包括工作之余的安全。如杜邦公司规定，工作之余出现险情也必须向公司报告。同样是一名进入杜邦公司的新员工，下班回家与另外一辆车发生剐蹭。由于没有造成严重后果，事故很快就处理完毕。这名员工认为，事故没有发生在工作期间，并且他开的是私家车，就没有向公司汇报，后来，杜邦公司知道了这件事，开除了这名业务能力很强的年轻人。原因很简单：因为他没有上报事故，而且事发时，他没有系安全带。

2）不断丰富组织安全知识存量。深度挖掘员工智慧，丰富安全知识存量。员工在现场积累的安全经验，往往价值连城，要将其放大为整个组织使用。要将员工口口相传的、局部的、隐形的安全经验转变成文字的、全局的和显性的资源，实现知识的“三化”管理。

开展组织学习，丰富安全知识存量。组织学习是指为了建立竞争优势和提高绩效水平，组织利用信息和知识连续改变和调整自身以适应不断变化的环境的一种全员学习和创新机制。企业运用组织学习的手段，从系统外获取知识和经验，这种动脉式的学习，使我们快速获取新的安全管理经验。

3）要有一定的仪式感。比如班前5分钟安全经验分享。中国石化催化剂有限公司广泛开展安全经验分享，员工深度参与，有效提升员工的安全意识与技能。每个班组都做到：既分享近期发生的事故，也分享历史同期典型事故案例；既分享成功避免事故的经验做法，也分享自己的危险经历；既分享同类装置的事故案例，也分享国内外同行事故教训；既分享组织规定的事故案例，也分享员工自己学习事故案例的深度思考。

中国石化催化剂有限公司广泛开展安全口号活动，首先在全体员工中征集安全口号，收集上后进行筛选、评比，以确定本班的安全口号，在交接班会上，两个班互喊安全口号。比如A班口号是：“安全警钟日日鸣，平安大道天天行。”B班口号是：“安全生产，责任在我。”喊出了精气神，体现的是一种向上的力量，提升的是安全意识。

三、“我们要安全”的安全文化

1.“我们要安全”是本质安全的思想基础

员工走上工作岗位，个人安危就牵涉集体利益和荣誉，个人安全意识就成为集体安全意识，个人行为安全就变成集体行为安全。在倡导提高个人安全素质的同时，必须倡导提高团队安全素质，只有这样才能促进和谐的人文安全环境建设，才能真正形成新型的安全文化。企业安全文化建设的核心是营造"我们要安全"的安全文化，实现"我要安全"向"我们要安全"转变，让每个员工都能认识到，保护我的工友不受到伤害，安全为了我们团队，这是本质安全的思想基础。

如果每个人在任何地方发现任何事故隐患的时候能主动告知或提示给他人，如果每个员工能及时主动提示他人遵守各项规章制度和安全操作规程，如果每个员工能主动提出安全建议，并与他人相互交流或向他人传递有用信息，如果每个员工能把安全作为集体荣誉，主动为团队传授安全知识，主动与其他人分享经验，如果每个员工能在工作中也关注他人身体、精神状态等异常变化，一旦发生事故在保护自己的同时，都能主动帮助身边的人摆脱困境，每个人就非常可能实现"自我"安全管理。如果真正做到这样，什么事故都可以避免。

全球财富 500 强排行榜榜上有名的杜邦公司，在实现年收入 200 多亿美元的同时，也创造了不同凡响的安全业绩。杜邦有"两个 10 倍"的超凡安全业绩，即：杜邦的安全记录优于其他企业 10 倍；杜邦员工上班时比下班后还要安全 10 倍。这些都源自杜邦公司独特的安全文化。杜邦公司在安全管理上"以人为本"进行管理。杜邦公司认为，多数人员的意外受伤及事故都是由不安全行为造成的。在杜邦的安全管理要素中有：职责、目标、标准、培训、检查、鼓励、事故调查等，唯独没有"罚款"。杜邦公司介绍，安全生产是管理层的承诺，安全是最高总裁责任。有安全专职人员是非常重要的，但是，如果有人说安全由安全部门的人员负责，那么将被视为不安全因素。在这些要素中，杜邦公司重鼓励，轻检查，他们需要的是安全成为员工的行动准则。对于惩罚，杜邦公司的做法是，如果有人出现事故，无论大小，无论是不是在工作时间内，这个公司全体员工的年终奖将被取消。因此，重视安全不仅被看成是个人的事，而是被看成集体团队的事。

2. 杜邦公司的安全文化的核心——"我们要安全"

杜邦公司安全文化的核心是"我们要安全"。企业安全文化是企业组织和员工个人特性和态度的集中表现，这种集合所建立的就是安全拥有高于一切的优先权。在一个安全文化已经建立起来的企业中，从高级管理者至生产主管及各级管理层须对安全责任作出承诺并表现出无处不在的有感领导；员工个人须树立起正确的安全态度与行为；而企业自身须建立起良好的安全管理以及对安全问题和事故的重要性有一种持续的评估的制度，对其始终保持高度的重视。杜邦企业安全文化建设的经验表明，一个企业安全文化的建成往往不是一蹴而就的，而是需要长期不懈努力才能达到。杜邦企业安全文化建设与工业伤害防止和员工安全行为模型描述了杜邦企业安全文化建设过程中经历的四个不同阶段（图 3-16）。

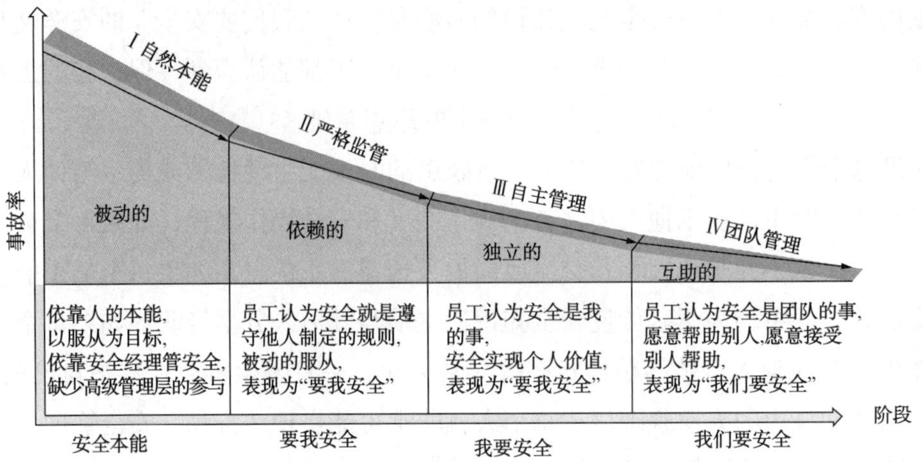

图 3–16　安全文化形成的四个阶段

员工的安全行为有四个阶段：自然本能反应阶段、依赖严格的监督阶段、独立自主管理阶段、互助团队管理阶段。

该模型的建立是基于杜邦历史安全伤害统计记录，以及在这一过程中公司和员工在当时安全认识的条件下曾作出的努力和具备的安全意识，是杜邦安全文化建设实践的理论化总结。该模型表明，只有当一个企业安全文化建设处于过程中的第四阶段时，才有可能实现零伤害、零事故的目标。应用该模型，并结合模型阐述的企业和员工在不同阶段所表现出的安全行为特征，可初步判断某企业安全文化建设过程所处的状态以及努力的方向和目标。

根据杜邦的经验，企业安全文化建设不同阶段中企业和员工表现出的安全行为特征可概括如下：

1）自然本能反应（安全本能）：

处在该阶段时企业和员工对安全的重视仅仅是一种自然本能保护的反应，表现出的安全行为特征为：

① 依靠人的本能——员工对安全的认识和反应是出于人的本能保护，没有或很少有安全的预防意识。

② 以服从为目标——员工对安全是一种被动的服从，没有或很少有安全的主动自我保护和参与意识。

③ 将职责委派给安全经理——各级管理层认为安全是安全管理部门和安全经理的责任，他们仅仅是配合的角色。

④ 缺少高级管理层的参与——高级管理层对安全的支持仅仅是口头或书面上的，没有或很少有人力、物力上的支持。

2）依赖严格的监督（要我安全）：

处在该阶段时企业已建立起了必要的安全管理系统和规章制度，各级管理层对安全责任作出承诺，但员工的安全意识和行为往往是被动的，表现出的安全行为特征为：

① 管理层承诺——从高级至生产主管及各级管理层对安全责任作出承诺并表现出无处不在的有感领导。

② 受雇的条件——安全是员工受雇的条件，任何违反企业安全规章制度的行为可能会导致被解雇。

③ 害怕 / 纪律——员工遵守安全规章制度仅仅是害怕被解雇或受到纪律处罚。

④ 规则 / 程序——企业建立起了必要的安全规章制度但员工的执行往往是被动的。

⑤ 监督控制、强调和目标——各级生产主管监督和控制所在部门的安全，不断反复强调安全的重要性，制订具体的安全目标。

⑥ 重视所有人——企业把安全视为一种价值，不但就企业而言，而且是对所有人，包括全体员工等。

⑦ 培训——这种安全培训应该是系统性和针对性的。受训的对象应包括企业的高、中、低管理层，一线生产主管、技术人员、全体员工等。培训的目的是培养各级管理层、一般员工和合同工具有安全管理的技巧和能力，以及良好的安全行为。

3）独立自主管理（我要安全）：

此时，企业已具有良好的安全管理及其体系，安全获得各级管理层的承诺，各级管理层和全体员工具备良好的安全管理技巧、能力以及安全意识，表现出的安全行为特征为：

① 个人知识、承诺和标准——员工具备熟识的安全知识，员工本人对安全行为作出承诺，并按规章制度和标准进行生产。

② 内在化——安全意识已深入员工之心。

③ 个人价值——把安全作为个人价值的一部分。

④ 关注自我——安全不但是为了自己，也是为了家庭和亲人。

⑤ 实践和习惯行为——安全无时不在员工的工作中、工作外，成为其日常生活的行为习惯。

⑥ 个人得到承认——把安全视为个人成就。

4）互助团队管理（我们要安全）：

此时，企业安全文化深得人心，安全已融入企业组织内部的每个角落。安全为生产，生产讲安全。表现出的安全行为特征为：

① 帮助别人遵守——员工不但自己自觉遵守而且帮助别人遵守各项规章制度和标准。

② 留心他人——员工在工作中不但观察自己岗位上而且留心他人岗位上的不安全行为和条件。

③ 团队贡献——员工将自己的安全知识和经验分享给其他同事。

④ 关注他人——关心其他员工，关注其他员工的异常情绪变化，提醒安全操作。

⑤ 集体荣誉——员工将安全作为一项集体荣誉。

杜邦在创建了严谨的安全文化的基础上，确定了十大安全信念：

① 任何事故都可以避免的；

② 管理层要抓安全工作，同时对安全负有责任；

③ 所有危害因素都可以控制；

④ 安全地工作是雇佣的一个条件；

⑤ 所有员工都必须经过安全培训；

⑥ 管理层必须进行安全检查；

⑦ 所有不良因素都必须马上纠正；

⑧ 工作之外的安全也很重要；

⑨ 良好的安全创造良好的业务；

⑩ 员工是安全工作的关键。

杜邦员工今天的安全行为：

① 他们上下楼梯要手扶扶手；

② 他们上车后的第一件事永远是系安全带（不分前后排）；

③ 他们不会因贪图美味而去安全设施不完备的小店，而且一般在就餐时都选在饭店一楼靠门口的地方；

④ 他们出差住酒店会选择比较低的楼层；

⑤ 他们开会或搞活动的第一件事是安全，要让所有人知道安全通道在哪儿；

⑥ 他们停车一定是车头向外；

⑦ 他们用的笔一定是笔头向内；

⑧ 他们在工作时一定不会奔跑；

⑨ 他们开车时一定不会接、打电话（不管是否用耳机）；

⑩ 他们招聘了大批医学博士和医学教授。

杜邦以安全文化为核心，制定了十分严格、近乎苛刻的安全防范措施。正是这些苛刻的措施，令杜邦的员工感到十分安全。在杜邦全球所有机构中，均设有独立的安全管理部门和专业管理人员。安全专业人员与现场安全协调员共同组成完整的安全管理网络，保证安全信息和管理功能畅通地到达各个生产环节。杜邦创建了一整套完善的安全管理方案及操作规程，全体员工严格按照方案和操作规程工作，并主动参与危险的识别和消除工作，确保将安全隐患消灭在萌芽状态。

杜邦安全文化启示我们，安全文化建设是保证安全的基础，有什么样的安全文化，就会有什么样的安全状态。安全文化深刻而广泛地影响着人们的思想，左右着人们的行为。浓厚的安全至上文化，会使人自觉摒弃违章的念头和行为，把不安全的因素降到最低。在学习先进经验的基础上，根据实际，积极建设优秀安全文化，宣扬普及安全知识，提高安全意识，运用先进的安全文化提升我们的安全管理工作，就会把安全隐患消灭在人们的自觉行动中。

杜邦安全文化启示我们，在广大职工中形成一个浓厚的安全文化氛围至关重要。树立安全业绩与工作业绩同等重要的信念，使安全成为自觉的行动，把安全视为工作的一个有机组成部分，做到人人掌握安全知识和技能，人人参与危险识别和控制。以高度负责的主人翁精神密切关注生产过程，进而有效防范事故的发生。

杜邦安全文化启示我们，安全管理贵在抓好落实，要树立每时每刻讲安全的理念，提高全员的安全风险意识。通过开展风险评估，识别安全风险，制定严密的控制措施，加强监控，经常开展风险和危害识别活动，找出身边存在的危险源，并迅即整改。在生产实践中，建立标准、自我约束、互助提高、规范运作的新型安全工作模式。严格执行操作规程，克服工作随意性，杜绝违章冒险作业等现象，把安全生产措施落到实处，促进安全生产工作迈上更高台阶。

所以，根据杜邦公司的安全管理四个阶段论可以看出，安全生产不是局限在个人认知的范围，而是与团队建设和荣誉紧密相关，不但要让员工从“要我安全”向“我要安全”转变，还要从“我要安全”向“我们要安全”转变，从安全的角度来认识“团队的荣誉高于一切”。

3.“四不伤害”与“三个提醒”是安全文化的落脚点

安全文化建设的第四个阶段是团队安全，具体体现为由“三不伤害”向“四不伤害”转变，实现由“要我安全”向“我们要安全”的转变。

（1）“四不伤害”

“三不伤害”是指不伤害自己、不伤害别人、不被别人伤害。“四不伤害”是指不伤害自己、不伤害别人、不被别人伤害、保护他人不被伤害。其内涵是：任何组织中的成员都是团队一分子，要担负起关心爱护他人的责任和义务，安全不仅仅是一个人的事，还是团队的事，不仅自己要注意安全，还要保护团队其他成员不受伤害。这是每个成员对其他成员的承诺。“三不伤害”要求管理好“自我”，从而做好安全工作。“四不伤害”则不然，它要求管理好“自我”，更要管理好“他人”。工作就意味着安全责任。无论是谁，一旦发生事故必然牵涉到自己、他人和集体。遭受损害的既可能是自己或他人的生命，又可能是集体财产和企业经济效益。

四不伤害更加体现了“人本”管理，更加体现了“情感”观念，把安全管理工作推向了安全文化建设的层面。倡导提高个人安全素质的同时，必须倡导提高团队安全素质，只有这样才能促进和谐的人文安全环境建设，才能真正形成安全文化，实现由“三不伤害”向“四不伤害”的转变。

（2）实现“四不伤害”要做到“三个提醒”

作为一个工作团队，要携手共进、互不伤害、为他人提供安全的工作环境，团队成员之间是团结友爱的安全伙伴。在安全伙伴之间，经验分享和相互监督、相互提醒是重要的。每个人不可能每天工作期间都能保证始终精力充沛，也不可能保证所有的应急操作都能应付自如，也不可能保证所使用的工作方法是最优的，况且现在所从事的工作，大多都是需要共同的合作。在这期间，应该将经验分享，相互提醒和监督，才能保证安全。

壳牌公司研究表明，90% 的安全事故与工作时的违章有关，而 70% 的死亡事故发生时都有同事在场。为此，壳牌不仅要求全体员工遵守制度，而且赋予他们权力——积极干预他人的不安全行为，这种干预完全不受职级限制。

第一，调整心态，接受提醒。提醒是义务，提醒是责任，提醒是关爱，提醒是幸福，提醒是经验分享，提醒是知识的传承。每个人都应有这样的阳光心态，只要是善意的提醒，都应该接受。你可能没有提醒别人的能力，但一定要有接受提醒的素质。特别是要把每一次会议上领导关于安全的讲话，都当作一次次善意的提醒、一次次亲切的关怀。同时，要把企业内外所发生的事故当作资源，当作是对自己的提醒。

杜邦公司年轻的新入职者对老者让其下楼扶扶手的提醒感到莫名其妙，在后来培训的时候发现杜邦核心价值理念上的最后一句话是：“我们的原则非常神圣，我们尊重自然与生命，我们安全工作，和睦相处，对伙伴亲切友善，因此我们都能够问心无愧，情绪高昂地下班回家。”他终于明白了：尊重生命与安全工作是杜邦价值观非常重要的组成部分，因为杜邦是一个靠生产火药起家的公司。老员工为新员工培养习惯，让他们牢记终身。

第二，积累经验，提醒他人。相互提醒的过程是知识传播的过程，每个人都应自觉积累安全管理的经验，增强提升自己、提醒他人的能力。所谓提醒，也不能满足于口头提醒，要通过文本化将经验固化。

在安全管理工作中，监督是职责所在，检查是常规手段。作为管理者，特别是安全管理的专业人士见多识广，他们的提醒更具权威性，作为基层要把每一次检查和提醒看作是自己的又一次晋级。然而，作为检查者，发现问题后不能听之任之，不立即指出就是玩忽职守、放纵事故。同时，要把其他单位好的经验和做法，传播开来。

第三，保持警惕，提醒自己。提升“我要安全”的安全意识，是安全管理的关键。特别是在单独执行作业任务、分散作业时，保持警惕、防止麻痹至为关键。

一位老太太坐在马路边望着不远处的一堵高墙，总觉得它马上就会倒塌了，越想越危险。于是她一见到有人从墙边走过来，就大声提醒对方：“那堵墙就要倒了，绕远点走。”被提醒的人不解地看着她，大模大样地顺着墙根走了过去。那堵墙却没有倒下，又有人走来，老太太又予以劝告。就这样，一晃三天过去了，许多人从墙边走过，均未遇到危险。老太太感到有些奇怪，眼看就要倒了的，怎么回事呢？她不由自主地走到墙根下仔细观察起来，然而就在此时，高墙终于轰然倒塌了，老太太被掩埋在砖石灰尘之中，气绝身亡了。

老太太的感觉没有错，洞烛先机，明察秋毫，居安思危，具有极强的忧患意识和危机感。老太太规劝和提醒路人的语言和行为也没有错，与人为善，善意劝告，反复提醒，给人们敲响了警钟。老太太最后的行为却错了，该倒不倒，时间未到。老太太缺乏最后的耐性，放松了高度戒备心理，亲临观察，以身试墙，反而招致杀身之祸，的确让人叹惜不已。“高墙倒塌”现象在我们的生活和工作中常有发生。提醒别人往往很容易，很清醒，能做到时刻清醒地提醒自己却很难，但必须学会自我提醒。

（3）提醒文本化与组织提醒

提醒文本化：将员工在日常工作中积累的安全要点、将员工口口相传的安全经验整理归纳汇编成册，作为基本功训练的基本教材。同时在每一条须知的背后都附有提出人的名字，让提出人的名字永远留在车间的历史上，体现了对员工的充分尊重，体现了全员参与管理，也充分地满足了员工的成就感。

比如开展安全须知征集活动，就是将员工之间口口相传的安全提醒文本化，通过文本化将隐形的安全智慧、局部的安全经验，放大固化为整个组织共享。同时，坚持安全须知征集活动，是一个不断总结、动态完善的过程，不断征集归纳员工现场安全智慧，采纳的经验以提出班组或员工的名字命名。

中国石化催化剂有限公司齐鲁分公司发动员工定期编写《操作试题库》《生产案例分析》，放大了操作经验，凝聚了员工智慧，丰富了公司的知识存量。

第三部分

基本功训练

第四章
基本功训练基本概念

基本功训练是指以岗位说明书确定的工作内容和任职条件为依据，明确培训需求和目标，开发和提升基层单位领导干部、专业技术人员和技能操作人员职业能力的一系列活动。

基本功训练强调的管理观点：

① 始终把培养人放在第一位。

② 致力于一线员工智慧的挖掘。

③ 管理者的最低行为，就是员工的最高标准。

④ 严管等于厚爱，作风出战斗力。

⑤“三个第一”：第一时间发现问题、第一次把事情做对、第一反应是正确的。

⑥“三化”：体验化培训、知识化管理、日常化演练。

⑦ 当“贵人”成就他人，交“高手”提升自我。

⑧ 工程师的第一角色是现场医生。

⑨ 知道事故真相是最好的预防策略。

第一节　基本功训练的由来

1961 年 4 月上旬，铁人王进喜领导过的钢铁钻井队钻的井，井斜超过了规定的 3° ，达到 5.6° 。如果睁一只眼闭一只眼也能过去，照样可以完钻试油，但会战工委的领导康世恩不这样认为，他从这口井上看到了忽视质量问题的苗头和倾向，不能因小失大，小题要大做。1961 年 4 月 19 日，针对钻井质量问题，康世恩在群英村油建礼堂的千人大会上，点名叫钻井指挥部的领导站到主席台前亮相挨批，包括后来赶到会议现场的已是钻井大队长的王进喜也主动上台陪批。此后，这里的油井都打得笔直，最直的井，井斜只有 0.6° ，井底位移只有 0.4m。打个比方说，这就等于一个人顺着一条直路走了 1km，偏差没有超过 0.5m。

从此以后，大庆油田形成了苦练基本功的热潮，并提出了“四个过得硬”，即在机器上过得硬：会维护保养，会排除故障；在操作上过得硬：动作熟练精确，协同动作好；在质量上过得硬：干活要正正规规，合乎质量规格标准；在复杂情况面前过得硬：有安全知识，能判断、预防和处理事故。

1964年，石油工业部《关于大庆石油会战情况的报告》指出："要练成'四过硬'，必须坚持天天练，在岗位上随时随地练。"比方，我们采油工人练兵，主要是操作井口、闸门，怎样练呢？就是要和解放军一样，晚上也能摸着把武器拆开，也能摸着把武器装起来，我们的工人也要练到把眼睛蒙住也能拆装闸门。还有，我们仓库里的管料工人，不仅把他管的几百种、几万件材料配件有多少能记熟，放在什么地方能记清，还在夜间把仓库灯关了，说我要什么料，提出单子来，几分钟内，靠黑摸就能把料拿出来。有些钻井队长、司钻的确练就了一套"绝招"，一套独到的本领。"王铁人"打钻到一千多米的地下，一听钻机的声音就可以判断现在是正常，还是出了什么问题，甚至问题出在什么地方。这在书本上是学不到的，但是在实际生产中最需要的就是这种硬功夫。只要天天这样练，人人这样练，就会熟能生巧，使硬功夫、真本领传下去，生产技术水平就能不断提高。

第二节 正确认识基本功训练

我们要把基本功训练提高到人力资源开发、人才培养的高度来认识，同时也要认识到，任何事故都可以追溯到管理原因，员工安全素质不高，基本功训练不到位，正是事故的重要管理原因。

一、基本功训练是收益最大的投资

著名经济学家、诺贝尔经济学奖获得者舒尔茨研究发现，物力投资增加1.5倍，相应的利润增加3.5倍；而人力投资增加3.5倍，利润则可增加17.5倍。一般来说，物质投资的收益是几年到十几年，而人力投资的收益是终身的。

有研究表明，一般员工的合理化建议能使成本下降5%，培训后员工的合理化建议能使成本下降10%~15%，受过良好教育员工的合理化建议能使成本下降30%以上。我国目前工业化建设需要从粗放型向集约型转变，以信息化提升工业化水平，这些也都要求有更高素质的人才提供智力支持。

二、从业者安全素质与行业发展严重不符

目前，我国列入目录的危化品有2800多种，涉及危化品企业有21万多家，涵

盖生产、经营、储存、运输等各类企业。2018年，化工行业产值14.8万亿元，占全国GDP的13.8%，同时占全球化工产值的40%，居世界第一。然而我国工业化进程较晚，国内从业者的思维、社会的意识，都缺乏对风险的认识，整体处于相对随意状态，与迅猛的经济发展态势不相匹配。当前，高危行业普通职工安全技能不足的问题比较突出，这既是高危行业安全生产形势依然比较严峻的重要原因，也是制约这些行业安全发展、高质量发展的重大短板。虽然我国化工生产总量占全球40%，但主要负责人或实际控制人有化工背景的仅为30%，安全管理人员中从事化工专业的也仅有50%，化工从业人员安全素养总体偏低。据2013年国家安监总局统计，承包商中文盲、半文盲占总数的7%。

案例 江苏连云港某生物科技公司“12·9”事故

2017年12月9日凌晨2时20分左右，连云港市某生物科技公司四号车间内发生爆炸，爆炸引发临近六号车间局部坍塌，事故造成10人死亡（图4-1）。

直接原因：设计用氮气（0.15MPa）将间二硝基苯压到高位槽，改用压缩空气（0.58MPa）压料，造成高位槽内沉淀的酚钠盐扰动，与空气形成爆炸空间，引燃物料。

间接原因：辅助装置自控缺乏，精馏装置仅有单一温度显示，没有报警、调节控制等工程技术措施；企业安全管理混乱，变更管理随意性强；风险识别不到位，变更无风险识别及新增风险的对策措施。

管理原因：生产涉及的氯化、硝化等工艺都属于国家明确的重点监管危险工艺，但公司大多数员工都是初中及以下文化程度，技术和生产副总虽是大学学历但也不是化工专业，发生事故的四号车间23名倒班工人中有20人是初中及以下文化程度，严

图4-1 2017年连云港某生物科技公司“12·9”事故

重违反国家法规规定的重点监管危险工艺至少是高中学历的相关要求。

既涉及重点监管的危化品，又涉及重点危险化工工艺，但氯化、硝化反应生产过程基本没有实现自动化控制，现场作业人员较多，每个楼层都长期有操作人员，这次事故造成严重后果与自动化程度低密切相关。

控制室、休息室都跟装置在一起，设计上存在布局严重不合理的问题。二楼3名操作人员发现险情后全部逃生幸存，但没有联动机制因而未及时通知楼内其他人员。

三、反思基本功训练的不足

1."三违"的背后是员工养成教育不到位

"三违"是导致生产安全事故发生的"害群之马"。产生"三违"的一个重要原因是员工养成教育不到位，积重难返的"三违"现象成了难以解决的顽疾。日常生产中常见的"三违"现象有：进入生产区不按照要求穿戴个体防护用品；防爆区域内使用非防爆手机接打电话；不按照操作规程操作控制，工艺参数存在超限现象；工艺报警后未及时处置；当班期间脱岗、串岗、睡岗，干与工作无关的玩手机游戏、看小说等事情；特殊作业票证不按照要求办理；检维修人员高处作业时不系安全带或悬挂不正确；易燃、易爆、有毒化学品的装卸车作业未按照作业规程进行；正常生产情况时的领导越级指挥等。

习惯性违章是安全生产的大敌。习惯性违章形成的危害是巨大的。基本功训练的一项重要内容就是纠正习惯性违章，让遵章守纪成为习惯。遵章守纪是确保企业安全和个人安全的根本保障。对于化工企业，其所有的经济效益和发展进步都是以安全为前提的，所以化工企业最多的制度就是安全规章制度，但尽管制度非常健全，安全事故仍时有发生，追究其原因，总是有个别人不遵守白纸黑字的规章制度，而按照个人意愿操作。一家权威部门曾根据统计数字认为，任何一次事故的背后都有违章的成分，如果严格按照完善的规章制度操作，一切事故皆可避免。

2.事故的重复发生是安全知识管理不到位

"悲剧都遵循一个类似的可怕剧本。"事故之所以重复发生，是因为安全知识运用不到位，没有把事故当作最重要的管理资源，从而去深度挖掘事故的管理原因、根本原因，更谈不上以"邻里失火、自查炉灶"的态度认真汲取别人的事故教训。

2019年7月19日17：45左右，河南省煤气（集团）有限责任公司义马气化厂C套空分装置发生爆炸着火事故，事故原因是空气分离装置冷箱泄漏未及时处理，发生

“砂爆”→冷箱倒塌，导致附近 500m³ 液氧贮槽破裂，大量液氧迅速外泄，周围可燃物在液氧或富氧条件下发生爆炸、燃烧。事故造成 15 人死亡，15 人重伤，256 人入院治疗。

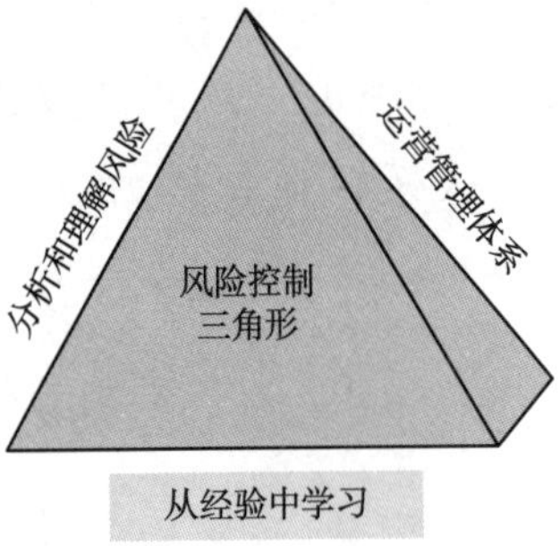

图 4–2　风险控制三角形

风险控制三角形（图 4–2）告诉我们，预防事故的发生要更多地依靠专业的工具、方法；要靠系统化的管理，有效运营安全管理体系；要注重从经验中学习，特别是将同类装置曾出现过的事故，当作本企业的管理资源。空分装置由于冷箱泄漏未及时处理发生“砂爆”引起的事故在全国乃至全世界发生多起，如 1997 年抚顺某乙烯公司“6000”空分塔爆炸、1997 年马来西亚壳牌石油公司“80000”空分塔爆炸、2000 年萍乡钢铁公司制氧厂“1500”空分车间爆炸，但这些事故都没有构成河南义马气化厂的安全知识存量，最终还是发生了别人发生过的事故。

同样，全国各地各行业，进入受限空间作业一人遇险，其他人盲目施救，致使事故扩大，更是比比皆是。

2019 年 10 月 11 日 12 时许，陕西安康市一化工公司发生一起意外，有 1 名女性工人在处理污水时跌入池中，其余 5 人相继救援时也发生意外，随后被送往当地医院。最终 6 名伤者死亡。

2018 年 6 月 16 日 17：45，陕西杨凌区某生物公司 1 名员工在发酵罐内取菌时在罐内昏迷，随后该公司 3 名员工相继进入罐内救援时均昏迷。参与救人的 3 名遇难者分别为该公司的一名厂长、总经理和公司法定代表人。

2018 年天门市某污水处理公司 7 月 18 日发生较大中毒事故。零时 8 分，在放空池排泥、稀释、搅拌时有硫化氢等有毒有害气体逸出，并聚集在作业区域，作业人员因吸入硫化氢等有毒有害气体，导致 4 人死亡，1 人受伤。

基本功训练需要不断丰富安全知识存量，将事故、别人发生过的事故当作重要的管理资源。

3. 员工教育培训形式化严重，实际效果差

在企业主体责任方面，企业存在舍不得送出去培训、不培训、假培训、低标准培训等现象。班组安全教育“假、软、远、散”，放羊式搞班组安全活动；员工往往都是被训练的客体，不能实现向“人人上讲台、人人当教官”的主体地位转变。

《中国石化 HSE 管理体系手册》中明确：“企业应建立岗位培训定期复训机制，操作人员上岗证每年复审一次，考试不合格者，要落实待岗或离岗培训。”

“采用仿真培训、实操培训等措施，拓宽基层员工培训的手段，探索利用 VR 等先进工具，增强培训效果。

鼓励企业利用闲置装置，建设实操培训基地。

基层操作员工的岗位技能培训提升，要纳入基层党建的重要内容，作为年度党建考核重要指标。”

“基层单位应按照‘五懂五会五能’要求，开展基层员工培训和班组副班集中学习，培训时间符合相关要求。”

应急管理短板突出，日常应急演练明显不足。企业的事故预案，形式化严重，针对性不强，不能根据工艺设备变化进行调整，也不能根据同类装置所发生的事故进行反思，将汲取事故教训用完善预案的方式加以固化。同时，事故预案缺乏演练，甚至当灾难发生时，现场操作人员不会报火警。装置发生泄漏、着火、爆炸等紧急情况，现场操作人员手忙脚乱，不能按预案进行应急处理，现场一下子集中了许多人员，而每个人又都不清楚应该做什么，往往需要车间主任到现场指挥，导致第一时间的处理不当、不及时造成事故损失的扩大。这里反映出预案制定不科学，更重要的是，预案制定后往往满足于“有预案”，检查时不扣分，缺乏日常的应急训练。

对员工个体而言，特别是现场操作人员，基本功训练的最低目标是要实现现场操作人员在应急情况下“第一反应是正确的”。某个企业曾经发生一次事故，一位领导干部在现场发生物料泄漏时，边跑边戴防毒面具，匆忙间，佩戴面具的程序发生错误，滤毒罐的底阀（进空气）没有抠掉，待呼吸困难时，已经无力抠掉滤毒罐底阀。有的员工在动火作业时，工作服着火，第一反应不是就地打滚，而是奔跑；还有的员工，在装置区管廊下行走，遇有液体滴下，不是习惯性地退后一步再观察是什么物料，哪儿发生泄漏，而是马上抬头观看，如果是腐蚀性物料，如酸、碱等，可能员工的脸就会被灼伤；当装置发生泄漏时，员工缺乏观察风向标、从上风口接近泄漏点的意识；当员工的手被烫伤时，不知道最好的办法应该是第一时间用大量的清水冲洗；很多人不知道面对着火爆炸，逆风最容易逃生。我国国民的消防安全素质抽样调查显示，将近 50% 的民众在火灾发生时不懂得如何自救，52% 的人甚至不认识消防安全标志；许多人不知道挽救生命最多的海姆立克急救法；又有多少人熟悉掌握心脏复苏术！所以说加强员工的基本功训练，应该从最基本的应急训练做起，拳不离手、曲不离口的千百次训练，这是员工基本功训练的最低要求，形成正确的第一反应，第一反应人命关天。

第三节 如何开展基本功训练

抓工作从思想入手，员工基本功训练首先要从认同公司企业文化入手，同时，管理者要始终坚持把培养人放在第一位，明确岗位是最好的培训课堂，提出系统性解决方案。

一、企业文化永远是第一课

1. 弘扬石油精神、石化传统

企业管理就是企业不能没有“魂”，管理不能没有“根”。所谓的“魂”就是石油精神、石化传统，所谓的“根”就是“三基”工作。员工的基本功训练要从深切了解石油精神、石化传统入手，不断激发干事创业的工作激情。

习近平总书记鲜明指出：“精神是一个民族赖以长久生存的灵魂，唯有精神上达到一定的高度，这个民族才能在历史的洪流中屹立不倒、奋勇向前。”

2019 年，习近平在《致大庆油田发现 60 周年的贺信》中指出：“60 年来，几代大庆人艰苦创业、接力奋斗，在亘古荒原上建成我国最大的石油生产基地。大庆油田的卓越贡献已经镌刻在伟大祖国的历史丰碑上，大庆精神、铁人精神已经成为中华民族伟大精神的重要组成部分。”以“苦干实干”“三老四严”为核心的石油精神，是中国共产党人在推动伟大社会革命中创造的宝贵精神财富，是石油石化战线的立身之本、创业之魂；以求真务实、精细严谨、家国情怀为主要内涵的石化传统，是对石油精神的传承与弘扬。明确石油精神、石化传统的灵魂在于对党忠诚、矢志报国，这是石油人基本功训练的必修课，也只有这样才能真正激发工作激情。

2. 认同公司文化才能真正融入企业

“心理契约”是美国著名心理学家施恩教授提出的一个名词，其意思可以描述为这样一种状态：企业的成长与员工的发展虽然没有通过一纸契约载明，但企业与员工却依然能找到决策的各自“焦点”，如同一纸契约加以规范。即企业能清楚每个员工的发展期望，并满足之；每一位员工也为企业的发展全力奉献，因为他们相信企业能实现他们的期望。“心理契约”是存在于企业与员工之间的隐性契约，其核心是员工的满意度。“道不同，不相为谋”，所谓“心理契约”就是员工认同公司的企业文化，只有认同公司的企业文化才能融入企业，才能发挥最大的价值。

企业与员工之间的关系需要靠新的游戏规则来确定，这种新的游戏规则就是企业与员工关系的新模式——以劳动契约和心理契约为双重纽带的战略合作伙伴关系。一方面要依据市场法规确定员工与企业双方的权力、义务、利益关系；另一方面又要求企业与员工一道建立共同愿景，在共同愿景基础上就核心价值观达成共识，培养员工的职业道德，实现员工的自我发展与管理。日本著名管理学家、经济评论家大前研一指出："无论如何完善教育制度，如何增加报酬和改善福利，也不会产生大批的专家，只有纪律（价值观），才能培养出专家。"一个人不论具备何种技能、多大技能，都必须通过"忠诚"这一运输通道，才能为一个人所在组织创造价值。

二、企业要始终坚持把培养人放在第一位

1. 欲造物，先造人，然也

对于一项工作而言，人才培养的意义往往重于完成工作本身，要把工作的过程当作培养人才的过程。人才是知识和技能的载体，是创造财富的精神动力。古语说："欲造物，先造人，然也。"企业的"企"，由一个"人"字和一个"止"字组成，如果"企"没有了"人"，就只剩下"止"了。在企业中，没有人，没有人才，企业将无法生存。因此，如果想要获得持续快速发展的优势，企业必须培养人才、留住人才。企业缺乏人才往往会举步维艰，流失人才往往会元气大伤。

在嫦娥一号到达月球的近月轨道之后，总工程师在接受采访的时候说了这样一段话："我们这支队伍平均年龄还不到 30 岁，我们好多最重要的岗位都只是 30 岁或者 40 岁的人在把守那样一个重要的位置，在我心目中，这支队伍的成长是比嫦娥一号的成功还要成功的事情。"中国航天事业能取得如此举世瞩目的成就，其中一个重要原因就在于培养造就了一批政治坚定、作风严谨、无私奉献、学术技术造诣较深、勇于创新的科技人才。从研制生产到发射试验，五大系统，上千家单位，数万名参试人员，技术专家"70 后"为主体，一线操作岗位"80 后"挑大梁。平均年龄只有 32.5 岁，大体上要比欧美同行年轻 15 岁左右，而嫦娥三号总设计师孙泽州年仅 41 岁。难怪美国宇航局前局长米切尔・格里芬曾经发出这样的感慨：中国航天最令人感到害怕的，不是它所取得的像载人航天工程这样的巨大成就，而在于它所拥有的一大批年轻科学家和工程师。

德鲁克先生这样描述管理者："管理者就是贡献价值。"他还清晰地告诉我们什么是管理者："管理者本身的工作绩效依赖于许多人，而他必须对这些人的工作绩效负责。"他在《卓有成效的管理者》一书里，对传统管理和有效管理做了区别（表 4-1）。他认为，对人的培养是管理者的职责所在，如果可以让每一个成员胜任职责，组织的效率就会提升，因而培养人是有效管理的特征。

表 4-1　传统管理与有效管理的区别

传统管理	有效管理
专注于烦琐事务，时间属于别人	所有事情都会有序、合理和有效（时间管理）
本岗位的思维模式，屁股指挥脑袋	系统思考
专注于事务，忽视对人的培养	培养人

中国石化催化剂有限公司倡导“人人是人才，个个是资源；合适的人放在合适的岗位上”的人才观，和“催化剂兴衰，我的责任”的责任观。逐步形成“想干事的人有舞台，能干事的人有机会，会干事的有条件，干成事的人有地位”的三支队伍建设新局面。

人人是人才。企业成长发展的历程是所有员工成长发展的共同积累，企业要重视每位员工的职业发展，实施全员培训，建设学习型企业，为员工提供多方位多层次的培训，全面提升员工的综合素质和业务能力，满足员工职业生涯的发展需求。员工要自觉树立终身学习理念，做到在工作中学习，在学习中工作，促进自身知识结构的不断更新和综合竞争力的不断提高，努力成为企业需要的人才。

个个是资源。鼓励全体员工立足本职、爱岗敬业、钻研业务、锻炼成长，通过岗位实践、岗位晋升与交流，为各类人才搭建施展才华的舞台，使优秀人才脱颖而出；人才推动企业发展，企业发展促进人才的成长。企业持续发展才能为各类人才提供施展才干的条件、知识更新的条件和良好的生活条件，才能形成引进、使用、培养和激励相结合的人才机制。

合适的人放在合适的岗位上，坚持运用能上能下的竞争机制，“赛马不相马”，面向企业内外全方位地选拔人才，“不唯学历、不唯资历、不唯职称、不唯身份”，将德才兼备、业绩突出、能胜任岗位要求的合适人才通过竞争选拔到合适的岗位，量才适用，结构优化。

2. 不断丰富组织的知识存量

深度挖掘员工智慧，丰富组织的知识存量。经验产生于最基层，每个员工都是企业的宝贵财富，员工的每一项建议都有价值，都具有增值性和独特性，某个员工的一技之长、偶尔为之的好做法应成为我们知识的来源、教材。正如丰田公司数十年如一日，致力于一线员工的智慧挖掘，才成就了丰田公司的伟大。

图 4-3　上海立得公司裴天军在工作中

裴天军（图 4-3）是上海立得催化剂有限公司的电仪管理人员，工作 16 年来从基层一线走到主管技师，练就了一身本领广受赞誉。2018 年末，上海立得公司分尾气综合治理项目进入验收阶段，两年以来，供应商一直无法攻克矿物油喷嘴长周期运行问题，最后放弃了 60 万元的设备尾款扬长而去，留下一个只有 10min 寿命的喷嘴。尾气系统无法长周期运行，将严重制约公司环保达标。经过 3 个月的不断试验，在 1000 多个备件中不断优化和改造，他终于定制了一款通过仪表风引射的外混式烧嘴。经过试验，新设备一次性开车成功，连续使用 72h 未出现烧嘴堵塞的现象，外排指标合格，消耗处理废矿物油 1000kg。目前该项技术已成功申请发明专利 1 项，实用新型专利 1 项。

实现员工由基本功训练的客体向主体的转变。参与是最好的激励，要认识到每个员工不但是训练的客体，是学员，同时又是训练的主体，是教员。中国石化催化剂有限公司连续十几年开展“人人上讲台”活动，满足了员工的成就感，促进了员工整体素质的提升。“人人上讲台”活动既锻炼了员工总结能力，又促进了知识的交流，使员工想学习、爱学习、能学好，提高了员工的学习能力。

基本功训练要不断强化组织的知识存量，倡导组织学习，建立动脉式的组织学习方式。所谓组织学习，是指为了建立竞争优势和提高绩效水平，组织利用信息和知识连续改变和调整自身以适应不断变化的环境的一种全员学习和创新机制。组织学习有四个过程，即自我感知（是一种对过去的行为模式的再认识过程）、解释说明（通过语言对话和认知地图来解释个人感知所得）、归纳整理（是取得共同的理解、相互调整采取一致行动的过程）、制度化（是确保来自个人或团队的学习成果在组织内得以放大过程），分别在个体、团队和组织三个层次展开。把在组织层次，即在组织间的学习，理解为动脉式的学习，企业需要建立开放系统，打破行业界限、部门界限，不断从系统外获取知识，比如飞机上的涡轮增压，转化为汽车上的标配，比如把承包商当作好伙伴，向他们学习压缩机组、DCS 系统设计、安全仪表等专业知识。

3. 系统性的解决方案

基本功训练虽然概括地讲是个体力量，但基本功训练要以企业全体员工整体素质提升为目标，而不只是培养技术尖子和业务骨干。企业既要做到全员培训与重点培训相结合，也要区分领导干部、专业技术人员和技能操作人员的不同需求，提供系统性解决方案。

一是，基层单位领导干部的基本功训练应围绕企业发展和基层单位工作中的实际问题，按照岗位能力的要求，重点学习经营管理及相关的业务知识，锻炼组织协调和开拓创新能力，提高自我管理能力。通过训练，努力让管理人员成为一个政治立场坚定，专业上有造诣，掌握先进管理方法，有群众基础、作风正派、踏实认真的人。

基层单位党支部书记的基本功训练要做到“三懂、三会、三过硬”：懂党务、懂业务、懂管理，会解读政策、会疏导思想、会总结经验，政治过硬、作风过硬、廉洁过硬；掌握两项基本功：做好思想政治工作、严格党组织生活；着重提升五种能力：班子建设能力、组织凝聚能力、深度融合能力、团结协作能力、典型选树能力。

二是，专业技术人员的基本功训练应紧密结合生产经营、科技进步和技术改造，不断进行知识更新和拓展，完善知识结构，掌握现代管理方法、安全风险分析评价方法，提高技术创新、科技成果转化和解决生产、技术和管理等实际问题的能力。重点学习本专业的新理论、新知识、新技术、新方法，以及相关法律法规、技术标准、知识产权保护等知识。

通过训练，要让专业技术干部成为积极上进、专业上有较好理论知识储备、能动手处理装置复杂问题，并有良好工作、生活习惯的人。使其学习、分析解决问题、开发设计、管理与沟通、危机处理、国际交流合作等能力明显增强。

三是，技能操作人员的基本功训练，以现场锻炼为主、培训学习为辅，注重提高员工的实际操作技能和理论知识。主要方式包括：结合生产操作开展岗位练兵和事故模拟演练；利用工余时间进行技术讲课；举行技术表演和技术比武；通过师带徒、老带新进行“传、帮、带”；总结交流实际操作经验；积极推广应用仿真培训、DCS 在线培训。

通过训练，提升技能操作人员的职业素养，成为仔细认真、具备装置系统操作能力和丰富的操作经验、有积累总结习惯、善于动笔的新时期“白领化”产业工人。技能操作人员基本功训练的最低要求是“三个第一”：在巡回检查时，第一时间发现问题；在日常操作时，第一次就把事情做对；在应急情况下，第一反应是正确的。

三、员工是基本功训练的主体

在一个人的职业生涯中，个人的能力起到核心作用，即使已经工作多年的员工也希望能够在工作的过程中有机会学到更多的知识，增长见闻以适应升职或者稳定工作的需求。员工工作的过程就是个人成长的过程。对于企业来讲，企业也愿意给员工提供学习的机会，让优秀的员工或干部提升工作技能、健全管理知识体系等，企业更希望优秀的员工能够通过学习承担更重要的责任，担任更高的职务，而不是仅依赖于外部招聘，因为内部提拔的干部对于企业管理具有极强的优势。

1. 工作点燃激情，让工作体现生命价值

工作岗位是员工成长的平台、干事业的舞台。除员工的工资、奖金和福利等显性收入外，员工工作能力的提高、素质的提升和人际关系的发展等能使员工竞争力增强的隐性收入是许多人不重视甚至是看不见的，正是这部分收入在创造员工的未来。只

有每个员工明白了是企业花钱在让我学本领这个道理，才能激励员工自动自发地做好现在的工作，主动为自己和公司创造未来。

总收入 = 显性收入（工资 + 奖金 + 福利）+ 隐性收入（能力提高 + 素质提升 + 人际关系发展）

工作点燃激情。有人概括凤凰卫视的精神时，说了一句话："这是一个疯子和五百个疯子的故事。"凤凰卫视有一大群被称作"媒体疯子"的人，他们永远被自己的热情燃烧着，脑海中不停冒出新的创意，他们对重大事件有不可遏制的"渴望"，他们一走进演播室和拍摄现场就情绪高昂。采访时他们被认为"过度活跃"，一旦有大事发生，他们兴奋、紧张过度，常常会连续工作十几或几十小时，自我陶醉，乐在其中。

凤凰卫视主播董嘉耀说："我大学毕业后分在一个省级电视台工作，每周只需要上三个半天的班，不需要上班时，我就与我的女朋友出去散步、打羽毛球。我们周围，是一些退休的老人在健身。有一天，我突然意识到，我原来是在过一种等待生命结束的日子。我还年轻，不能这样终老一生。就这样，我来到了凤凰。现在，我几乎每天工作十几个小时，有时候几天不能睡觉，但是，我感觉很充实，内心充满了激情。因为，我每天都看得见华语媒体在世界上的进步和对大陆新闻改革的推动，我也实现了自己的价值。所以，我真心地说一句，谢谢你，凤凰！"说到这里，董嘉耀眼含热泪，声音哽咽。对此，前凤凰卫视董事局主席刘长乐说："我注意到，台下的小莉、文涛、梁冬等人也为之动容，有的甚至泪流满面。我想，这些年轻人为什么会真心真意地说这些话？是他们在这里让人眼看着飞快的进步吗？不是。年轻人只要努力，在哪里都会进步。是他们在这里得到了丰厚的报酬吗？也不是，凤凰给他们的报酬并不算高。是我对他们有恩吗？更不是，他们来凤凰之前都有稳定的生活和收入。那么，他们感谢的是什么呢？我认为，是因为凤凰为他们搭建了一个让他们展示才能的舞台，提供了一个尽情发挥的空间，让这些理想主义者有了一种认同感和归属感，找到了灵魂获得自由和解放的一种工具和途径。"

2. 坚持专业立身，让岗位体现专业价值

基本功训练要和员工的职业生涯规划相一致。扁平化的组织架构、经营方向的专业化、人员使用的专业化是现代企业的典型特征。人员使用的专业化要求岗位分工专业化，而岗位分工专业化突出专业技术人员的专业特征，也使得本岗位基本功训练更加容易，促进同类人员同台竞技、经验相互交流。岗位分工的专业化可以实现合适的人在合适的岗位，让员工从事最擅长的专业，甚至一生都专注于某个领域，用创造的价值赢得尊重，而不是成为管理者，这样为企业员工特别是工程技术人员成为本专业的专家提供了平台和机制上的保障，同时优化劳动力资源的配置，打破传统官本位思想的束缚，解放生产力，实现了员工和企业的共同进步。

事实上，现在从业人员的专业化不仅仅是需要，而是必须。当今行业知识量越来越大，信息更新也越来越快，做一个各方面都优秀的人才已经相当困难，一个人能把一件事做得比别人好就很不错了。"终生从事自己的专业"，从而"因为专业所以领先"。员工岗位分工的专业化认为，做好任何事情都是一种学问，"三百六十行，行行出状元"，即便不是主导专业，只要把简单的事情做到极致，把某一件事做绝做透，把一个小问题理解得很专业，就能成为构筑企业发展的基石，也能成就员工个人美好的人生。

"任何人如果把顾客当作出发点，这样任何人都可以成为专家，人人可以成为专家。"日本著名管理学家、经济评论家大前研一，在他的《专业主义》一书中说道。大前研一为"专家"下了这样的定义："专家要控制自己的情感，并靠理性而行动。他们不仅具备较强的专业知识和技能以及较强的理念，而且无一例外地将顾客放在第一位，具有永不衰竭的好奇心和进取心，严格遵守纪律。"他把理性思维 + 扎实的理论功底 + 丰富的专业经验和专业技巧，形容为没有正确方向的跑车，而把顾客作为第一位就使跑车有了正确方向，好奇心 + 进取心就是工作动力，纪律就是交通规则。所谓顾客是指市场上的终端客户，同时也可以是下道工序，是你的部下，是工作业务本身。每个人都要用自己的专业服务生产现场、服务企业的核心业务。

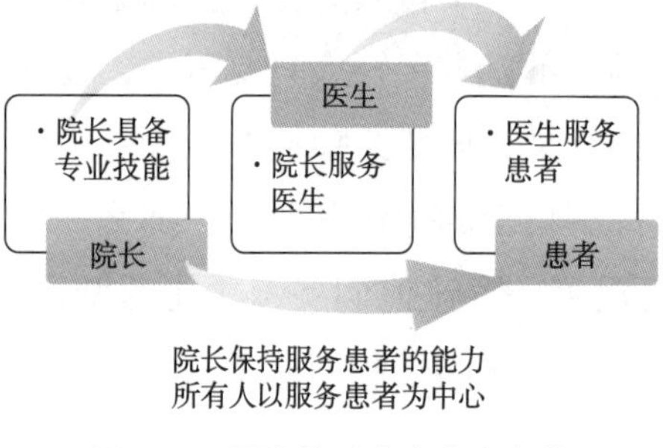

图 4–4 医院是以病人为中心的

专家以专业为前提，专业是以业为前提，而不是以专为前提。什么是"业"，业指的是业绩。专业就是专门为顾客服务、为顾客创造出价值。"并不是因为专业技术成为专家，而是把顾客作为出发点，把客户价值当成前提，而成为专家。"企业需要的就是解决现场问题的专家。企业所有的服务指向应该是市场上的终端客户，正如医院是以病人为中心的（图 4–4）。

3. 基本功训练的最高阶段——职业化

什么叫高素质的人才？主要是指训练有素的职业化人才。所谓训练，主要是指基本功训练，先有训练，才能有素。日本企业家松下幸之助就如何建设有力的管理队伍曾说过："50% 的训练，50% 的操练。"其实，一些优秀企业的办法很简单，就是把管理能力分解成一个个标准化的模块，然后反复进行训练、操练。在严格制度和细致的考核下，经过反复训练和操练的人才自然会向职业化人才迈进一大步。

职业化：就是一种工作状态的标准化、规范化、制度化。即在合适的时间、合适的地点，用合适的方式，说合适的话、做合适的事。职业化素养包括职业道德、职业意识、职业形态等内容。职业化素养，职业化中最核心的内容，如果把整个职业化比喻为一棵树，那么职业化素养则是这棵树的根系。余世维博士形容职业化：职业化的工作技能，就是像个做事的样子；职业化的工作形象，就是像干那一行的样子；职业化的工作态度，就是用心把事情做到完美；职业化的道德，就是对一个品德的坚守。中国精细化管理研究所所长汪中求眼里的职业化：对职业充分尊重、服从目标与规则、名利有道德前提、尊重优秀的对手、能驾驭个人感情、具有慎独的精神。

具有职业化素养的现代企业人才典型特征：

忠诚企业、激活能量。个人能力和价值之间，忠诚是唯一通道。

工作第一、勤奋为本。常香玉“戏比天大”，稻盛和夫“付出不亚于任何人的努力”。

注重积累、谨记经验。没有记录就没有发生，“备忘录”是成功的开始。

构思创意、时刻充电。要保持“现场感”，坚持上位思考、常读书。

永坐首排、自信亮剑。出色展示自己的工作，始终充满工作激情。

创造价值、坚守专业。用自己专业，服务企业核心业务。

成就他人、乐意人际。善于控制自己情绪、不给别人添麻烦、掌握说话技巧。

第五章
技能操作人员的基本功训练

“答案就在现场。”生产一线技能操作人员是企业效益的最终实现者，其基本功训练的效果，直接决定企业兴衰。技能操作人员基本功训练的最低要求是“三个第一”，即在巡回检查时，第一时间发现问题；在日常操作时，第一次就把事情做对；在应急情况下，第一反应是正确的。

技能操作人员基本功训练强调的主要观点：

① 素质源于训练。

② 干什么学什么，缺什么补什么。

③ 岗位是最好的训练平台。

④ 生产任务越紧张，练兵越要勤。

⑤ 将事故（失败）教训文本化、可视化。

⑥ 我愿意分享安全经验，我愿意接受别人的分享。

⑦ 上岗必须接受培训，培训不合格不能上岗。

⑧ 员工是基本功训练的客体，更是基本功训练的主体。

⑨ 主动接受 HSE 培训和能力培训是员工的基本义务。

第一节　技能操作人员基本功训练的原则、目标与形式

班组是预防事故的第一阵地，几乎所有事故都与培训不到位密切相关，技能操作人员的基本功训练水平，决定企业安全生产水平。

一、基本功训练的原则

1. 基本功训练的原则来源于现场

基本功训练所确定的原则，主要源于现场实践，除大庆油田会战期间的“四过硬”以外，中国石化燕山石化公司的“三百三仍”和中国石化胜利油田打造的“三百”型员工，也都体现了这些原则。大庆油田会战时期形成的大抓基层、基本功训练的优良

传统，也一直在石油石化行业普遍传承。

案例 燕山石化公司“三百三仍”活动

1975年，我国第一套30×10^4t/a乙烯装置，在北京燕山石化公司开始建设。这是经毛主席亲手圈阅，周总理亲自批准引进的国内第一套大型乙烯生产装置。这套装置的建成，可以使当时我国的乙烯产量增加5~6倍，对于壮大国防和经济实力，都有着重大的政治意义和经济意义。参战员工迸发出了极大的劳动热情，针对现场员工技术水平低，毫无大型装置开车实践经验的困难，在开车时开展了“三百三仍”练兵竞赛，保证了装置一次开车成功。所谓“三百”是指，百次练兵、百次假设事故处理、百问不倒；所谓“三仍”是指，要将开车方案、工艺卡片、工艺流程烂熟于心。

案例 胜利油田在基层打造“三百”型员工活动

随着公司改革和“四化”建设的深化推进，岗位工作对员工素质要求更高了，标准更严了。2016年胜利油田丰富基本功训练内容，创新训练载体，在基层打造“三百”型员工。所谓“三百”是指，百学不厌、百问不倒、百做不误。

抓实“百学不厌”：活动采用“闯关答题”“口令红包”“积分奖励”“一战到底”等灵活多样的形式开展练兵活动，自主开发了520个远程课件，吸引员工主动学习，乐于学习。

争做“百问不倒”：建立培训“小课堂”，把课堂搬到工作现场，利用交接班、班前班后会间隙，持续开展“每日一问”“人人当老师”等学习活动。对照工作流程和标准，编成易懂、易记、易做的“小口诀”，让员工边干边学，边学边练，涌现出一批“百问不倒能手”。

力求“百做不误”：树立“最好的练兵在现场”“把每一次操作都当作标准化训练”的理念，常态化开展标准化操作训练，对照标准，规范操作。渤海钻井总公司的“标准化操作示范班”，定期下基层、进班站，进行标准操作指导，纠正不规范操作。目前，已帮带300多个队次、上千名员工，有效遏制了“三违”现象的发生。

百做不误，践行工匠精神。东辛采油厂维修一队实施“责任岗号”制度，为每名员工设置一个专属的岗位号码和钢制印章，每焊接一道焊口，施工的员工就会在焊缝旁用钢印敲上自己的“岗号”，亮出身份、承诺质量。一旦焊接质量出现问题，根据“岗号”追究施工人员的责任。

2. 基本功训练的原则

技能操作人员的基本功训练要坚持贴近实际、贴近生产、贴近一线；干什么练什么、缺什么补什么；一个岗位一个训练标准；边干边学、急用先学；重点培训与全员培训相结合。

中国石化 HSE 管理体系中，要求“基层班组应按照‘135’原则，做好突发事件初期应急处置演练”。“135”原则，即 1 分钟应急响应，3 分钟退守稳态，5 分钟消防联动（图 5–1）。

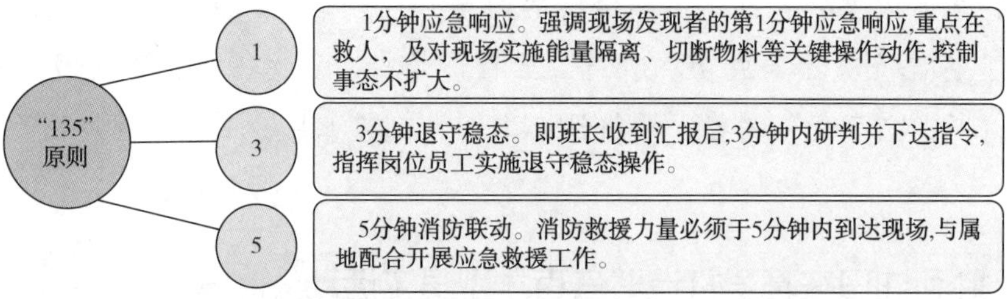

图 5–1　中国石化基层班组应急管理“135”原则

3. 中国石化有关安全培训的原则与要求

《中国石化安全培训与安全能力提升管理规定》（中国石化安〔2018〕347 号）明确了管理原则与要求。

（1）管理原则

依法合规的原则。安全培训应符合有关法律法规要求，法律法规要求持证上岗的人员应依法取证、持证，持证人员应具备相应安全能力。

提升安全能力的原则。企业应根据岗位职责，明确岗位安全能力要求，建立安全培训矩阵。安全培训矩阵应明确培训内容、掌握程度等要求，突出安全培训的针对性和实效性。企业应依据安全培训矩阵开展培训，有效提升人员安全能力。

上岗必须培训的原则。上岗前全体员工、承包商员工应接受相应的安全培训考核，不接受安全培训或考核不合格者不得上岗。

教考分离的原则。安全培训与考核应相对分离。安全培训可委托具备相应能力的培训机构实施，安全考核应由企业监管部门实施。

企业应不断强化日常安全教育。企业应在各类专业技术培训中嵌入安全培训专题，应采用“会前、岗前、作业前 5 分钟”事故分享、班前喊话等安全活动形式，开展全员安全教育，提升员工安全能力，适应岗位要求。

企业应尽量把安全培训与技能培训相结合。

（2）基本要求

在证书有效期内，特种作业人员、特种设备作业人员、企业内部取证人员，连续离岗3个月以上人员，企业应根据实际情况，重新考核验证相应安全能力，考核合格后方可上岗。

岗前培训：新员工三级安全教育宜纳入企业岗前培训统筹实施，安全培训时间不少于72学时，并建立档案。

采用新工艺、新技术、新材料或者使用新设备，必须对相关生产、作业人员进行相应的专门安全培训。

企业应以班组为单位，以班组长为主导，积极采用师带徒、操作比武、应急演练等多种岗位练兵形式开展在岗不脱产培训。

基层员工在岗培训时间不少于20学时/年，班组长不少于24学时/年。

（3）各类人员安全培训重点内容

各级领导干部的安全培训以贯彻法律法规、强化安全意识、增加安全知识为主要内容。

管理人员的安全培训以强化责任意识、掌握安全管理方法、增强安全技能为主要内容。

操作人员的安全培训以强化安全意识和提升风险识别能力、安全操作能力、应急处置和自救互救能力为主要内容。

二、基本功训练目标与重点内容

中国石化HSE管理体系明确了员工基本功训练的基本要求，基层单位应按照“五懂五会五能”要求，开展基层员工培训和班组副班集中学习，培训时间应符合相关要求。

基层日常培训应立足岗位技能要求；企业应建立岗位培训定期复训机制，操作人员上岗证每年复审一次，考试不合格者，要落实待岗或离岗培训；基层单位应开展HSE事故事件教训分享。

1. 技能操作人员培训目标

“两手”：“一岗精、二岗通、三岗会”的多面手；“转岗能上岗、上岗能胜任”的岗位能手。

“四种能力”：有岗位胜任能力、规范操作能力、解决实际问题能力和能够处置岗位紧急情况的能力。

“三个第一”：在巡回检查时，第一时间发现问题；在日常操作时，第一次就把事情做对；在应急情况下，第一反应是正确的。

2. 培训的重点内容

（1）岗位 HSE 履职能力

企业应在各岗位描述中明确岗位 HSE 履职能力要求，重点关注：

1）经营管理人员的守法合规意识、风险意识、体系思维、领导引领力、风险管理能力和应急管理能力等；

2）专业技术人员的专业技术能力、专业 HSE 管理能力、风险管控和隐患排查治理能力、应急处置能力等；

3）技能操作人员的“五懂五会五能”。“五懂”指“懂工艺技术、懂危险特性、懂设备原理、懂法规标准、懂制度要求”；“五会”指“会生产操作、会异常分析、会设备巡检、会风险辨识、会应急处置”；“五能”指“能遵守工艺纪律、能遵守安全纪律、能遵守劳动纪律、能制止他人违章、能抵制违章指挥”。

（2）开停工、试生产与竣工验收阶段的培训

《中国石化 HSE 管理体系》中要求建设项目试生产（使用）前，企业应完成操作规程、应急预案等相关技术文件的发布、学习，人员培训并考核合格。

企业应组织对试生产（使用）方案进行审查，对试生产（使用）条件进行确认。

建设项目在首次引入氮气、燃料气、工艺物料以及流程动改、重要设备投用等关键试车步骤前，应落实确认机制，相关各方按要求配合，落实安全条件。试车期间应加强联锁和报警管理，做到应投尽投。

某企业加氢装置中间罐“11·22”氮气室息事故（图 5-2）。（2013 年）装置引入氮气后，串入未封闭的储罐，罐内作业人员窒息。

图 5-2　某企业“11·22”氮气窒息事故

企业应充分识别开停工过程中各阶段风险，编制和审查开停工方案，对开停工关键步骤落实分级确认制。企业应在开停工前完成实施方案、变更内容、新技术应用、应急处置等培训。

2010 年 3 月 18 日，某企业常减压装置减三线高温油泵密封实施了冷却改造，但技术人员未与操作工交底培训，操作人员打开本已关闭的蒸汽阀门，导致蒸汽串入循环冷却水系统，泵体冷热膨胀不均导致泵振动增大，机械密封失效，高温油泄漏着火（图 5-3）。

图 5-3　某企业“3·18”高温油泵机械密封失效事故

（3）HSE 能力培训

HSE 能力要求：风险识别能力、应急处置能力、自救互救和个人防护等能力。

3. 技能操作员工基本功训练层次

技能操作员工基本功训练层次见图 5-4。

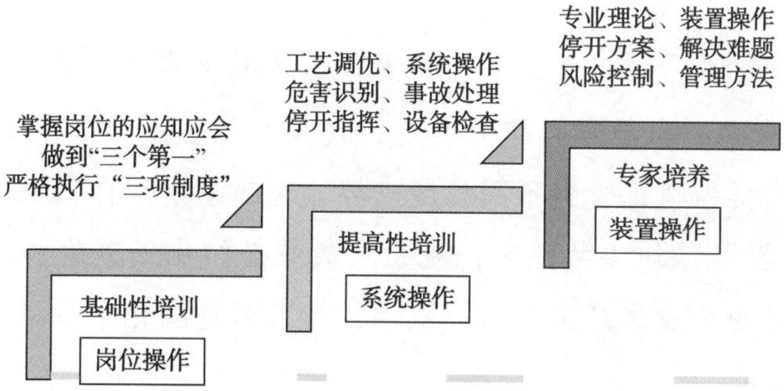

图 5-4　技能操作员工基本功训练层次

（1）基础性培训

掌握岗位的应知应会：设备操作的“四懂四会”（四懂：懂原理、懂构造、懂性能、懂用途；四会：会使用、会保养、会检查、会排除故障）；岗位操作“五懂五会五能”；工艺技术“三识别”（能识别、绘制工艺流程简图，能识别本岗位主要设备的结构简图，能识记本岗位操作规程）。

“三个第一”是最基本要求。

执行好“三项制度”最关键：交接班“十交五不接”；巡回检查“带着问题去巡检”“四到”；设备维护保养“四懂四会”“四不超”“五定”。

案例 几则不懂、不会、不能造成的事故

2015年5月16日，山西某化工公司在二硫化碳生产中处理冷却管道漏点，发生硫化氢中毒事故，造成8人死亡，6人受伤。伤亡员工均是当地村民，因其不懂生产工艺危险性、不懂工艺生产过程伴生硫化氢危险特性，不会判断事故原因，不会正确应急处置，更谈不上制止违章，导致8人在应急救护时相继中毒死亡。

2018年5月12日，在上海某化工公司公用工程罐区位置，作业人员在对苯罐进行检维修作业过程中，苯罐发生闪爆，造成在该苯罐内进行浮盘拆除作业的6名作业人员当场死亡。事后分析：75-TK-0201内浮顶储罐的浮盘铝合金浮箱组件有内漏积液（苯），在拆除浮箱过程中，浮箱内的苯外泄在储罐底板上且未被及时清理。由于苯易挥发且储罐内封闭环境无有效通风，易燃的苯蒸气与空气混合形成爆炸环境，局部浓度达到爆炸极限。罐内作业人员拆除浮箱过程中，使用的非防爆工具及作业过程可能产生的点火能量，遇混合气体发生爆燃，燃烧产生的高温又将其他铝合金浮箱熔融，使浮箱内积存的苯外泄造成短时间持续燃烧。分析该事故主要原因是作业员工不懂苯蒸气的爆炸危险特性，在受限空间内违章使用非防爆工具导致事故。

2018年7月12日，四川宜宾某公司发生爆炸着火事故，共造成19人死亡、12人受伤，爆炸还造成二、三车间起火燃烧，过火面积1800m^2，一车间、库房、烘干房、分析室、办公楼等建筑受到不同程度破坏。这起事故是自2012年造成29人死亡的河北克尔“2·28”爆炸事故以来，死亡人数最多的化工事故。企业在岗员工大多数是当地村民，更受企业生产工艺保密限制，员工对危险化学品原料危险特性及相互作用影响知之甚少。

2015年7月16日，山东某石化公司液化烃球罐在倒罐作业时发生泄漏着火，引起爆炸，在事故救援过程中造成2名消防队员受轻伤，直接经济损失2812万元。在进行倒罐切水过程中监护人员擅离职守，致使液化烃在水排完后从排水口泄出，泄漏过程中产生的静电放电或消防水带剧烈舞动，金属接口及捆绑铁丝与设备或管道撞击产生火花引起爆燃。倒罐时监护人擅离职守，不能严格遵守劳动纪律是导致本次事故发生的直接原因。

2017年6月5日，山东某石化公司储运部装卸区的一辆液化石油气运输罐车在卸车作业过程中发生液化气泄漏，引起重大爆炸着火事故，造成10人死亡，9人受伤，直接经济损失4468万元。在泄漏到爆炸的两分十秒间，操作人员面对紧急情况毫无反应，有的躲到驾驶室，有的不知逃生路线跪地爬行，有的惊慌失措中毒倒下，多人

盲目施救，没有进行迅速撤离，致使操作工、储运工、装卸工、司机在不懂、不会的情况下多人伤亡。

（2）提高性培训

提高性培训重点是通过培训使技能操作人员，做到“四能”“六会”。“四能”：能识读并绘制带控制点的工艺流程图（PID），能绘制主要设备结构简图，能识读工艺配管图，能识记工艺技术规程。“六会”：会工艺调优、会系统操作、会危害识别、会事故处理、会停开指挥、会设备检查。

（3）技师、专家培养

培养技师和专家的目标是：具备一定的专业理论；能够进行装置操作；能够制定装置停开方案；能够进行生产、检修、设备等难题的解决；能够进行装置风险控制与管控；掌握现代管理方法。

一般将操作技能人员分成7类，即初级工（初级技能）、中级工（中级技能）、高级工（高级技能）、技师（高级技能）、高级技师（高级技能）、主任技师（拔尖技能）、首席技师（拔尖技能）。

一般将培训内容分为4大工作模块，9项工作内容：工艺操作：装置运行、开停工；事故判断和处理：事故判断、事故处理；设备使用与维护：设备使用、设备维护；综合管理：质量管理、生产管理、综合管理（“三基”）。

案例 炼油装置技能操作人员胜任能力模型

初级工（初级技能）

1. 能完成装置日常巡检；2. 能规范填写相关记录；3. 能按照指令动改工艺；4. 能检查和核对现场仪表和远传仪表数据；5. 能独立完成控制阀改副线操作；6. 能投用加热炉吹灰系统。

中级工（中级技能）

1. 能完成引入公用工程；2. 能正确动改开停车流程；3. 能完成加热炉点火和停炉；4. 能平稳投用电脱盐系统；5. 能正确投用蒸汽发生器；6. 能配合完成加热炉炉管烧焦；7. 能投用加热炉空气预热器系统；8. 能完成设备、管线的置换或吹扫以及动静设备的物料倒空。

高级工（高级技能）

1. 能完成抽真空系统的停、开工作；2. 能平稳完成电脱盐投用和甩出工作。

高级技师（高级技能）

1. 能根据装置原料或加工方案的变化提出设备操作方案；2. 能完成重要设备、管线的安全条件确认；3. 组织实施节能降耗措施；4. 参与装置经济活动分析。

首席技师（拔尖技能）

总结和创新“三基”工作。

主任技师（拔尖技能）

1. 根据质量控制原则制定产品质量指标；2. 制定并指导实施各质量控制的方案及操作参数。

三、基本功训练的基本形式与安全教育培训

按照“贴近实际、贴近生产、贴近一线”原则，以岗位必备和应知应会为重点，突出抓好HSE、操作规程、应急处置等方面的技能训练，建立健全基本功训练体系，全面提升员工岗位胜任能力、规范操作能力和解决实际问题能力。

1. 基本功训练六种基本形式

基层员工的基本功训练主要采取实操训练、“师带徒”、业务竞赛、应急演练、仿真训练、在线练习等六种形式。对基层员工而言，基本功训练的最基本要求是做到“三个第一”。

（1）实操训练

一是要按照“干什么练什么”原则和“一个岗位一个训练标准”的要求，分类分层、因岗因人设计岗位实操训练计划和实施方案。

二是要明确实操训练的重点和目标。围绕岗位应知应会，重点训练员工正确操作、规范操作、熟练操作的习惯和能力，逐步向“一岗精、二岗通、三岗会”的多面手提升，向复合型人才发展，成为“转岗能上岗、上岗能胜任”的岗位能手。

三是要坚持岗位是最好的训练平台的观点，坚持在实际工作中训练实际操作能力，在各类岗位培训中加强实际操作训练，保证见习实践培训时间，严格技能操作考核，不能简单以讲代练、以说代做。

四是要注重配备训练设施或利用废旧设备、装置等开展标准化操作训练，强化动手能力的培养。

中石化催化剂大连有限公司多品种车间，开展“不忘初心 筑梦匠心”强基活动。全车间有员工124人，2020年共计849人次参与培训，并将工作重点放在生产一线员工能力素质提升上，开展实操性强的岗位技术练兵。组织了齿球、微球操作培训，既注重一线员工齿球、微球成型应知应会知识及操作技能培训，又注重齿球、微球拔尖技能人才的培养，每个班组都培养出了几个齿球、微球制备“大拿”。齿球产能由每班3批提升至每班8~9批；微球载体制备产能由每天1t提升至2t。齿球收率由生产

初期的 85% 提升至 93%；微球生产相同粒径要求的情况下，一次收率由 85% 提升至 90%。圆满完成了多个齿球生产任务及微球紧急生产保供任务。

（2）“师带徒”

一是要采用师徒协议、技师（高级技师）工作室、专家工作室等方式，组织员工在师傅带领和指导下，学理论、练本领、养作风。

二是要明确对新员工的要求，对新入职员工需明确一定时间的见习期，在见习期内需明确专人辅导、教练，签订师徒协议，明确培养计划、课题和目标，规范师徒双方的责任与义务。

三是要将“师带徒”制度化，突出“师带徒”个性化培训的内容、标准和要求，建立“师带徒”成效评价与同奖同罚的激励约束机制，促进形成高技能带低技能、一级带一级、分层级培养的教练式培训体系，实现技能代代传授、经验代代传承、作风代代传递、精神代代传播。

中国石化催化剂有限公司齐鲁分公司与中石化石油化工科学研究院有限公司（简称石科院）党建结对共建带动人才共建，创建专家工作室 1 个，技能大师工作室 3 个，打造公司人才培养的“练兵场”，攻关创新的“孵化器”。为新入职员工选配技能、技术双导师，帮助新员工快速成长成才（图 5–5）。

齐鲁分公司与石科院14室、22室专家带徒“云签约”仪式

技能大师攻关项目研讨会

新员工导师带徒签约仪式

图 5–5 基本功训练的多种形式

（3）业务竞赛

一是要深化以专业技术人员为主体的业务技术比武和以技能操作人员为主体的职业技能竞赛。通过技术比武和技能竞赛，以赛促学，以赛促练，以赛促干，促进员工提高岗位技能。

二是要不断丰富业务竞赛方式，拓宽业务竞赛途径，提高竞赛的针对性，采用技能竞赛、技术竞答、仿真测试、在线考评等形式，比技术精湛、比业务精通、比工作精心、比服务细心，推动技能标杆向技能标准转化、技术示范向技术规范转化。

（4）应急演练

一是要模拟自然灾害、突发事故、急性中毒、环境危害、人为破坏等突发事件，明确“做何事、谁做事、如何做、何时做”的职责与程序，进行应急处置，确保紧急状态下能够快速反应、高效运转、临危不乱，最大限度地减少事故危害。

二是要建立健全门类齐全、分类管理的应急预案体系，完善应急预案内容和应急处置程序，落实应急演练闭环管理，着力增强应急预案的针对性和可操作性。

三是要分层分级定期组织实战背景下的各类应急演练，增强员工风险识别能力、应急处置能力和自救互救技能。

（5）仿真训练

一是要建立健全设备、单元、装置等仿真体系，模拟设备、技术单元或装置的运行和操作，并对实际生产中遇到的操作波动、开停工、事故、技术难题、健康安全操作等进行模拟处理，增强员工的实战能力。

二是要积极运用仿真系统，开展技能鉴定、技术比武，推进仿真培训制度化、常态化，仿真系统与装置操作室一体化运行。

三是主体工种与主要辅助工种新员工和转岗员工必须经过仿真培训、实战演练，考核合格方可上岗。专业技术人员在生产优化、技术方案论证、安全评估等方面要积极应用仿真系统。

（6）在线学习

一是要应用中国石化远程培训系统进行在线学习，开展岗位培训、岗位练兵和技术比武。

二是要通过在线学习，推动员工开展操作观摩、知识竞赛、答题闯关、社区交流、研讨答疑等。

三是要丰富在线学习培训资源，开发互动式练兵、标准化操作课件等。

四是要将在线学习培训纳入员工岗位培训、岗位练兵内容，采取指定必修、规定学时等多种形式，明确员工参加远程学习培训的要求。

上海立得催化剂有限公司，充分发挥公司电教室及线上考试培训系统的高效优势，组织公司各专业人员编制公司级专业知识题库，并进行“题库再造”，形成各类题目共9000余题，并将题库录入考试系统内，期间共组织开展800余人次考试，为公司进一步加强各岗位基本功训练，夯实人才队伍发展提供了基础支撑（图5-6）。

图5-6 上海立得催化剂有限公司线上培训、线下考试活动

2. 岗位安全教育和操作技能培训

安全管理的重心在基层，重点在现场，关键在岗位。近十年发生的与化工相关重特大事故，如广西宜州广维化工“8·26”重大爆炸事故、河北赵县克尔化工“2·28”重大爆炸事故、福建漳州腾龙芳烃“4·6”重大爆炸事故、山东临沂金誉石化“6·5”重大爆炸着火事故、四川宜宾恒达科技“7·12”重大爆炸着火事故、河北张家口盛华化工“11·28”重大爆燃事故等，都与岗位员工的生产操作密切相关。

（1）中国石化明确安全基本功训练的内容

以全面提升各级员工的安全能力为目标，明确一个培训矩阵，利用三种培训手段，建立一个挂钩机制，不断推进班组安全岛等信息化载体应用，抓实基层的基本功训练。

1）明确培训矩阵，清晰安全培训内容。基层单位要依据岗位的设置和工作技能要求制定各个岗位的安全培训与技能需求矩阵。要以员工日常需遵循的制度、标准、规范和操作规程为重心，并注重安全素质和技能培训，以最终安全作业为目的。培训矩阵要明确培训范围、培训内容、培训周期、培训方式和掌握程度，“干什么学什么，缺什么补什么”，提高安全培训质量，完善基层安全培训管理。

2）利用实操、案例、视频三种手段，优化安全培训效果：

一是抓实实操培训。基层单位要分类分层、因岗因人设计岗位实操训练计划和实施方案，重点训练员工正确操作、规范操作、熟练操作的习惯和能力。坚持在实际工作中训练实际操作能力，严格按照岗位操作规程和结合岗位安全风险实施，及时纠正错误，弥补不足。

二是强化案例培训。基层单位要根据自身作业的特点，有针对性地选择本单位、本行业、相似相关行业的典型安全事故案例进行培训。培训时要从多角度分析事故原因，使各环节、各专业的岗位人员充分参与讨论，发挥事故案例的警示作用，并对事故发生的规律加以提炼、总结，提高处理同类问题的能力，有效防止同类事故的发生，积累应急的经验和措施。

三是推广视频培训。采用互联网、多媒体技术和智能硬件终端，借助三维动画、互动式练兵课件、标准化操作视频等方式，将培训内容影像化、图片化，使基层员工从视觉、听觉上多方位地接收信息，强化培训效果，提升学习兴趣、接受能力和积极性。

3）建立考核合格与上岗晋级挂钩机制，强化安全培训落实。基层单位要依据基本功训练的内容和标准，落实责任主体，开展各岗位人员安全培训的量化考核评价工作，建立落实考核合格与上岗晋级挂钩机制，督促各级人员有效开展安全培训和日常安全学习，抓实基层基本功训练。

（2）《新导则》对岗位安全教育和操作技能培训提出的要求

应急管理部于2019年9月下发了《危险化学品企业安全风险隐患排查治理导则》（应急〔2019〕78号），对岗位安全教育和操作技能培训提出了明确要求，其中构成重大隐患条款及带有时效性规定如下：

企业主要负责人和安全生产管理人员，应当由主管的负有安全生产监督管理职责的部门对其安全生产知识和管理能力考核合格；企业主要负责人和安全生产管理人员应接受每年再培训。

企业应对新从业人员（包括临时工、合同工、劳务工、轮换工、协议工、实习人员等）进行厂、车间（工段、区、队）、班组三级安全培训教育，考核合格后上岗。

企业新从业人员安全培训时间不得少于72学时；从业人员每年应接受再培训，再培训时间不得少于20学时。

从业人员在本企业内调整工作岗位或离岗3个月以上重新上岗时，应当重新接受车间（工段、区、队）和班组级的安全培训。

特种作业人员必须经专门的安全技术培训并考核合格，取得特种作业操作证后，方可上岗作业；特种作业操作证应定期复审。

当工艺技术、设备设施等发生改变时，要及时对相关岗位操作人员进行有针对性的再培训。

采用新工艺、新技术、新材料或使用新设备前，应对从业人员进行专门的安全生产教育和培训，经考核合格后，方可上岗。

企业应对相关方入厂人员进行有关安全规定及安全注意事项的培训教育。

（3）化工装置技能操作人员安全胜任能力模型

事故判断：

初级工（初级技能）

1. 能判断现场机泵、法兰、管线的泄漏事故；2. 能发现运行设备的超温、超压、超电流的现场。

中级工（中级技能）

1. 能判断阀门、机泵、加热炉运行常见故障；2. 能判断塔、罐等压力容器的泄漏事故；3. 能判断冲塔、串油等事故。

高级工（高级技能）

1. 根据操作参数、分析数据判断质量事故；2. 判断大型机组的运行故障；3. 判断各类仪表故障；4. 判断冷换设备故障。

技师（高级技能）

1. 能判断复杂事故；2. 能组织完成复杂事故的应急事故演练。

高级技师（高级技能）

能针对事故进行事故分析并提出预防措施。

主任技师（拔尖技能）

能针对行业内事故进行事故分析并提出预防措施。

首席技师（拔尖技能）

能针对行业内事故进行事故分析并提出预防措施。

事故处理：

初级工（初级技能）

1. 能使用消防器材扑灭初期火灾；2. 能使用气防设备进行救援和自救；3. 能处理现场的简单跑冒滴漏；4. 会拨打急救和火警电话；5. 能协助完成紧急停工程序；6. 能处理普通离心泵抽空；7. 能处理界位、液位指示失灵；8. 能处理四注泵停运故障。

中级工（中级技能）

1. 能按照指令关停装置的公用工程；2. 能处理加热炉、机泵的常见故障；3. 能完成停机、停炉等紧急处理程序；4. 能处理硫化氢中毒等伤害事故；5. 能协助仪表电气人员处理事故；6. 能处理电脱盐罐内油品乳化事故；7. 能处理减压塔着火事故。

高级工（高级技能）

1. 能处理因仪表 DCS、ESD 引起的事故；2. 能针对装置运行的异常程度提出停工建议；3. 能处理质量事故；4. 能提出消除事故隐患的建议。

技师（高级技能）

1. 能针对装置发生的各类事故展开事故分析并提出预防措施；2. 在紧急情况下能采取果断措施防止事故扩大；3. 能指挥处理减压塔泄漏；4. 能处理高温部位油品泄漏着火等复杂事故。

高级技师（高级技能）

能针对事故进行事故分析并提出预防措施。

主任技师（拔尖技能）

能针对行业内事故进行事故分析并提出预防措施。

首席技师（拔尖技能）

能针对行业内事故进行事故分析并提出预防措施。

案例　中国石化催化剂有限公司北京奥达分公司“2020 年基本功训练系列活动”

北京奥达分公司 2020 年开展了基本功训练系列活动，体现了系统思考、全员参与，既有基层单位现场训练，也有机关部室的传帮带；既有党员技师传承操作经验，又有结合关键岗位全员培训。

动力车间开展了锅炉装置倒炉演练；分析评价车间党员“传帮带”分析方法专项培训；机关第二党支部开展了“以老带新”传帮带活动；机关第三党支部开展了技师上讲台活动；一车间开展了催化剂合成投料、载体投料岗位练兵；聚丙烯剂车间开展了“精细操作、减废增效”活动；分析评价车间开展了分析工全员百日劳动竞赛；三车间开展了升温下料劳动竞赛（图 5-7~ 图 5-12）。

图 5-7　动力车间开展了锅炉装置倒炉演练

图 5-8　分析评价车间党员“传帮带”分析方法专项培训

图 5-9 机关第二党支部开展了“以老带新”传帮带活动

图 5-10 机关第三党支部开展了技师上讲台活动

图 5-11 一车间开展了催化剂合成投料、载体投料岗位练兵

图 5-12 聚丙烯剂车间开展了“精细操作、减废增效”活动

中国石化催化剂有限公司齐鲁分公司铝溶胶车间针对员工年轻化的特点，借助微课、美篇等新媒体制作各专业相关培训课件转发车间微信群供车间班组人员学习、交流（图 5-13）。

图 5-13 铝溶胶车间微信群培训

第二节 实现“三个第一”的基本目标

技能操作人员基本功训练的基本目标是“三个第一”，即在应急情况下“第一反应是正确的”，在日常操作时“第一次就把事情做对”，在巡回检查时“第一时间发现问题”。

一、人的行为层次模型与“三个第一”的基本要求

在生产现场事故发生时，留给现场人员的反应时间不会超过3分钟，经过专业技能训练的人，所表现出来的专业素质，就是“第一反应是正确的”“一出手就非常精准”，反之，就会造成事故扩大、二次伤害。技能训练需要长期的，甚至是痛苦的过程。

1. 人的行为层次模型

拉氏姆逊（J.Rasmussen）把生产过程中人的行为划分为三个层次，即反射层次的行为、规则层次的行为和知识层次的行为，如图5-14所示。

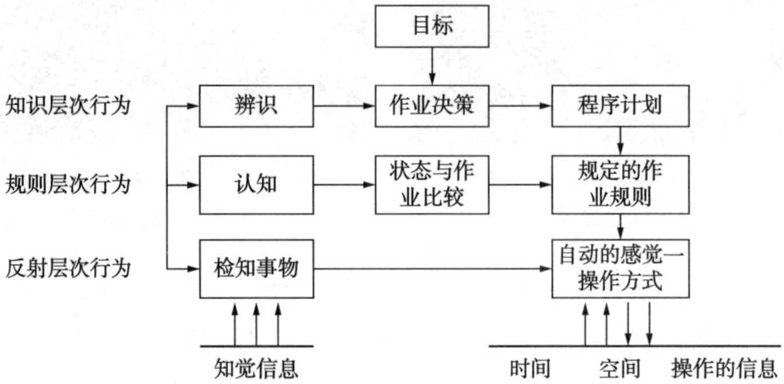

图5-14 人的行为层次

2. 人的行为层次模型与“三个第一”基本要求

根据拉氏姆逊（J.Rasmussen）人的行为层次理论，对安全技能教育培训提出三个方面的要求。对应反射层次的行为要求，员工在应急情况下“第一反应是正确的”；对应规则层次的行为要求是，“第一次就把事情做对”；对应知识层次的行为要求是，“第一时间发现问题”。

反射层次的行为发生在外界刺激与以前的经验一致时，这时的信息处理特征是：知觉的外界信息不经大脑处理，是下意识的行为。熟练的操作就属于反射层次的行为。反射层次的行为一方面可以节省信息处理时间，准确而高效地工作，以及迅速地

采取措施应对紧急情况；另一方面，操作者由于不注意而错误地接受刺激，或操作对象、程序变更，仪表、设备人机学设计不合理而发生失误。

规则层次的行为发生在操作比较复杂时，操作者首先要判断应该按怎样的操作步骤操作，然后再按选定的步骤进行操作。进行规则层次的行为时，操作者可能由于思路错误或按常规办事，或由于忘记了操作程序、省略了某些操作、选错了替代方案而失误；长期的规则层次行为形成习惯操作而不用大脑思考，在出现异常情况的场合容易发生失误。

知识层次的行为是最高层次的行为。它发生在从事新工作、处理没有经历过的事情时，人们要观察情况，判断事物发展情况，思考如何采取行动，经过深思熟虑后才行动。进行知识层次的行为时，操作者受已有的知识、概念所左右，可能做出错误的假设、设想或推论，或对事故原因与对策的关系考虑不足而发生失误。

3. 安全教育培训的三个层次

根据生产操作特征对人的行为层次的要求，安全教育相应地有三个层次的教育，即反射层次的教育、规则层次的教育和知识层次的教育。

1）反射层次的教育是通过反复操作训练，使手脚熟练地、正确地、条件反射式地操作。这一部分也可以称为基本技能，必要的应知应会和正确使用防护器材，应急情况养成良好的工作习惯。核心是“第一反应是正确的”。

2）规则层次的教育是教育操作者按一定的操作规则、步骤进行复杂的操作。经过这样的教育，操作者牢记操作程序，可以不漏任何步骤地完成规定的操作。这一部分技能也可以称为全流程操作技能。核心是“第一次就把事情做对”。

3）知识层次的教育使操作者不只学会生产操作，而且要学习掌握整个生产过程、生产系统的构造、工作原理、操作的依据及步骤等广泛的知识等。生产过程自动化程度越高，知识层次的教育显得越重要。这一部分也可以称为风险控制的技能，如直接作业环节的风险控制、熟练掌握变更管理的方法、安全经验的总结和事故反思。核心是“第一时间发现问题”。

二、如何形成第一反应是正确的

1. 第一反应

所谓“第一反应”，并非我们遭遇一个刺激后的第一个反应，也不是那个本能的、自我保护的、原始的反应。“第一反应”是经过加工处理后的反应，不仅包含着自己的职业判断、未来理想以及价值体现，还包括智慧和感悟，是众多可供选择的反应中那个正确的、科学的、最好的反应。

在现场安全管理中，肯定的第一反应包括两个方面的内容：一是要主动承担责任，第一时间发现问题，这是一个态度问题；二是面对危险需要紧急处理，其第一反应必须是正确的，在1秒或更短的反应时间内，能够正确地避险和采取正确的操作行为，这是一个技能问题。对于现场操作层面的第一反应，需要千锤百炼，需要不断强化，以期实现第一反应是正确的，一出手就非常精准。

2.第一反应正确需要千百次训练

在石油化工行业，实现第一反应正确需要训练的内容很多，而且不同的操作单元有不同的要求，而在实际过程中因为基本功训练不够，第一反应不正确所造成的事故、二次伤害可谓触目惊心。避免事故的发生和人身伤害，需要基本的安全意识，比如杜邦公司员工永远选择在靠近门口位置就餐；需要基本的安全知识，比如要对生产装置的工艺路线、物料特性、设备原理有充分的理解，在日常操作中更要从“没有变化就没有事故”的角度，感知变化预测风险，在重大操作活动和变更时，能够进行有效的危险识别、风险评估与控制；避免事故的发生和人身伤害，更需要在应急情况下，当危险发生时员工的第一反应是正确的，这是最基本的安全技能。这些技能看似简单，但如果没有日常的千百次训练，当危险来临时就可能手忙脚乱，付出人身伤害甚至是生命的代价。

3.形成正确的第一反应需要训练的内容

（1）掌握应急处理程序与应急工具的使用

报警、呼救和联络电话的掌握；自救、互救、急救知识的掌握，急救药品和用具的使用；各种情况下逃生撤离路线和方法的正确选择；掌握应急程序，熟练操作，并且注重特殊情况下的判断能力和应变能力；知道报警器材、防护用品用具、救护器具、应急设施等放置地点和熟练使用；紧急状态下，与内部各部门的信息沟通程序；紧急状态下，与外部（包括媒体）的信息披露管理程序。

（2）自身受到威胁或面临险境怎么办

身上着火应就地打滚，而不是奔跑；身体的某一部位被蒸汽烫伤、当盐酸等腐蚀性介质溅到身体上时，要马上用大量的水清洗；装置区、生活区中密闭和半密闭空间是最危险的，进入需格外谨慎，遇有人员昏倒在里面，切不可盲目施救；当装置上的设备、管线出现泄漏时，要佩戴好防护器材，注意从上风口接近泄漏点；面对起火爆炸的装置，撤离时逆风是最易逃生的；在装置区、管廊下巡检时，遇有液体滴下，切忌马上抬头就看，要闪开一步再看；任何情况下，不可以擦拭运转设备（表5–1）。

表 5-1 第一反应需训练的内容

序号	现象	正确动作	错误动作
1	身上着火	就地打滚	奔跑
2	设备、管线物料泄漏	从上风口接近泄漏点	从最近路接近泄漏点
3	液体从高处滴下	退后一步再观察	马上仰头观看
4	拆卸法兰	面部侧向法兰口	面部正对法兰口
5	火灾、爆炸时逃生	逆风方向	顺风方向
6	烫伤	马上用大量冷水冲洗	涂抹药膏、药水
7	烟雾区逃生	用拧干的湿毛巾等捂口鼻，低姿势爬行、沿墙面逃生	向高处奔跑、乘电梯
8	他人触电	切断电源、用绝缘体使伤者和电线脱离	直接接触危害
9	他人进入受限空间遇险昏迷或呼救	报警、穿戴防护用具后施救	盲目施救
10	装卸车、装置区或罐车等取样作业、汽车加油时等	先触摸人体导静电的接地装置，将身体上静电释放	不触摸人体导静电的接地装置

三、实现“三个第一”的基本途径

形成“三个第一”需要千锤百炼，要凝聚员工智慧，不断丰富“三个第一”内容。

1. 岗位就是课堂，最好的练兵在现场

工作的过程是员工成长的过程，知识转化为能力的唯一途径就是实践。在“做”中“学”，工作现场即是培训课堂。

实操训练是实现“三个第一”的最基本途径。坚持在现场考核实际操作能力，坚持按照操作规程训练员工第一时间发现问题的能力，建立实训基地，利用废旧设备、装置开展标准化操作训练，强化动手能力。

仿真系统与实际操作一体化运行。通过设备、单元、装置等仿真体系，实现仿真系统与实际操作一体化运行，这是一种有效的训练方式。可以模拟设备、技术单元或装置的运行和操作，对新员工培训；对实际生产中遇到的操作波动、开停工、事故、技术难题、健康安全操作等进行模拟处理；开展技能鉴定、技术比武等工作。核电站仿真机是国际原子能机构推荐的核电站设备，秦山核电站 4 套机组 5 个仿真中心，各投资 1 亿元，采用具有 1 ∶ 1 操纵室控制盘并可以实时运行全范围全工况核电站数学模型的大型电子计算机系统进行人员培训，操作工每年脱产两周进行模拟机培训，每两年复证，每五年全面培训考试，合格上岗。中国海油天津分公司对所有新员工，如本科和硕士毕业生，必须经过三到六个月的仿真培训，合格后才可以进入现场。

2. 汇集员工智慧，分享安全经验

汇集员工在现场安全管理的智慧，就是要将员工安全经验以有效管理的方式，口头的文本化、局部的全局化、隐形的显性化。丰田公司管理的两大支柱是持续改善、尊重员工。在尊重员工方面，丰田公司数十年如一日致力于一线员工智慧的挖掘，也正因为如此成就了丰田公司的伟大。这里的一线员工的智慧当然也包括安全管理的经验、安全设施的改善。保证生产现场的安全生产，需要一线员工的参与，作为组织应该将员工的安全智慧固化并放大到整个组织行为。制度、规程是经验的固化，但制度、规程永远也不能涵盖一线员工所有的应该采取的正确操作行为。在生产实践过程中，有一些属于口口相传的隐性安全知识，并没有被文本化，这是对知识的浪费，如果将这些局部的、口头的、隐性的安全知识有效地管理起来，也就盘活了企业的安全知识存量，丰富了安全知识增量。同时，在挖掘员工安全智慧的过程中，也体现了安全管理的最重要的全员参与性原则，体现了对员工的充分尊重。

3. “师带徒”活动

通过专家工作室、技师工作室，岗位师带徒、项目师带徒活动，建立“一带一”“一带多”“多带一”的传帮带机制，建立高技能带低技能、上一级带下一级的分层次培养的教练式培训体系，实现技能代代传授、经验代代传承、作风代代传递、精神代代传播的目标。

案例　中国石化催化剂有限公司长岭分公司技能操作人员等级抽量测试

培训内容：四大基础知识（化学基础知识、化工基础知识、催化剂基础知识、化学分析和计量基础知识）、安全环保、工艺操作、质量控制、分析检验、设备使用及维护、事故判断与处理，以公司现有题库内容为主。

培训方式：随机从技能操作人员中抽取一定比例人员进行考试，考试题目也是随机的。

团体奖：按单位团体成绩从高到低进行排名，前三名分别奖励 10000 元、8000 元、5000 元。

个人奖：按同一等级、同一工种的个人成绩从高到低进行排名，前三名分别奖励 1000 元、800 元、500 元。

处罚项：笔试或实操不合格（低于 60 分）者，给予相应技能资格等级挂黄牌的警示，奖金系数下调 0.1；三个月内可申请参加复试，合格后恢复原有系数，复试不合格者，奖金系数下调 0.2；累计三次参加测试都不合格的，技能等级和岗位基本薪酬均下调一级。

第三节 “三化”基本手段

“三个第一”是基本功训练的基本要求，实现“三个第一”的基本要求，需要以体验化培训、日常化演练、知识化管理为基本手段。

一、体验化培训

1. 体验与体验经济

所谓的体验是使每个人以个性化的方式参与其中的事件，是当一个人达到情绪、体力、智力甚至精神的某一特定水平时在意识中产生的美好感觉。体验策划者不再仅仅提供商品或服务，而要提供最终的体验，充满了感性的力量，给顾客留下难忘的愉悦记忆。

（1）体验经济

体验经济是从生活与情境出发，塑造感官体验及思维认同，以此抓住顾客的注意力，改变消费行为，并为商品找到新的生存价值与空间。体验经济是以服务作为舞台，以商品作为道具来使顾客融入其中的社会演进阶段。

（2）体验经济核心

不仅让顾客满意，还要令顾客惊喜、感动；不单是为顾客创造价值，还要为顾客创造独特价值、终身价值。

体验经济是继农业经济、工业经济、服务经济之后的人类经济生活发展的第四个阶段。换句话说，农产品是可加工的，商品是有实体的，服务是无形的，而体验是难忘的。如果说在农业经济时代，有吃的就是快乐，生存就是快乐；在工业经济时代，有钱才有快乐，发展就是快乐；那么在体验经济中，光吃饱了，有钱了，仍然可能不快乐，自我实现才是快乐。在体验经济中，企业不再生产“商品”，企业成为舞台的提供者。在企业精心搭建的舞台上，消费者进行自己的、唯一的、从而值得回忆的表演。在体验经济中，劳动不再是体力的简单支出，劳动成为自我表现和创造体验的机会。

（3）体验经济的十大特征

终端性、差异性、感官性、知识性、延伸性、参与性、补偿性、经济性、记忆性、关系性。体验经济的十大特征与基本功训练所强调的效果是一致的（表 5–2）。

2. 体验经济与体验化培训

在基本功训练过程，应用体验经济的理论，开展体验化培训，会起到事半功倍的效果。正如亚里士多德说的那样：“告诉我的我会忘记，给我看的我会记住，让我参与的我会理解。”早在两千多年前，孔子就指出：“不观高崖，何以知颠坠之患？不临深泉，何以知没溺之患？不观巨海，何以知风波之患？”亚里士多德也指出：“对于那些必须会做的事情来说，在能做之前，我们必须通过做来学习它。”不同学习（培训）要素与人体脑像记忆的关系见表 5–3。

表 5–2　体验经济与基本功训练

	终端性	差异性	感官性	知识性	延伸性	参与性	补偿性	经济性	记忆性	关系性
体验经济	聚焦于消费者的感受，关注最焦点、最前沿的战斗	最终消费者的情况千差万别，企业要满足不同顾客的需求，就必须提供差别化的服务	调动了身体五官，从而增加了体验的强度	消费者不仅要用身体的各个器官感知，更要用心来领会，体验经济重视产品与服务的文化内涵，使消费者能增加知识、增长才干	为客户的客户增加价值，通过延伸服务增加顾客的精神体验	消费者参与的典型是自助式消费，如自助餐、自助导游、自己制作（DIY）	企业提供的产品与服务难免有不令消费者满意的地方，甚至于会造成消费者的伤害或损失，这时需要很好的补偿机制	消费者的经济性表现在搜寻比较费用、最初购买价格、付款条件、使用中的消耗与维修费用等许多方面	留下美好的回忆是体验经济的结果性特征	如同人们之间需要朋友的友情一样，企业与消费者也需要形成朋友关系，实现长期的双赢
基本功训练	聚焦一线员工的“三个第一”	干什么，学什么，缺什么，补什么	实战演练	演练后的总结反思	满足员工的成长需求	所有事故、事件必须报告	避免事故、发现问题的奖励	安全是最大的节约，事故是最大的浪费	强调以班组为核心的日常应急演练	我们要安全的安全文化，三个提醒

表 5–3　不同学习（培训）要素与人体脑像记忆的关系

形成脑像记忆的比较	培训模式	言语接受 ↓ 视觉接受 ↓ 参与 ↓ 体验式参与 ↓ 完全主导情景、全身心去做
阅读 10%	阅读	
听到 20%	听讲（内训）	
看到 30%	看图	
听到和看到 50%	看录像或影视片	
自己所说的 60%	参加讨论发表观点	
参与的说与做 70%	体验式培训	
自己主导的情景 90%	情景学习（培训）	

体验化学习不同于以往传统的教师在课堂上传授知识的学习方式，首先要去体验（身临其境），通过体验去感悟，并不断提升自己的感悟。

体验化学习源起于一个残酷的故事。第二次世界大战时期，英国商务船队在大西洋屡遭德国潜艇攻击，大批船员落水。由于海水冰冷，又远离大陆，很多船员不幸牺牲，只有极少数人存活下来。人们发现，生还者并不一定都是体能最好、游泳技术最佳的年轻船员，但却都是求生意志最强的人。1942 年，德国人库尔特·汉思受此启发，联合其好友英国人劳伦斯·豪尔特创办了“阿伯德威海上训练学校”，利用自然条件和人工设施，通过心理挑战的活动和项目，训练年轻海员，此举对“二战”兵员的生命保障起到非常积极的作用。这就是体验式培训最初的雏形。

美国权威调查公司对世界 500 强企业培训的系统调查发现：针对成年人和企业管理者，传统的教学式培训对生产率和员工素质的提升有效性为 22%，有效持续时间不超过 2 个月；而体验式学习的有效性可以达到 86%，有效持续时间超过 6 个月，甚至会影响到学员的一生。它可以让员工在个体的体验中感受学习的重要性，激发学习的欲望，强化知识和原理在工作和生活中的实际运用，使知识和技能的良好运用成为工作的习惯。体验化培训与传统培训的区别见表 5-4。

表 5-4 体验式培训与传统培训的区别

项　目	传统学习	体验学习
载体	过去的知识	即时的感觉
方法	记忆	领悟和体会认知
方式	自主学习	团体学习
内容	注重知识、技能	注重观念、态度
场景	单一刺激	高峰体验度
中心	以教师为中心	以学员为中心
模式	标准化学习	个性化学习
目标	理论化的知识体系	现实化的技能
状态	静态学习	行动学习，强调“做中学”

学习分两种：第一种，学员经常会在考试结束之后将所复习的内容忘记。第二种，当我们学会骑车、游泳之后，即使很长时间不接触，仍然不会忘记。显然第二种学习方式拥有完整的培训链条，即体验、分享、交流、整合、联系实际与应用。而第一种培训链条是不完整的，缺失掉了“体验”这个最关键的环节（图 5-15）。

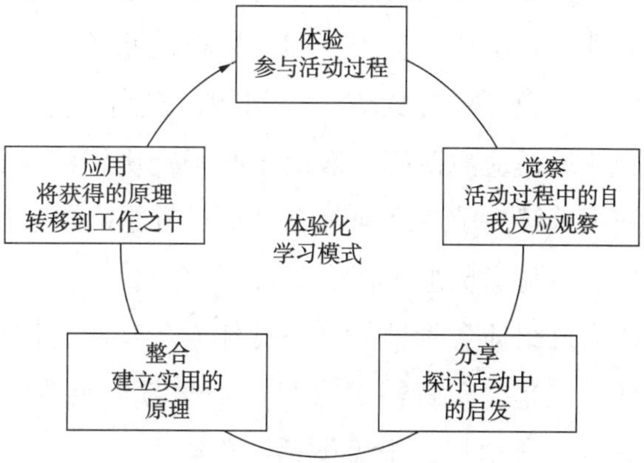

图 5-15 体验化学习模式

3. 体验化培训的基本目标：第一反应是正确的

2008 年 11 月 1 日某油建公司在隧道内施工时，4 人在管道内进行焊口补焊，突然停电、鼓风中断后，没有及时停止汽油焊机，导致管道内缺氧、一氧化碳聚集，造成 4 名作业人员晕倒。抢救过程中又有 5 人盲目进入后中毒，使中毒人数扩大到 9 人，险些造成群死群伤事故。

从这起事故我们可以看出，员工基本功训练不够、第一反应不正确是多么危险。一线技术工人的基本功训练，最低要求是通过训练实现在日常生产操作，特别是在出现事故等紧急情况时的第一反应是正确的，做到“四不伤害”（不伤害自己、不伤害他人、不被他人伤害、保护他人不受伤害）。最高要求是，通过持续不断的训练，通过系统的培训，通过在不同岗位上的锻炼，通过艰苦项目的锤炼，使员工长本事，满足员工的成长需要，成为受企业和社会所欢迎的职业化员工。

二、日常化演练

班组是发现问题、预防事故、防止事故扩大、避免二次伤害的第一阵地。现场操作员工第一时间发现问题、第一时间化解危机是最理想的状态，这需要现场操作工的责任心和一定的工作技能；如果，发生紧急情况，班组长能够指挥镇定、有条不紊地按照平时练就的基本功，在消防车到来之前迅速处理险情，这是比较理想的状态，正如德鲁克说的那样，管理好的企业总是波澜不惊的、没有惊心动魄的事情发生。反之，等到消防车来进行现场处置，就会造成大的损失了。

1. 班组应急演练应注意的问题

以班组为单位的应急演练，要注意全员性、针对性、持续性。同时，在应急演练后要做好总结讲评。应急演练要注重全员性，在参演人员上，要确保班组人员全部参与，要做到方案讨论全参与、演练过程全参与、总结讲评全参与；应急演练要突出针对性，要围绕应急报警和应急救援问题开展应急演练，重点解决报警汇报程序和汇报内容、救援的方式方法等问题，提高应急行动的整体效能；应急演练要注重持续性，企业班组应急演练一般由车间确定班组演练科目，采用无事先通知的方式进行，一次演练就解决了一个问题，只要不断地持续改进，演练就会取得实际意义。

要明确班组长在应急管理中的职责。班组长作为企业最基层组织的一把手，自然成为班组应急管理的第一责任人。其职责体现在：一是，对本班组应急管理负全面责任；二是，负责组织班组员工学习本企业 / 本车间各类应急预案，特别是逃生路线、紧急集合地点、报警电话、急救方法等；三是，负责组织救人、逃生、报警等演练，并对演习效果进行评价和改进；四是，发生突发事故 / 事件后，立即向直接上级汇报；

五是，发生突发事故 / 事件后，立即组织班组全体员工救人、逃生，集中后清点人数，发现未到者及时向上级汇报。

2. 坚持对应急预案的动态管理

以石化企业为例，其班组职工至少应熟知以下应急预案：人身伤害事故应急预案；火灾应急预案；中毒（包括化学品和食物等）应急预案；危化品丢失、泄漏应急预案；放射性事故应急预案；环境污染事故应急预案；洪水、地震、台风等自然灾害预案。在应急预案演练过程中，要将针对每个岗位上的预案落实到在岗位上的每个员工身上，人员变动了，其相应在应急管理工作中的职责也要变化，如图 5–16 所示。

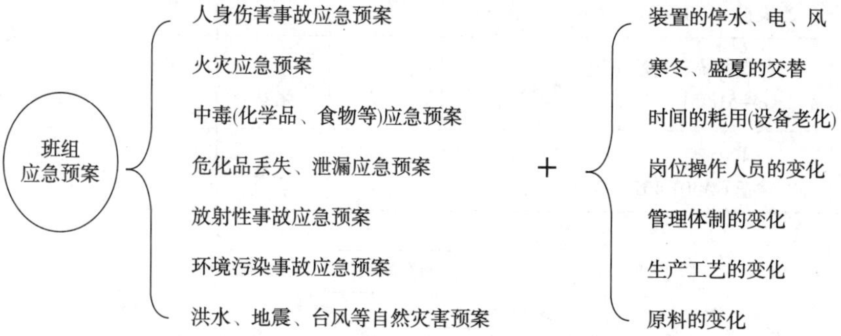

图 5–16　班组应急预案需要动态管理

安全预案，每一个企业都需要，并且可以肯定，很多企业的预案都有不少，而且很多工作的预案制定得很科学。通常，我们所制定的安全预案是针对每个岗位而言的，上岗前都进行了安全预案的学习，并在日常进行了演练。但是，岗位的人员是变化的。遇到装置泄漏、着火、爆炸，停水、电、气、风等紧急情况，还需要当班班长指挥事故处理。重大事故还需要通知车间主任到现场指挥。这种情况很普遍，若不动态调整，很有可能造成工作的被动。

实施安全预案“点对点”的做法很好地解决了这一问题，某装置预案情况见表 5–5。明确装置泄漏、着火、爆炸，停水、电、气、风等情况发生时每个人应当承担的责任。员工在每天上岗接班时，先将自己的名牌挂在相应的应急任务栏里，把当班期间自己在应急处理过程中承担的责任接过来。

3. 岗位应急处置卡

企业应根据现场处置方案编制岗位应急处置卡，明确紧急状态下岗位人员“做什么”“怎么做”和“谁来做”。岗位应急处置卡是应急预案的简明化，是实现应急处置程序化、标准化的有效工具，如图 5–17 所示。

表 5-5　安全预案“点对点”（某装置停电应急人员安排）

<table>
<tr><th>单元</th><th>处理过程</th><th>一班</th><th>二班</th><th>三班</th><th>四班</th><th>五班</th></tr>
<tr><td>公用</td><td>1. 停 DC-300 氧气
2. 查看系统（氧气、蒸汽……）
3. 指挥处理</td><td>吉某</td><td>张某</td><td>刘某
沈某
王某</td><td>李某</td><td>李某</td></tr>
<tr><td>烃化及乙烯精馏</td><td>1. 切 200# 产品及机泵，GB-101 系统
2.GA-201\202\204\206\208\209
3. 检查火炬系统</td><td>纪某</td><td>张某</td><td>刘某</td><td>池某</td><td>徐某</td></tr>
<tr><td rowspan="3">乙苯脱氢</td><td>1. BA-301 蒸汽过热炉系统
2. GB-303、GA-310、GA-311
3. 处理 300# 后系统及凝液系统</td><td>魏某</td><td>韩某
郭某</td><td>杨某</td><td rowspan="3">吴某
陈某</td><td rowspan="2">李某
刘某</td></tr>
<tr><td>1. EC-301 空冷 3GA-301
2. 检查 B-301\401</td><td>阎某</td><td>张某</td><td>赵某</td></tr>
<tr><td>1. 蒸汽系统、凝液系统
2. GA-518\512\517\527\525</td><td>孙某
吉某</td><td>张某
张某</td><td>王某
赵某</td><td>李某</td></tr>
<tr><td>苯乙烯精馏</td><td>1. 切 400# 产品及机泵
2. 检查 GA401\402\403\404</td><td>杜某
魏某</td><td>赵某</td><td>王某</td><td>鲁某</td><td>崔某</td></tr>
</table>

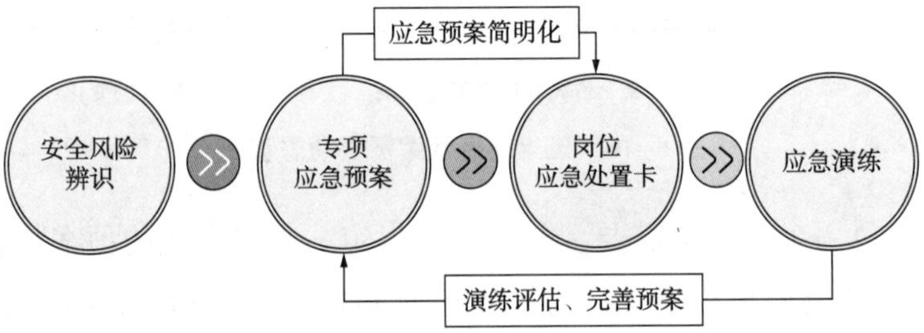

图 5-17　岗位应急处置卡

班组长应将岗位应急处置卡，进一步落实到每个在岗员工身上，明确在应急情况下，每个人的角色与要干的工作内容，形成安全预案“点对点”。中国石化催化剂有限公司齐鲁分公司二车间利用班组安全活动期间进行事故预想、桌面推演就是非常好的一种方式。

三、知识化管理

1. 知识管理与组织学习

（1）安全知识管理

在安全管理工作中，应用创建学习型组织的方法，会有效提升企业安全管理能力。特别是应用组织学习的方法，能够有效克服组织错误，对安全知识进行有效的管理。

20世纪30年代，英国送奶公司送到订户门口的牛奶，既不用盖子也不封口，麻雀和红襟鸟可以很容易地吃到奶瓶上层的奶皮。于是，牛奶公司把奶瓶口用锡箔纸封起来。没想到，20年后，英国的麻雀都学会了用嘴把奶瓶上的锡箔纸啄开，继续吃奶油皮，而红襟鸟却一直没学会用这种方法吃到奶油皮。

研究后发现，这与它们的生活习性有很大的关系。麻雀爱群居，当某只麻雀发现了啄破锡箔纸的方法后，就可以教会别的麻雀。而红襟鸟喜欢独居，它们的沟通仅止于求偶和对于侵犯者的驱逐，因此，就算有某只红襟鸟发现锡箔纸可以啄破，其他的红襟鸟也无法知晓。

从这个事例中可以看出，动物的世界也有类似知识管理的机制存在着，推而广之，其实不论是有意还是无意，知识管理都普遍存在于世界的各个角落。组织知识一直是群体存在的基础，而组织的发展、变革也首先体现在知识的发展、变革之中。

（2）企业组织学习的障碍

组织学习是指组织不断获取知识、改善自身行为、优化组织体系，以在不断变化的内外环境中保持可持续生存和健康和谐发展的过程。个人学习是组织学习的基础，个人学习要向组织学习转化。组织学习是一种有意识、系统的行为，包含各方面的学习，尤其是经验、教训的学习，以此促进组织成员理念的转变、丰富组织成员的知识，并最终帮助组织成员将知识转化为行为。企业在组织学习过程中要克服的障碍主要有三点。

1）一是隐性知识难以转化为显性知识，表现在个人学习无法转化为组织学习。

组织成员中经常会提出一些很好的想法，对这些好的想法缺乏全过程的管理，没有人和机构去记录这些闪光的思想，即便是记录了也没有相应的人和机构去研究和落实。思维模式上是凭经验办事，依靠少数人进行管理。

组织在每次处理棘手的问题或者事故时都会产生许多有益的经验，但这些经验并没有形成制度加以固化，也没有变成组织的财富，导致同类事故重复发生。

知识积累停留在个人的层次上，甚至一些重要的资料停留在个人手中，既没有交流的平台，也没有人人愿意贡献自己知识的氛围。当组织中某些比较重要的人离职时，就会给企业带来无法弥补的损失。

2）二是显性知识管理不当，表现在真正有价值的知识没有被很好地整理利用。

各专业形成的管理经验仅限于本专业部室或向上级主管部门汇报。如有的企业开展现代化管理成果活动就仅限于评比而忽视了管理成果在全局上的应用。企业内部同级之间缺乏交流、各自为政、画地为牢，更谈不上系统思考、相互启发。

员工的创造没有得到充分利用。如在申报技术职称时，员工所精心准备的论文，有的不失为精品之作，有很好的参考价值，而这些论文仅限于评选职称用，专业技术人员外出参加各种专业会议，其资料也不能共享。

对员工所贡献的知识价值缺乏奖励机制。员工贡献知识后没有给予相应的奖励，这样久而久之员工便不愿意贡献或者不想贡献，没有形成一套鼓励、引导员工共享知识、贡献智慧的奖励机制。

3）三是隐性知识挖掘不够，表现在知识挖掘不够，不能形成有效的团队学习，也不能传递到整个组织，形成不了组织学习。

随着企业信息化建设的推进，每天都会发生海量的信息。在工作中，人们往往被淹没在海量的信息中，往往失去自己的判断，更谈不上从海量的信息中筛选出有价值的信息，总结归纳并产生知识，也谈不上将这些知识通过可视化来表现。

专业管理部室不能形成有效的团队学习：一是没有掌握深度汇谈的这个基本方法；二是团队学习仅仅限于一起工作或学习的集团，致使团队的知识存量不够；三是纵向的专业学习强，横向的跨专业交流少，部室之间、各专业之间缺少信息共享、深度汇谈。

4）四是事故资源开发利用不够。很多企业出现事故或者当同类装置出现事故后，没有深刻反思或者没有全员深刻反思的过程。这样，过一段时间类似的事故会再次发生，这种不进行反思的行为又会重复，几乎形成了一种行为模式。出现事故后大家更多关注的是“谁负责”，而不是弄清事情的真相，不能通过反思将事故信息知识化。这些行为体现在心智模式上：

人们总是希望得到赞许，因此“成功为之于己”。

人们喜欢将失败合理化，即“失败归咎于外”，出现失败时习惯性地找一些客观理由，甚至回避一些基本事实。

人们的“事后聪明”有时歪曲对事故的记忆，这种缺乏对事故深入分析的固执己见，其影响也是非常大的。

（3）组织学习与组织错误

人会犯错误，由人组成的组织自然也会犯错误，事故的本质就是组织错误。“Reason 模型”（图 5-18）所表述的，就是在纵深防御条件下，任何技术失效、人误、违章都只是事故的必要条件而非充分条件，它们只是事故的触发器。只有当这些触发器与纵深防御系统及管理的缺陷机会重合时，才会发生事故。Reason 因此主张将所有威胁系统运行安全的因素统称为事故的“贡献因素”，管理错误也是贡献因素之一。

组织错误是指个体在行为决策时由于知识经验的缺乏而出现的人误没有被及时发现、控制，从而转化成管理制度、规则、程序、政策、战略决策等缺陷或失误。组织

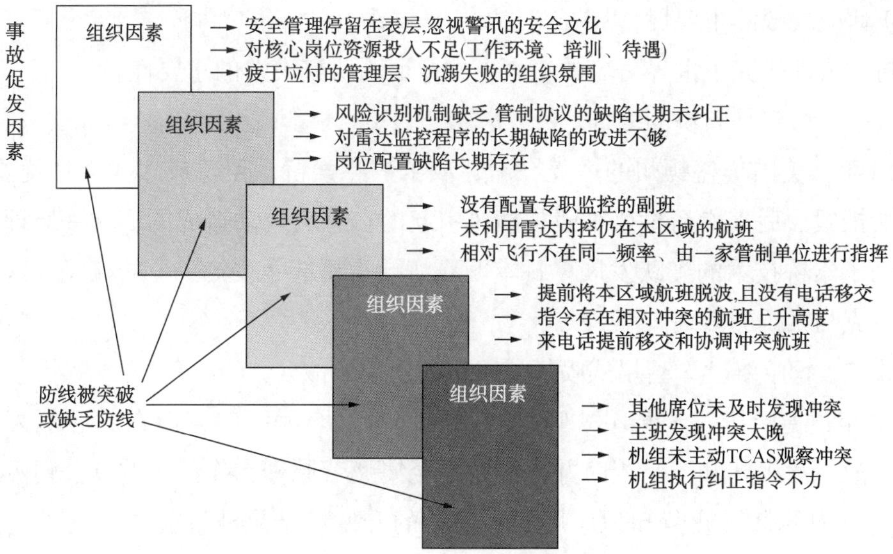

图 5–18 Reason 模型

错误主要有：不相容的管理目标，组织失效和沟通失效。典型的组织错误包括：管理系统的缺陷、不充分的培训、不良的安全文化、管理者的错误决策。

组织错误也是人误，而且是“知识基”人误。那么组织错误为什么会发生？不同的研究者对潜在的组织错误分别从不同领域进行了探讨。尽管有不同的表现，但都可以将其理解为：它们或者威胁着组织的“防御机制”，或者与个体人误或违章等因素成为事故的贡献因素。正如个体人误无法避免一样，组织错误也同样无法避免，但可以通过各种途径预防或减少组织错误的后果。应用组织学习的方法是控制组织错误的有效手段。早在 20 世纪 50 年代形成的组织学习理论，就把组织中的制度和规则视为组织的记忆。组织通过其制度和规则保存组织获得的知识和经验。怎么样最大限度地避免组织错误，就需要应用组织学习的方法对安全知识进行有效管理。在组织内部，就要从经验中学习，将员工的安全经验放大到整个组织行为，用制度和规则加以固化，具体要做到“三化”，即：口头经验文字化、隐性知识显性化、局部知识全局化；就是要从事故中学习，将应汲取的事故教训，也固化到制度和规则之中。同时，要做好组织间的学习，把别人的事故当成自己的事故，反思自己的不足。

2. 畑村洋太郎的失败学

畑村洋太郎——日本东京大学工学博士，曾任日本工学院教授、东京大学名誉教授。他认为要把失败转化为成功的关键是正视失败，把失败中隐藏着的发展基因发掘出来，使失败信息变成知识资源，并使之为全社会所共有，2002 年 7 月他创立日本“失败学会”，并担任会长。

（1）研究失败的重要性

畑村洋太郎研究了世界著名的三大事故，证明研究失败的重要性。

事故一，塔克马索桥的教训。

1940 年，美国华盛顿州的塔克马新建成了一座索桥，但建成才 4 个月就被 19m/s 的横风所摧毁。后来弄清桥梁被毁是横风引起的自感应震动造成的。这一原理弄清以后，带动了索桥技术的飞跃发展。日本明石海峡大桥能承受 80m/s 的狂风，这其中也吸取了塔克马索桥的教训。

事故二，德哈维兰·彗星式喷气式飞机的坠落事故。

1952 年，德哈维兰·彗星式喷气式飞机问世后名噪一时，但在其后不久连续发生坠落事故。后来才知道是当时并不知晓的金属疲劳原理在作怪，波音公司吸取了教训，把高空中的金属疲劳知识应用于新飞机的开发，结果波音公司席卷了世界飞机市场。

事故三，“解放”号万吨运输船接连受到破坏。

“二战”时期美国制造的“解放”号万吨运输船接连受到破坏，调查发现是由于钢在 0℃以下失去伸缩性，出现“冷脆”现象造成的，这一失败促进了以后的钢铁利用技术，特别是焊接技术的飞跃提高。

由此可见，把失败转化为成功的关键是正视失败，把失败中隐藏着的发展基因发掘出来。

（2）“失败学”三大定律、三个问题

畑村洋太郎的失败学所要研究的是：从过去的失败中总结经验、积累知识，用以指导现在的行动并预测将来，努力不犯同样的错误。

“失败学”三大定律：

定律 1：进行逆向思维。如果总打“如意算盘”，必定会出现某种“纰漏”。为了预防失败，需要假想具体的失败项目，从反方向推断出导致它出现的环节。

定律 2：使潜在信息公开化。有一条公认的法则认为，每一个重大灾害的背后都有 300 个隐患。希望企业能尽早防患于未然。不过什么是隐患，要给出限定条件还不容易。因此，技术人员意识到“这一点将带来危险”后应该公开提出来。

定律 3：树立人人思考的习惯。如果每个员工不能认识到失败的苗头或不能做出良好的表现，依靠逆向思维来避免失败的方式就很难发挥作用。因此每个人都需要发挥能动性，并提出具体建议。

面对失败，可以向全体员工询问以下三个问题，并让他们亲口作答来表述自己的观点，这样才能养成人人主动思考的习惯。

失败学的三个问题：

问题一，自己的工作与社会有何种关系？这是提醒员工重新认识工作的社会作用。这不是为了公司，其实也不是为了顾客。个人只有发挥了社会作用，其自身意义与存在价值才能被认可。这样，员工对成为社会威胁的生产事故才能有深刻认识。

问题二，从一系列的火灾和爆炸事故中，你想到了什么？这是提醒大家要有看到“失败”的眼光。光靠找到直接原因和对此加以改善，是不能防止再度失败的，需要搞清事情的本质。也就是说，要清楚直接原因的背后还隐藏着什么。

问题三，现在立即要做的事情是什么？这是敦促大家采取紧急行动。没有这一点，员工就不能在实际的日常工作中采取有效行动。

（3）“失败学”的六个法则

失败学主要是聚焦当下的失败或困境，如同拿着放大镜仔细检视每一环节，着重“如何抽丝剥茧，正确挑战失败”，进而到达成功的彼岸。而成功学的思维逻辑，则像是拿着望远镜，透过复制前人的成功经验，提高成功概率。畑村洋太郎指出，每一座桥从设计到建造过程，其实都挫折不断。但后继造桥者却经常忽略前人“曲折、绕道而行”的失败经验，而只把前人建造方式当成“直线、唯一”的正确之道，这是相当危险的。

“失败学”法则一：逆向推演，找出失败关键。大部分人面临失败时会问“为什么”，但光这样还不够。在畑村洋太郎的思维里，失败可拆解为要因、关键与结果三部分，逆向探究隐藏在背后的要因与关键，是踏入失败学必修的第一课。

“失败学”法则二：1 件重大失败，有 300 个微小征兆。在畑村洋太郎看来，失败是可以事前察觉或预防的。他以 1941 年美国灾害保险公司安全技师海恩里希对意外灾害所做调查而提出的“海恩里希法则”为基础，解释失败的或然率。海恩里希说，在一件重大灾害的背后有 29 件轻度灾害，还有 300 件有惊无险、让人捏把冷汗的体验。这一法则可完全用于“失败学”上，即在一件重大的失败事故背后必有 29 件“轻度的失败事故”，还有 300 件潜在的隐患。可怕的是对潜在性失败毫无觉察，或是麻木不仁，结果导致无法挽回的失败。海恩里希法则中的 300 件可记录事件，乃至 30000 次人的不安全行为、物的不安全状态都属于“潜在失败”，在生产现场“低标准、老毛病、坏习惯”就是事故的基础，“脏、乱、差”就是事故的温床。

因此，无论如何都不能忽视在“或然率”下所隐藏的巨大冰山。若枉顾或隐藏看来无关紧要的小失败或抱怨，甚至假装不存在，重大惨剧迟早会降临。杜邦公司的安全理念“任何事故都是可以避免的”核心之一正是在于对隐患和小问题保持高度警觉。台塑公司在各企业普遍开展虚惊事故（未遂事故）案例征集活动，将问题、隐患升级到事故管理，也是将问题、隐患知识化全局共享。

“失败学”法则三：“三不管”地带是失败温床。不论是产品技术或企业组织，生命周期都可区分为萌芽期、发展期、成熟期与衰退期。畑村洋太郎特别强调，成熟期是最容易蕴藏失败种子的阶段，绝对不能轻视成熟期或利润高峰期出现的“质变”。这是因为在成熟阶段，员工已不了解原始规范的意涵，而只会依循制式手册行动。此外，从组织面来说，成熟期也是各部门最容易产生“间隙”（“三不管”地带）的阶段。

“失败学”法则四：错误示范和正确示范一样重要。畑村洋太郎指出，成熟期的企业经多次尝试错误后，只剩下能提高作业效率与利润的“最好方法”，并为了维持品质稳定，因而把作业流程“手册化”。但必须留意的是，在提高效率的同时，技术人员往往变得只会照本宣科，创造力与观察力都逐渐下降，人的视野都变得狭窄起来！这也是畑村洋太郎在教学上舍“正确答案”就“错误示范”的原因。他发现，那些只会“正确方法”的学生，固然可轻易解决过去曾发生过的问题，然而他们在设计领域最重视的创新力上，却显得相对贫乏。因此，他宁可传授“错误的示范”，也就是通过“了解失败基因”，让学生更能深入创新的过程。

强化错误的示范作用。标准化作业程序是员工智慧的凝结，固化于员工的创造，同时也有汲取事故教训的内容，但缺乏背景材料，使人们的应急力下降，视野变窄。增加一些错误示范内容，多一些唠叨会起到预防事故的效果。某公司高压装置的标准化检修作业指导书中，不但提出了 HSE 危害分析和预防措施，而且就以前曾出现的事故、问题都在指导书中明确并配有图片。例如在检修搅拌轴环节，指导书明示“警告！曾出现百分表坠入反应器筒体事故”，详细地将该装置在检修中出现的事故以书面形式给检修人员以准确的提醒。正如畑村洋太郎的“错误示范”一样，强化组织记忆。

“失败学”法则五：牢记暗号，重视直觉。所谓“暗号”，是指各行各业做事之前一定要想到的“下意识着眼点”，这些着眼点或许一开始只靠口耳相传，但若想降低失败概率，最好把暗号转化成为数据、文字、图像等“形式暗号”，像咒语般默记于心，未来若发生异常状况，就很容易透过暗号先有所感，并找出究竟是哪儿出了问题。

除了“暗号”，畑村洋太郎也认为“直觉”是经验的精华，两者都是防止失败的大功臣。与暗号不同的是，直觉往往无法用数字或图像表达，但它会在头脑中形成“自动避开失败”回路，通常凭经验判断。

将隐性知识显性化，培养员工第一反应是正确的。像畑村洋太郎所说“牢记暗号，重视直觉”。这些“暗号”就是隐性知识，如身上着火马上就地打滚，在装置区内巡检遇到头顶上方落下液体时要退后一步再观察（如下意识抬头，滴下来的腐蚀性物料将灼伤脸和眼），要把这些隐性知识文字化，写入安全须知，写入标准化作业程序。要应用可视化管理方法，将这些暗号写成提示牌，通过图示提醒现场人员重视。所谓“重视直觉”就是要保证直接作业环节的员工第一反应是正确的，这种要求的实现是要将“暗号”知识化后，经过千百次训练才能实现。2008 年汶川大地震时，安县桑枣中学 2300 名教师用了 1 分 36 秒的时间全部撤离，创造了奇迹，这背后是“史上最牛校长”叶志平对他的学生们千百次的训练。

“失败学”法则六：找出代表性案例，将失败过程知识化。看过太多企业在面对失败时的惊慌失措，畑村洋太郎建议，当组织面临重大危机时，当务之急是先稳定心情，以“明天会更好”的态度，避免陷入绝对的失望。他强调，一味地忙着追究责任归属，对于避免重蹈失败覆辙并无助益，最好是让当事人以自然的方式回述当时情境，以建立切实的失败档案，这是传递失败学的重要诀窍。他说，许多意外事故的检讨报告，总是透过客观第三者写成，难免会出现批判性的弹劾论调，而且这种“客观性报告”，往往会流于枯燥无趣。至于如何记录并传递失败教训，更是一门值得深究的学问。畑村洋太郎指出，以一份完整的失败案例报告来说，必须先从背景、经过、原因、处理对策等各层面记述失败内容，并从直接间接原因，组织人员心理、当事人主观想法与感受等不同角度，做一整体总结。除此之外，也要思考如何透过简捷的搜寻方式，让未来员工能在最短时间内，从这些案例中找到前人失败的轨迹，并加以避免。

加强事故知识化管理，形成知识库。企业发展到一定阶段，随着组织机构的调整、人员的更替，有些在岗员工已不了解原始规范的意涵，无法真正理解个中原因。能否生动地说明“为什么会有这条规定”“为什么需要这个装置”，是能否真正让员工将事故牢牢记在心头的关键所在。

3. 事故是最重要的管理资源

五只骆驼在沙漠里吃力地行走，它们和主人率领的十只骆驼走散了，前面除了黄沙还是一片茫茫黄沙，它们只能凭着最有经验的一只老骆驼的感觉往前走。不一会儿，从它们的右侧方向走出一只精疲力竭的骆驼。原来它是一周前就走散的另一只骆驼。另外四只骆驼轻蔑地说：“看样子它也不是很精明啊，还不如我们呢！”

“是啊，是啊，别理它！免得拖累咱们！”

“咱们就装着没看见，它对我们可没有什么帮助！”

“看那灰头土脸的样子……”

四只年轻的骆驼你一言我一语，都想避开这只骆驼。老骆驼终于开腔了：“它对我们会很有帮助的！”老骆驼热情地招呼那只落魄的骆驼过来，对它说道：“虽然你也迷路了，境遇比我们好不到哪里去，但是我相信你知道往哪个方向是错误的。这就足够了，和我们一起上路吧！有你的帮助我们会成功的！”

事故往往都遵循着可怕的剧本。能够从别人的事故中，反思到自己的不足，是员工、企业成熟的标志。我们当然可以嘲笑别人的失败，但如果我们能从别人的失误中提炼机遇，从别人的失败中学习经验，那最好不过了。把别人的失败当成对自己的大声忠告，这非常有利于自己的成长。

（1）企业安全管理三个阶段

企业安全管理的初级阶段是痛苦地从自己的事故中学习的阶段，分析自己出事故的原因，避免类似的事故发生，用自己的惨痛教训获取经验；所谓中级阶段是高明学经验的阶段，通过分析别人出事的原因，用别人的惨痛教训作为自己的经验；所谓高级阶段是指分析别人不出事的原因，提升自己不出事的能力。实际工作中，我们很难达到中级阶段，以致形成每起事故，特别是重大事故似乎都遵循着一个可怕的剧本。组织学习体现在企业和员工个人行为的改变，如果一个企业重复发生同样的事故，说明这个组织没有进行学习。同样，其他企业的事故在本企业的重复发生，也说明这个企业没有进行组织学习，或者说没有进行组织间的学习。

事故是一种蕴含着大量信息的有待挖掘的宝贵“资源”。要通过对这一“资源”的学习和利用，客观地总结导致事故发生的原因和规律，反思自己的不足。一方面要将本企业、本装置所发生的事故汇编成册，定期开展好事故反思活动，防止重复发生同类事故，不断强化无论是新入厂员工还是工作多年的老员工的危机意识；另一方面也要把国内外同行业历史已发生的事故案例当作一种资源、一种财富，时刻用别人的经验来充实自己的阅历，把别人的教训拿来对照检查、警醒自己，保持清醒的头脑。只有这样，通过从业内众多“偶然”的事故中寻找共性，摸索规律性的教训，将导致事故发生的要因对照自己的工作实际，查找问题，才能最大化避免事故。

2015年天津港“8·12”特别重大火灾爆炸事故：事故造成165人遇难、798人受伤，直接经济损失68.66亿元。

直接原因：瑞海公司集装箱内的硝化棉积热自燃，导致堆放于运抵区的硝酸铵等危险化学品发生爆炸。

瑞海公司违法违规经营和储存危险货物，安全管理极其混乱，未履行安全生产主体责任，致使大量安全隐患长期存在。监管部门违法违规实施行政许可和项目审批、日常监管严重缺失。相关服务机构弄虚作假，违法违规进行安全审查、评价和验收。

2019年江苏响水“3·21”特别重大爆炸事故：事故造成78人死亡、76人重伤，

640 人住院治疗，直接经济损失 19.86 亿元。

直接原因：天嘉宜公司旧固废库内长期违法贮存的硝化废料持续积热升温导致自燃，燃烧引发爆炸。

天嘉宜公司无视国家环境保护和安全生产法律法规，刻意瞒报、违法贮存、违法处置硝化废料，安全环保管理混乱，日常检查弄虚作假，固废仓库等工程未批先建。相关环评、安评等中介服务机构严重违法违规，出具虚假失实评价报告。

比较一下这两起事故，不难看出它们的相同点，可以说 2019 年响水“3·21”事故是 2015 年天津港“8·12”事故的翻版，都是因为对仓库内储存的危化品的危险性不清楚；都是因为随着储存时间的延长其危险性明显增加；都是违法违规经营和储存危险货物；都是相关环评、安评等中介服务机构严重违法违规，出具虚假失实评价报告；都是监管部门违法违规实施行政许可和项目审批、日常监管严重缺失。

（2）立体地把握事故真相

企业学习失败学，一是要立体地看待失败，把握失败的真相；二是要发现潜在的失败；三是要将失败的教训制度化，将事故的过程、教训可视化。立体地看待失败，看清事故背后的深层次原因体现的是系统思考。根据国家事故统计资料进行分析整理，可以把事故分为个人原因、组织原因及社会原因（图 5-19）。

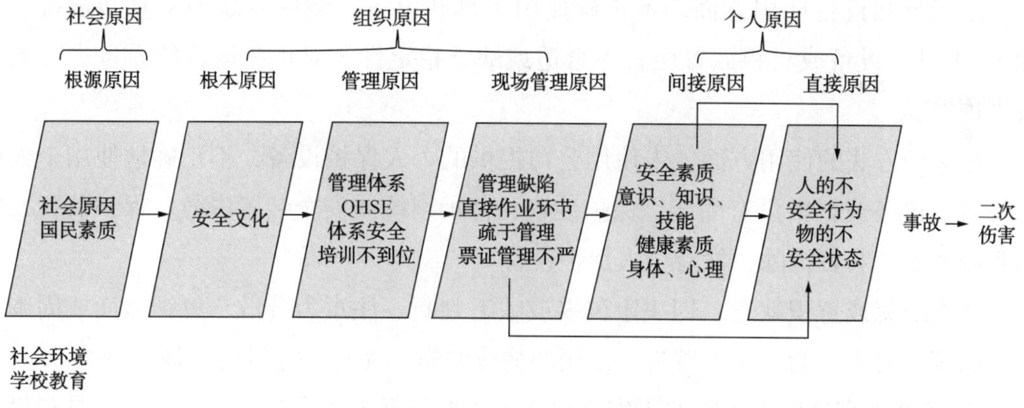

图 5-19 事故原因分析模型

1）从“人误”的角度出发，分析事故的直接原因。直接原因：把直接导致事故的发生原因分为行为类直接原因（人的不安全行为）和条件类直接原因（物的不安全状态），之所以将条件类直接原因（物的不安全状态）也定义为“人误”，主要是基于物的不安全状态是由于人的不安全状态、人误引起的。

根据事故致因理论中“轨迹交叉理论”，即人的不安全行为和物的不安全状态在一定的时空交叉，就形成了事故。事故的发生由扣动事故发生扳机的最直接原因，以及 N 个人的不安全行为形成了引发事故的导火索。比如，造成 243 人死亡的重庆开县井喷事故，是由 7 个人的连续不安全行为造成的。物的不安全状态是由于人的行为造成的，是由于现场管理缺陷和环境不佳造成的。

事故的发生起初往往是很容易控制的微小事故，事故之所以发展是由于现场操作人员或指挥人员“第一反应不正确”“不能在第一时间发现问题”而造成的，也可能是现场操作人员或指挥人员的一系列错误造成的。我们把这种事故的发展叫作“二次事故”。造成严重后果的重特大事故都是二次事故形成的二次伤害。比如盲目施救造成事故扩大带有相当大的普遍性，国务院安委会办公室于 2012 年 5 月 25 日下发了《关于近期盲目施救导致较大事故多发情况的通报》（安委办〔2012〕20 号），通报指出：因盲目施救导致事故扩大的较大事故呈多发态势，5 月份以来已发生 11 起，事发时只有 14 人涉险，最终导致 40 人死亡、8 人受伤，损失惨重，造成的 26 人死亡都属于二次伤害。

① 行为类直接原因（人的不安全行为）主要包括遵守工作程序方面、工具和设备使用方面、保护方法和保护器具使用方面、个人疏忽和意识缺乏。

在遵守工作程序方面，未经许可进行操作或作业、违反工作程序或步骤、违反程序进行操作、工作位置或操作姿势违反规程。

在工具和设备使用方面，不正确使用工具和设备、使用有缺陷工具和设备（明知）、工具、设备或材料放置位置不合适或缺乏稳定性、对正在运行的设备进行维修或维护保养。

在保护方法的使用方面，未使用公司提供的个人保护设备，不正确地使用个人保护设备，设备或材料没有固定，保护装置、警示系统或安全装置失效，保护装置、警示系统或安全装置拆除，没有个人保护设备。

个人疏忽或意识缺乏，即决定欠妥或缺乏判断、注意力分散、忽视地面或周围环境、嬉闹、暴力行为、未做警告、使用药物或酒精、无意识地进行常规活动。

② 条件类直接原因（物的不安全状态）主要包括人和设备保护系统、工具和设备及车辆、工作暴露（暴露在危险能量之下）、工作环境危险等方面。

在保护系统方面，没有护罩或保护性装置 / 设施、护罩或保护性装置 / 设施缺陷、个人保护设备不合适、个人保护设备有缺陷、警示系统不合适、警示系统有缺陷、工艺或设备未隔离或隔离不合适、安全装置不合适、安全装置有缺陷。

在工具、设备及车辆方面，设备有缺陷、设备不合适、工具缺陷、工具不合适、车辆有缺陷、用车准备欠妥。

在工作暴露（暴露在危险能量之下）方面，明火或爆炸性物品、噪声、带电的电力系统、辐射、高温、化学危险品、机械危险物、杂乱的工作环境、风暴或自然现象、地面或过道太滑。

在工作环境危险方面，拥挤或活动受限、照明不适或过度、通风不合适、无保护高度或防护有缺陷、工作场所布局不利、不利于员工现场操作、现场标识不清、位置超出视力可及范围、信息相互矛盾。

2）从“人误”的角度出发，分析事故的间接原因。间接原因：把行为类和条件类直接原因的背后原因定义为间接原因，它是人为因素类的原因，主要是指由于员工的安全素质（安全意识、知识和技能）、健康素质及状况的问题引发员工在现场操作的不安全行为。

① 员工的安全素质低是造成人的不安全行为的原因之一，安全素质主要是指安全意识、安全知识和安全技能。

在安全意识方面主要表现为员工存有侥幸心理、麻痹心理、惰性心理（也称为“节能心理”）、逞能心理。

② 健康素质，主要是指身体健康、心理健康的水平和工作时的身体、心理状态。

在身体健康方面表现为：视力低下、听力低下等体力方面的问题和其他感官缺陷、其他永久性身体缺陷、由于药物治疗造成能力下降、阶段性身体缺陷、身体活动范围受限、物质过敏症、身高不够或体力不足和其他原因。

在身体状况方面表现为：曾经受伤或得病影响、疲劳、工作量大、缺乏休息、操作能力降低、由于温度变化、缺氧、血糖降低、使用药物或酒精使能力削弱和其他原因。

在心理原因（精神状态）方面表现为：判断力差、记忆力丧失、协调不好或反应迟钝、情绪干扰、恐惧、理解能力差、受药物影响、性格缺陷、过分的急功近利和其他原因。

其他原因（精神压力）表现为：全神贯注于其他问题、受到挫折、工作目标及要求不明确、目标或要求相冲突、无意义的活动、情绪不稳定、过激的评价、决定或要求、精力过度集中和其他原因。

3）从“组织错误”的角度出发，分析事故的组织原因和社会原因。事故的组织原因包括，现场管理原因（间接原因）、管理体系原因、根本原因，分析事故更要从组织原因和社会原因入手，在根源上寻找答案、寻找高一级的解决方案。

事故是由人的不安全行为（行为类直接原因）和物的不安全状态（条件类直接原因）在一定的时空交叉而引发的，而人的不安全行为是由于人的安全素质和健康素质的不足引发的，从“人误”的角度出发，把人的安全素质和健康素质的缺乏称之为事故的间接原因。而分析造成人的安全素质和健康素质的缺乏和物的不安全状态，就要从“组织错误”的角度出发来进行分析，把造成人的安全素质和健康素质的缺乏和物的不安全状态的原因定义为现场管理原因，现场管理原因也可以看作是管理上的间接原因。而现场管理缺陷的背后是管理体系不足，管理体系不足的原因是企业文化层次不够。

① 现场管理原因。

在标准作业程序（SOP）方面，没有制定涵盖工作全过程的SOP、所制定的SOP不合理、有漏洞（如指令含糊不清、过多的说明、程序和设备及设计不一致、程序中无确认步骤等）、缺乏培训、员工不知道如何执行SOP、操作人员没有严格执行SOP、没有制定变更管理的判别指导书、现场无可视化的操作指示牌和其他原因。

在直接作业环节方面，作业没有得到许可，没有按标准办理相关票证、票证条款缺乏现场确认、作业缺乏防护措施、现场没有明确“实际控制人”，也没有明确“实际控制人”的职责、作业监护不利和其他原因。

在风险评估（Risk Assessment）方面，未对设备和工艺进行风险评估、未辨识出危害、风险控制不当和其他原因。

在培训方面，制定的培训内容不全、不合理、未提供培训、员工未接受过培训、员工未能理解培训的内容、应急训练不够、员工第一反应不正确和其他原因。

在管理、监督方面，属地责任没落实、缺乏检查与考核；束下不严、管理软弱，习惯性违章；管理者缺乏现场感，对现场环境不清楚；变更管理不善；隐患整改不力、不能识别现场危险因素；事故报告和调查机制不完善；安全会议不足；安全业绩考核、评估不完善和其他原因。

在承包商的选择与审查方面，雇佣未经审核批准的承包商、承包商资质不够、承包商缺乏相应的工作经验、无工程监管或监管不力、承包商将工程转包和其他原因。

在协调与沟通方面，在同伴间水平沟通不完善、在上下级间垂直沟通不完善；不同组织间沟通不完善、倒班班组和工作小组间沟通不完善，没有将发现问题传递下去、通信方法不完善、通信工具缺乏、没有使用标准的术语、工作成员间缺乏了解与心理沟通、沟通无痕迹、口头沟通多和其他原因。

② 管理体系原因。

没有建立QHSE管理体系；QHSE管理体系不适合企业实际；QHSE管理体系缺乏相应的执行细则；“三基”管理薄弱和其他原因。

③ 安全文化原因。

在思想观念上，“敬畏生命、珍视健康”的理念没有得到普遍认可；“任何事故都是可以避免的”的理念没有得到普遍认可；“任何事故都可以追溯到管理原因”的理念没有得到普遍认可；员工不能够将自己的安全知识和经验分享给其他同事，并把安全作为一项集体荣誉，没有“我们要安全”的安全氛围；缺乏普通员工的普遍参与。

在制度上，缺乏严明的纪律，缺乏明确的责任，缺乏规范的管理。

在行为上，容忍任何偏离安全制度和规范的行为；习惯性违章得不到纠正；缺乏对诸如“上下楼梯必须扶扶手”“乘车必须系安全带”等细节的长期关注；管理层不能体现“有感领导”，缺乏安全大检查。

在物态上，本质安全化不足；人机设计不合理；安全文化可视化不足；安全文化作品质量不高，公式化、概念化东西多和其他缺陷。

从“组织错误”的角度出发，可以立体地看待失败、把握失败的真相。

虽然对事故管理一直坚持“四不放过”的原则，但直接原因分析得多、分析得细，间接原因分析往往就不深不透，更谈不上分析事故的根本原因和社会原因。

事物的复杂性决定了失败原因的多重性。畑村洋太郎认为，在失败金字塔的底层是日常生活中重复着的小失败：无知、不注意、考虑不周、不遵守秩序，这是由个人责任导致的失败。从底层越往上走，越是带有社会性，如因经营者战略失误引起的组织运营上的失败；由于组织结构上的问题，造成上下信息不畅所导致的失败；因行政管理机制、价值观滞后，对新的社会机制不适应所引起的失败；最上层则是“遇到未知之事”，属于“老经验遇到新问题”。值得注意的是，遇到问题时，上面的人因害怕承担责任，常把责任转嫁到下面。分析事故原因时，不能简单地分析事故的直接原因、间接原因，更要分析企业在管理体系、文化、战略等方面的原因；不能把事故简单地归结为人误，更要看到企业的组织失误。

正确对待事故，立体把握事故的真相。不仅要从技术角度，而且还要从心理学、经济、文化、社会等各个侧面全面地把握和分析失败与事故。

（3）将事故案例文本化、可视化

将所掌握和经历过的事故进行整理汇编、学习。除了向身边的事故学习外，还要积极吸取其他企业的事故教训，做到“别人生病我也吃药”。

1）应用可视化手段，促进组织成员学习。学习畑村洋太郎的失败学，就是要将失败的教训制度化、可视化。比如通过修改操作规程、完善标准作业程序强化组织记忆、通过建立事故博物馆等方式，不断强化人们对事故的形象记忆。正如亨利·波卓斯基认为的那样“30 年刚好是一代工程师和一个行业的技术记忆的跨度”，需要不断对事故教训再学习。失败博物馆，即专门陈列失败物品供人观赏的地方，用建造失败博物馆这种正视失败、展览失败的方式，警示人们避免重蹈覆辙再次失败的做法，正在国际上悄然流行。

而通过建立失败（事故）博物馆的方式，一方面这种可视化的教育方式会强化人们的个人记忆，同时这种以实物为主要内容的资料会强化组织记忆。借鉴美国、俄罗斯、瑞典建立失败博物馆的方法，企业建立事故纪念馆所产生的教育作用将是巨大的。

J.R. 东日本铁路公司为了从过去的事故中吸取教训、提高员工安全意识，于 2002 年成立了事故历史展览馆。展览馆中陈列着过去事故的照片、报纸报道、事故发生时磨损面的车轴实物，还用电脑合成影像栩栩如生地再现当时的事故情况。这种形式的安全教育传授的不是简单的课本知识，能彻底改变员工的安全意识。丰田公司专门建立了一处模拟汽车事故的场所，让人们体验汽车失控时的危险。在瑞典有一座“瓦萨”号沉船博物馆，博物馆内陈列着 17 世纪的木制战舰“瓦萨”号，这艘战舰在海底沉睡了三百年，被打捞起来之后陈列于此。它向世人昭示沉船的教训：违背科学、盲目决策，必将受到惩罚，甚至酿成巨大的灾难！而在美国纽约也有一个失败博物馆，展出了八万多件不受消费者欢迎的商品。美国每年推向市场的新产品有五千四百多种，而真正受到顾客欢迎和青睐的仅占 20%。这些失败产品专门向人们昭示：此举不可仿效。

2）从事故中学习，形成由上至下的事故反思载体。从事故中学习需要系统思考，需要在不同的层级确定不同的事故反思载体，这样才能发挥事故反思的效果。确定事故反思的载体要明确两个基本原则：一是要根据不同层级确定不同的事故反思载体，越到基层越要细化，活动越要具体；二是要长期坚持，甚至要伴随企业整个生命周期。

BP 公司是世界上最大的化工企业。这个一向以管理严格著称的企业，却在 2005 年 3 月 23 日发生了一起重大安全事故，其位于美国得克萨斯城的炼油厂发生爆炸事故，造成 15 人死亡、170 人受伤，BP 炼油厂的安全隐患也受到多方质疑。时隔一年之后，BP 主管安全事务运作的高级副总裁约翰·摩格福特先生在美国奥兰多第二届化工流程安全工作会议上对事故进行了总结，向全球呼吁：请以我们为前车之鉴。

BP 的调查小组认为这次事故有无数的经验教训可以总结，其中在管理层面有 7 个教训较为突出：

1. 要确保工厂的领导层有时间专注于日常运转，而不是被过多的竞争需求分心。管理者要了解他们所管辖的区间和工厂中发生了什么情况。

2. 有必要寻求正确的、显示进程安全趋势的衡量标准。不要被人身事故衡量标准误导，这种标准有一定作用，但在这种大规模的事故中起不到警示作用。

3. 在规程缺乏更新或是有章不循的情况下，规程就会失效。

4. 双向交流很重要。如果员工认为领导者并没有倾听，或是不认真对待他们的担忧，那么很快他们不会再向领导者提及这些隐忧了。我们必须相互信守承诺，这是重建信任的第一步，也是获取尊敬，并培养员工责任感的唯一途径。这就需要保持与员工接触、时刻警醒、保持责任感并注意倾听员工意见。

5. 调查生产事故很重要，缺乏事故遏制措施同样会造成严重的伤害，调查事故遏制措施缺失也需要同样重视。要全面地记录事故，并且交流经验教训。

6. 有效的反馈是很有价值的，它能让我们从事故中吸取教训，获得并形成更好的操作规程。

7. 禁止非工作人员停留在加工区域。密切注意可能被爆炸冲击的区域。保证那些加工区域附近必需的临时设施有抗爆能力。保证人员安全最好的办法是不让他们进入易爆炸区域。

总之，造成得克萨斯城炼油厂发生爆炸的因素是长年累月积累的结果，未来需要配套的、持续的措施加以整改矫正。事实上得克萨斯城的事故是可以避免的，不过BP的失误可以帮助其他公司免于陷入同样的险境。

第六章
专业技术人员的基本功训练

专业技术人员的基本功训练水平，决定技能操作人员的基本功训练水平，其专业安全管理能力更能体现基层单位的安全业绩。专业技术人员要不断改善心智模式，不断学习完善知识结构，提升工作技能，做一名合格的现场医生，为企业创造价值。

专业技术人员基本功训练的主要观点：

① 对基层的了解深度决定事业的高度；

② 用数据说话，用图形思考；

③ 工程师的第一角色是现场医生；

④ 数据的真实性是企业的生命；

⑤ 工作质量等于安全；

⑥ 重复发生事故是工程师的耻辱；

⑦ 工程师要有改变世界的勇气；

⑧ 事件的关键全在现场，现场有神灵；

⑨ 工程师是科学家，工程师是艺术家，工程师是技术家。

第一节　不断改善心智模式

心智模式是根深蒂固于心中，影响我们如何了解这个世界，如何采取行动的许多假设、成见、图像、印象，是对于周围世界如何运作的既有认知。我们通常不易察觉自己的心智模式，以及它对行为的影响。改善心智模式的过程，从本质上是把镜子转向自己，试着看清楚自己的思考与行为如何形成，并尝试以“新眼睛”获得新的信息、以新的方式对其进行解读、思考和决策。

一、坚持正确的政治方向

1. 认同公司的核心价值观

“道不同，不相为谋”，员工认同公司的核心价值观，才能融入企业，才能发挥最大的价值。

所谓的价值观，就是行为背后的原因，是指一个人对周围的客观事物的意义、重要性的总评价和总看法；所谓企业的价值观，就是回答企业为什么存在，存在的意义是什么。“物以类聚，人以群分”，有什么样的价值观，就有什么样的团队。所谓核心价值观，就是某一社会群体判断社会事务时依据的是非标准，遵循的行为准则，用来回答谁是我们最可以相信的人；所谓企业核心价值观，通常是指企业必须拥有的终极信念，是企业本质和原则，如企业对市场、对客户、对员工等的看法或态度，它影响与表明企业如何生存的立场。

核心价值观常见的六个维度，可以归纳为三大要则（图 6-1）。

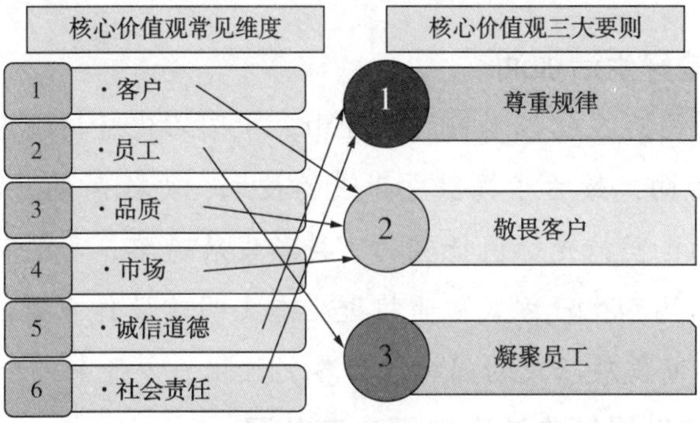

图 6-1 核心价值观常见维度及三大要则

企业核心价值观与企业使命和愿景的关系：“核心价值观”，某个社会群体判断社会事物时依据的是非标准所遵循的行为准则（原则）；“企业使命”，公司存在的根本理由，员工进取的精神动力（动力）；“愿景”，公司希望达到的目标，员工憧憬的美好蓝图（定质）。

中国石化核心价值观：人本、责任、诚信、精细、创新、共赢。

人本——以人为本，发展企业。从广大客户和社会公众的需要出发，确定企业发展方向，研发一流产品，提供一流服务。把员工作为企业发展的主体力量，为员工全面发展创造条件，让员工生活得更加幸福。

责任——报国为民，造福人类。继承弘扬“爱我中华、振兴石化”的企业精神，切实履行好国有企业的经济、政治和社会责任。同步贡献业务所在国（地区），履行好相关的经济、法律和社会责任。全体员工坚守“有岗必有责，上岗必担责”，为企业发展拼搏奉献。

诚信——重信守诺，合规经营。把信用立企作为企业的发展之基，依法经营，规范运作，做到“每一滴油都是承诺”，为企业树立良好品牌形象。

精细——精细严谨，止于至善。以严格的要求和一丝不苟的态度，养成精细严谨的工作作风，追求生产上精耕细作、经营上精打细算、管理上精雕细刻、技术上精益求精，努力提升生产经营管理水平。

创新——立足引领，追求卓越。坚持创新驱动，把发展动力转到依靠创新驱动上来，大力推进科技创新、管理创新和商业模式创新，引领市场发展，打造行业标杆，成就卓越品质。

共赢——合作互利，共同发展。坚持开放包容、精诚合作、互惠和谐。遵循和尊重业务所在国（地区）法律法规、文化习俗，汲取、融汇合作方的优秀文化和先进经验。帮助客户提升价值，企业发展惠及周边社区民众，与利益相关方共同发展、互利共赢。

企业使命：为美好生活加油。

企业使命表明公司存在的根本目的和理由。中国石化坚持把人类对美好生活的向往当作企业发展的方向，致力于提供更先进的技术、更优质的产品和更周到的服务，为社会发展助力加油；坚持走绿色低碳的可持续发展道路，加快构建有利于节约资源和保护环境的产业结构和生产方式，为推进生态文明建设作贡献；坚持合作共赢的发展理念，使公司在不断发展壮大的同时，为各利益相关方带来福祉。

企业愿景：打造世界领先洁净能源化工公司。

致力于成为可持续发展企业。全面实施“价值引领、创新驱动、资源统筹、开放合作、绿色低碳”发展战略，迅速适应环境变化，加快转方式调结构、提质增效升级，使公司在已领先的竞争领域和未来的经营环境中努力保持持续的盈利增长和能力提升，保证公司长盛不衰。

致力于成为利益相关方满意企业。更加突出技术进步和以人为本，努力提供优质的产品、技术和服务，展现良好的社会责任形象，让员工、客户、股东、社会公众以及业务所在国（地区）的民众满意，努力成为高度负责任、高度受尊敬的卓越企业。

致力于成为绿色高效能源化工企业。以能源、化工作为主营方向，做好战略布局和业务结构优化，在发展好传统业务的同时，不断开发和高效利用页岩气、地热、生物质能等新兴产业。开发绿色低碳生产技术，研发生产环保新材料，促进煤炭资源清洁化利用，努力成为绿色高效的能源化工企业。

致力于成为世界一流企业。世界一流企业不仅需要一流的规模，更需要一流的质量和效益，一流的企业文化管理和品牌形象，以及一流的市场化、国际化竞争能力。中国石化要对照世界一流企业的标准，通过艰苦不懈的努力，成为治理规范、管理高效、文化先进、市场化程度高、国际化经营能力强、拥有世界一流技术、人才和品牌的先进企业。

中国石化核心价值观、使命与愿景的关系如图 6-2 所示。

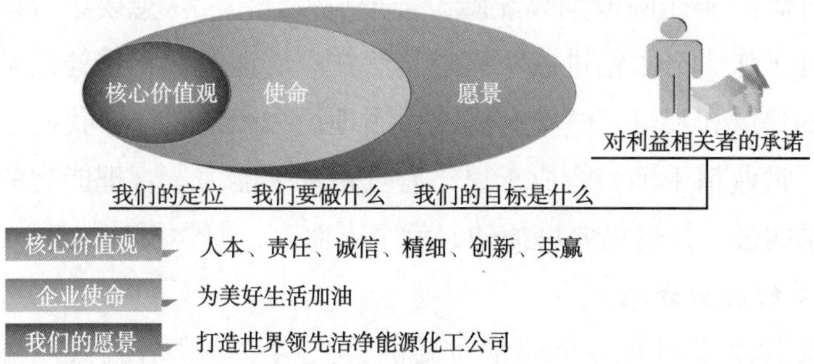

图 6-2　中国石化核心价值观、使命与愿景的关系

企业作风是企业在长期的生产经营活动中形成的工作风气，是企业内质的外在表现。中国石化坚持弘扬“苦干实干”“三老四严”等石油石化优良传统，将“严细实”贯穿到企业经营管理的全过程。

严：就是“严字当头”。对待工作，有严格的要求、严密的组织、严肃的态度、严明的纪律。

细：就是“细字当先”。工作中要始终拿着“放大镜”，对每个节点、每个工序、每个需要检查或注意的地方，一丝不苟，一点一点去做好过程控制和节点控制。

实：就是“实字当家”。坚持当老实人、说老实话、办老实事，踏踏实实工作，清清白白做人，静下心来谋发展，沉下身子做事情。

2. 任正非给新员工一封信的启示

华为公司任正非在《致新员工一封信》中写道：员工要认同公司文化，要提高政治觉悟，要坚持踏实肯干、养成好的工作习惯。

认同公司文化：“我们将在共同信任和相互理解的基础上，度过您在公司的岁月。这种理解和信任是我们愉快奋斗的桥梁和纽带。”

提高政治觉悟：“公司要求每一位员工，要热爱自己的祖国，任何时候、任何地点都不要做对不起祖国、对不起民族的事情。”“要承认只有共产党才能领导中国，否则就会陷入无政府主义。一个高速发展的经济社会，没有稳定，没有强有力的领导，是不可想象的。”

坚持踏实肯干：“机遇总是偏向于踏踏实实的工作者。您想做专家吗？一律从工人做起，进入公司一周以后，博士、硕士、学士，以及在公司取得的地位均已消失，一切凭实际才干定位，这在公司已经深入人心，为绝大多数人所接受。您就需要从基层做起，在基层工作中打好基础、展示才干。”“公司永远不会提拔一个没有基层经验的人来做高级领导工作。遵照循序渐进的原则，每一个环节、每一级台阶对您的人生都有巨大的意义。不要蹉跎了岁月。”

养成好的习惯：“善于吸取别人经验，善于与人合作。”“您要十分认真地对待现在手中的任何一件工作，努力钻进去，兴趣自然在。”“逐渐积累您的记录。有系统、有分析地提出您的建议和观点。”“唯有实践后用理论去归纳总结，我们才会有飞跃有提高，才能造就一批业精于勤，行成于思，有真正动手能力、管理能力的干部。有一句名言：没有记录的公司，迟早要垮掉的，就个人而言，何尝不是如此？”

3. 稻盛和夫的成功方程式

在稻盛和夫哲学里面有一个非常重要的公式叫“成功方程式”（图 6–3），这个方程式说明心智模式、思维方式或者说一个人世界观的重要性。这个方程式是这样表述的：

成功 = 态度（–100~+100）× 能力（0~+100）× 努力（0~+100）

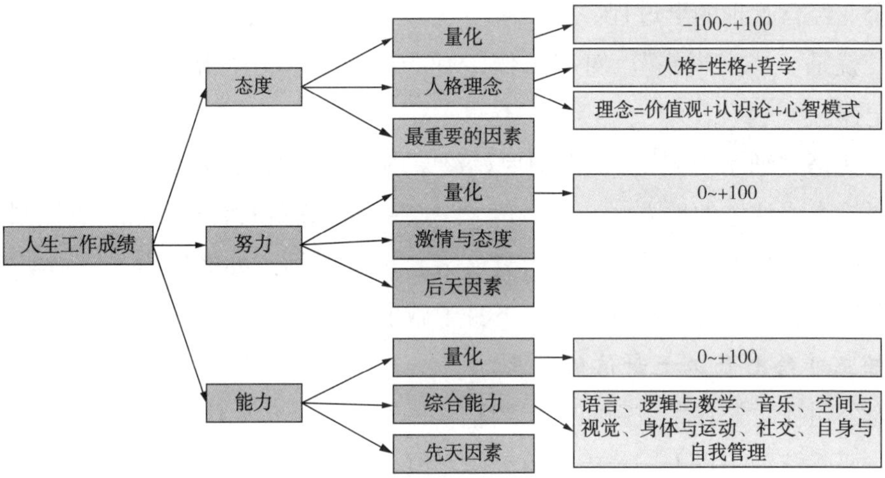

图 6–3 稻盛和夫成功方程式

稻盛和夫认为，经营的成功除了思维方式之外，还有两个重要的因素：努力和能力。很明显，这个公式不符合常人印象中的“成功 = 能力 + 努力 + 态度”的加法公式。乘法代替了加法，这正是其经典所在。

为什么用乘法而不用加法？因为若用加法，只要有些能力，而不去努力，也可以成功；若用乘法，只要其中有一项为 0，任何数乘以 0 结果还是 0。

公式中三个乘数哪个最重要呢？他认为这三个项目当中，最重要的是态度。因为，如果态度是负面的，整个结果也将是负面的。能力和努力至少是 0，而态度若不好，那就是消极心态，就是负数；三者相乘就有可能是负数，并且能力越强，努力越多，危害也就越大。

对于石油化工行业的专业技术人员，所谓态度，就是要认同公司的文化，始终和公司保持一致，这样才能发挥最大的价值；特别是要认识到“三基”工作是压舱石、传家宝，大庆精神、铁人精神是中华民族精神的一部分，要始终充满激情地工作。

二、坚持系统思考，不断增强团队意识

系统观念是马克思主义基本原理的重要内容，强调系统是由相互作用、相互依赖的若干组成部分结合而成的，是具有特定功能的有机体；要从事物的总体与全局上、从要素的联系与结合上研究事物的运动与发展，找出规律、建立秩序，实现整个系统的优化；用开放的、复杂系统的观点，用从定性到定量的综合集成方法研究经济社会问题。

“两弹一星”、北斗卫星导航系统、“神舟”系列飞船等重大工程就是坚持系统观念、运用系统方法的成功案例。

实践表明，系统观念、系统方法是组织管理重大工程、重大事业不可或缺的方式方法。

1. 把自己拔高一层来考虑问题

思考问题上行一级，站在上级的角度考虑问题，是一种进步的思维方式，自我超越的精神状态，是建立融洽工作关系的正能量。

思考问题上行一级，培养自己的大局意识，增强对工作的把握能力，是出色完成任务的工作方式。

思考问题上行一级，提前在心智、能力、经验上对自己进行磨炼，打下发展基础，是一种进步的方法。

案例 阿里的“向下看两层”和“向上看两级”管理方法

“向下看两层”：让下面的两层都可以直接听到你的声音，减少沟通环节在关键业务信息传递过程的衰减。通过这个方式，大家可以达成很好的共识，解决协同的问题。

“向上看两级”：把自己拔高到上一级和上级的上级的位子考虑问题，不只是坐井观天。比如你是总监，最好就把你的位置移到VP（副总裁）层次上。你想，假如我是这个VP，我该怎么做？你这时会发现一切豁然开朗！

2. 不断增强团队意识

登山者的高度，取决于他的同伴。团队精神是大局意识、协作精神和服务精神的

集中体现；团队精神的基础是尊重个人的兴趣和成就，核心是协同合作，最高境界是全体成员的向心力、凝聚力，反映的是个体利益和整体利益的统一，并进而保证组织的高效率运转；团队精神的形成并不要求团队成员牺牲自我，相反，挥洒个性、表现特长保证了成员共同完成任务目标，而明确的协作意愿和协作方式则产生了真正的内心动力；团队精神是组织文化的一部分，良好的管理可以将每个人安排至合适的岗位。

华为公司任正非在《致新员工一封信》中说，“我们的历史使命，要求所有的员工必须坚持团结协作，走集体奋斗的道路。没有这种平台，您的聪明才智是很难发挥并有所成就的。因此，没有责任心，不善于合作，不能集体奋斗的人，等于丧失了在华为进步的机会。”

工程技术人员要努力加入、扩大专业团队，因为一个团队的知识存量取决于团队的人员数量。公司专业部室要从管理中心努力向技术交流中心转变，盘活公司本专业的知识存量，利用管理平台，发挥管理职能，将局部的好经验、好做法放大到整个公司，固化到公司业务流程和制度中。要努力从技术交流中心向人才成长培育中心转变，公司所有同专业人员构成一个大的专业团队，不断分享管理、技术经验。

3. 付出不亚于任何人的努力

邓小平同志曾指出“世界上的事情都是干出来的，不干，半点马克思主义也没有”。在侯祥麟同志先进事迹报告会上，曾给侯老做过 11 年秘书的张继光同志讲了这样一件事，有年轻科技工作者问侯老怎样才能成为科学家，侯老没有正面回答，只说了这样一句话：“每天只工作 8 小时，当不了科学家。”这句话言简意赅，是侯祥麟院士的切身感受和经验之谈。科学家作为在某个科学技术领域进行探索的专家，之所以能够不断地有所发明有所创造，实在是付出了自己毕生的精力、智慧和心血的结果。无论古今中外，科学家只有坚定不移、孜孜不倦地在科学的崎岖道路上苦苦攀登，投入比常人多得多的时间和精力，才能发现科学创造的规律，达到创新的境界，创造出有益于人类的科技成果。这个过程是辉煌的，同时也是艰辛的，需要十几年、几十年殚精竭虑、焚膏继晷的拼搏奋斗。按鲁迅先生的说法，就是把别人用于喝咖啡的时间也用来工作。

从事科学技术工作是如此，从事其他工作同样如此。每天只工作 8 小时，当不了科学家，也当不了作家、艺术家、理论家，也当不了本单位、本部门、本行业出类拔萃的栋梁，更当不了优秀的领导干部。要像侯祥麟那样，把 8 小时之外的一部分时间也用在业务钻研上。如果你坚持不懈地每天比别人多花费一点时间，多付出一点精力，几年、十几年、几十年下来，那回报你的，将是使你自己都感到吃惊的成绩。

三、坚持答案就在现场，保持“现场感”

现场是企业进步的动力之源，现场是知识、经验的宝库，只有保持“现场感”才能不断增强自己的才干。

1. 保持“现场感”

所谓“现场感”，是指对现场的了解程度，能够敏锐地感觉到现场所发生的一切；对企业现场充满感情，始终充满激情地为一线服务，为客户创造价值的精神状态。

对现场了解的深度决定工程师的事业高度。球员要有球感，他的成就体现在球场，他的价值是为观众提供一场赏心悦目的比赛，离开了球场，像医生离开了手术台一样，就不会产生价值。

单靠一个球员就能赢得比赛吗？不能！需要整个球队。单靠球场上球队的努力也是不成的。需要教练、领队、队医对球场上球员的专业服务和具体指导，场下所有人的所有服务指向是球场上的球员，这就是现场感。

稻盛和夫讲，“工作现场有神灵”。比如，为攻克难关，千方百计反复试验仍不得要领，不断碰壁，山穷水尽。然而，当认为要绝望时，事情才刚刚开始。暂且让头脑冷一冷，再次回到现场，重新观察周围的情况。“事件的关键全在现场，现场有神灵”，彼此的专业领域虽然不同，工作要点却完全相同，关键是贯彻现场主义，仔细观察现场的状况。面对产品和现场，用眼睛去凝视，用耳朵去倾听，用身体去贴近，用心灵去感受。现场和产品会发出轻言细语：“用这种办法试试如何”，一次次给予我们解决问题的启示。

2. 工程师的第一角色是现场医生

工程师的第一角色是现场医生，针对现场问题给出药方，提出一揽子解决方案。而操作人员是护士，在生产现场要打造医生 + 护士的管理模式，保证装置安稳长满优运行。

重复发生的问题是工程师的耻辱。事故是管理的重要资源，工程师要采取工程技术手段，从根本上解决问题，这样，即便现场操作工人偶尔失误，也不会引发事故。同时，工程师也要把他人的事故当作企业事故，做到“邻里失火、自查炉灶”，防止同类事故的发生。

3. 工程师要做到理性思维、顾客第一

世界上只有一个职业就是服务业，每个人都要找到自己的服务对象，否则你就没

有存在的必要了。企业要打造两个服务链：企业内部客户服务链，让所有人的服务指向对准核心业务，对准核心业务的生产一线。企业外部客户服务链，企业所有活动指向顾客服务，为顾客创造价值、终身价值、独特价值；不但让客户满意，更让客户惊喜和感动。

只有市场化了的知识才能变成财富，工程师要用自己的专业服务现场、服务核心业务，这样，才能成为专家。同时，工程师的理性思维，就是要坚守职业道德，把顾客利益放在第一位。

第二节　完善知识结构

工程师是科学家，工程师是艺术家，工程师是技术家，工程师需要一个合理的知识结构。

一、工程、工程师、知识、知识结构

完善的知识结构是打造工程师核心竞争力的基本要求。

1. 工程、工程师与工程师知识结构

工程：是利用科学知识与技术手段，通过有组织的一群人将某个（或某些）现有实体（自然的或人造的）转化为具有使用价值的人造产品过程。

工程师：是具有从事工程系统操作、设计、管理、评估能力的人员。

2. 知识、知识结构

知识：是人类在实践中的认识结果。

知识结构：是指一个人经过专门学习培训后所拥有的知识体系的构成情况与结合方式。

合理的知识结构：就是既有精深的专门知识，又有广博的知识面，具有事业发展实际需要的最合理、最优化的知识体系。

清华大学罗福午教授根据《简明大英百科全书》对工程师的定义画出与工程有关的科技概貌图，如图 6–4 所示。

3. 建立合理知识结构四原则

建立合理的知识结构需要把握整体性、层次性、软与硬相结合、动态性等四个原则，如图 6–5 所示。

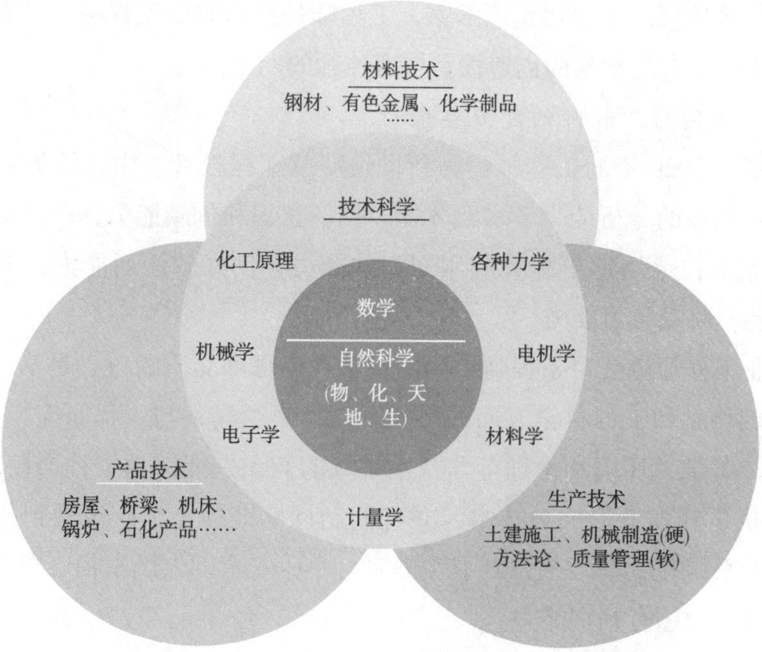

图 6–4　与工程有关的科技概貌图

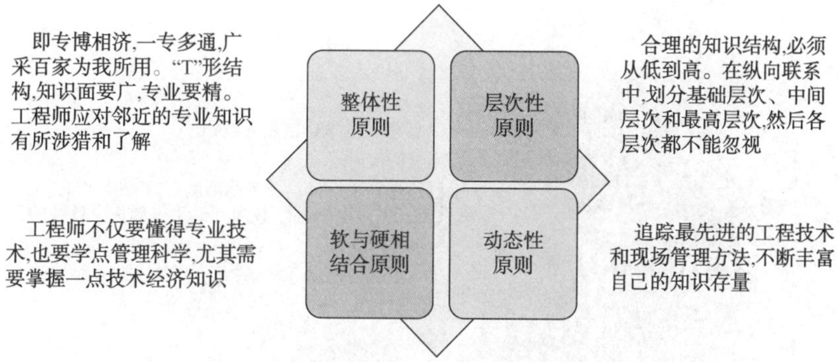

图 6–5　合理的知识结构四原则

二、现代工程师的能力要求

原浙江大学校长、工程科学家路甬祥曾说:"工程不仅与一门技术学科有关,而且往往涉及多门学科的综合知识,还要涉及政治的、经济的、社会的、法律的、地域的、资源的、水文和气象的、心理和生理的因素。"

1. 工程师是科学家,工程师是艺术家,工程师是技术家

工程作为一种艺术,更强调实用、经济与美观的统一,强调工程师的想象力、创造力与工程管理(包括人、财、物、时、空、环境)的和谐一致。

工程师是科学家，工程师是艺术家，工程师是技术家。工程师要具有科学家的态度和思考方式，要有艺术家的创造性，要有技师的动手能力。

2. 美国、德国对工程师的能力要求

美国《培养2020年的工程师：为新世纪变革工程教育》中，认为工程师品质应有如下特征：很强的分析能力、实践才能、创新意识和创新能力；较高的伦理道德标准以及职业素养；灵活地更新并应用知识的能力、良好的沟通能力、商务与管理技能、领导才能、终身学习能力。

美国职业工程师协会对工程师提出的要求：工程师品质的核心是革新；工程师要有数学、基础科学和工程科学方面的坚实基础；必须具备与工程原理相关的在经济、社会、法律、美学、环境和伦理等非技术领域的知识；能够根据社会需求提出概念，进行设计，从事开发，形成新技术，并且能制订标准的人；应该做到能规划、有预见，能将问题系统化，并对关系到卫生健康、生命安全、人民幸福、财产损失等方面系统的和部分的问题有判别能力。

德国工程师协会对现代工程师的要求是：具有坚实的科学、技术理论基础；具有较宽广的知识面；具备设计、制造、开发、管理、评价能力；具备明确的工程意识（图6–6）。

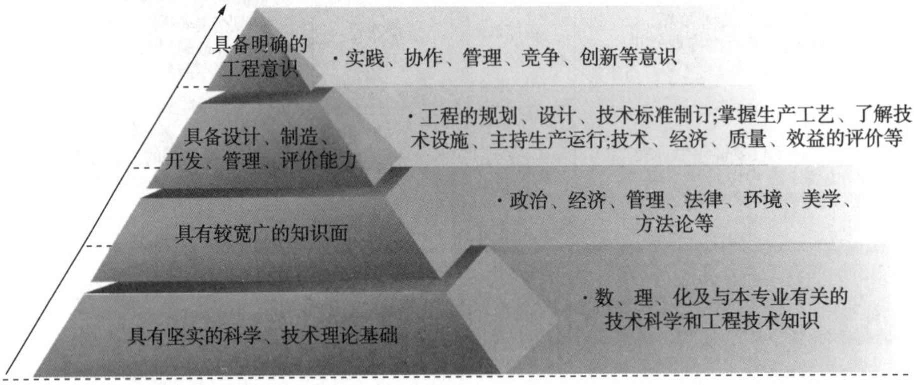

图6–6　德国工程师协会对现代工程师的要求

3. 我国对现代工程师的能力要求

有很强的独立学习和分析解决一般工程实际问题的能力；有很强的工程意识、工程观点和稳定的心理素质；应具有广泛实用的社会学、经济学、法律知识以及行业行政法规、企业经营管理和技术规范的知识；有很强的工艺操作技能以及实验、计算、绘图、计算机应用等方面的能力。

三、发挥你的职业优势

优势是基于个人的才干，加上知识和技能的学习培养而成的，要通过个人优势分析，发现、发挥职业优势，打造自己的核心竞争力。

1. 进行个人优势分析

《现在，发现你优势》一书，对原来我们固有的思维和做法进行了批判，提出"一个人要想成功，在于最大限度地发挥他的优势，而不是去弥补他的弱点"。它通过大量的研究，整合出一套优势识别器的工具，让你可以很清楚地识别出你的优势，并且能够实际运用。

（1）什么叫优势

盖洛普定义：做某件事持续的近乎完美的表现。这种表现是超越大多数人的，并且是持续的结果可预测的。

盖洛普认为，优势由才干、知识、技能三者共同组成。

才干：一种特殊的天生能力或悟性，与生俱来的并且持续表现出来的思维、感觉或行为模式。才干是天生的，并且一旦形成，无法改变。每个人的才干都不同。

知识：由所学的事实和课程组成。可以分为两种：一种是事实类的，即内容，事实类知识帮助你入门；一种是经验型的，需要在实践中积累和保持。经验类的知识有无数的形式。

技能：做某件事的步骤。技能是将经验型的知识规范化，将积累的知识归纳为一系列的步骤和要点。技能是可以传授和学会的，比如演说技巧的总结和学习。

（2）才干、知识和技能的关系

根据盖洛普对优势的定义和阐述，他讲的优势指的是"卓越"，而不是"胜任"。

知识、技能是可以通过学习和实践获得的，具备知识和技能，就能胜任某件事，而只有加上才干这个要素，才能达到卓越。从理论上来说，如果能够找到自己的优势、形成自己的优势，就能够成功。

所以，盖洛普认为，优势是基于个人的才干，加上知识和技能的学习培养而成的。每个人的才干是天生的，那么，识别个人的才干就变得尤为重要。

（3）才干识别方法

观察法：面对事情时，一个人油然而生的反应体现了个人的才干，因此可以通过对日常行为的观察，发现个人才干。具体来说，可以通过三个线索去发现：线索一是渴望，特别是人年幼时就能感觉到的他的渴望，往往揭示了才干的存在。比如某知名建筑师 5 岁时就喜欢用小木块搭模型。线索二是学得快，对某一项新技能学得特别快。

线索三是满足，从事某项活动时，感觉非常满足，很可能是在使用某一方面才干。

测评法：盖洛普的“优势识别器”测试，虽然叫“优势识别器”，但其实测试的是个人的才干。测试后将给出 5 大主导才干的分析报告。优势识别器在于发现一个人在哪些方面有建立优势的最大潜能。根据测试软件，输入个人信息及相关判断后，得出 34 个才干主题，主题没有好坏之分，且 5 大主题之间是关联的，相互作用的。

优势识别器中，确定了 4 大类，34 个主体，通过测试，识别出每个人的优势特征，并提出发挥才干的方案，见表 6–1。

表 6–1　个人的优势特征的 4 大类 34 个主体

奋斗类	思维类	交往类	风格类
成就	分析	亲和	审慎
排难	关联	沟通	行动
竞争	前瞻	体谅	适应
追求	概念	包容	统帅
自信	搜集	个别	纪律
专注	思考	交往	积极
学习	回顾	取悦	信仰
完美	战略	伯乐	公平
	统筹		责任

（4）优势识别器的应用

优势理论在个人发展上的最大应用就是职业选择上。职业选择有两个方面的问题：一是领域，二是分工。在什么样领域（比如行业选择）适合你，才干主题发挥的作用很有限，而对于你应该从事什么类型的工作，才干能提供较多的指导。盖洛普研究发现，同一工种表现出色的人往往拥有一些相似的主题。比如，记者往往有“适应”主题；医生都有“排难”主题；很多优秀教师都具有“伯乐”“体谅”“个别”主题。但这些又不是绝对的，也有很多具有不同主题组合的人在同样的工作岗位上表现优秀的。盖洛普认为，无论你决心做什么，只要你能适应安排自身工作，使你的主导才干在大部分时间得到充分发挥，你就会取得最大成功。盖洛普分析，揭示个人的主导才干，就能帮助每个人更好地安排自己的工作。

盖洛普研究认为，要正确地看待自己的弱点。关注优势，而不是花费大量的时间来研究自己的弱点，不要害怕弱点、失败。真正的弱点是“妨碍你出色发挥的因素”，分析这些弱点是知识、技能，还是才干，如果是知识、技能，那就需要努力学习和实践。如果是才干的缺乏，就设计一个支持系统，用超强优势主题盖过弱点；或者找一个合作伙伴，弥补自己在某一方面才干的缺失；或者停止做这件事。

一个人，抓住自己的优势，不断地放大优势，是走向成功的最佳途径。而“坚持不懈地学习自己并不擅长的领域”是错误的。很多人不看重自己可爱的优势，又有很多人看重它们但却不知道它们在哪儿，还有一些人明确知道自己的优势，却更偏爱于别人的优势。这一系列的错误思维使得我们不能受到成功和幸运之神的眷顾。

2. 个人发展目标与组织发展目标的结合

你最有可能的机会 = 组织发展需求。根据自己的优势，从事自己最擅长的领域，把自己的个人发展目标和组织发展目标结合起来，为组织贡献最大价值。

组织上也要保证合适的人在合适的岗位，突出专业技术人员的专业特征，发挥每个人的最大优势。

职业生涯管理发展过程图如图 6–7 所示。

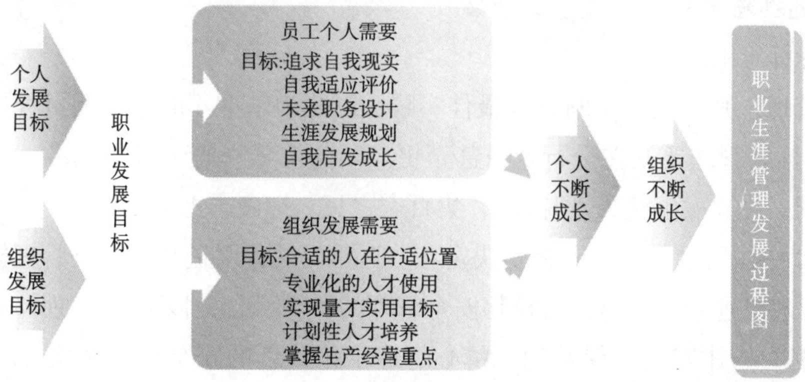

图 6–7　职业生涯管理发展过程图

3. 打造个人核心竞争力

企业的核心竞争力，就是为客户创造独特价值的能力 + 组织执行力，个人的核心竞争力就是为企业创造价值的能力 + 执行力。如何为企业创造价值，就需要发挥专业优势，用专业服务企业核心业务，正如《杜拉拉升职记》中，杜拉拉说的“你要想不被边缘化，就要紧挨着核心业务这棵大树不放松”。

企业领导干部特别要强调知识的“T”形结构：竖笔表示在某一学科或专业领域有较深的造诣，横笔表示一定的管理知识。竖笔表示的专业知识是做事能力，横笔表示的是能管理多少人的能力。专业立身，一个人专业能力是第一位的。

专业技术人员特别要强调知识“X”形结构：系统掌握两门专业知识，且有明显的主要交叉点和结合部。如石油化工工艺 + 石油化工机械、仪表自动控制 + 石油化工工艺……任何一个专业必须和企业的核心业务相关，要紧挨着核心业务不放松。

每个人都要明确自己最核心、最擅长的是什么。

第三节　提升专业技能

工程师提升专业技能要善于发现现场问题，掌握发现现场问题的基本方法，同时要善于分析问题，并从根本上解决问题，提出一揽子解决方案。

一、善于发现问题

发现不了问题，是最大的问题，问题当然是现场的问题，装置现场是管理的第一现场。专业技术人员要掌握发现现场问题的四大基本方法，还要具备寻找浪费源的思维方式。

1. 发现现场问题的四大基本方法

（1）标杆思维法

标杆管理，其本质是不断寻找最佳实践，以此为基准不断地“测量分析与持续改进”。运用标杆管理要站在全行业，甚至更广阔的全球视野上寻找基准。既要寻找整体最佳实践，也要发掘优秀“片段”，集百家之长，螺旋式上升发展。

2007 年中国石油宁夏石化公司决定花费近千万元，引进杜邦安全管理模式，开展 3 年安全管理改进合作。通过与杜邦安全管理的科学融合，以 HSE 管理体系规范运行为主线，努力构建安全环保基础，精心打造宁化特色的安全管理文化，2008 年事故事件总数下降 43%，2009 年下降 38%，2010 年下降 26%。这是标杆管理的一种模式，整体向一个企业学习。

美国美孚公司当年富可敌国，其加油站业务更是遍及全美，但美孚公司进取心非常强烈，好了还想更好，业内已经没有标杆了，怎么办？就从行业外挖掘其他行业公司的优秀片段作为自己的标杆，首先确定了“微笑”“沟通”“速度”作为加油站关键指标，然后找到了丽思卡尔顿酒店作为“微笑”标杆；找到了一家回头客最多的仓储公司作为“沟通”的标杆；找到了一家赛车公司作为“速度”的标杆。

学习先进企业的整体或片段，不能自我否定。过去美国施乐公司是影印机之王，几乎成为影印机的代名词，如今日本佳能（Canon）公司通过更便宜、更轻巧的产品，抢占施乐的市场，成为全球的领导品牌。促成佳能成功的关键人物就是该公司 CEO，他说：“我在美国的经验深深影响了我。”但是他并没有全部移植美式的做法，在适当的地方仍然保有原有的日式传统，他说：“威尔许先生（美国通用电气公司前董事长）的管理风格，无法在日本实行。”他把传统的日本企业经营理念与追求利润的美式管理风格有机地结合在一起，才有了佳能公司今天的优异成绩。

所以说，标杆思维法，既可以是学习优秀公司的整体，也可以是学习一个片段，关键是要打开自己，坚持开放式的思维模式。

（2）对照标准法

对照标准发现问题，就是用制度规范和上级的管理要求，比如用技术规程、操作法和工艺卡片发现工艺过程问题；安全、设备及环保等专业大检查等发现现场问题。

对照标准法，当然也包括对照国家法律法规发现现场问题。比如依据《危险化学品企业安全风险及隐患排查治理导则》找出企业的不符合项，特别是构成重大安全隐患的部位。

比如根据《石油化工企业设计防火标准（2018版）》（GB 50160—2008）第5.2.16、5.2.17、5.2.18条和《石油化工控制室抗爆设计规范》（GB 50779—2012）第4.1.4条之规定：企业控制室或机柜间与装置的防火间距应满足GB 50160要求；控制室面向具有火灾、爆炸危险性装置一侧不应有门窗、孔洞，并应满足防火防爆要求。

新疆某公司DCS操作室内，操作工面向窗户，窗户是非抗爆设计，窗外就是标注为具有火灾、爆炸危险性的储罐（图6–8）。

图6–8　新疆某公司DCS操作室的窗外是具有爆炸危险的储罐

2016年8月11日，湖北省当阳某发电公司热电联产项目在试生产过程中，2号锅炉高压主蒸汽管道上的差压式流量计裂爆，导致发生一起重大高压蒸汽管道裂爆事故（图6–9），造成22人死亡，4人重伤。

事故教训：一是采购、供应的发生事故的喷嘴质量严重不合格。二是发现喷嘴泄漏形成重大事故隐患时，企业没有及时有效处置。三是厂房设计不符合标准规范要求，人员聚集的集中控制室失去安全防护作用。四是管道检验检测没有按标准规范进行，监管缺失，放过了焊缝隐患。

图 6-9 2016 年湖北省当阳某发电公司“8 · 11”爆炸事故

那么，为什么设计时高压主蒸汽管道临近集中控制室铺设，为什么临近集中控制室高压主蒸汽管道在此安装差压式流量计？

以上两个事故说明，现场存在的不单单是低老坏、脏乱差，对照标准条款有些构成了重大安全隐患。

此外，对照标准法是双向的，我们要用现场问题，发现标准的问题。

某炼油厂的催化裂化装置，1998 年发生了一次爆炸事故，造成与操作室相邻的综合楼（非抗爆结构）严重受损，面向装置侧的窗户框架严重变形，窗户玻璃全部破碎，室内人员受到不同程度的外伤，设备有所损坏。由于催化裂化装置操作室采用了抗爆结构设计，其外墙结构并未受到损坏，室内人员和设备安全得到了保障。从此以后，石油石化装置的操作室都采用了这种碉堡式的抗爆设计。但这种操作室没有自然采光，也需要强制通风，长时间在这种环境下工作，对员工身心健康带来一定影响，好多装置的抗爆门经常处于常开状态。

（3）外请专家法

请对一个专家，就有可能对整个行业有清晰的了解，聘请管理专家，能以一个旁观者的身份，对问题进行科学的梳理和客观的分析，提出观点鲜明的建议以及严谨而具体的解决方案，为企业解决问题提供可以借鉴的思路。

外请专家法的意义在于，利用专家的丰富阅历，用专业视角分析安全管理中的问题，使我们快速进入工作状态；配合专家工作的过程是学习的过程，也是对知识有效管理的过程，是快速吸收外部经验的过程；外请专家既可以是对管理体系进行诊断，同时也可以是以独立第三方的身份进行项目的监管。

外请专家法，当然也包括专业的第三方机构。要积极培育扶持一批风险管理、安全评价、安全培训、检验检测等专业服务机构，形成全链条服务能力，并为其参与企

图 6–10　中石化安全工程研究院有限公司工程师现场安全检查

业安全管理和辅助政府监管创造条件。图 6–10 为中石化安全工程研究院有限公司工程师在现场进行安全检查。

另外，承包商、供应商往往是一个专业的突出代表，也是企业需要外请的专家之一。

（4）事故反思法

事故是重要的管理资源。工程师要对本装置、本企业、本行业的事故，以及与本专业相近、相关的事故了如指掌，对直接原因、间接原因有着清晰的了解，并有从根本上防止重复事故的解决方案。要编写事故案例汇编，组织开展安全经验分享，不断丰富组织的安全知识存量。

1974 年 8 月 21 日，某石油化工总厂所属的某化工厂苯酚丙酮车间发生爆炸，事故造成 13 死、22 伤。为此，该公司将 8 月定为安全生产月。时过境迁，公司好多员工不知道安全生产月的由来了，这是不应该的。

2. 坚持深入现场跑数据

只有走进生产现场才能发现问题，不发现问题就不走。为培养管理人员的观察力，日本丰田公司副总裁大野耐一在工厂的地上画一个圈圈，要求他们站在中间，用心观察生产活动的节拍，设法找出潜藏其中的浪费，这个圈圈又称为“大野圈”。

拒绝受到污染的二手数据。丰田公司的管理模式是以现场为基轴的，其“三现主义”意思是，当发生问题的时候，管理者要快速到“现场”去，亲眼确认“现物”，认真探究“现实”，并据此提出和落实符合实际的解决办法。现场中人们看到的是事实，现场之外人们只能听到信息，往往信息只有事实的部分内容，有时候还会被添枝加叶，最后，人们从档案馆里看到就是资料，往往与事实相差甚远。事实、信息与资料关系图如图 6–11 所示。

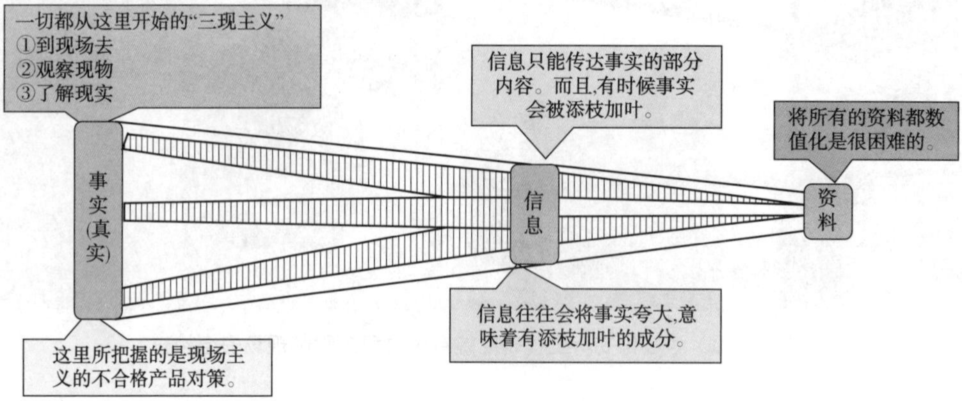

图 6–11　事实、信息与资料关系图

没有记录就没有发生。对现场发生的数据，要及时进行记录。一次大检修要有 1000 张照片的积累，一个工程项目要有 3000 张照片的积累，积累现场数据、图片资料这件事，贵在及时，时间窗口一过，你想要的场景就不复存在了。

中石化催化剂（北京）有限公司，始终以现场为工作的切入点、落脚点和立足点，善于从现场发现问题，再回到现场解决问题。生产运行一部设备老旧，大部分设备都缺失原始资料，技术人员通过观察积累，把设备的技术资料尽量完善，为检修工作提供了便利。比如高温焙烧辊道窑，全年无休运行，发生故障时要尽快处理。通过观察辊道窑生产线各部件运行之间的联锁关系，技术人员总结出故障处理的办法，简单易行，大大缩短了故障处理时间，保障了设备长周期稳定运行；活化系统过去长期出现点火困难排查故障时间长的问题，技术人员通过对现场的摸索，将关键控制点标出来，区分出燃烧系统和通风系统，更有利于对故障的查找和判断。

3. 寻找浪费源的思维模式

（1）结果不好，就是不好

企业的每项活动、员工的每个动作都要产生价值。企业效益不佳，往往产生于司空见惯的隐形浪费，这些出血点，日积月累对企业的经济效益影响是巨大的。

在丰田生产方式中把人的“动”区分成两种，不产生任何附加价值的工作就叫“动”，产生附加价值的工作才叫“働”。如何把“动”转变成“働”是推进丰田生产方式必不可少的重要环节。“働”是带有智慧的“动”：儿童们买了动物园的门票并都集中在熊的笼子前时，熊在儿童面前表演的“动”就是“働”。如果没客人来看，它怎么“动”都是动物的“动”。“働”是带有智慧的“动”，两者截然不同（图 6–12）。

图 6-12 “动”与“働”

（2）寻找现场浪费的“4M”方法

所谓 4M，分别是指人员（Man）、设备（Machine）、材料（Material）、方法（Methode），寻找现场浪费就从这四个角度出发，见表 6-2。

表 6-2　寻找浪费源的 4M 方法

人员（Man）	设备（Machine）	材料（Material）	方法（Methode）
是否遵守标准?	设备能力足够吗?	数量是否足够或太多?	工艺标准合理吗?
工作效率如何?	能按工艺要求加工吗?	是否符合质量要求?	工艺标准提高了吗?
有解决问题的意识吗?	是否正确润滑了?	进货周期是否合适?	工艺方法安全吗?
责任心怎么样?	保养情况如何?	材质标识正确吗?	这种方法能保证质量吗?
还需要培训吗?	是否经常出故障?	有杂质吗?	这种方法高效吗?
有足够的经验吗?	工作准确度如何?	材料运输有差错吗?	工序安排合理吗?
是否适合于该工作?	设备布置正确吗?	备品备件完好吗?	工艺卡是否正确?
有改进意识吗?	噪声如何?	是否对工艺过程有效控制?	温度和湿度适宜吗?
人际关系怎么样?	设备数量、备机如何?	材料设计是否正确?	通风和光照良好吗?
身体健康吗?	设备运转如何?	质量标准合理吗?	前后工序衔接好吗?

现代管理中通常把生产现场的七种浪费总结为：过量生产的浪费、等待的时间浪费、运输的浪费、工作本身的浪费、库存的浪费、动作的浪费、质量缺陷的浪费。

管理工作的七种浪费：闲置的浪费、等待的浪费、协调不力的浪费、无序的浪费、失职的浪费、低效的浪费、管理成本的浪费。

一名德国生产总监总结的中国工厂的 156 种浪费：

爱德拉先生，一名德国的生产总监，将 156 种浪费归纳为以下八类：分为时间的浪费、创意的浪费、材料与供应品的浪费、机器与设备的浪费、人力的浪费、意外事故的浪费、缺乏合作的浪费、空间的浪费等8个方面。

时间的浪费（20种）：缺乏适当的计划，使人员在换规格时产生等待，或停工待料；班长未能彻底了解其所接受之命令与指示；缺乏对全天工作内容的认识；对班长的命令或指示不清楚；未能确实督导工具、材料、小装置等应放置于一定之处所；不应加班的工作，造成加班；未检视每一工作是否供给合适的工具与装配；放任员工故意逃避他们能做的工作；需要的人员不足；保有太多冗员；拙于填写报告及各种申请表格；纵容员工养成聊天、擅离工作岗位、浪费时间之坏习惯；疏于查问与改正员工临时旷职及请假的原因；未要求员工准时开始工作，松于监督；拖延决策；班长本身不必要的请假与迟到或不守时；迟交报告；需要修理时未立即清查原因；工作中不必要的谈话与查问；班长不能适当地安排自己的工作与时间。

创意的浪费（8种）：未能鼓励员工多提建议；在各种问题上不能广听部属的意见；不能广泛研究本身工作与业务之有关方法；未询问新进人员过去之工作经验，以获取有益的意见；未充分向其他部门请教；未考虑或指定适当人员处理所有有用的提案；未能从会议中获取有益的意见；管理机能不好。

材料与供应品的浪费（25种）：不良，造成材料的浪费；对新人指导不够；指派新工作时未充分指导；蓝图或草图破损、难懂、看错；标准未及时更正，或自作主张；机械故障或未调整好；未对每一工序检查材料使用情形（标准与差异分析）；未让部属了解材料或供应品的价值；命令与指示不清；纵容不良的物料搬运；未注意部属的眼力与健康，造成不良品；缺乏纪律，纵容粗心或不当的工作；容许部属用不适当的材料，太好或太差；未能追踪不良工作起自何人，以致不能纠正；不能适才适用，特别是新人；请领太多材料，多余却未办退料；未请领正确的材料；未检查材料是否排列整齐，正确放置；未能检查蒸汽、水、气体、电和压缩空气等管路电线之裂开破损；纵容部属私事使用油、压缩空气、小工具、化学药品等；让不良材料当良品流入制程；缺乏有效系统防止材料外流、避免损失或被偷；可再用的材料当废料处理；纵容浪费或滥用以下供应品：扫把、文具、油布、灯泡、水管等；产生不良未立即停止生产。

机器与设备的浪费（9种）：缺乏工作计划，使所有可用的机器未获得充分且适合的利用；疏于检查机器，使其保持良好状态及避免故障；班长缺乏正确使用机器的知识，不了解各种机器的能力；未定期检查绳、皮带、链条、输送带、润滑系统等；杀鸡用牛刀，小工使用大机械；在保养、修理、油漆工作上缺乏与保养部门协调；闲置机器未加保养，任受潮湿、脏物、灰尘、锈等侵蚀；缺乏定期清洁，机器不洁；所有转动零件未检查是否有适当的润滑。

人力的浪费（53种）：无法控制有能力部属之人事变动：未评估员工变动之直接与间接成本；“管”得太多，聪明的领导却太少；对纪律要求“太严”或“太松”；能做到的“承诺”，却未遵守；许下不能做到的“承诺”，如加薪或升迁；无充分理由而解雇人，不应使用解雇作为一种处罚；强留部属在他极端不喜欢的工作上；对待部属不公正；部属争吵时，偏袒一方；对一个部属批语其他的部属（指桑骂槐）；未能查出自愿离职部属之理由；不能向部属正确说明公司的目标与政策；在员工调薪上，班长未参与；班长的权威不好；不能使新进人员充分发挥其生产力；没有以亲切、帮助的态度接纳新员工；对新进人员没给予安全的工作指导；未让新进人员了解全天的工作及其他内容；没有选择够格的人配合工作；对学习速度慢的人没有耐心；未促使其他部属对新人表示友善、帮助的态度；未尽可能地接近新人；没有告知新人工厂生活情况与规划，如安全、发薪日期、厕所、饮用水、浴室等；未安排完整的训练计划；未使部属尽其所能；未指导部属如何做好工作；未尽可能地说明工作，使其发生兴趣；未对部属的进步与个人生活表示关心；没有容纳部属错误的雅量；未注意部属的力量与个性，适当地指派工作；未研究部属个人的不同，以发挥他最大的潜力；纵容部属派系存在或组成小圈圈；评价一个人只重资格、种族、宗教、关系、地域等；明知某人的心理或生理不适当，却未加调动；生病的部属仍让他工作；未给予需要的协助；在可能且适当的时间，却未给予升迁；未考虑影响薪资与工作条件的问题；未训练一个候补者；欠缺对标准工时教导之概念；欠缺人员效率管理之数据；未与其他管理人员或部门合作；未确实了解公司政策并向部属解释；不能聪明地处理谣言；推诿责任给其他班长、部属或主管；未适当地将部属的意见反映给主管；纵容不满的员工煽动反抗公司的做法；管理人员未能给予那些尚不普及的公司规章予以全力支持；未能鼓舞部属间的友爱与合作的气氛；管理人员在本部门内轻率地批评公司政策与私人；在公司之教育活动上未与管理阶层诚心全力合作，包括学徒训练；公布栏、员工通讯、提案制度等。

意外事故的浪费（16种）：未认识到预防意外事故是工作的一部分；未对全体部属彻底说明安全事务；未给机器装上安全防护，并确保有效；纵容在工作场所滥用安全防护；未在适当处所标上危险记号，并保持干净与易读；未彻底了解意外事故的间接成本；物料放置不善；不了解构成意外危险的成因；未保存事故记录，并未加分析与应用；未建立良好的安全范例；没有定期与切实的检查安全；未能持久地执行安全规则；工作人员缺乏必要的安全装配：如手套、安全带、电焊护面等；管理人员未认清其安全责任与事故责任；不能激发与保持部属的安全意识以防止事故；未与政府或保险公司之安全检查员配合。

缺乏合作的浪费（11 种）：未与其他管理人员或部门合作；未确实了解公司政策并向部属解释；不能聪明地处理谣言；推诿责任给其他班长、部属或主管；未适当地将部属的意见反映给主管；纵容不满的员工煽动反抗公司的做法；管理人员未能给予那些尚不普及的公司规章以全力支持；未能鼓舞部属间的友爱与合作的气氛；管理人员在本部门内轻率地批评公司政策与私人；在公司之教育活动上未与管理阶层诚心全力合作，包括学徒训练；公布栏、员工通信、提案制度等。

空间的浪费（14 种）：材料之不适当排放与储存；未充分注意材料在工厂中的途程计划；机械与其他永久性设备之错误安置；纵容部属丢置手套、工具、梯子、手推车等在过道上，不能保持走道清洁；废料未报废；橱柜、油筒、材料供应处等放置于不便之处；纵容不用的机器与设备占据重要的空间；由于未及时修理楼板、屋顶等以致需要的空间未加利用；照明不足，形成黑点、死角；单位内布置不良，不能保持条理；工作场所放不需要的物料，仓库与工场不分；未重视事物整顿的重要性；未培养及督导物品用完要归还、定位；未彻底执行定期（每日、每周、每月）清理项目，以永久保持。

（3）应用“JIT”管理理念，防止现场危险叠加

JIT（Just In Time）意为准时生产，又译作实时生产系统，简称 JIT 系统，在 1953 年由日本丰田公司副总裁大野耐一提出。其基本思想是，只在需要的时候、按需要的量、生产所需的产品，故又被称为准时制生产、适时生产方式、看板生产方式。

JIT 的核心是：零库存和快速应对市场变化。精益生产不断消除所有不增加产品价值的工作，所以，精益是一种减少浪费的经营哲学。以库存管理为例，天津的一汽丰田（合资企业，在生产管理体制上完全遵循丰田 TPS 体系的生产方式）平均库存为 1.5 天，而某品牌汽车生产商的平均库存为 1.5 个月，是一汽丰田的 30 倍，仅此一项其财务成本一年就要多花 1.8 亿元。

上海立得催化剂有限公司财务资产部深化业财融合工作，开展合同源头管理、成本货币化等工作。每月两次库房盘点，建立《积压物资动态消耗台账》。2020 年累计消耗积压原料 50.29t，积压产成品 33.61t，降低存货金额 1726.72 余万元。

按照 JIT 的管理思想，认为“库存是万恶之源”，减少库存、减少现场半成品、原材料是节约；同时，也是实现安全生产的重要保证措施。在生产、施工现场，尽量减少现场人员、设备、材料和工器具，符合 JIT 的管理思想，也是防止危险在现场叠加的安全要求。

如何将 JIT 的管理思想，应用到企业安全管理呢？比如说：

采用直供的物资配送方式，减少中间库存。

采用深度化预制，减少现场施工作业人员、设备和工器具。

建立设备维护总基地，减少现场作业。

最低量储存化工原辅材料，如三剂等。

防止装置现场、装卸区域的车辆聚集。

减少装置区内的临时设施。

1984年印度博帕尔农药厂“12·3”事故，其主要教训之一，就是没有用低毒或无毒的化学品替代高度的甲基异氰酸酯（MIC），同时MIC又过量储存。

1984年12月3日发生在印度博帕尔的MIC泄漏事故，是迄今为止最严重的工业安全事故。短短几天内造成3800多人死亡，5万多人双目失明；据国际劳工组织数据，截至2004年事故死亡人数已上升至2万人，另外有6万余人需要接受长期治疗。

事故是在工厂全面推行低成本战略下发生的，管理层缺乏安全意识，为降低成本，不惜以牺牲安全为代价，这是导致事故的最重要原因：随意停用储罐的冷冻系统、聘请廉价承包商、使用廉价材料、现场维护保养不到位、减少员工培训时间及员工数量。

没有按照本质安全原则组织生产：按照本质安全原则，应尽量采用无毒或低毒的化学品代替高毒化学品。MIC为生产过程的中间产物，其他工厂已采用其他替代工艺路线，避免了高毒MIC的生产、使用。而且高毒MIC超量储存，泄漏时产生更大量的毒气，使人窒息、死亡、双目失明。

尽量减少现场作业人员、材料和工器具，防止现场危险叠加，这是JIT管理思想在安全管理上应用的核心。

某车间由1990年的老车间改造而成，空间极为有限。叉车在车间里上料，四处穿行，存在很大安全隐患。能不能取消叉车？他们采用精益“流水线”生产模式，改变孤岛式的独立机床作业状态，将剪、冲、压设备整装成一条自动流水线。实现了“叉车不进厂”：减少80名叉车司机、12台行车、腾出3000m^2的面积。这样，就消除了安全生产隐患，也节约了物流成本。

《危险化学品企业安全发现隐患排查治理导则》中明确：企业应对厂区内人员密集场所及可能存在的较大风险进行排查，其核心要义是防止现场危险叠加，这也是JIT理念的精髓。比如：

① 试生产投料期间，区域内不得有施工作业；

② 涉及硝化、加氢、氟化、氯化等重点监管化工工艺及其他反应危险度2级及以上的生产车间（区域），同一时间现场操作人员控制在3人以下；

③ 系统性检修时，同一作业平台或同一受限空间内不得超过9人；

④ 装置出现泄漏等异常状况时，严格控制现场人员数量。

2018年，造成23人死亡、22人受伤的河北省张家口市“11·28”重大爆燃事故，也是因为一系列危险叠加的结果，氯乙烯气柜临近公路，公路上有大量车辆、车上有大量人员。2017年，造成10人死亡的山东临沂某石化公司“6·5”爆炸事故，也是一系列危险叠加的结果。而更早在1967年9月9日大庆某装置发生爆炸，造成45人死亡，58人受伤。第一声响起时，高压油泵故障，大量人员（包括正在该厂开会的全国加氢专家）紧急赶往现场，正在处理时，加氢炼化装置反应系统大量氢气串到高压油泵内，发生爆炸！所以，新导则提出，“装置出现泄漏等异常状况时，严格控制现场人员数量。”

JIT的管理模式，在企业生产经营过程中，突出表现为生产环节的减少、废料减量化。

案例 中石化催化剂大连有限公司“自产自消——准固废、危废向零管理”

一、实施背景

公司是制备加氢催化剂的企业，年生产能力为7500t/a。生产原料是氧化铝和各类金属盐，制备过程中因催化剂炸裂、磨损，年产生各种粉料近300t，其中载体粉料225t，成品（含金属）粉料75t。

以往粉料的处理方式是在生产过程小比率回掺，不能处理的粉料作为固废、危废委托第三方处理。公司生产规模扩大，各类粉料量也随之增加。因为公司对固废、危废的量进行减量化考核力度加大，车间以往将粉料作固废、危废处理的方式已经行不通。2018~2019年，加氢车间按原有的回掺模式生产，2019年底车间积攒了近200t粉料没有处理。粉料的堆积不仅给车间带来了安全环保隐患，也形成库存，造成浪费。

二、基本做法

2020年，加氢车间通过提高员工基本素质、加强基层管理、自我加压，出色地解决了粉料堆积的问题，主要措施有：

1.提高员工基本素质、从源头上进行粉料分类收集。磨粉工作开始是因为操作岗位员工意识上不来，经常将载体粉料、成品粉料、生产垃圾混放，导致磨粉设备频繁故障，磨粉量上不来，磨粉岗位员工士气低落。车间看到粉料混装问题后，认识到是员工分类意识不够。车间做了三方面工作：一是反复强调车间面临的粉料堆积的严峻形势，增加员工紧迫感；二是组织员工进行垃圾分类、新固废法、危险废物管理法律培训，提高员工粉料分类的意识；三是组织操作员工与磨粉岗位员工座谈、换岗学习，将心比心共解难题。通过以上措施，员工认识到粉料分类的重要性，从源头上把控住收集粉料的质量关。

2.加强绩效管理，充分发挥绩效指挥棒的导向作用。粉料质量上来后，原有的质量矛盾变成了产生的粉料量多而磨粉量少之间的矛盾。面对矛盾，车间想到了绩效考核，制定了磨粉平衡线，按照多磨多得，少磨要罚的原则，将岗位承包给磨粉岗位人员。通过实在奖励的形式，激发员工动力，短短两个月时间内实现磨粉量由500kg/d提高到1200kg/d，解决了磨粉矛盾（图6-13）。

图6-13　磨粉生产现场

3. 完善制度，促进基础管理提升。磨粉量上来后，车间对不同回掺比率进行试验，在保证质量的前提下，实现了加大粉料量的回掺，实现了物料平衡、研究院认可的生产组织模式。在此基础上，车间收集各环节好的做法，完善了粉料收集、运输、磨粉、回掺、记录管理办法，制定了可追溯的粉料台账。

三、实施效果

1. 推进准固废、危废向零管理，实现了粉料产生和消耗的动态平衡，消除了车间固废、危废堆积的风险。

2. 及时粉料回掺，降低了公司环保固废、危废处理费用，提高了催化剂收率，创造了可观的经济价值。

3. 通过绩效考核和完善制度，员工增加了收入，车间稳定了队伍，企业得到了发展。

四、评价与体会

自产自消——准固废、危废向零管理是加氢车间从问题出发，解决困扰车间发展重要问题的典型案例。通过解决问题，实现了公司与员工双赢。

二、善于分析问题

分析问题要从现场数据收集、分析入手，坚持用数据说话、用图形思考，并提出一揽子解决方案。

1. 用数据说话

数据的真实性是企业的生命。收集现场数据是发现现场问题的关键，分析问题就是要将现场收集到的数据，经过加工整理，得到科学的结论，指导现场实践。

数据收集要做到：要保证现场发生的第一个数据的真实性，要坚持就源输入；要收集关键数据；要注意数据的全面性。分析数据要做到：数据可视化；用数据推演数据，找到科学的结论；用数据连接数据，找到管理漏洞；用数据对比数据，找到发展趋势。数据应用要做到：用数据明确标准；用数据明确目标；用数据反思执行；用数据扫描环境；用数据对比数据，找到发展趋势。

工程师要坚持以小见大，往大了想，警惕变化的趋势。数据的分析应用，要应用趋势管理的理念，警惕量变到质变的过程，千万不可低估时间的耗用，要把某一个细微的变化，放大到整个公司、整个系统，用数据准确反映变化。

中国石化 2018 年 8 月出台的《中国石化生产异常情况管理规定》明确“管安全就是管风险，管风险就要关注异常”，所谓生产异常是指正在发生，如不能及时有效处置将会恶化并可能酿成事故的波动、报警、故障等现象。主要包括安全设施报警、工艺异常、设备异常、储存运输异常、施工作业异常、外部影响和人员异常等。《规定》指出，企业应当充分利用自动化控制系统、安全监控系统、信息管理系统，建立完善生产异常情况监测与预警机制。

生产异常管理就需要从数据变化入手，警惕变化趋势，汽机的振动值超标是一个渐进过程，废热锅炉腐蚀不是一天腐蚀的，设备、管线保温损坏这种长时间内造成的损失是巨大的。

工程师要善于用数据推演数据、得到科学结论。企业管理中各个环节数据是相互联系的，管理者可以透过这种关系发现管理环节上的各种问题。洛克菲勒与油桶盖的故事正是说明了这一问题，一次有一个矿长在公司领用了 100 个油桶盖，过了一周后又来领用油桶盖，洛克菲勒说：“上周你那个矿生产了 ×× 石油，这些石油只能装 40 桶，你还有 60 个桶盖没有用，现在还来领用桶盖是何道理？”

用数据推演数据，找到科学结论。在管理过程中，领导者、管理者往往会面对一个巨大的目标，无从下手，面对一个大的困境，总觉得不知如何切入，因为解决这个问题的信息资源有局限，条件资源有局限。

费米思维，是著名的美籍意大利物理学家费米，给大家提出的一个解决难题的对策、思路。当领导者、管理者面对一个大的目标时，要善于把它分解成若干个次一级的目标，当领导者、管理者从次一级目标入手的时候，很快就会找到次一级问题的正确答案，可能无须求助于专家，无须求助于书本知识，可能根据其管理的经验和知识，很快就能找到解决次一级目的的正确答案，这时候已经在逐渐接近整体问题的正确答案了。

芝加哥有多少个调琴师？芝加哥有九百万人。每户平均有 2 人。平均每 20 个家庭中有 1 家有钢琴。钢琴每年要调一次。每个调琴师调一次琴要 2 小时。每个调琴师每天工作 8 小时，一周 5 天，一年 50 周。那么，芝加哥大概有 22.5 万架钢琴，一个调琴师一年大概调 1000 架钢琴。答案是需要 225 个调琴师。查芝加哥黄页，一共有大约 290 名调琴师。

用数据明确标准。中国石化燕山石化全国劳模徐景新工作室对超高压热偶安装数据进行长期积累，总结出热偶最佳安装扭矩，以数据指导超高压热偶安装，有效减少备件损坏，每年为企业节约十几万元。原来超高压热偶安装，只是凭现场操作工的经验，有时劲大了，热偶就报废，劲小了，试压时又发生泄漏，既耽误工期，又产生浪费。

用数据反思执行。杜邦公司安全绩效指数（Safety Performance Index，SPI）把雇员的不安全行为（Unsafe Act，UA）、不安全状况（Unsafe Condition，UC）依其严重程度加以量化：轻微的1/3分，中度的1分，严重的3分。分别乘以观察到的UA/UC（不安全行为/不安全状态）的数目，即得总分数，再除以当月观察人数以求得不安全绩效指标。

安全绩效指数：SPI=100–不安全绩效指数

例：本月总共观察283人次的结果如下：

1/3分 ×3人次 =1分；1分 ×5人次 =5分；3分 ×2人次 =6分；共计12分。

不安全指数（12÷283）×100=4.24；安全指数=100–不安全指数=100–4.24=95.76。

2. 用图形思考

现场管理需要采用可视化的管理方法，即创造一种环境“跳”进你眼睛里，使你不得不看的氛围。日本佳能公司CEO御手洗，采取了“主人翁”制度，业绩优良的工人被称为“主人翁”，业绩最佳的被称为“超级主人翁”，拥有最高荣誉的工人在衣袖上佩戴上“超级主人翁”的标志，御手洗则通过与“超级主人翁”合影以鼓舞员工的士气。

可视化管理也可以应用在解决现场问题，用图形思考，将数据可视化是工程师的专业技能之一。2001年某公司“10·3”爆炸事故原因分析，该厂乙烯装置由45×10^4t/a改扩建成71×10^4t/a，10月3日凌晨发生爆炸，根据爆炸发生后的现场勘查（图6–14），发现只有裂解炉前管廊18″天然气管线与去BA–111炉的6″支管线相连接的马鞍形焊口处有裂缝，裂缝长约360mm，约占焊口总长75%，宽度最大处为3mm。事故后经蒸汽试漏，未见其他漏点。

图6–14　某厂“10·3”事故发生部位

那么这个焊口泄漏是因为其他爆

炸引起的，是“被害者”？还是因为焊接质量问题，先发生泄漏引起的爆炸，是“肇事者”？事故调查组的成员根据引入乙烯装置天然气变化情况，画了张爆炸前后天然气用量变化图，爆炸发生在 0：38，但在 10 月 2 日 19：00 以后天然气用量一直在上升，说明从 19：00 开始就已经发生泄漏，因为正常情况下，开车前烘炉阶段，天然气用量应该是基本恒定的，所以说，此焊口是“肇事者”。

没有图形就没有思考。采用可视化管理的方法，克服语言障碍，减少沟通成本，准确揭示问题的根源和实质。笛卡尔说：“没有图形就没有思考。”斯蒂恩也说：“如果一个特定的问题可以转化为一个图像，那么就整体地把握了问题。”

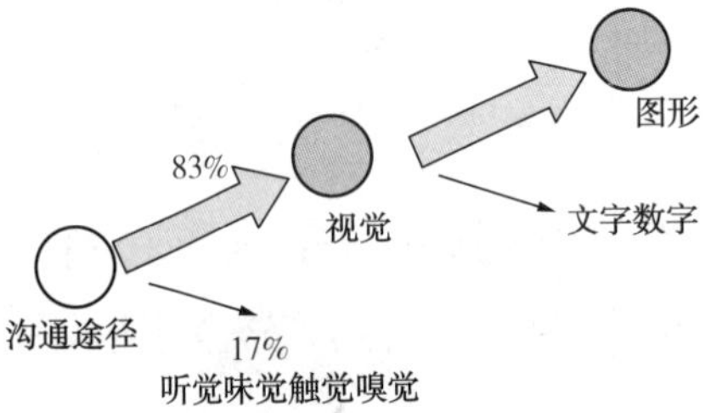

图 6–15　接受事物途径中视觉传达占 83%

人对图形最为敏感：接受事物途径中视觉传达占 83%（眼球经济、电视广告）（图 6–15），图形相比文字与数字，更直观、具体；用图形表达是思考、沟通的第二次飞跃，更多图形，甚至动态的图表会使咨询报告、技术总结、方案论证图文并茂，更具感染力、说服力。

提倡快速科学的阅读方法，其中一个有效的方法就是作图，就是用思维导图串起书中结构、观点与数据，事半功倍。

有报道称：美国波音公司使用思维导图，他们的工程师只使用了 6 个月的时间就完成了波音 747 的设计！如果使用普通的方法，要花费 6 年，相当于节省了一千万美元。

案例　拿破仑征俄失败

1812 年拿破仑征俄失败。1861 年，法国工程师 Charles Joseph Minard 绘制了这张战役图（图 6–16），再现了这场战役的残酷性，20 万大军信誓旦旦要攻下莫斯科，

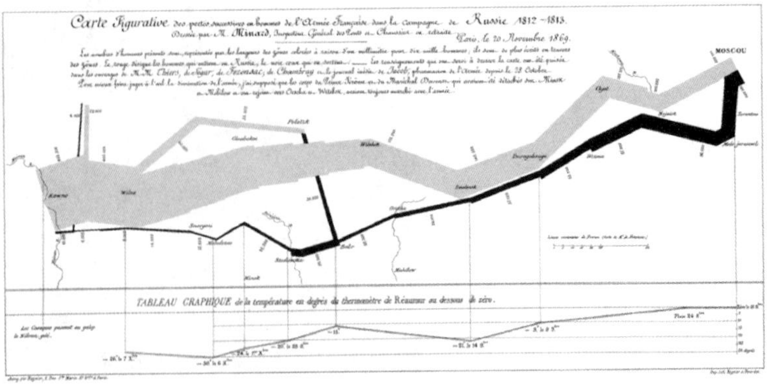

图 6–16　拿破仑征俄失败过程图

然而久攻不下，最后只有不到 1 万人得以生还。黑色线条为撤退路线，灰色线条为进攻路线。

图 6-16 包含六个要素：第一，线条的宽度实时地指代着军队规模；第二、第三，整个线条标明了军队移动所到之处的经纬度；第四，不同的颜色区分了军队移动的大方向，灰色表示前进，黑色表示撤退；第五，军队在某些特定日期的所在地点；第六，撤退途中的温度变化。这张图中，流畅并令人信服地描述了这么多信息，令人倍感惊艳。

工程师要养成用数据说话、图形表达与思考的职业习惯。有图有真相，每张图最低包括 700 个字符的信息量，任何难题都可以通过一张图清晰呈现，而所有图画又都可以通过同一套工具和规则来创建。

要广泛应用，数据可视化工具。将数据可视化，有百分比堆积柱形图（图 6-17）、母子饼图（图 6-18）、雷达图、气泡图、旭日图等。

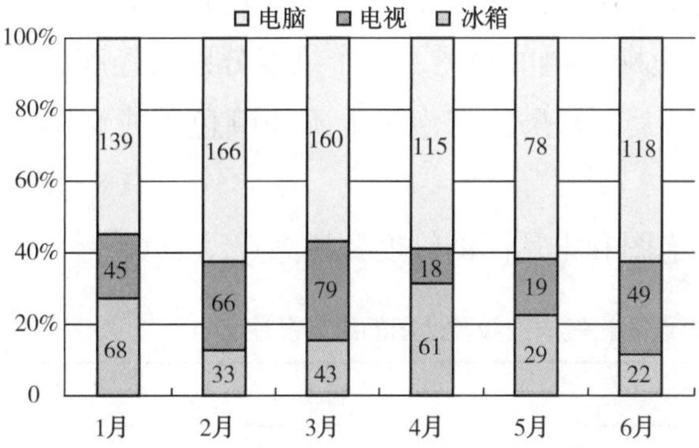

图 6-17 百分比堆积柱形图（家电销量）

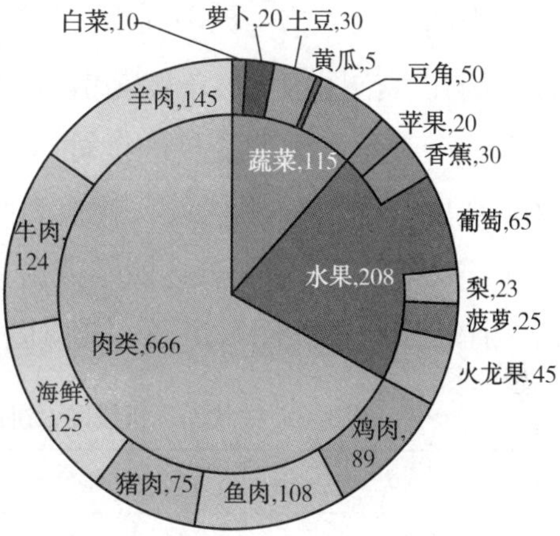

图 6-18 母子饼图（食谱）

百分比堆积柱形图：主要用于比较类别柱上每个数值占总数的百分比，该图的目的是强调每个数据系列的比例。

母子饼图：可直观地分析项目的组成结构与比重。

雷达图：是以从同一点开始的轴上表示的三个或更多个定量变量的二维图表的形式显示多变量数据的图形方法。轴的相对位置和角度通常是无信息的。雷达图也称为网络图、蜘蛛图、星图、蜘蛛网图、不规则多边形、极坐标图或 Kiviat 图。它相当于平行坐标图，轴径向排列。

雷达图主要应用于企业经营状况——收益性、生产性、流动性、安全性和成长性的评价。上述指标的分布组合在一起非常像雷达的形状，因此而得名。如迈阿密热火队首发的五名篮球选手的数据，除了姓名，每个数据点有五个维度，分别是得分、篮板、助攻、抢断、封盖（图 6–19）。

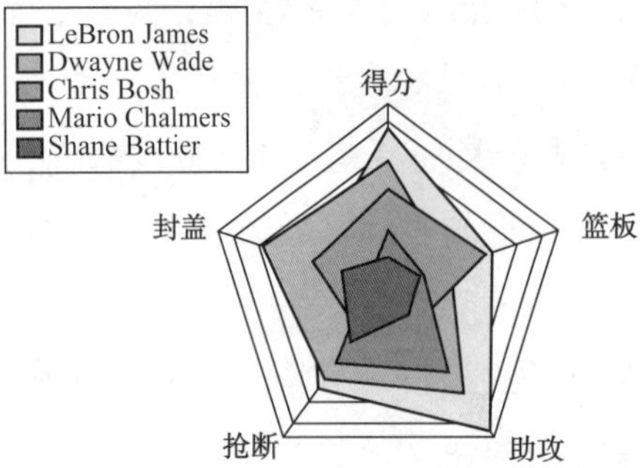

选手	得分	篮板	助攻	抢断	封盖
Chris Bosh	17.2	7.9	1.6	0.8	0.8
Shane Battier	5.4	2.6	1.2	1.0	0.5
LeBron James	28.0	8.4	6.1	1.9	0.8
Dwayne Wade	22.3	5.0	4.5	1.7	1.3
Mario Chalmers	10.2	2.9	3.6	1.4	0.2
总分	98.2	41.3	19.3	8.5	5.3

图 6–19　迈阿密热火队首发的五名篮球选手的数据

气泡图可用于展示三个变量之间的关系。它与散点图类似，绘制时将一个变量放在横轴，另一个变量放在纵轴，而第三个变量则用气泡的大小来表示。排列在工作表的列中的数据（第一列中列出 x 值，在相邻列中列出相应的 y 值和气泡大小的值）可以绘制在气泡图中。气泡图与散点图相似，不同之处在于：气泡图允许在图表中额外加入一个表示大小的变量进行对比。卡特里娜飓风的路径，三个维度分别为经度、纬度、强度。点的面积越大，就代表强度越大。如果为气泡加上不同颜色（或文字标签），气泡图就可用来表达四维数据。

柱状图、折线图、饼图、散点图、气泡图和雷达图的维度及注意点见表 6–3。

表 6–3　柱状图、折线图、饼图、散点图、气泡图和雷达图的维度及注意点

图表	维度	注意点
柱状图	二维	只需要比较其中一维
折线图	二维	适用于较大的数据集
饼图	二维	只适用于反映部分与整体的关系
散点图	二维或三维	有两个维度需要比较
气泡图	三维或四维	其中只有两维能精确辨识
雷达图	四维以上	数据点不超过 6 个

用图形分析、表达，在现场要建立人是万物的尺度的概念。通过借助人的比例关系，观察现场实物的比例来发现问题。古罗马建筑大师维特鲁威说：“建筑物必须按照人体各部分的式样制定严格的比例。”这一理论体现的思想观念是，人是万物的尺度。工程师可以借助人体的比例，来发现现场的问题。古罗马按照人体尺度设计的建筑物如图 6–20 所示。

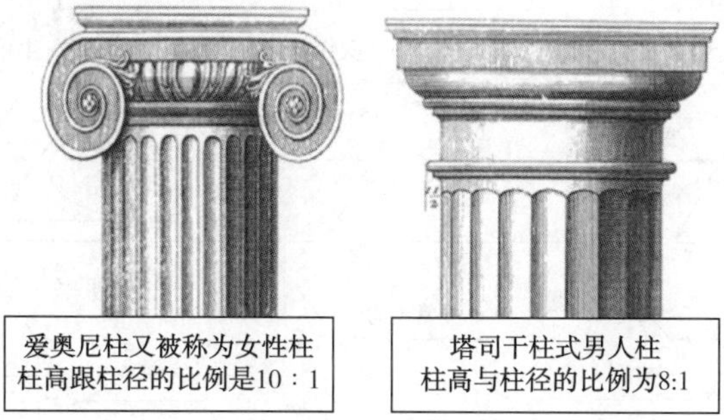

图 6-20 按照人体尺度设计建筑物

3. 掌握质量管理新老七大手法

（1）质量管理七大手法

品管七大手法是常用的统计管理方法，又称为初级统计管理方法。它主要包括控制图、因果图、相关图、排列图、统计分析表、数据分层法、直方图等所谓的 QC 七工具。

因果图是以结果作为特性，以原因作为因素，在它们之间用箭头联系表示因果关系。因果图是一种充分发动员工动脑筋、查原因、集思广益的好办法，也特别适合于工作小组中实行质量的民主管理。当出现了某种质量问题，未搞清楚原因时，可针对问题发动大家寻找可能的原因，使每个人都畅所欲言，把所有可能的原因都列出来。

所谓因果图，就是将造成某项结果的众多原因，以系统的方式图解，即以图来表达结果（特性）与原因（因素）之间的关系。其形状像鱼骨，又称鱼骨图。

某项结果之形成，必定有原因，应设法利用图解法找出其因。首先提出这个概念的是日本品管权威石川馨博士，所以特性原因图又称“石川图”。因果图，可使用在一般管理及工作改善的各种阶段，特别是树立意识的初期，易于使问题的原因明朗化，从而设计步骤解决问题。

因果图示例如图 6-21 所示。

控制图又称为管制图，它是一种有控制界限的图，用来区分引起质量波动的原因是偶然的还是系统的，可以提供系统原因存在的信息，从而判断生产过程是否处于受控状态。控制图按其用途可分为两类：一类是供分析用的控制图，用控制图分析生产过程中有关质量特性值的变化情况，看工序是否处于稳定受控状；另一类是供管理用的控制图，主要用于发现生产过程是否出现了异常情况，以预防产生不合格品。

直方图又称柱状图，它是表示数据变化情况的一种主要工具。用直方图可以将杂乱无章的资料解析出规则性，可以比较直观地看出产品质量特性的分布状态，对于资

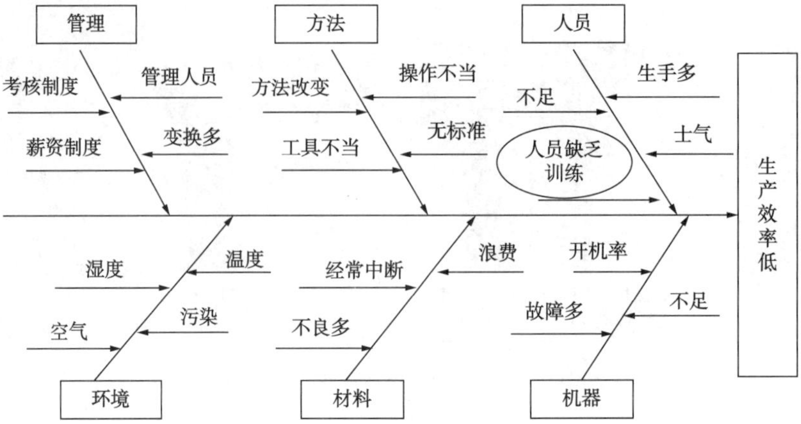

图 6-21　因果图

料中心值或分布状况一目了然，便于判断其总体质量分布情况。在制作直方图时，牵涉到一些统计学的概念，首先要对数据进行分组，因此如何合理分组是其中的关键问题。分组通常是按组距相等的原则进行的，两个关键数字是分组数和组距。

散布图又叫相关图，它是将两个可能相关的变量数据用点画在坐标图上，用来表示一组成对的数据之间是否有相关性。这种成对的数据或许是特性 - 原因、特性 - 特性、原因 - 原因的关系。通过对其观察分析，来判断两个变量之间的相关关系。

排列图又称柏拉图，19 世纪意大利经济学家柏拉图（Pareto）最早用排列图分析社会财富分布的状况，他发现当时意大利 80% 财富集中在 20% 的人手里，后来人们发现很多场合都服从这一规律，于是称之为 Pareto 定律。后来美国质量管理专家朱兰博士运用柏拉图的统计图加以延伸将其用于质量管理。排列图是分析和寻找影响质量主要因素的一种工具，其形式用双直角坐标图，左边纵坐标表示频数（如件数、金额等），右边纵坐标表示频率（如百分比）。分折线表示累积频率，横坐标表示影响质量的各项因素，按影响程度的大小（出现频数多少）从左向右排列。通过对排列图的观察分析可抓住影响质量的主要因素。这种方法实际上不仅在质量管理中，在其他许多管理工作中，例如在库存管理中，都十分有用。

统计分析表：是利用统计表对数据进行整理和初步原因分析的一种工具，其格式可多种多样，这种方法虽然较简单，但实用有效。

数据分层法：就是将性质相同的，在同一条件下收集的数据归纳在一起，以便进行比较分析。按不同时间、不同班次进行分层，按使用设备的种类进行分层，按原材料的进料时间、按原材料成分进行分层，按检查手段、按使用条件进行分层，按不同缺陷项目进行分层，等等。

（2）质量管理新七大手法

关联图、系统图、亲和图、矩阵图、PDPC 法、箭条图、矩阵资料解析法被称为质量管理新七大手法。

1979 年日本科技联盟正式公布品管新七大手法。品管新七大手法的使用情形，可归纳如下：

关联图——理清复杂因素间的关系；

系统图——系统地寻求实现目标的手段；

亲和图——从杂乱的语言数据中汲取信息；

矩阵图——多角度考察存在的问题、变量关系；

PDPC 法——预测设计中可能出现的障碍和结果；

箭条图——合理制定进度计划；

矩阵资料解析法——多变数转化少变数资料分析。

品管新七大手法的特点：整理语言数据；引发思考，有效解决零乱问题；充实计划；防止遗漏、疏忽；使有关人员了解；促使有关人员的协助；确实表达过程。

品管新七大手法在品管手法中的地位：并不取代品管七大手法；与品管七大手法相辅相成。

品管新老七大手法的差异：

品管老七大手法：理性面、大量的数据资料、问题发生后的改善；

品管新七大手法：感性面、大量的语言数据、问题发生前计划、构想。

新旧七大手法使用范围见表 6–4。

表 6–4　新旧七大手法使用范围

序号	程序	旧七大手法							新七大手法						
		调查表	分层表	排列图	因果图	直方图	控制图	散布图	系统图	关联图	亲和图	矩阵图	矩阵数据分析法	PDPC 法	箭条图
1	选题	●		●		○	○	○			○	△			
2	现状调查	●	○	●		○	○								
3	目标设定					△	△								
4	原因分析				●				●	●					
5	确定主要原因	○		○		○	○	○				○	△		
6	制定对策	○	○						△			△		●	○
7	对策实施	○							△			△		●	○
8	效果检讨	○		○		○	○	○							
9	制定巩固措施	○				△	△								
10	总结及下一步打算														

●表示特别有效；○表示有效；△表示有时采用。

4. 5WHY 与 5W2H 分析方法

5WHY 即打破砂锅问到底。

5WHY 分析方法又称 5 问法，最初由丰田公司提出并在丰田公司广泛采用，因此也被称为丰田 5 问法。一次新闻发布会，有人问大野耐一，丰田公司的汽车质量怎么会这么好？他回答说：“我碰到问题至少要问 5 个为什么。”大野耐一总是爱在车间走来走去，停下来向工人发问。他反复地就一个问题，问“为什么”，直到回答令他满意，被他问到的人也心里明白为止——这就是后来著名的“五个为什么”。5 问法的关键所在为：鼓励解决问题的人要努力避开主观或自负的假设和逻辑陷阱，从结果着手，沿着因果关系链条，顺藤摸瓜，穿越不同的抽象层面，直至找出原有问题的根本原因。典型示例如图 6–22、图 6–23 所示。

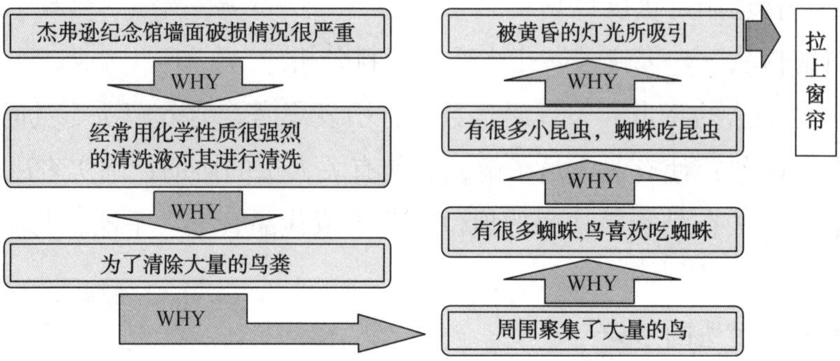

图 6–22 杰弗逊纪念馆墙面为什么破损

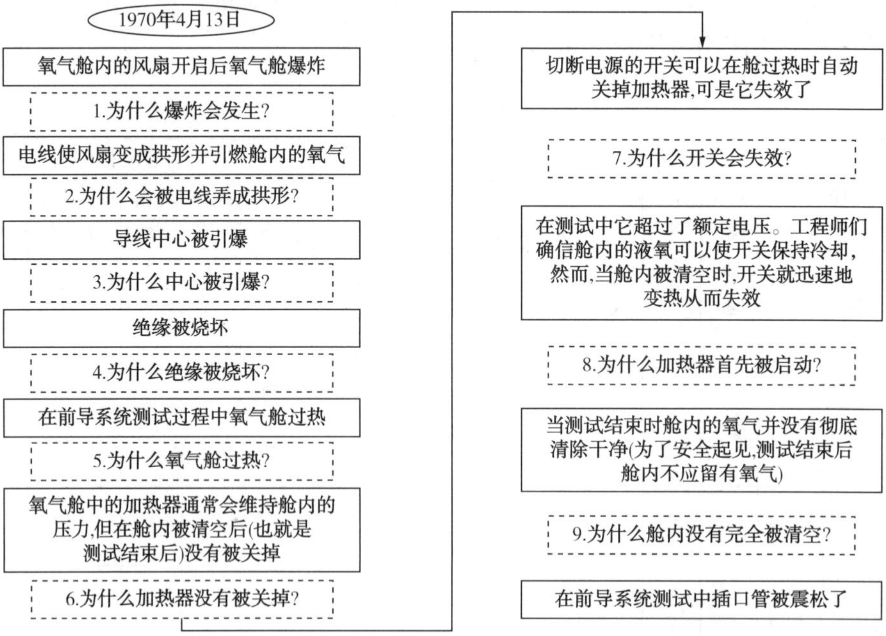

图 6–23 阿波罗 13 号（Apollo 13）为什么氧气舱发生爆炸

案例

阿波罗 13 号（Apollo 13）是阿波罗计划（Project Apollo）中的第三次载人登月任务。发射后两天，服务舱的氧气罐发生的爆炸严重损坏了航天器，使其大量损失氧气和电力；三位宇航员使用航天器的登月舱作为太空中的救生艇。指令舱系统并没有损坏，但是为了节省电力在返回地球大气层之前都被关闭。三位宇航员在太空中经历了缺少电力、正常温度以及饮用水等诸多困难。

5W2H 法：是第二次世界大战中美国陆军兵器修理部首创，它富有启示意义，可以弥补考虑问题的疏漏，见表 6–5。

5W 分别是：

Why：为什么？为什么要这么做？理由何在？原因是什么？

What：是什么？目的是什么？做什么工作？

Where：何处？在哪里做？从哪里入手？

When：何时？什么时间完成？什么时机最适宜？

Who：谁？由谁来承担？谁来完成？谁负责？

2H 分别是：

How：怎么做？如何提高效率？如何实施？方法怎样？

How much：多少？做到什么程度？数量如何？质量水平如何？费用产出如何？

表 6–5 5W2H 法

5W2H	1 层次	2 层次	3 层次	4 层次	结论
WHO	是谁	为什么是他	有更合适的人吗	为什么是更合适的人	定人
WHEN	什么时候	为什么在这个时候	有更合适的时间吗	为什么是更合适的时间	定时
WHERE	什么地点	为什么在这个地点	有更合适的地点吗	为什么是更合适的地点	定位
WHY	什么原因	为什么是这个原因	有更合适的理由吗	为什么是更合适的理由	定原因
WHAT	什么事情	为什么做这个事情	有更合适的事情吗	为什么是更合适的事情	定事
HOW	如何去做	为什么用这个方法	有更合适的方法吗	为什么是更合适的方法	定方法
HOW MUCH	花费多少	为什么要这些花费	有更合理的花费吗	为什么是更合理的花费	定花费

三、善于从根本上解决问题

重复发生问题是工程师的耻辱，工程师不但要善于发现问题，更要善于从根本上解决问题，更要善于系统思考解决一批问题。

1. 现场管理“金科玉律”

现场管理“金科玉律”如图 6–24 所示。

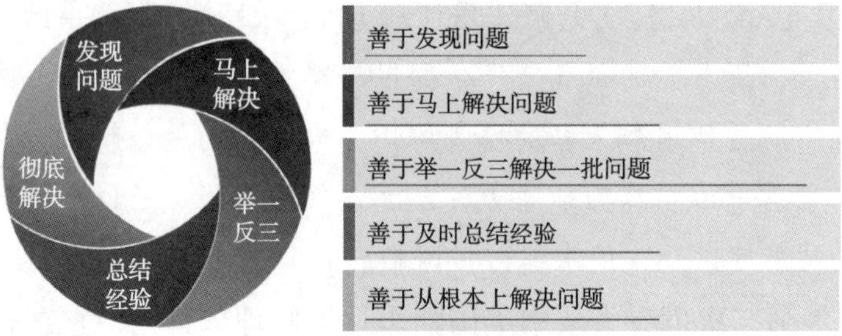

图 6–24　现场管理“金科玉律”

善于发现问题：从变化因素入手，第一时间发现现场问题；

善于马上解决问题：问题解决不过夜，因为下个时段可能就是事故；

善于举一反三解决一批问题：“触一通三”，用类比、类推解决相关问题；

善于及时总结经验：打一仗、进一步，吃一堑、长一智，及时将成功经验通过管理制度、完善操作法等加以固化，并放大到整个组织，及时给员工以激励；

善于从根本上解决问题：根据事故预防 3E 原理，工程师要善于从工程技术角度出发，采取根本性措施，防止重复发生事故。

2. 从变化因素入手，明确解决问题的基本思路

工程师解决现场问题的流程：工作起点是自己发现的问题或接受任务→分析问题的背景→收集信息→理性分析→制定措施并实施→实施效果评估→持续改善→下一项任务，如图 6–25 所示。

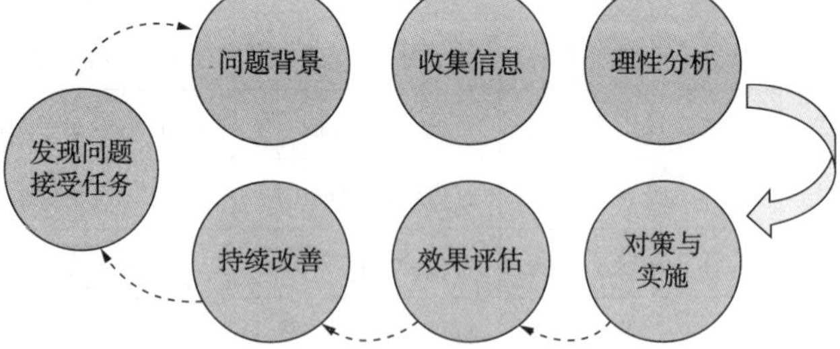

图 6–25　解决现场问题基本思路

问题背景需要考虑的因素：

宏观环境的变化；

企业内部环境的变化（组织机构、管理体系、体制、机制、方法）；

企业文化：管理理念、员工思想状态。

收集信息：

信息的真实性：到现场去看现物、拿到第一手信息，慎重对待领导、专家的结论；

信息的广度：尽可能收集各方面信息，包括文字、现场操作记录、图像；

信息的深度：专业计算，掌握数据背后的数据。

信息的广度和深度关系如图 6–26 所示。

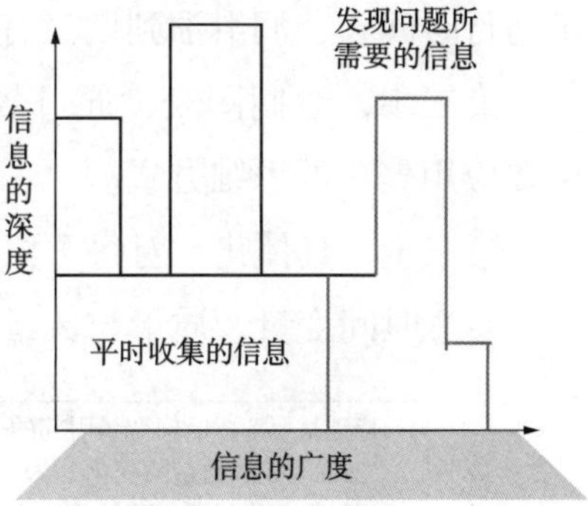

图 6–26 信息的广度和深度

收集信息应注意的问题：

不能因为上司或者有经验的人是这样说的，或者过去一直以来都是这样做的，就不去寻求真因；在思考原因的时候，首先从自己工作的责任范围内寻找原因，而不要武断地将原因推卸到他处；到现场去看现物，掌握第一手数据，拒绝受到污染的二手数据；摒弃先入为主，既要有独立思考之精神，更要防止自身的思维定式。不能主观臆断，应依据事实，客观分析。

注意信息的广度和深度：信息的广度是指平时所掌握的信息 + 发现问题时现场的信息；信息的深度是指要挖掘现场信息，乃至问题背景对该问题的影响。

理性分析的态度：

第一步，要根据 MECE（不重叠、无遗漏）原则，选准框架，找出变化。

需要建立一个框架，按照生产流程，把所有的生产要素全部装进这个框架内，这就需要平时收集到的信息和当时的现场问题信息。如图 6–27 所示，以框架内的料为例，包括催化剂、助剂、添加剂、原料、冷却水、仪表风、氮气、润滑油、蒸汽、动力电……

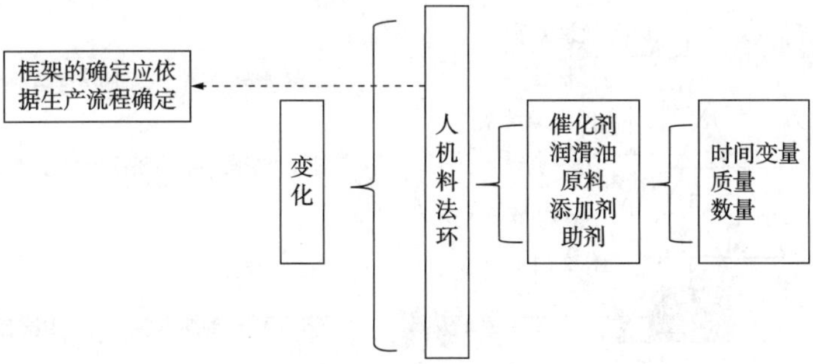

图 6–27 全生产要素与时间变量、质量与数量

然后，根据没有变化就没有事故的观点，考虑到时间的变量对框架内各个生产要素的影响，比如说时间的量和催化剂发生联系，由于运行时间长，催化剂数量发生变化，“跑剂了”；比如说，时间变量作用于润滑油这个要素上，会发生哪些变化呢？由

于运行时间长，润滑油到期没有更换，润滑油质量发生变化了，润滑油变质了。

第二步，绘制图表，通过数据可视化等方式，运用有效的分析工具，确定要点。主要应用聚焦的思维方式。

第三步，具体化，对每个要点，通过头脑风暴方法 +5WHY 方法，找到根本原因。

通过时间变量、质量与数量找变化如图 6–28 所示。

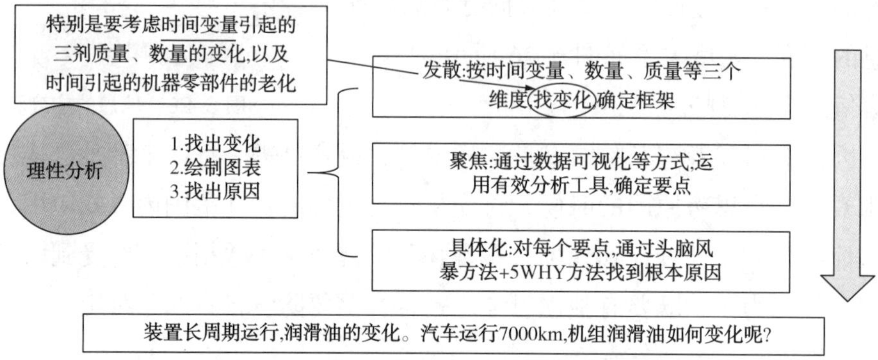

图 6–28　通过时间变量、质量与数量找变化

案例　221 压缩机组为什么停车了?

润滑油到期没有更换，润滑油变质了，导致电液转换开关故障，所有机组抽气阀、调速阀都不动作了，所有调节阀失灵，进而 221 机组停车，如图 6–29 所示。

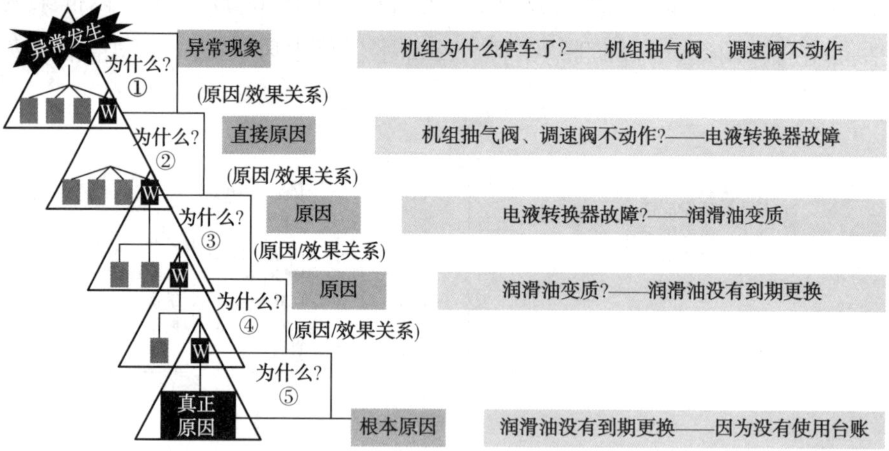

图 6–29　221 压缩机组为什么停车了?

制定对策、现场实施：

制定对策，并对方案进行 JSA 分析，执行 MOC 程序；

现场实施；

PSSR 与员工培训。

效果评估：

比较改善前后工艺技术指标变化；

效益分析；

存在问题。

持续改善：

管理：修订操作规程，修订管理办法；

知识管理：编写事故案例、非计划停工汇编，组织员工学习；

技术：寻求高一级的解决方案（如三新、三化、三减少、三代替）（图 6-30）。

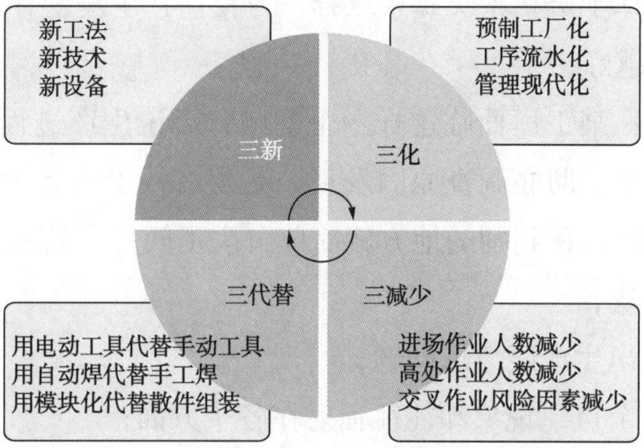

图 6-30 三新、三化、三减少、三代替

3. 从根本上解决问题

（1）工程技术手段是首选

海因里希把造成人的不安全行为和物的不安全状态的原因归结为 4 个方面：

技术原因：包括作业环境不良，物料堆放杂乱，作业空间狭小，设备、工具有缺陷并缺乏保养，防护与报警装置的配备和维护存在技术缺陷等。

教育原因：包括缺乏安全生产的知识和经验，作业技术、技能不熟练等。

身体和态度原因：包括生理状态或健康状态不佳，消极或亢奋的工作态度等。

管理原因：包括企业主要领导人对安全不重视，人事配备不完善，操作规程不合适，安全规程缺乏或执行不力等。

针对造成人的不安全行为和物的不安全状态需要采取 3 个方面的措施：

① 工程技术对策是运用工程技术手段消除生产设施、设备的安全隐患，改善作业环境条件，完善防护与报警装置，实现生产条件的安全和卫生。

② 教育对策是提供各种层次的、各种形式和内容的教育和训练，使职工牢固树立

“安全第一”的思想，掌握安全生产所必需的知识和技能。

③ 法制对策是利用法律法规、规章制度、标准规程等必要的行政乃至法律的手段约束人们的行为，从而达到消除不重视安全、违章作业等现象。

从现代安全管理的角度出发，工程技术对策是安全管理工作的首选。在生产、施工现场不相信人的自觉性、操作技能，采取工程技术手段，万一出现人为失误，也不会引发事故。

中石化催化剂（北京）有限公司的5号活化装置自投用以来一直不能正常运行，燃烧火嘴频繁发生回火现象，给生产安全带来很大的威胁。技术人员从燃烧分析入手，发现了火嘴燃空比不合理是造成回火的关键因素。通过补充加入预混空气，一举解决了这一难题，保证了活化系统正常运行，为提高产量质量作出了贡献。

（2）管理越简单越好

有问题现场解决：某工厂面临这样一个问题：无论生产过程控制多么严格，却总有5%的缺陷产品出现。彻底调查原因发现，是生产线上方有一个排气口，从那里有灰尘落下，因此把排气口移到别的地方就简单解决了问题。启示：

① 有问题现场解决；

② 系统思考，跳出生产线考虑问题；

③ 原因往往是一个点，现象却往往辐射在各个方面；

④ 不能把QC\TQC\ZD（零缺陷）\VA（价值分析）\VE（价值工程学）仪式化。

将复杂问题简单化：美军“二战”期间，经常发生飞机起轮事故（是指飞机在陆地上滑行时收起轮子），美军方请来心理学家斯·查帕尼斯中尉，试图从飞行员心理找原因。美军方的关注点一直在飞行员培训和确保飞行员警觉上，而斯·查帕尼斯中尉观察这些轰炸机的驾驶舱，却发现机轮控制杆和机翼控制杆紧挨在一起，看上去一模一样……怎么办？机翼控制杆加一个橡胶圈。

可视化是简单管理：2010年，古茗(茶饮店)在浙江台州的一个镇上开了第一家店，至今已开了超过1200家店。有什么诀窍呢？在小镇上开店，装修不见得要多“高大上”，但是灯一定要亮，要成为当地的标志性灯。镇上的灯光通常是很暗的，店里的灯特别亮，顾客就觉得这家店更好、更干净。

（3）从制度创新、管理创新和技术手段入手，从根本上解决问题

制度创新：“二战”中期，美国降落伞制造商生产的降落伞的良品率已经达到了99.9%，但是美国空军却对此公司要求所交降落伞的良品率必须达到100%。怎么做到的呢？军方要求随机挑出一个，让厂商负责人装备上身后，亲自从飞行中的机身跳下。这个方法实施后，不良率立刻变成零。

管理创新：某公司有一半地下泵房，输送介质为盐酸等腐蚀性介质，原来在泵的操作柱旁，写有这样的标语“机泵启动，防止溅伤”。后来，将机泵操作柱移到地面上，这样在泵启动时，即便机械密封损坏，也不会因为料溅出而烧伤员工。

技术手段：一种事故致因理论认为，事故是一种不正常的或不希望的能量释放，意外释放的各种形式的能量是构成伤害的直接原因，为防止能量意外释放，需实行工艺隔离、机械隔离和电气隔离（图 6–31）。

图 6–31 机械隔离、电气隔离、工艺隔离

生产现场的“四有四必有”要求，也是基于事故是由于能量意外释放引起，而采取的事故预防措施。“四有四必有”即有洞必有盖、有台必有栏、有轮必有罩、有轴必有套。

第七章
领导干部的基本功训练

基层领导干部的基本功主要是锤炼思想方法和工作方法，做好群众工作的基本功、调查研究和总结的基本功、抓落实的基本功、一流专业技能的基本功等，其基本功训练是在岗位上不断学习和实践的过程。

基层领导干部基本功训练的重要管理观点：

① 一切凭业绩说话。

② 任何事故都可以追溯到管理原因。

③ 结果不好就是不好，管理只对绩效负责。

④ 管理就是让一线员工得到资源并可以使用资源。

⑤ 领导干部要正面一线，越级检查不能越级指挥。

⑥ 每天读书一小时，三年以后可以成为某一问题的专家。

⑦ 员工只做你检查的，不做你希望的。

⑧ 终端的问题就是领导的问题；看不出问题就是最大的问题；重复出现的问题是作风上的问题；部下素质低不是你的责任，但是不能提高部下的素质是你的责任。

⑨ 管理是盯出来的，技能是练出来的，潜力是逼出来的。

第一节　掌握学习型组织建设的理论和方法

掌握学习型组织建设的基本方法是基层单位领导干部的核心技能。创建学习型组织，要从基层单位现场问题出发，不断丰富组织的知识存量，更要有效解决现场问题，使整个组织保持积极向上的活力，提升组织本质安全水平。同时，要掌握相关激励理论和方法。

一、问题是企业管理的起点

1. 我们管理存在哪些问题

目标“假、大、空”：目标太大、泛化虚化、上下一样、没有解码、缺个体目标。

管理“低、老、坏”：授权不够、现场感差、临时动议、就事论事、见物不见人、缺乏总结积累。

改进“一阵风”：以安全大检查汲取事故教训、运动式管理、有布置无检查。把5S管理、TPM（全面设备管理）、TQM（全面质量管理）当花瓶、雨伞。

2. 为什么我们这么忙

（1）业务流程设计问题

工作环节多，简单问题复杂化。崔西定律告诉我们，任何工作的困难度与其执行步骤的数目平方成正比，例如完成一件工作有三个步骤，则此工作的困难度是9，而完成另一项工作有5个步骤，其难度系数是25，所以必须简化工作流程。

华为公司的“精减原则”：无论对于1部门还是7部门的工作流量，华为要求员工们做到“能省就省”，并编制“分析工作流程的网络图”，每一次去掉一个多余的环节，就少了一个工作延误的可能，这意味着大量时间被节省了。

（2）工作作风问题

形式主义严重，会议多、会议长，文件多、文件长；以会议落实会议，以文件落实文件；不能将上级的管理要求解码为本单位的具体行动，以要原汁原味传达上级指示要求为由，将文件资料一发了事，实则是懒政之典型表现。正如任弼时批评的那样“在桌子上跳舞”。部门之间相互筑起堡垒，只对流程负责，不能实现首接负责。

（3）管理方法问题

缺乏标准化管理意识，信息化程度不高，员工个人智慧、局部好的经验做法不能放大到整个组织；无论是个人还是组织，每一项工作都是成功的开始，将别人的成功经验束之高阁，资源不能共享；个人基本功训练不够，一岗定终身，人员流动性差，不能实现合适人在合适岗位。

（4）领导工作方法问题

领导指挥不当，授权不力或重复授权给不同的人；临时动议多，领导第一个破坏制度；越级检查、指导少，越级指挥多，打破正常工作秩序，让手下员工无所适从。

（5）个人工作习惯问题

文件资料不能及时整理归档，每天都在重复找东西，造成严重时间浪费。一个人如果办公桌上乱七八糟，他平均每天会为找东西花半小时，一周、一年会浪费多长时间？不仅如此，还会严重影响个人的工作情绪。

电脑桌面杂乱，电子文件缺乏目录管理以及必要的备份，甚至丢失重要文件、资料；工作缺乏及时总结，一项工作方案每年都在用，有错误也不及时修改，更谈不上用最新版本的工作方案，承载最新的事故教训、国家法律法规新的要求；常用的基础数据不能烂熟于心，也不能做到放到随手能取的位置上。

3. 为什么事故会重复发生

脚不跟头。基层领导干部没有吃透上头、摸清下头；班组长的思想政治工作主体作用发挥不够；制度没有识别到现场、分解到岗位，制度执行缺乏保障性条款；基层队伍作风训练狠不起来、严不到位；管理可视化不够，不能实现榜样就在身边；基层领导不能身先士卒、直面一线。

（1）缺乏系统安全管理理念

知道事故是怎么发生的就是最好的预防策略，事故责任人没严肃处理，当事人可能就不会讲出事故真正原因及当时的心理状态等潜在因素，然而，这些才是企业真正的管理资源；不能在第一时间控制事故，将事故消灭在萌芽状态，原因在于以班组长为核心的日常演练不够，遇有事故发生手忙脚乱、险象环生、顾此失彼；工程师不善于应用 3E 法则，不能从工程技术角度出发，无法从根本上预防事故的发生；专业安全理念不深入，无法对生产工作过程中的各个环节进行有效控制，基于化工过程安全管理的专业安全措施落实不到位；缺乏“我们要安全”的安全文化建设，丰富组织安全知识存量缺乏手段和载体，谈不上用文化引领安全。

（2）非计划停工居高不下

“没有变化就没有事故”，缺乏对变化了的全生产要素的把握，变更管理不到位，对组织机构变化、潜移默化的员工行为及思想变化不敏感；对关键机组大型设备等重要环节、设施缺乏动态监测、趋势分析；对金属软管、机械密封、膨胀节、流量计等薄弱环节，不坏不修，往往损坏时也是非计划停工、事故发生时；工艺纪律执行不严格、操作人员违反标准操作程序；公用工程系统保障能力弱，蒸汽系统、电网系统波动，往往造成大面积停工；安全仪表、先进过程控制应用不广泛。

任弼时曾批评“在桌子上跳舞”之类的官僚主义：一是在制定工作计划之前，并没有经过详细的调查研究，并不是从实际的可能条件出发，并没有依据群众的需要和觉悟程度，而是凭着自己脑子里的想当然，凭着一种大概的估计而制定出来的。二是对上级的指示和决定，没有认真地加以研究。三是当执行某种决定，进行某种工作时，不能很好地采取说服教育的精神向群众解释，反而滥用摊派和强迫命令一类的办法。四是有了一个计划也是摆样子的，不去组织执行，更不去按期检查执行的程度，而一味醉心于许多不执行的计划，东也计划，西也计划，形成一种文牍主义、形式主义。这就是“在桌子上跳舞”，因为只是在办公桌上写计划，却没有考虑到计划可不可以行得通以及如何才能行得通。

怎么解决这些问题，就是要从建设学习型组织入手，练就过硬的基本功。

二、个人学习、组织学习与行动学习

彼得定理告诉我们，每一个职位最终都将被一个不能胜任其工作的员工所占据，如何克服彼得定理之魔咒，一方面要建立公开、公正、公平的用人机制，另一方面就是要强化管理者的基本功训练。使具备自我学习、自我总结、自我提高的素质和能力的人，经过训练从而胜任所在的职位。

1. 个人学习

学习型组织是一个能使组织内的全体成员全身心投入并有持续增长的学习力的组织。学习型组织的第一个真谛着重强调的就是一种学习力。

（1）个人学习力

学习力由目标、意志和能力组成，如图 7–1 所示。关键在于毅力，个人学习力包括总量、质量、流量和增量，如图 7–2 所示。

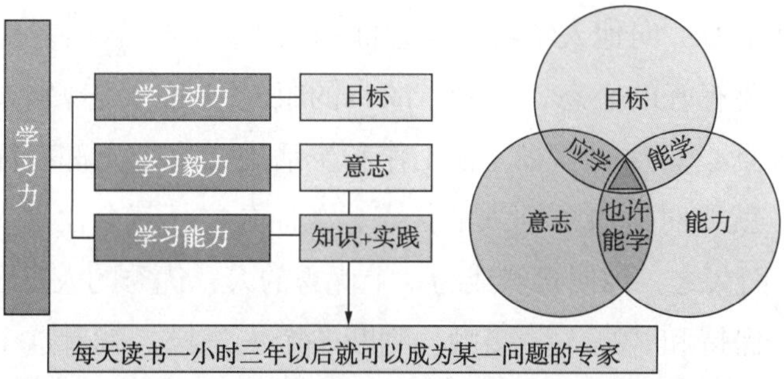

图 7–1　学习力由目标、意志和能力组成

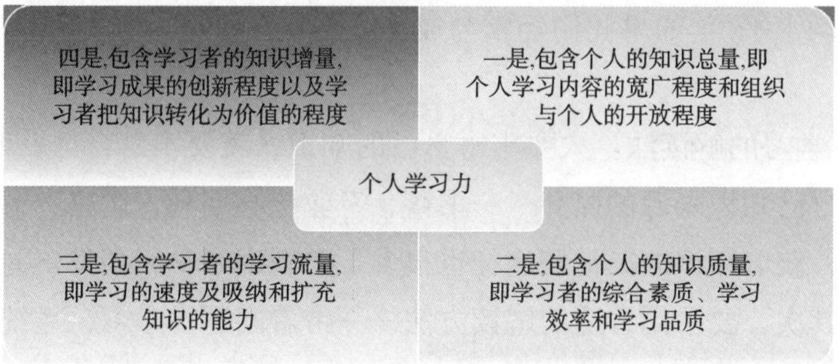

图 7–2　个人学习力的增量、总量、流量与质量

（2）个人持续不断获取知识的四种方法

1）向自己学习的反思法。人们要丰富自己的知识，就要建立科学的反思习惯和方法。每个人都有丰富的自我教育资源，每个人的历史都是一部教科书，成败得失，自己最清楚，向自己学习，可以事半功倍，关键是要形成总结和反思的习惯，经常复

盘，每日一反思、事事都总结，“打一仗进一步、吃一堑长一智”；向自己学习，切忌固步自封、善于突破自己，要借鉴组织和他人对自己的评价；要丰富自己的个人资料，重视记录和收集信息，要不断进行思考、总结和完善，如工作写实、记日记都是好的方式。

2）向实践学习的体验法。要丰富自己的知识，先丰富自己的体验。尝试适当变换环境、尝试不同的工作、尝试新的做法、适当尝试预测、适当尝试挫折、尝试同各类人接触。向实践学习，切忌经验主义。向实践学习，重点是深入基层、生产一线，致力于一线员工的智慧挖掘，形成管理经验，放大为整个组织行为。

3）向他人学习的交流法。人要丰富自己的知识，就要丰富自己的人际学习网络。要具备接受知识和指点的良好心态；要经营自己获取知识的人际网络；要掌握交流技巧、学会深度汇谈；要建立获取知识和指点的双赢条件。人身上的经验，有些是上不了书本的，只能意会不能言传，不直接接触、不亲自感受是学习不到的。大家一起相互交流，也是一种学习。向他人学习，切忌邯郸学步。

向他人学习，要有好的心态，要带着欣赏的眼光，努力发现别人的长处。欣赏是一种学习，是一种真心实意的学习。在工作和生活中，每个人都有优点，每个人都有弱点。学会欣赏，就要时刻看到别人的优点，久而久之，就会让别人的优点自觉变成为自己的优点；久而久之，你便自然成为一个优秀的人；优秀的人，自然也懂得欣赏。

向他人学习，保持和“高人”接触。判断一个人怎样，就看这个人与谁交往。评价一个人怎样，就看他和交往对象的亲密程度。定位一个人的价值，就看他的交往对象能否不断深化和升级。哈佛教授这样说：“一个人的水平就是他花费最多时间去交往的5个人的平均水平。”如果我们经常与成功人士在一起，耳濡目染，我们也有可能成为成功人士。

4）向书本学习的解读法。人要丰富自己的知识，就要丰富自己获取知识的媒介。首先，要建立自己知识来源的媒介——书籍、专业核心期刊、讲座、行业年会；现在知识载体很多，获取知识的渠道和途径也很多，要利用好学习条件。向书本学习，切忌本本主义。其次，要采用合适的解读方法——带着问题去学习，系统思考、了解作者要表达的思想和背景。读书贵在坚持。毛泽东曾精辟地指出：“坚持数年，必有好处。”战国荀况的《劝学篇》提出：“锲而舍之，朽木不折；锲而不舍，金石可镂。”他们的理论行动都告诉人们，一分耕耘，一分收获，不经过艰辛曲折的探索过程，不经历量变到质变的飞跃，不通过“千百回”的学习与钻研，无法真正获得知识。有专家这样说“每天读书一小时，三年以后可以成为某一问题的专家”。

读书要学以致用。书是提高人们综合素质的工具，但读书不只是为了求得知识，更重要的是开启智能；读书不应只在求得学问，更要身体力行，也就是佛教所谓的“解行并重”。真正有用的知识是实务，因此不管修学任何事物，应以融通为要务，以方法、技巧为辅助，以勤熟为功效，以用心、下手为实际，解行并重，才不会流于空谈。

怎么能记得住呢？读出来，读书要读出声来；写下来，做好读书笔记。毛主席坚持几十年，每阅读一本书，一篇文章，都在重要的地方划上圈、杠、点等各种符号，在书眉和空白的地方写上许多批语，有的还把书、文中精典的地方摘录下来或随时写下读书笔记与心得体会。毛主席的藏书中，许多是朱墨纷呈，批语、圈点、勾画满书，直线、曲线、双直线、三直线、双圈、三圈、三角、叉等符号比比皆是。讲出来，要把自己的读书心得、感悟和志同道合的朋友一起交流，一起分享。这样，既使自己真正记下了书中的内容，也在交流过程获取了他人的读书心得。懂得分享，会使自己获得更多的智慧。

（3）个人学习的三个层次

1）第一个层次的学习：“核心方向层次”（最高层次）的学习。在这个层次的学习中，也细分为三个层次，即政治理论、政策法规和企业文化的学习。

首先，注重学习政治理论，解决政治上的坚定性问题。保持政治上的坚定，加强理论学习是基础。要通过理论学习，掌握马克思列宁主义的立场、观点、方法，才能使我们树立正确的世界观、人生观、价值观和利益观，才能在大是大非问题上做到立场坚定、旗帜鲜明、方向正确、坚持原则，可以使人成熟，使人清醒，看问题有主见，可以做到不因形势的变化而变化，不因他人的议论而改变，不因领导的看法而放弃；才能使我们工作方法得当，抓住并解决主要矛盾、重要问题，做到全面、协调、可持续发展；才能使我们具有辩证思维，把握前沿，掌握科学的管理方法，少走弯路，明确方向。这一层次的学习是管大局、管立场、管根本的，只有学好，才能站得高、看得远、抓本质、揽全局。

其次，注重学习政策法规，解决依法办事的问题。注重政策法规学习，这是治党治国的基本经验、基本理论、基本原则。各级领导干部无论是在哪个领域工作，都必须学习贯彻好、执行好、落实好党的路线、方针、政策，都要在宪法和法律规定范围内活动，在政策、法律、规章层面研究分析问题、解决问题，越是情况紧急，越是问题突出，就越要想到运用法律思维，通过法律手段来解决问题。要不断强化规则意识，规则就像轨道，当你尊重它、遵循它的时候，它也就尊重你，给你想要的速度；当你蔑视它、偏离它的时候，它就会放慢速度，甚至颠覆你。

最后，要注重学习企业文化，融入企业文化。这里的学习是指学习企业的优良历史和传统。好员工的标志是与公司保持一致，主要指自觉接受公司的核心价值观，践行公司的工作理念，成为企业文化的优秀代表者。

2006年，杰克·韦尔奇在中国讲学的时候，有一句话非常发人深省：“什么样的人企业坚决不能用？是有业绩、有能力，但不认同你公司的文化，也就是说和企业的价值观不同，这样的人坚决不能用，坚决不能在企业待着，更不能进入高层。”

2）第二个层次的学习：“工作需要”层次的学习。即学习好工作上需要的各方面知识。在企业基层层面上，主要是指要学习现代管理理论，掌握实用的现代管理方法，学习组织行为学、心理学等知识。满足“政治上靠得住、工作上有能力、作风上过得硬、群众中有威信”的要求。要特别掌握好学习型组织的管理方法，特别是团队学习和知识管理。还要掌握现场管理的基本方法：如5S、TPM、TQC等管理方法。

在第二个层次学习中，要学习中国优秀传统文化，中国优秀传统文化是中华文明演化、汇集而成的民族文化，内涵博大精深，主要反映在中国儒、道、佛的主体文化中，包容、兼纳、多样、统一，是人类社会文明的精华。比如：“天行健，君子以自强不息”的奋斗精神、孟子的“富贵不能淫，贫贱不能移，威武不能屈”的思想，倡导人们追求独立完美的人格；“马上打天下，马下治天下”的安邦治国理念；“先天下之忧而忧，后天下之乐而乐”的忧国忧民意识，表现出崇高的爱国情怀。中华文化源远流长，“半部论语治天下”，思想深刻内容丰富，博大精深，照射出中华民族智慧的光芒，值得我们好好学习，发扬光大。

3）第三个层次的学习：“专业学习”层次的学习。即结合本职工作、本专业研究深层次的学习。如果说第二个层次的学习要求所涉及的知识面是广博的，那么第三个层次的学习就是要求“专”和“精”，这个层次的专业学习是看家本领，“专”和“精”到什么程度？就是要成为你所从事专业的行家里手、领军人物。

美国管理学家德鲁克指出，现代企业组织由知识化专家组成。当今行业知识量越来越大，信息更新也越来越快，真正的全才各方面都优秀已是不可能了。一个人能把一件事做得比别人好就很不错了。“终生从事自己的专业”，因而“因为专业所以领先”。做好任何事情都是一种学问，“三百六十行，行行出状元”，即便不是主导专业，也要把简单的事情做到极致，把某一件事做绝做透，把一个小问题理解得非常专业，这样平凡而伟大的人生构筑企业发展的基石，也成就员工个人美好的人生。

台湾作家、画家刘墉在他的书中写道：“鱼儿离不开水，如果你是靠群众起家的，你就永远不要脱离群众，如果你是靠某种专业起家的，最好不要被调离你的专业，即使调开，也要保持联系，不能落伍。”

与自己的专业保持联系，首先要保持对自己所学专业的热情。有可能的话，参加该专业的行业年会；要用专业的眼光，发现存在的问题，专业知识需要常用。其次与自己的专业保持联系，还要保持你与同行的联系，特别是行业中的顶尖高手。最后，要经常到现场看一看，增加自己的直观感觉。

2. 组织学习

（1）人误与组织错误

人误：所谓人误，就是人的非故意的失误。人的失误包括规则基、技能基和知识基等三个方面，规则基错误主要是指没有坚持标准作业程序引起的失误；技能基错误主要是指基本功训练不够，第一反应不正确而引发的事故；知识基错误主要是指安全知识不够、工艺原理不清楚而不能在第一时间发现问题而引发的事故。

人误之一（规则基 rule-based）：遵循预定程序的执行行为。如果规定程序改变，或者相似的情境却要执行不同的程序，可能发生遗漏或执行错误的程序。

人误之二（技能基 skill-based）：自动化的执行行为。自动化的执行行为，如走路、骑自行车等，这种行为占用工作记忆资源最少，前一个操作是启动后一个的信号。

人误之三（知识基 knowledge-based）：处理新任务、解决新问题的判断和决策行为。如选购一台机械设备，知识基的操作需要从知识库中提取已有知识。

人误的典型特征如图 7-3 所示。

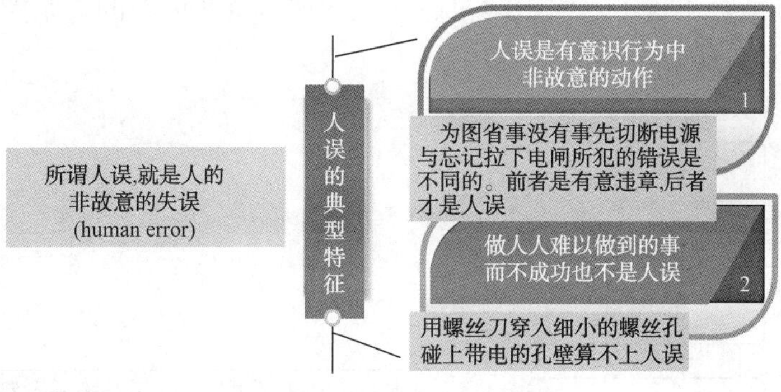

图 7-3 人误的典型特征

组织错误是指个体在行为决策时由于知识经验的缺乏而出现的人误没有被及时发现、控制，从而转化成管理制度、规则、程序、政策、战略决策等缺陷或失误。人的失误背后，是组织错误。任何事故都可以追溯到管理原因，防止人的失误，最根本是要通过组织学习克服组织错误。同时，要明确组织学习不是组织大家一起学习，而是这个组织不断获取知识、前进的能量。

（2）怎么理解组织学习

组织学习，是指为了建立竞争优势和提高绩效水平，组织利用信息和知识改变和调整自身以适应不断变化的环境的一种全员学习和创新机制。

组织学习通过自我感知、解释说明、归纳整理和制度化等四个过程，在个体、团队和组织三个层次展开，如图 7-4 所示。

自我感知 是一种对过去的行为模式的再认识过程	解释说明 通过语言对话和认知地图来解释个人感知所得	归纳整理 是指取得共同的理解、相互调整采取一致行动的过程	制度化 是确保来自个人或团队的学习成果在组织内得以放大的过程

图 7-4　组织学习的自我感知、解释说明、归纳整理和制度化过程

台塑公司非常善于组织学习，随着国际化的扩张，台塑又提出向国际优秀大公司学习。在专注内部成本合理化管控的基础上，台塑向国际标杆企业取经，建立标杆管理（Benchmark）制度。就开工率、人事成本、产品售价等关键指标，对比欧美标杆企业，从中发现问题与盲点，找到落后原因及改进策略，进一步提升利润与竞争力。另外，为提高企业竞争力，台塑还每年购买大量欧美石化研究机构和企业的资料进行学习研究。

通过有效的组织学习，不断丰富组织的知识存量，当组织知识存量达到一定的阈值时，企业创新就会出现了。组织学习、知识管理与企业创新的关系如图 7-5 所示。

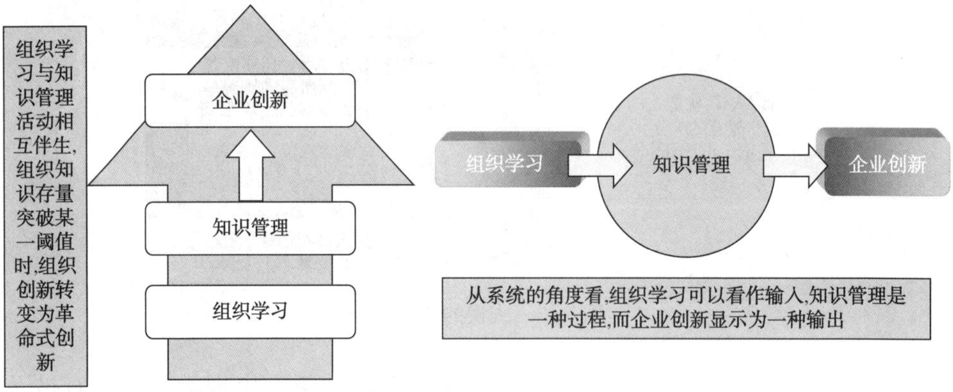

图 7-5　组织学习、知识管理与企业创新

（3）动脉式、静脉式组织学习

动脉式组织学习是一种组织间的学习，特别是跨界跨行业的交流学习。这种学习容易听到组织内少有的真心话；使组织能够跳出集体迷失，看见整体；使组织更有机会审视原有的心智模式；使组织有较大的安全空间练习与反思；使组织体验不同文化的冲击。

国务院安委办自2019年1月组织对53个危化品重点县开展为期三年的专家指导服务，对被指导服务的危化品重点县来说就是一种动脉式的组织学习。专家指导服务开展以来，立足防控重大风险隐患、全面问诊把脉问题、检查和指导服务并重、以点带面交流培训、督办整改重大隐患、强化线上线下培训、推动重点部署落实等工作原则，对企业进行全方位系统量化评分，找出企业安全生产存在的短板，帮助企业提出解决方案和改进建议，有效提升地方和企业危化品安全管理能力水平。指导帮助各重点县打造一支本地化专家队伍、规模以上企业建设一个培训空间、区域共建一个技能实训基地“三个一”建设，有力推动重点县危化品安全生产工作，促进了全国危化品安全生产形势持续好转。通过组织专家1900余人次开展四轮集中指导服务，重点剖析618家企业，排查整改问题隐患3.1万余项；2020年，53个重点县化工事故起数和死亡人数分别同比下降11.1%、30.8%。

动脉式组织学习特别强调的是跨界，飞机上的涡轮增压技术、ABS防抱死系统，很快在汽车上得以广泛应用，就是典型的动脉式组织学习。

静脉式组织学习是一种组织内部的学习，是组织内的知识共享，核心是团队学习。

静脉式组织学习的基本形式是“三化”（图7–6），就是要将员工中口口相传的安全智慧、操作经验文本化，将局部的偶尔为之的创造全局化，将散落在员工之间的隐性知识显性化，以实现知识的显化、放大和固化。

动脉式学习与静脉式学习如图7–7所示。

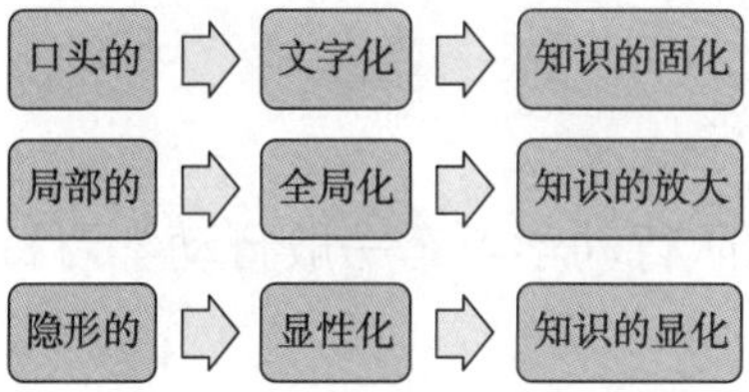

图7–6　知识管理的“三化”

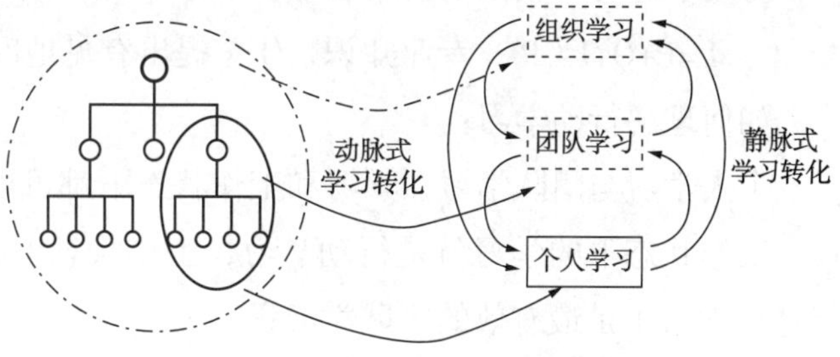

图7–7　动脉式学习与静脉式学习

静脉式组织学习的核心是团队学习，如果团队不能学习，组织就不能学习。

团队是人类交流最基本的平台，团队可以是工作团队，也可以是社会团队；可以是实体团队，也可以是虚拟团队；可以是正式组织，也可以是自发的群众组织；团队不单单是指任何在一起工作或学习的集团，团队代表了一系列鼓励倾听、积极回应他人观点、对他人提供支持并尊重他人兴趣和成就的价值观念；团队的构成不是随机的，其成员要求知识技能互补，分别担任不同角色，承担共同目标，保持负责的相互工作关系；团队学习是以个人学习为基础的集体学习，最大效度地发挥了成员的交互作用和群体效应，在一定情况下，这种交互作用和群体效应使学习行为更有效。

如何有效开展团队学习，要有大团队的意识，团队越大知识存量就越大，公司相同专业构成一个大的专业团队，实现共同解决难题、经验分享、共同成长。做到将局部的好经验、好做法放大到整个公司，固化到公司业务流程和制度中。作为个人要保持和“高人”接触，努力成为专业团队的一员。

个人学习、团队学习与组织学习的关系见表 7-1。

表 7-1　个人学习、团队学习与组织学习

项目	比喻	比喻	核　心
组织学习	人体	彼岸	组织学习关键是发挥整合效应，善于学习的个人和团队是组织高效学习的基础。达到高效学习的效果，依赖于个人和团队学习能力的充分发挥和利用。四阶段：“发现、创新、执行和推广”
团队学习	器官	桥梁	“在现代组织中，是团队而不是个人成为基本的学习单位”，因此，团队学习成为不可缺少的，即如果团队不能学习，组织就不能学习
个人学习	细胞	此岸	个人学习是基础，不论是团队学习，还是组织学习，最终都是组织成员在学习。个人学习是组织学习的必要和先决条件，个人学习理论是组织学习理论的基石

3. 行动学习

（1）行动学习的概念

行动学习是一种工作状态下的团队学习，它有明确地解决问题的工作指向。行动学习需要坚持问题导向，如通过团队学习解决现场安全问题，提高安全绩效。

行动学习可以用以下公式表示：

L=P+Q+I（P：专业知识，Q：提出有见地问题的能力，I：实施行动）

如何理解行动学习：

个人学习与团队学习在学习和工作状态下都可以进行；

工作状态下的学习就是行动学习，工作状态下的团队行动学习（一般行动学习特指这种学习）是最有效的团队学习；

学习状态下很难有效开展行动学习，因为行动的条件不具备；

团队行动学习适用于团队成员具有共同的实际问题；

行动学习的意义在于打破先培训后行动的思维定式。

（2）怎么样开展行动学习

组成解决现场问题的团队：

行动学习的团队就是指企业内部的具有工作关系的工作团队。不同的团队确定不同活动主题，这个主题必然要和自己的工作密切相关。

当活动的主题确定后，由相关专业的职能部室担当团队学习的教练，职能部室本

身是专业团队，同时是整个组织的大专业团队的核心。

职能部室要成为本专业的人才成长中心和技术交流中心，要树立“大团队”的意识，将组织内相同专业的作为一个学习团队。

根据行动学习的特征来组织行动会议：

行动学习的特征：行动学习的过程以反思和分享为主；行动学习要形成解决方案；行动学习不是一次性活动，而是一个“反思—行动—再反思—再行动”的不断循环过程，要根据上述的行动学习的特征来组织行动会议。

行动会议强调的是问题导向，实事求是地解决现场现实的问题，而不是坐而论道、夸夸其谈；领导与员工的关系有六变，如图 7–8 所示。

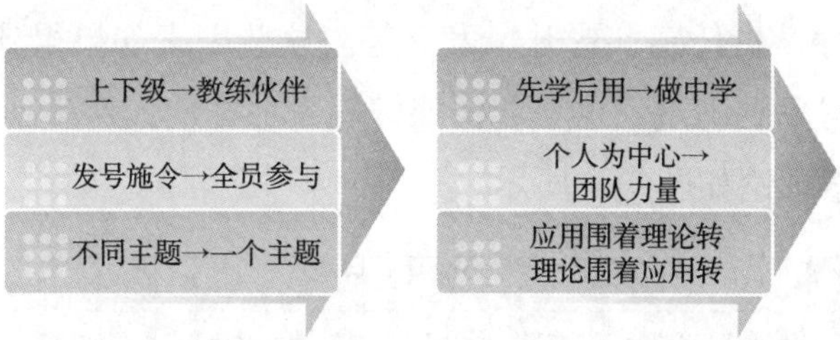

图 7–8 领导与员工的关系的六变

（3）促动师和促动技术

1）促动师

行动会议的主持人是当然的促动师。管理者大多数时间都在通过开会解决团队间、组织间的各种问题，要将行动学习落实到日常工作中，最佳的方式就是行动会议。行动会议是基于行动学习法而展开的会议，主持人召集利益相关者，聚焦真实问题，展开有步骤的讨论，促进参与者共享信息，达成共识，现场导出行动计划，并在会后跟进行动计划，及时提供相关支持，促进团队能力提升与问题解决的会议形式。

2）促动技术

常用的有世界咖啡、团队共创和群策群力方法。

促动技术之一：世界咖啡（World Cafe）。世界咖啡会议模式的主要精神就是“跨界”（Crossover），不同专业背景、不同职务、不同部门的一群人，针对数个主题，发表各自的见解，互相意见碰撞，激发出意想不到的创新点子。

促动技术之二：团队共创。将主题叙述为明确的焦点问题，通过个人的脑力激荡、小组分享、组合意见、最后全体参与共同讨论等方式汇聚成为共识。

促动技术之三：群策群力。强调对问题的快速解决，在解决问题的过程中依赖于各个部门与该问题直接相关的人员的参与及贡献，而不依赖于领导者。

三、掌握九大激励理论

1. 赫茨伯格的双因素理论

双因素理论（Two Factor Theory）亦称"激励－保健理论"，由美国心理学家赫茨伯格1959年提出。他把企业中有关因素分为两种，即满意因素和不满意因素。满意因素是指可以使人得到满足和激励的因素。不满意因素是指容易产生意见和消极行为的因素，即保健因素。他认为这两种因素是影响员工绩效的主要因素。保健因素的内容包括公司的政策与管理、监督、工资、同事关系和工作条件等。这些因素都是工作以外的因素，如果满足这些因素，能消除不满情绪，维持原有的工作效率，但不能激励人们更积极的行为。激励因素与工作本身或工作内容有关，包括成就、赞赏、工作本身的意义及挑战性、责任感、晋升、发展等。这些因素如果得到满足，可以使人产生很大的激励，若得不到满足，也不会像保健因素那样使人产生不满情绪。

怎样理解双因素理论如图7-9所示。

	内容	激励作用	理解1	理解2	理解3
保健因素	·工资、岗位、培训、福利 ·监督、管理方式 ·地位、人际关系 ·安全和生活、工作条件 ·政策与行政管理	不会有激励作用; 缺乏时,员工会不满; 存在时,员工不满只是减少	使用保健因素,就要大多数人获得	保健因素只能升、不能降; 哪怕只有几元钱的误餐补助	最好的激励:将保健因素转化为激励因素
激励因素	·工作本身 ·赏识 ·进步、成长的可能 ·责任 ·成就	会产生激励作用; 激励因素高时,员工会有满足感; 缺乏时,满足感降低,但不会不满	确保获得奖励因素的只是很少的人; 如果都有奖励因素就降为保健因素	激励因素必须是变动的,不能固定,一旦固定就变成了保健因素	即增加可量化可考核活的部分

图7-9　怎样理解双因素理论

双因素理论的应用如图7-10所示。

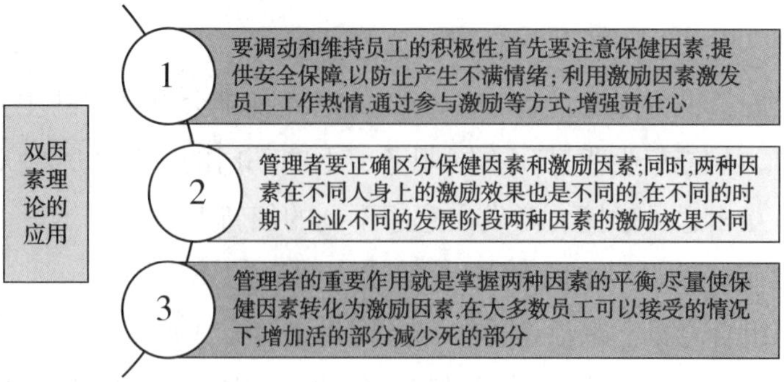

图7-10　双因素理论的应用

双因素理论在安全管理上的应用如图 7–11 所示。

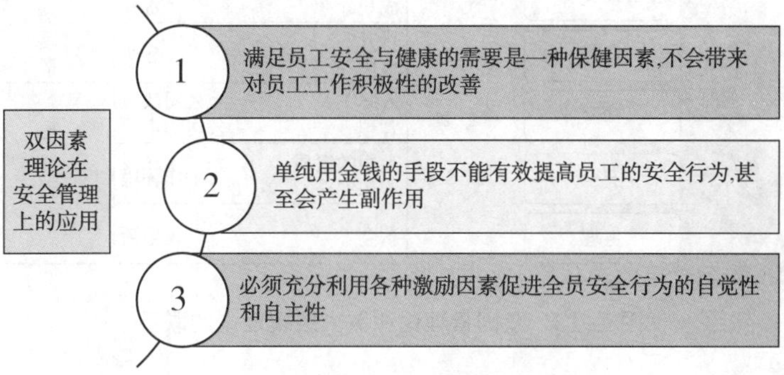

图 7–11　双因素理论在安全管理上的应用

2. 马斯洛需求层次理论

马斯洛的需求层次结构是心理学中的激励理论，包括人类需求的五级模型，通常被描绘成金字塔内的等级。从层次结构的底部向上，需求分别为：生理（食物和衣服），安全（工作保障），社交（友谊），尊重和自我实现。这种五阶段模式可分为不足需求和增长需求。前四个级别通常称为缺陷需求（D 需求），而最高级别称为成长需求（B 需求）（图 7–12）。

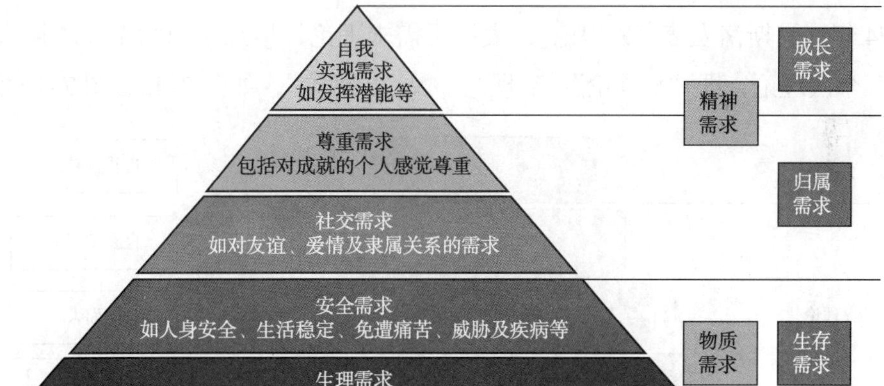

图 7–12　5 种需要之间的递进规律

马斯洛认为：人其实有无限的潜能，会创造无限价值，关键就是要满足人的需求。一般认为的中国人的归属需求：中国人如果发现他不能归属到某一个类别里面，他认为他的生存就没有价值。

双因素理论和需求层次理论的联系如图 7–13 所示。

马斯洛需求层次理论的应用如图 7–14 所示。

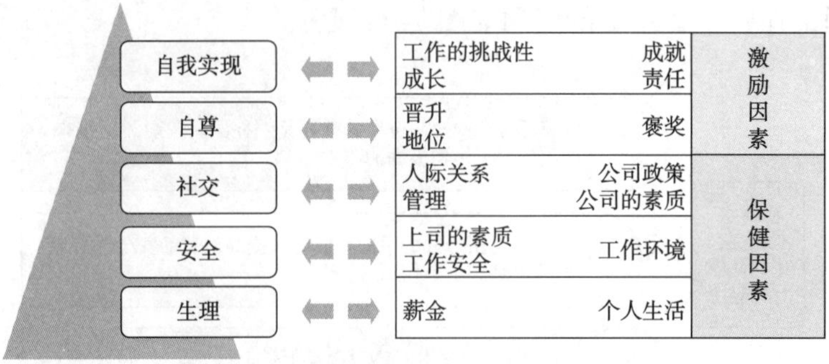

图 7–13　双因素理论和需求层次理论的联系

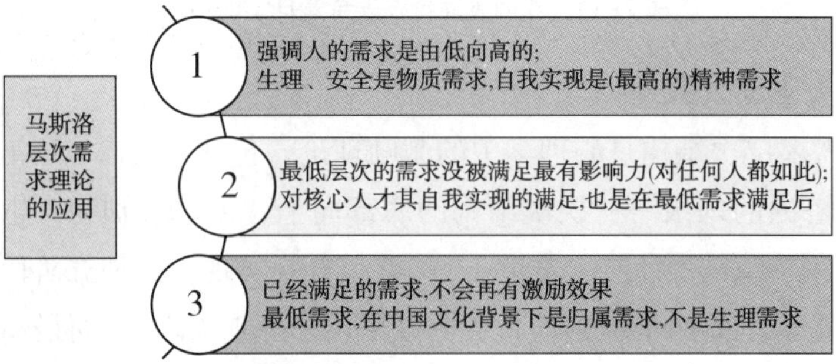

图 7–14　马斯洛需求层次理论的应用

1974 年，马斯洛发表《Z 理论》，发展了需求理论，增加了第六个需求层次，进而归纳为三个次理论，即"X 理论""Y 理论"及"Z 理论"，如图 7–15、图 7–16 所示。

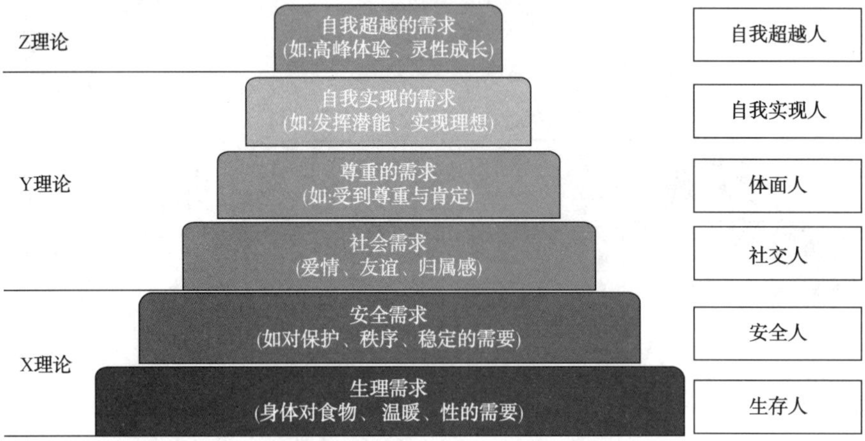

图 7–15　马斯洛层次需求理论的发展，X、Y→Z

3. X–Y 理论

美国心理学家道格拉斯・麦格雷戈 1960 年在其所著《企业中人的方面》中讲道：X 理论认为人们有消极的工作源动力，而 Y 理论则认为人们有积极的工作源动力。

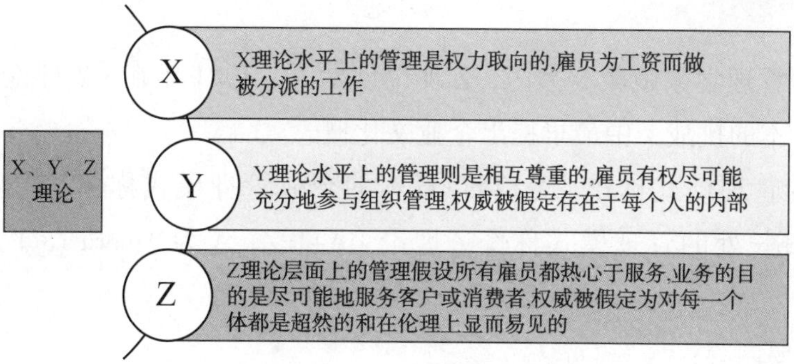

图 7-16 X、Y、Z 理论区别与联系

X 理论认为：以经济报酬来激励生产，只要增加金钱奖励，便能取得更高的产量。X 理论特别重视满足职工生理及安全的需要，同时也很重视惩罚，认为惩罚是最有效的管理工具。

Y 理论认为：扩大工作范围；尽可能把职工工作安排得富有意义，并具挑战性；工作之后引起自豪，满足其自尊和自我实现的需要；使职工达到自我激励。只要启发内因，实行自我控制和自我指导，在条件适合的情况下就能实现组织目标与个人需要统一起来的最理想状态。

X-Y 理论的联系建立在对人的基本看法基础上：如果对人从“恶”的方面认识，其对行为的控制，就严厉、强制；如果从“善”的方面认识人，其行为的控制方法则采取温和、诱导的方式。

X-Y 理论→权变理论：强硬与温和、分权与调控、自主与控制相结合。

X 理论、Y 理论的主要观点如图 7-17、图 7-18 所示。

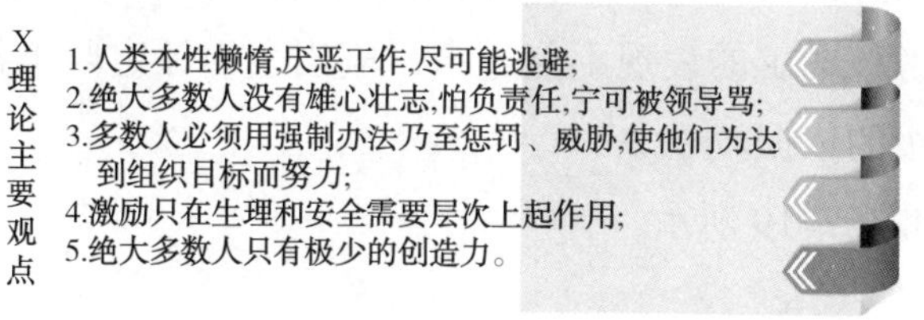

图 7-17 X 理论主要观点

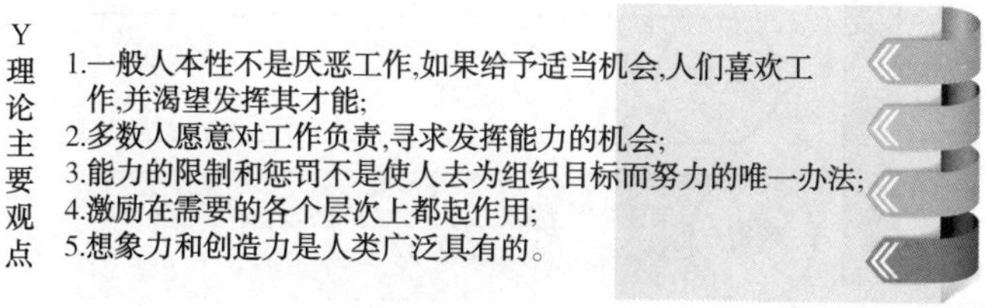

图 7-18 Y 理论主要观点

4. Z 理论

日裔美籍管理学家威廉·大内，Z 理论创始人，1981 年在《Z 理论——美国企业界怎样迎接日本的挑战》中最早提出企业文化概念。

美国式的管理模式称作“A 型”，日本的企业管理模式称作“J 型”，大内把这种兼有美、日长处的管理模式称作 Z 理论（A+J=Z，A 为 America，J 为 Japan，Z 为 Zygote）。

Z 理论主要内容：

畅通的管理体制。管理体制应保证下情充分上达；应让职工参与决策，及时反馈信息。特别是在制定重大决策时，应鼓励第一线的职工提出建议，然后再由上级集中判断。

基层管理者享有充分的权利。基层管理者对基层问题要有充分的处理权，还要有能力协调职工们的思想和见解，发挥大家的积极性，开动脑筋制定出集体的建议方案。

中层管理者起到承上启下的作用。中层管理者要起到统一思想的作用，统一向上报告有关情况，提出自己的建议。

长期雇佣职工，及时整理和改进来自基层的意见。企业要长期雇佣职工，使工人增加安全感和责任心，与企业共荣辱、同命运。

关心员工的福利。管理者要处处关心职工的福利，设法让职工们心情舒畅，营造上下级关系融洽、亲密无间的局面。

创造生动的工作环境。管理者不能仅仅关心生产任务，还必须设法让工人们感到工作不枯燥、不单调。

重视员工的培训。要重视职工的培训工作，注意多方面培养他们的实际能力。

职工的考核。考核职工的表现不能过窄，应当全面评定职工各方面的表现，长期坚持下去，作为晋级的依据。

Z 理论三要素如图 7-19 所示。

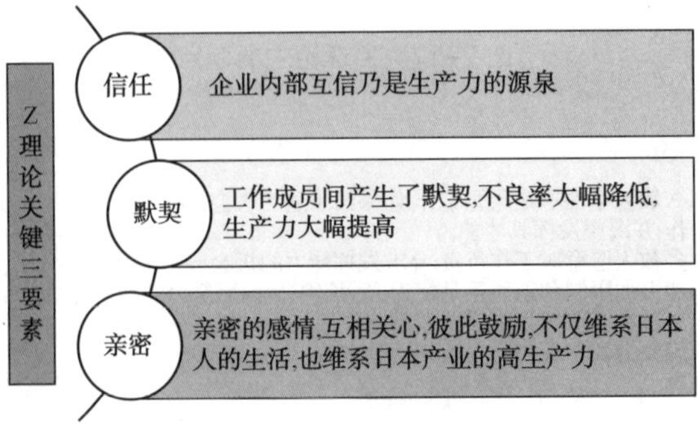

图 7-19　Z 理论三要素

5. 奥德佛的 ERG 理论

ERG 理论是生存（Existence）、相互关系（Relatedness）、成长（Growth）三核心需要理论的简称。它是美国耶鲁大学组织行为学教授奥德佛在大量实证研究基础上对马斯洛的需要层次论加以修改而形成的一种激励理论。生存需要，即提供一个基本的物质生活条件。这包括马斯洛认为的生理需要和安全需要的项目。相互关系需要，即维持人与人之间友善关系的愿望。这与马斯洛的爱的需要和尊重需要里的外部因素相一致。成长需要，即人们希望得到发展的内心愿望。这包括马斯洛的尊重需要的内在因素和自我实现需要的各项内容。ERG 理论与马斯洛五种需求理论的关系如图 7–20 所示。

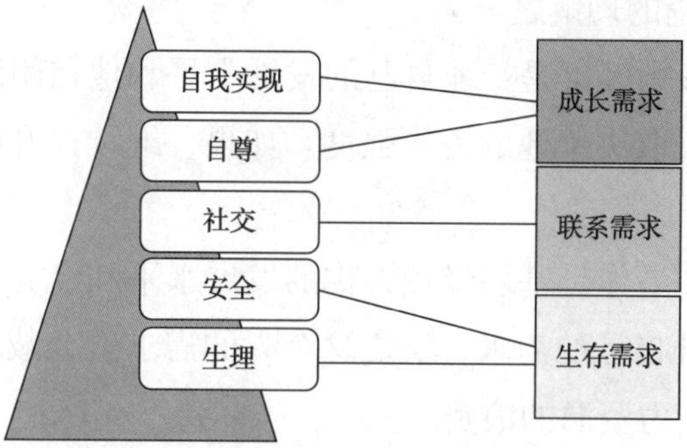

图 7–20 ERG 理论与马斯洛五种需求理论

奥德佛的 ERG 理论与马斯洛的需要层次理论有两个重要区别：

第一，需要层次理论以满足 – 前进途径 (Satisfaction–Progression Approach) 为基础；换言之，一个人一旦满足一个较低层次的需要，就要进入一个较高层次的需要。但 ERG 理论不但有满足 – 前进途径，而且有一个挫折 – 退缩 (Frustration–Regression) 的成分。挫折 – 退缩即描述一个较高层次的需要未得到满足或受挫，而将较大的重要性或欲望置于下一层的需要之上。成长的需要受挫后导致对关系的需要有较大的欲望。

第二，ERG 理论表明，在某一时间可有一个以上需要发生，这是与需要层次理论不同的。

对奥得佛 ERG 理论的理解之一：

人的需求不是由低向高递进的，而是多种需求同时存在的，都希望能够获得满足；当一个人的需求遇到挫折的时候，他会选择降低自己的需求，每一个人都需要同时获得多种需求的满足，当无法满足时就会退到下一个层级需求。

对奥得佛 ERG 理论的理解之二：

在一个组织内，每一个人都需要获得多种需求的满足，如果需求得不到满足，就会退到下一级的需求，顺序是成长→联系→生存。如果一个组织内人员都不流动，不是因为员工需要发展，而是生存需求得到满足，这样组织肯定得不到发展，会成为没有激情的一潭死水。解决办法为实行绩效考核优胜劣汰。

案例　许继集团的三个企业“生死线”

员工的流动和淘汰率低于2%是“死亡线”，6%是“生存线”；收入中活的部分（奖金）低于15%是“死亡线”，40%是“生存线”；中高层技术和管理人才比例低于10%是“死亡线”，20%是“生存线”。

对奥得佛ERG理论的理解之三：

确定人的需求的影响因素是：他自己的发展水平和他在团队中的经验。在一个组织中，一个人的发展，取决于他的需求强度。如果，继续提升的空间已经很小了，他的需求强度就会减弱。

在一家公司内，如果你是基层经理，你的发展水平和经验告诉你，你可以争取更高的职位，你就会提升自己的需求，反之这个人的需求就会减弱。当一个人放弃成长需求时，对公司就是人力资源的浪费。

联系需求是三种需求的纽带，团队、参与是安全文化建设的关键词。ERG理论的应用如图7–21所示。

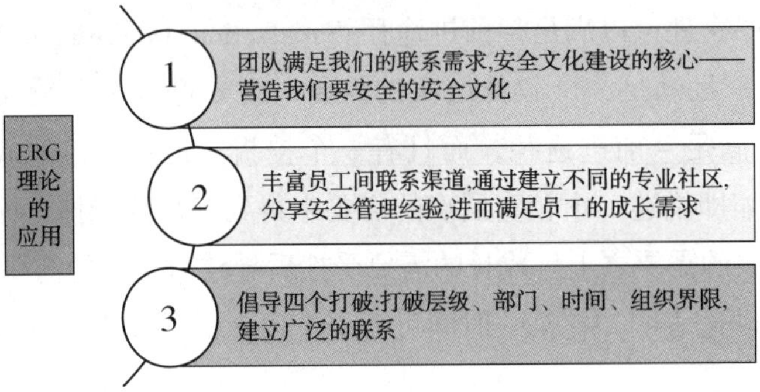

图7–21　ERG理论的应用

6. 麦克莱兰“成就需要”理论

大卫·麦克莱兰(David McClelland)等提出了成就需要理论，他们认为个体在工作情境中有三种主要的动机或需要，如图7–22所示。

对“成就需要”理论的理解之一：

人们需要外激励，不要以为每个人会自己找事情做，会以很高的标准要求自己，

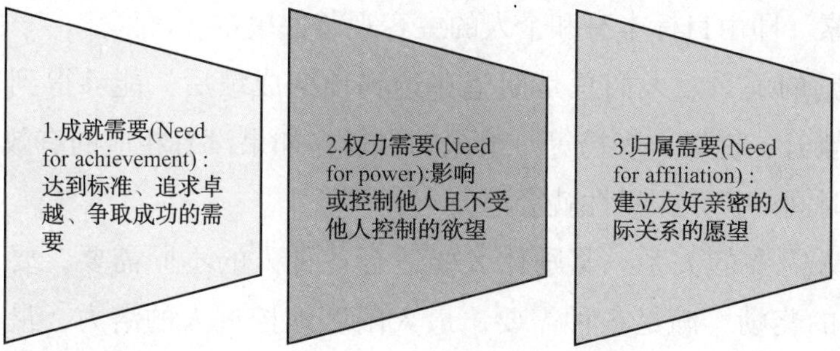

图 7-22　麦克莱兰“成就需要”理论

不要以为每个人都能把事情做好。

管理观点：员工只做你检查的，不做你希望的。

对成就需要理论的理解之二：

要想尽办法激发人们内在的成就欲望，因为只有激发内在的欲望，人们的成就才会真正获得。

管理观点：愿意是做好工作的大前提。

员工在进行工作时，需要同时具备四个基本“条件”：愿意工作，知道怎么样工作，具备工作的客观条件，能克服工作时遇到的困难。

愿意工作是大前提，员工的责任心永远是第一位的。工业事故的发生，绝大多数与人的因素有关，有的行业和一定的时期甚至高达 90%，而人的因素中思想麻痹、习惯性违章是重要原因。

7. 弗隆的期望理论

弗隆的期望理论认为，人总是渴求满足一定的需要并设法达到一定的目标。这个目标在尚未实现时，表现为一种期望，这时目标反过来对个人的动机又是一种激发的力量，而这个激发力量（激励 Motivation）的大小，取决于目标价值（效价 Valence）和期望概率（期望值 Expectancy）的乘积。

怎样使激发力量达到最好值，弗隆提出了人的期望模式，如图 7-23 所示。

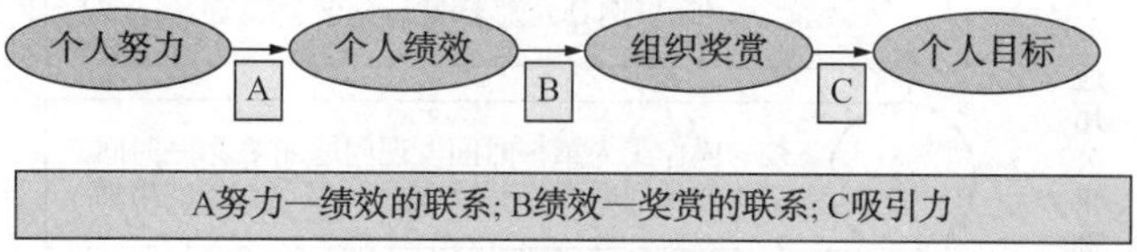

图 7-23　弗隆的期望理论

在这个期望模式中的四个因素，需要兼顾三个方面的关系：

努力和绩效的关系。这两者的关系取决于个体对目标的期望值。期望值又取决于目标是否适合个人的认识、态度、信仰等个性倾向，及个人的社会地位，别人对他的期望等社会因素。即由目标本身和个人的主客观条件决定。

绩效与奖励的关系。人们总是期望在达到预期成绩后，能够得到适当的合理奖励，如奖金、晋升、提级、表扬等。组织的目标，如果没有相应的有效的物质和精神奖励来强化，时间一长，积极性就会消失。

奖励和个人需要的关系。奖励什么要适合各种人的不同需要，要考虑效价。要采取多种形式的奖励，满足各种需要，最大限度地挖掘人的潜力，最有效地提高工作效率。

弗隆期望理论的应用：

设计一个板凳指标（踩着板凳能够着的指标），设计与选择适当的外在目标，使其既给人以成功的希望，又使人感到值得为此而奋斗。

需要一个员工可信任的展示平台，鼓励员工既要出色地工作又要出色地展示自己的工作。

抓好过程控制，要想时钟走得准确，就要控制分针的运行。

承诺要兑现，不管多少人达到目标，都要兑现当初的承诺。

华为公司：“只要过了汶川救灾线，尿了裤子的也是英雄，一共 427 名人员，都发了金牌。有一点点成绩就是英雄，将来才有千军万马上战场。”

8. 亚当斯的公平理论

公平理论又称社会比较理论，由美国心理学家约翰·斯塔希·亚当斯（John Stacey Adams）于 1965 年提出。该理论是研究人的动机和知觉关系的一种激励理论，认为员工的激励程度源于对自己和参照对象的报酬和投入的比例的主观比较感觉。

公平感直接影响职工的工作动机和行为。因此，从某种意义上来讲，动机的激发过程实际上是人与人进行比较，做出公平与否的判断，并据以指导行为的过程。公平理论的应用如图 7-24 所示。

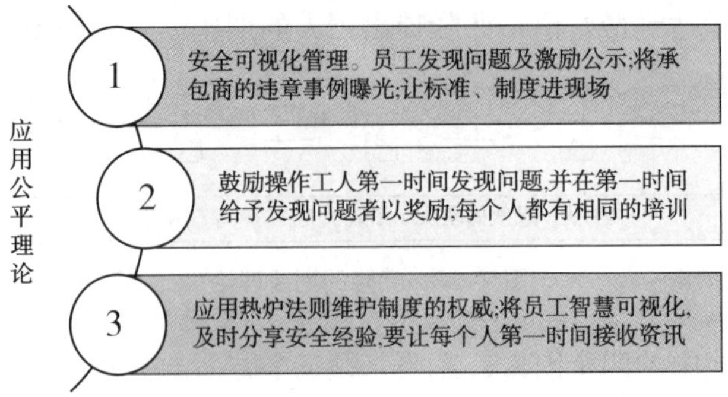

图 7-24　公平理论的应用

9. 斯金纳强化原理

斯金纳是美国心理学家，新行为主义心理学的创始人之一。他认为，强化是指“使反应发生概率增加，或维持某种反应水平的任何刺激”。

斯金纳强化原理主要观点：

凡是提高反应概率的任何事件都可以起强化作用，强化并不一定是一种令人愉快的刺激，在一种情境中起强化作用的刺激，在另一种情境中并不一定起强化作用，对某一个人起强化作用的刺激，对另一个人并不一定起强化作用。

斯金纳强化原理的应用如图 7–25 所示。

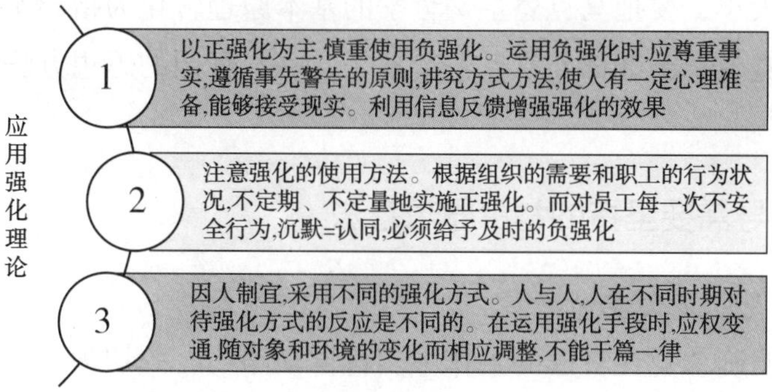

图 7–25　斯金纳强化原理的应用

第二节　领导干部要善于锤炼思想方法和工作方法

毛泽东同志 1939 年在延安讲述过一段非常深刻的话，他说：“我们队伍里边有一种恐慌，不是经济恐慌，也不是政治恐慌，而是本领恐慌。”今天，面对 21 世纪新的机遇和新的挑战，我们领导干部身上，也在一些方面、一定程度上出现了“本领恐慌”。

缺乏用科学理论指导实践的本领，不善于把科学理论和上级精神解码为本单位的工作方法和具体行动；不能系统思考问题，更不能跳出本单位的小圈子站在全局考虑问题，工作上分不清主次，不善于抓住主要矛盾和矛盾的主要方面，工作辛辛苦苦、忙忙碌碌，但忙不到关键上。

缺乏做好群众工作的本领，简单重复思想政治工作的老办法、老方式，思想政治工作弱化。

缺乏协调关系、化解矛盾、理顺情绪、凝聚人心的本领。对坚持以人为本、满足员工成长需求认识不足，形成对员工的关心停留在表面上。

缺乏积极性、创造性开展工作的本领，缺乏工作激情，没有一股干好工作的狠劲，也缺乏始终如一干好工作的韧性。找不出本单位影响发展的重要问题，眼界又不宽，不能从系统内外的先进标杆中找到突破，安于现状，小富即满，小胜即安。

之所以出现"本领恐慌"，根子在于不懂得马克思主义哲学，不善于运用辩证唯物主义和历史唯物主义的观点处理问题，学习哲学、提高领导干部的哲学素质是领导干部做好工作的基础，哲学素质说到底是个世界观和方法论问题，领导干部要防止和克服主观主义、经验主义，使自己工作具有原创性、系统性、预见性和创造性，哲学素养是不可少的，一个人哲学功底的高低，决定了他认识整个世界的能力，决定了他今后工作成绩的大小，要把马克思主义哲学的基本原理转化为指导实践的思想方法和工作方法，每个党员、干部都要掌握一套本领，一套管用的思想方法和工作方法，有效地指导实践。

一、基层领导需要坚持的七个思想方法

1. 坚持群众是真正的英雄

党章总纲中明确"党在自己的工作中实行群众路线，一切为了群众，一切依靠群众，从群众中来，到群众中去，把党的主张变成群众的自觉行动。"

"一切为了群众，一切依靠群众"是根本的思想路线，"从群众中来，到群众中去"是根本的工作方法。

管理观点：真理最朴素、经验在基层；每个员工都是企业的宝贵财富，员工的每一项建议都具有增值性和独特性；参与是最好的激励。

参与是最好的激励。员工参与的过程是知识管理的过程。知识被当作了生产要素，并且是起乘数效应的生产要素。企业要深度挖掘员工智慧，并将其文本化，激励员工参与管理。如丰田公司数十年如一日，致力于一线员工智慧的挖掘，成就了丰田的伟大。

图 7–26　北京奥达分公司一车间发明电葫芦防坠器

中国石化催化剂有限公司北京奥达分公司一车间发明电葫芦防坠器（图 7–26）。车间各装置在投料、筛分、掺和等操作过程中，需要频繁使用电葫芦吊装原料包装桶进行加料操作，操作人员需要在吊装桶侧下方进行连接管线、开关

阀门等操作。在电葫芦的吊装过程中，可能发生吊装钩滑脱、料桶坠落的风险，造成人员受伤、设备受损。车间迫切需要一种简单可靠的保护措施，来保障物料吊装过程中操作人员与物料桶的安全。经过车间多方比较及试验论证，选用了一种吊装的安全保护设施——防坠器。正常吊装操作时防坠器与吊物同步运行，对吊装过程不存在干扰；当吊钩滑脱时吊物迅速下落，超过正常吊装速度时，防坠器迅速锁紧防坠钢索，制止吊物继续下落，起到有效的保护作用，经过多次测试防坠效果非常理想。在使用过程中，结合装置特点，车间又采用了高强度的防腐蚀尼龙材料替代钢索。目前车间使用的电葫芦均配备相应的防坠器，现场操作人员经培训后可熟练正确使用防坠保护设施，大大降低了吊物坠落的风险。

视镜保护罩应用。一车间闪蒸釜在正常操作过程中，釜内温度高达130℃以上，釜上观察视镜外表面温度很高，如遇低温液体滴溅或硬物撞击，可能有发生视镜破裂的风险，会造成物料外漏、紧急停车，存在较大的安全环保隐患。车间集思广益，设计并制作出铝板视镜保护罩（图7-27），闪蒸釜正常运行状态下，视镜保护罩处于关闭状态，只在观察釜内情况时打开，有效防止了低温液体和硬物的接触，避免视镜受损。目前车间将视镜防护罩推广应用到各类反应釜，均取得良好效果。

图7-27　北京奥达分公司一车间应用视镜保护罩

2. 坚持答案就在现场

现场是组织和个人直接输出自己的产品和服务，产生价值的场所。现场直接创造效益，现场是知识和经验的宝库，重视现场是新型组织架构的特征，构成核心竞争力的基础；现场是员工思想状态最真实的场所。

管理观点：对基层的了解深度，决定事业的高度；生产装置是管理的第一现场；眼睛盯住市场、功夫下到现场；决不能提拔在车间走直线的人（丰田公司）；现场问题要在第一时间解决，只要你待上足够的时间，就会发现很多问题；市场是现场的动力，现场是市场的基础。

华为公司坚持“让听见炮火的人呼唤炮火”“让具备少将能力的当连长”。

河田信在《丰田管理方式》中提出经济信息层次模型的概念（表7-2），丰田生产体系是以现场为基轴的，核心理念是：问题在第一时间发现、解决，问题一露头就把它敲掉。

表 7–2　经济信息层次模型

层次	像态	信息种类	信息特征	信心对象	表现形态	旧的管理	新的管理
第三层次	结构像	数据	货币维度	会计信息	数值	控制	测定
第二层次	显像	数据	物量维度	生产信息	数值	控制	测定
第一层次	实像	非数据	现地现物	现场信息	短语	无	控制

坚持工作第一、自动自发，始终保持工作激情。“答案就在现场”，把功夫下到现场，在实干中磨炼思想品质，丰富自己的工作方法，白天“走、干、讲”，晚上“读、写、思”。

上海立得催化剂有限公司在 HSE 管理方面强调“将功夫下到现场”，公司安全环保监察部共有 4 人。其中两人是现场安全管理人员，其办公室设在中控室（图 7–28），保证有一人在现场进行安全监察，并形成日、周、月报，现场安全监察的内容涵盖生产经营的全过程，既有特殊作业环节的管理，也有装置开停工的管理、劳动纪律管理。负责现场监管的两人工作经验丰富，责任心强，一人是注册安全工程师。

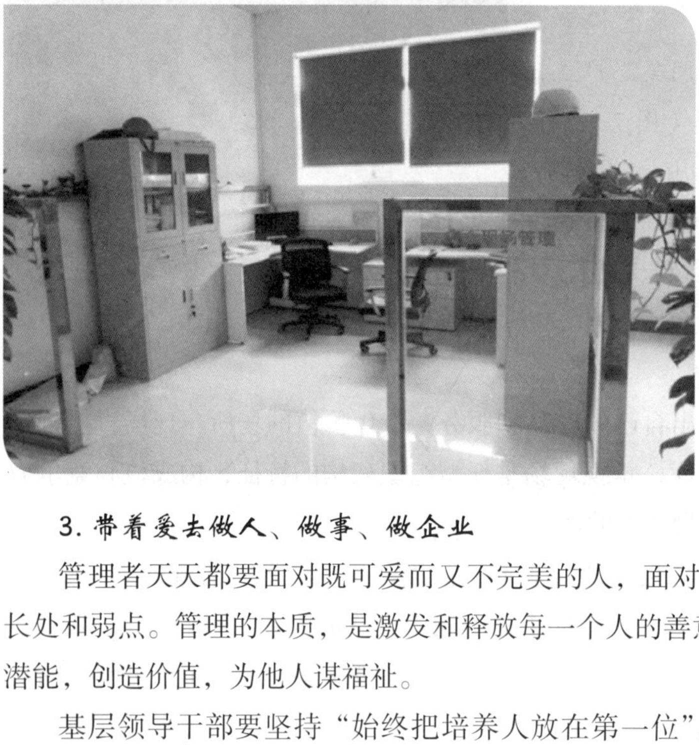

图 7–28　安全管理人员工位

3. 带着爱去做人、做事、做企业

管理者天天都要面对既可爱而又不完美的人，面对人性中的善与恶，人的潜能、长处和弱点。管理的本质，是激发和释放每一个人的善意，激发和释放人本身固有的潜能，创造价值，为他人谋福祉。

基层领导干部要坚持“始终把培养人放在第一位”，狠抓队伍作风训练不放松，如果对员工爱得不够，就不敢严格要求，严不起来、狠不到位，队伍作风建设松松垮垮，也就没有战斗力了。

管理观点：严是爱、松是害；“积善行、思利他”；“用人不狠、队伍不稳”；“把纪律和规矩挺在前面”。

管理的核心是爱，做一个服务型领导。

倾听——能够主动真诚地倾听他人的声音，并定期进行反思；

换位思考——努力理解他人，接受和认同他人的独特性；

预见——善于总结，能够预见当前的决策对未来的影响；

管家——把为他人服务作为首要的和最重要的责任；

员工成长承诺——能够对员工的成长发自内心的承诺；

社区建设——致力于建立亲密人际关系的社群等。

稻盛和夫坚信不疑的“真理”：我们每一个人都以充满着“爱、真诚与和谐”之心去生活、去工作，那就意味着与引导万物向好的方向发展的宇宙的潮流相一致，这样我们的经营就会顺畅，人生就会美满。

联邦快递用员工子女的名字，来给新买的飞机命名，不但把孩子的名字漆在飞机上，而且把孩子和他的家人送到飞机工厂，参加命名仪式。至今已有600架飞机是这样做的。

4. 思考问题上行一级

思考问题上行一级，站在上级的角度考虑问题，是一种进步的思维方式，是建立融洽工作关系的正能量。

思考问题上行一级，培养自己的大局意识，增强对工作的把握能力，是出色完成任务的工作方式。

思考问题上行一级，提前在心智、能力、经验上对自己进行磨炼，打下发展基础，是一种进步的方法。

“跳出三界外，不在五行中”，现在的竞争，不是行业内的竞争，跨界竞争成为时代特征。

管理观点：眼界决定境界，格局决定结局；上行一级想问题、下沉一步做事情；往大了想、向实处行。

中高层干部最容易出现的问题有本位主义——屁股决定脑袋；其次是急功近利——捡了芝麻丢了西瓜，短期目标与长期目标的平衡；还有就是圈子利益——山头林立各自为战，大团队的战略与小团队的发展的取舍。一个好的中高层干部，在思维上至少要有开阔的眼界、宽广的胸怀。

5. 管理深处是哲学

哲学是关于世界观的理论体系，是关于自然知识、社会知识和思维知识的概括和总结，是世界观和方法论的统一。哲学是一种思维方式，哲学是一种看问题的视角，哲学是一种解决问题的方法，哲学也是人类自身的内在精神需求。

李瑞环曾说："哲学是'明白学'，许多事情只有学了哲学才能真正明白"；"哲学是'智慧学'，学了哲学可以使人变得聪明，脑子活、眼睛亮、办法多，不管什么时候、干什么工作都会给你方向、给你思路、给你办法"；"你的工作越变化、越新，哲学就显得越有用；你的地位越高、场面越大，哲学的作用也越大；你碰到的问题越困难、越复杂，哲学的效力越神奇；面对的问题越关键，哲学发挥的作用越关键。"

哲学在安全管理中应用：

1）否定之否定规律。应用"否定之否定"规律，善于查找、发现安全隐患问题，通过创新思维组织解决，使生产装置更趋安全。

中国石化系统开展的查找身边十大薄弱环节活动；中国石化燕山石化公司开展的每月最差十台泵分析活动。

2）对立统一规律。矛盾是事物发展的源泉和动力，而矛盾又是对立统一的，所以对立统一是事物发展的动力。生产与安全就是一对矛盾统一体，所以两者是相互依存的，缺了哪一个，另一个就失去了存在的意义。人类改造征服自然的能力、生产力越大，事故也就具有更大的破坏性。

2019年我国列入危化品目录的有2800多种，企业有21万多家，有生产的、经营的、储存的、运输的各类企业。2018年化工行业产值14.8万亿元，占全国GDP的13.8%，占全球化工产值的40%，居世界第一。

3）普遍联系规律。利用事务的普遍联系规律，注意分析关联因素的变化避免因改造带来新的安全隐患。

任何事故都是组织错误，都可以追溯到管理原因，我们在分析事故时要采用根原因分析法，发现问题背后的问题。反思我们的管理缺陷、管理体系、安全文化的问题。

4）质量互变规律。正确理解质量互变规律，提前预防，避免事故的发生。质量互变规律揭示事物、现象由于内部矛盾所引起的发展是通过量变和质变的互相转化而实现的。

现场的"低老坏"问题就是事故的基础，格瑞斯特定律也启示我们，安全工作要抓基层、抓细节、抓坚持。

5）发展运动变化的观点。运用发展、运动、变化的观点，把握变化带来的安全问题。发展的观点是唯物辩证法的一个总特征。

"没有变化就没有事故"，MOC要求不但要在装置技术改造、设备更新时进行危害识别和风险评估，也要考虑当体制、机制变化时对安全工作的影响。

6）必然和偶然的关系。必然性总要通过大量的偶然性表现出来，没有脱离偶然性的纯粹的必然性。偶然中存在必然。

墨菲法则："会出错的总归会出错。"

"安全源自设计"，安全效益金字塔——系统设计 1 分安全性 =10 倍制造安全性 = 1000 倍应用安全性，不安全的设计是最大的隐患。

6. 只有完美的团队

团队是由员工和管理层组成的一个共同体，为了共同的目的和业绩目标组合在一起，该共同体合理利用每一个成员的知识和技能，协同工作，相互信任并承担责任解决问题，以期实现共同的目标。

好的团队特征：角色齐全、尊重差异、用人之长、容人之短、主动补位。

团队建设六原则：平等友善、善于沟通交流、谦虚谨慎、及时化解矛盾、乐于接受批评、富有创造性。

团队建设激励方法：

目标激励，让员工每天都有奔头。以统一的目标引导员工同舟共济；把公司目标分解到个人；让激励成效显著——目标可视化；天天看到"梦想板"完美目标。

奖励激励，搭建合适的薪酬模式。把握好奖惩时机、该出手时就出手；奖励推陈出新；运用合理的不公平让员工有压力；注意奖励不当，反受其乱。

发展激励，满足员工成长需求。全力打通所有的晋升渠道；把事情做在前面者获得晋升；别"捧杀"好"士兵"。

参与激励，在员工充分参与中实现自我满足。让员工参与决策；以人名命名某项事物；征询意见，倾听对方的心声；让激情像"病毒"一样传染。

管理观点：只有完美的团队，没有完美的个人；登山者的高度，取决于他的同伴；越分享越有的分享、越分享越值得分享；愿意帮助别人、愿意接受别人的帮助。

案例 戚家军的鸳鸯阵

鸳鸯阵，是戚家军一种独特的军阵方式，以 12 人为一小队，12 名士兵中 2 人持短刀，4 人持长枪，2 人持狼筅（一种竹制武器），2 人持盾牌，还有一人为火兵，一人为队长。进攻的时候队长指挥，盾牌掩护，长短兵器配合攻击，进可攻退可守。现代军事学家普遍认为，在冷兵器时代，鸳鸯阵是一种几乎无懈可击的军阵，该军阵的核心优势就是"协作"，将士兵之间的团队作战能量与协作能力发挥到极致。

7. 总是积极向上的正能量

正能量指的是一切予人向上和希望、促使人不断追求、让生活变得圆满幸福的动力和感情。人们微笑是因为快乐，同时人们也会因为微笑而变得更加快乐。人们主动表现出来的工作、生活态度，可以让我们变得更加自信、充满活力，也更有安全感。

充满正能量的人是一个能让你变得更好的人，管理者自身表现出来的正能量，就是要以自己积极向上的工作、生活态度影响别人，要像一束光那样，靠近你就靠近光明。跟这样的人在一起，感觉是安全的，放松和愉悦的，会让你感受到生命的光泽、意义和生活的趣味。

管理观点：不干，半点马克思主义都没有；凡事往最好的方向去想；今天的事再晚干完也是早，今天的事明天再早干完也是晚。

出色工作五部曲（图 7-29）：

接受任务：拒绝借口、积极响应；

预先策划：把工作做在前面，带着至少两种解决方案去请示汇报；

主动回复：有问必答、主动回复、不问也答，成也报、败也报、平常也报；

事后总结：每日一反思、事事都总结，建立最新版的工作方案；

乐于分享：越分享越有的分享、你的影响力取决于你的分享面。

图 7-29 出色工作五部曲

二、基层领导需要坚持的七个工作方法

工作方法是指领导者为达到一定的目的，遵循领导活动规律而采取的各种方式、手段、途径、程序、步骤、措施、技巧等方面的总和。

早在 20 世纪 30 年代，毛泽东就专门论述了“注意工作方法”的问题。他把任务与方法的关系比作“过河”与“桥或船”的关系，指出：“不解决桥或船的问题，过河就是一句空话。”

1.“一锤一锤钉钉子”的一抓到底法

毛泽东《党委会的工作方法》中提出要“抓紧”！抓而不紧，等于不抓。

一抓到底法，是“蹄疾步稳、急而不躁”的循序渐进法，基于过程思维，注重量变和质变的转化关系、转化时机和条件。比如，管理者要善于抓小事，抓反复、反复抓，抓出一个成功的模式，从而带动一批事的好转；抓事育人，抓出员工思想观念、工作作风的转变。

咬定青山不放松，一抓到底，步步为营，避免半途而废。

管理观点：

一分部署，九分落实。

天下大事必做于细，古今事业必成于实。

没有落实，再伟大的目标也是一句空话；

没有落实，再周密的计划也是纸上谈兵；

没有落实，再严格的制度也难发挥作用。

工作部署有千招万招，不抓落实也是没招；

规章制度有千条万条，不抓落实也是白条。

开会 + 不落实 =0，布置工作 + 不落实 =0；

抓住不落实的事 + 追究不落实的人 = 落实。

成功者常改变方法而不改变目标，失败者常改变目标而不改变方法。

做法：

安排工作有“三记”“四有”：

“三记”：记数字、记日子、记名字。

“四有”：工作有计划、行动有方案、步步有确认、事后有总结。

生产现场的清爽整洁是保证装置安稳运行的第一条件。

素质源自训练，经过千百次训练，使员工第一反应是正确的，一出手就非常精准。

针对发生的事故，应用 3E 事故预防原理，寻求高一级的解决方案，从工程技术角度出发，防止由于人的不安全行为引发事故。

案例 美国纽约地铁犯罪率为什么降低了?

1994 年 2 月，威廉·布拉顿（William Bratton）被任命为纽约市警察局局长。当时纽约的地铁被认为是“可以为所欲为、无法无天的场所”，针对纽约地铁犯罪率的飙升，纽约市交通警察局局长布拉顿以“破窗理论”为师，虽然地铁站的重大刑案不断增加，他却全力打击逃票。结果发现，每七名逃票者中，就有一名是通缉犯；每二十名逃票者中，就有一名携带凶器。结果，从抓逃票开始，地铁站的犯罪率竟然下降了，治安大幅好转。他的做法显示出，小奸小恶正是暴力犯罪的温床。因为针对这些看似微小却有象征意义的违章行为大力整顿，却大大减少了刑事犯罪。

2.“解剖麻雀、以点带面”的典型引路法

毛泽东同志一直都喜欢用“解剖麻雀法”来研究问题，通过调查研究发现典型，用典型引路也是基层管理者的最基本工作方法之一。

要坚持辩证唯物论的认识论，普遍性寓于特殊性之中，特殊性也离不开普遍性。典型属于特殊性，但典型一定孕育在广大员工之中，基层领导手中有典型，员工身边有样板，才会在员工中产生巨大的劳动热情。

管理观点：

管理理念观点化，管理要求可视化；

领导手中有典型，员工身边有样板；

越分享越有的分享，越分享越值得分享；

善于发现→善于挖掘→善于培育员工的闪光点。

做法：

管理者要直面一线，要善于发现→不断挖掘→精心培育员工的闪光点，通过典型、样板明确公司主张，让职工感到“榜样就在身边”，实现管理可视化；

员工在工作之外的出色表现也要给予赞扬和认可；

抓典型案例，用事实说话、用数据说话。

案例　第一个喊出“向王铁人学习”的人

“向王铁人学习”的口号就是余秋里在王进喜搬运钻机后喊出的，余秋里指着他说：“同志们，这就是王进喜。我们大会战中的第一个英雄！为了工作，他连续54个小时没有离开井场。这是什么？这就是我们工人阶级的觉悟！房东大娘管他叫‘铁人’，同志们，铁人啊！这是一个光荣的称号！会战指挥部号召所有参战的职工，都要向铁人王进喜同志学习，学习他高度的阶级觉悟和共产主义风格。”讲到这里，余秋里带头挥动右臂高呼：“向王铁人学习！”

3.“干着指挥、带头冲锋”的直面一线法

基层领导干部要敢担当、勇奋斗，善于带头、善于率下。倡导“走动式管理”，把生产装置当作管理的第一现场；要求员工做到的，自己首先要做到。

管理者获得追随者的三种能力：

“跟我来”——令人信服的远见卓识；

“看我的”——令人信服的表率作用；

“一起干”——令人信服的精神力量。

管理观点：

终端问题就是领导问题；

最好的思想政治工作是干在前面；

其身不正，虽令不从；

有问题现场解决；

现场是不能等待的世界。

做法：

越级检查，不越级指挥；

工人三班倒，班班见领导；

领导干部承包本单位最大风险点；

建立关键装置重点部位安全管控模式。

杰克·乌尔奇在他的管理生涯中，与员工们一起工作、一起思考、一起兴奋、一起辩论，使得乌尔奇在获得许多鲜活思想的同时，也切实掌握了公司体制运行情况；沃尔玛的创始人山姆·沃尔顿，一周中至少有三天要在各地查看商店，他说："走进商店，倾听同事们的建议，是我们成功的关键。最重要的是每个人都要参与，我们最好的想法都来自店员和上货工人。"

4."向群众学习"的参与激励法

毛泽东说过"没有满腔的热忱，没有眼睛向下的决心，没有求知的渴望，没有放下臭架子甘当小学生的精神，是一定不能做，也一定做不好的。"基层管理者，要向员工群众学习，要使员工真正参与到管理中来。

根据日本公司和美国公司的统计，实施参与管理可以大大提高经济效益，一般都可以提高 50% 以上，有的可以提高一倍至几倍。

日裔美籍管理学家威廉·大内提出的 Z 理论认为，组织的成功离不开信任、微妙性与亲密关系，因此可以以坦白、开放、沟通作为基本原则来实行"参与式管理"。

参与是最好的激励，其根本目的在于调动员工积极性，在于深度挖掘员工智慧。

管理观点：

群众是真正的英雄；

参与是最好的激励；

班组是预防事故的第一阵地；

员工经验的浪费是最大浪费；

班组长是思想政治工作的主体。

做法：

TPM（全员生产维护）、TQM；

《安全须知征集活动》；

《非计划停工事故案例汇编》；

开展安全经验分享活动；

开展创新创效成果冠名活动；

开展安全文化活动；

开展《自主安全班组管理》活动；

开展人人（党员、技师、领导干部、工程师、承包商）上讲台活动。

5.“邻里失火，自查炉灶”的举一反三法

毛泽东同志说“错误和挫折教训了我们，使我们变得更加聪明起来”。所谓“举一反三”，就是从一件事情类推而知道其他许多事情。

举一反三法，就是要放大自己的、他人的成功经验，扩展到其他专业、不同的领域；就是要根据自己的、他人的事故教训，采取一揽子解决方案，消除同类事故隐患。

“邻里失火，自查炉灶。”善于从别的单位发生的一些事故中总结带有规律性的教训，增强忧患意识，防患于未然，对于减少自己工作中的挫折、少犯类似的错误、增强工作的针对性、主动性和有效性，有着非常重要的意义。

在安全管理中，我们要时常把其他单位发生的事故乃至别人身上存在的问题，进行一下对号入座，认真预防类似隐患和苗头，防微杜渐，变事后处理为预先分析，变被动整治为主动管理，把可能发生的事故消灭在萌芽状态，才能牢牢把握安全生产的主动权。如果因为自家没事，而对“邻里失火”不以为然，或者只把别人的事故教训当作“故事”，麻痹大意，往往容易重蹈别人的覆辙，让安全生产蒙受无谓的损失。

管理观点：

事故是重要的管理资源；

智慧是经验的积累；

差距就是潜力。

做法：

安全管理的三个阶段：安全管理的初级阶段（痛苦学经验阶段）——用自己的惨痛教训获得经验，分析自己出事的原因，避免类似事故发生；安全管理的中级阶段（高明学经验）——以别人惨痛教训为自身经验，分析别人出事的原因，避免自己发生事故；安全管理的高级阶段（真智慧）——分析别人不出事的原因，提升自己不出事的能力。

中国石化燕山石化炼油二厂在大检修之前，编制《全国炼油厂大检修期间事故案例汇编》，在正式检修之前，组织全体参加检修的员工和承包商学习，丰富了员工的安全知识，提升了员工的安全意识，最后，该厂大检修过程中实现了零事故、零伤害。

6.“十个指头弹钢琴”的统筹兼顾法

分清任务的轻重缓急，讲究工作的先行后续，找准节奏、分配力度，避免抓点丢面、抓小丢大、抓枝节丢大局、抓小势丢大势。

毛泽东说：“弹钢琴要十个指头都动，不能有的动，有的不动。但是，十个指头同时都按下去，那也不成调子。要产生好的音乐，十个指头的动作要有节奏，要相互配合。”

管理观点：

打鼓打到重心处、工作抓到要害上；

一把抓不如抓一把；

多考虑应该做什么，少考虑能够做什么；

做好时间管理，做自己的主人；

不谋全局者不足谋一域；

每天三件事：必须做的事，应该做的事，可以做的事。

做法：

要分清轻重缓急。轻重缓急是指各项工作有主要的和次要的，把最重要最紧迫的放在第一位。要善于紧盯大事要事打攻坚战、紧盯急事难事打歼灭战、紧盯薄弱环节打持久战，牢牢把控工作节奏、力度和质量，善于抓本质、抓重点、抓关键，切实做到“打鼓打到重心处、工作抓到要害上”。

要抓本质，就是要善于透过现象看本质，知其然更要知其所以然，客观全面、深刻系统、辩证历史地看问题，坚持“打破砂锅问到底”，深挖细查，为工作打牢基础。

抓重点，就是要抓主要矛盾和矛盾的主要方面，始终能分清主次、合理布局工作力量，以重点带动一般，不平均用力、不撒胡椒面，不“眉毛胡子一把抓”，要把好钢用在刀刃上。比如，每一天、每个时段总有一件事是最重要的，就像大检修中要确定关键线路、关键节点。

抓关键，就是要把握关键少数，掌控关键环节，认准关键时机，“射人先射马，擒贼先擒王”，牵牛牵住牛鼻子，打蛇打到七寸上，牢牢把握工作主动权，集中精力，扭住不放，持续用力，善作善成。

抓协调，不能一提抓重点，就搞“单打一”，忽视全面，不顾整体；一提全面发展，就全线平推，眉毛胡子一把抓。比如，大庆油田会战期间，提出的“生产任务越紧张，练兵越要劲”，把艰苦的、困难的、紧急的工作，作为培训员工最好的课堂。

案例 丁谓修复皇宫

丁谓修复皇宫的故事众所周知，他的措施很巧妙，当他解决一个问题时又为下一个问题的解决做好了铺垫，这使他用了很少的时间和经费就修好了皇宫。他充分把握了各个要素之间的相生关系，运用“大道变河道”“挖土来烧瓦”“废墟填河道”这三个事件之间互相关系，使整个工程系统向有序并且理想的方向发展，最终达到修复皇宫按期完成的效果。在这个过程中，系统的每一个环节都彼此之间相连，破坏了其中任何一个事件，整个工程系统都会受到影响。

7.“从最坏处准备，向最好处努力”的底线思维法

把工作想在前、做在前，做到有备无患、遇事不慌、牢牢把握主动权。

管理观点：

从最坏处准备，向最好处努力；

把工作做在前面；

安全是“三基”的目标，“三基”是安全的基础；

安全管理说到底是对于人的管理；

现场的清爽整洁是安全的第一条件。

做法：

石油石化行业高温高压、易燃易爆、有毒有害；资源、资金和技术密集、产业关联度高、经济总量大；装置大型化、运行周期长、原料多样化、劣质化等，事故呈现小概率、大后果的特点。基于“从最坏处准备，向最好处努力”的底线思维法，基层单位应该明确：

安全是“三基”的目标，“三基”是安全的基础，踏踏实实坚持抓“三基”；

再严格的管理、再先进的技术，也不能保证不出事，安全管理说到底是对于人的管理，对人的管理，必须上升到文化管控才能有效，老老实实坚持抓安全文化建设；

“低、老、坏”是事故的基础，“脏、乱、差”就是隐患，现场的清爽整洁永远是安全的第一条件，认认真真地坚持抓“5S”管理；

80% 的事故是由于“三违”造成的，85% 的人身伤害受害者本人原本可以避免，要求员工坚持 SOP（标准作业程序），建立负面清单，规范员工的操作行为；

很多事故反映出，员工在应急情况下第一反应不正确，致使事故扩大，为此，要强调以班组长为核心的日常无准备的应急演练；

设备是装置的肌肉和骨骼，要紧紧抓住薄弱环节，抓好关键易损部件的管理，建立使用台账并定期更换。

三、努力提升职业化素养

所谓职业化，就是一种工作状态的标准化、规范化、制度化。即在合适的时间、合适的地点，用合适的方式，说合适的话、做合适的事。从内容上而言，职业化包含职业化素养、职业化行为规范和职业化技能三部分内容。从对象上而言，职业化则可分为个人职业化、团队职业化和管理职业化。

职业化素养包括职业道德、职业意识、职业形态等内容。职业化素养是职业化中最核心的内容，如果把整个职业化比喻为一棵树，那么职业化素养则是这棵树的根系。美国著名杂志《哈佛商业评论》曾经评出 9 条职业人应该遵循的职业道德，即诚实、正直、忠诚、公平、关心他人、尊重他人、守信、承担责任、追求卓越，这些都是最基本的职业化素养。

职业化行为规范首先是尊重和遵守行业和公司的行为规范，使自己的思维和行为符合自己的身份——“看起来像那一行的人”。职业化行为依据不同的职业和职位，其包含的内容也有差异，但优秀的自我管理和情绪调节能力、卓越的时间管理能力、自我工作提升能力、学习能力等是必须掌握的基本能力。

职业化技能是企业员工对工作的一种胜任能力，通俗地讲就是你有没有能力来担当这个工作任务。工作起来“像个做事的样子”。职业化技能当然包括如学历等最基本的职业资质，也包括如从事某一种行业的职业资格认证，比如专业职称等。最重要的还是对工作的胜任能力。

如何提升员工的职业化素养，可以从以下八个方面来着手。

1. 忠诚企业，激活能量

理查德·怀斯曼在《正能量》一书中论述了“表现原理”：行为导致情绪的产生，人们可以通过对某种情绪的表现而获得相应的情绪感受。人们微笑是因为快乐，同时人们也会因为微笑而变得更加快乐。如果你想拥有一种品质，那就表现得你像是已经拥有了这个品质一样。在《正能量》一书中，怀斯曼认为正能量指的是一切予人向上和希望、促使人不断追求、让生活变得圆满幸福的动力和感情，“表现原理”决定着正能量的产生，以及让它如何被我们有效运作。

如果以“表现原理”为指导，强化行为，提升正能量，从而改变思维，使思维进一步指导行为，生活就会是另一番景象。尽情微笑，大声说话，惬意跳舞……正能量就会被驱动起来，这样得到的快乐，与在脑海中想象一些快乐的事情相比，会更加快捷、高效、持久。

如果员工始终和公司保持一致，忠诚于企业，融入公司的企业文化，就能激活内心的正能量。这样一种行为模式可以让人们变得更加自信、充满活力，也更有安全感；发挥每个人的聪明才智，为企业创造价值。忠诚于企业，时刻和公司保持一致是好员工的标志，它会开启正能量神奇之门，长期坚持下去，形成的这样一种行为模式，会使人的正能量持久稳定地制造并储备起来，有效利用正能量，就能够驱散负能量的黑暗，人生将走向辉煌。

《基业长青》的作者詹姆斯·柯林斯被媒体追问，世界上什么样的组织最没有效率？柯林斯停顿了一下说：“假如组织里的成员都有 CEO 的潜力，又不甘于现有这份工作，那问题一定大了。”杰克·韦尔奇也说过：“企业里有一种人是绝对不能用的，就是有经验、有能力、有贡献，也有威信，但不认同企业文化的人。”

忠诚是一种与生俱来的义务。你是一个国家的公民，你就有义务忠诚于国家，因为国家给了你安全和保障；你是一名企业的员工，你就有义务忠诚于企业，因为企业给了你发展的舞台；你是一位老板的下属，你就有义务忠诚于老板，因为老板给了你就业的机会；你在一个团队中担任任何一个角色，你就有义务忠诚于团队，因为团队给了你展示才华的空间；你和搭档共同完成任务，你就有义务忠诚于搭档，因为搭档给了你支持和帮助。忠诚不是讨价还价，忠诚是你作为社会角色的基本义务。忠诚并非仅是义务而没有回报。忠诚的人，能够得到忠诚的回报，以及其他想要得到的东西。恺撒大帝说过：“我忠诚于我的臣民，因为我的臣民忠诚于我。”作为员工，应当清楚，如果你给了企业绝对的忠诚，企业一定会回报你，它包括薪水以及荣誉。忠诚与回报，不一定是成正比的关系，但一定是同步增长的，忠诚度越高的员工，所创造的价值肯定越多，所获取的回报亦然。

忠诚是一种能力。忠诚在传统理解中属于一种品德，但是在企业管理范畴中，忠诚不仅仅是一种品德，更是一种能力。“忠诚已不仅仅是品德范畴的东西，它更成为一种生存技能。”美国著名的军事专家克里斯·麦克莱普博士如是说。

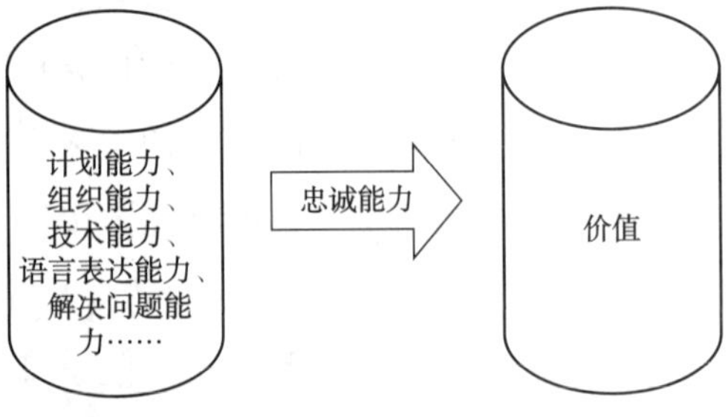

图 7-30 能力与价值关系示意图

图 7-30 是美国海军陆战队的前任教官洛里·西弗尔总结的能力与价值关系图，左边的圆筒为“技能仓库”，右边的圆筒为“价值仓库”，箭头为“技能运输通道”。不论何种技能，都必须

通过“忠诚”这一运输通道，才能为一个人所在的组织创造价值。

忠诚不是单向付出。不要把忠诚仅看成是一种单向的付出，其实自己才是忠诚最大的受益人。诚然，忠诚创造的价值大部分可能并不属于你，但对公司的忠诚一旦养成，就会积累成职业责任感和职业道德，而这些是任何一个公司、任何一个老板都需要的。忠诚就像学识那样，是个人的“私有财产”，谁也抢不走，谁也偷不走。忠诚是老板的需要，是公司的需要，是上司的需要，是同事的需要，但更是个人的需要，个人需要靠忠诚立身于社会，在剧烈的竞争中取得一席之地。

汪中求说过：“避谈金钱是一种虚伪，只谈金钱是一种浅薄。”他认为员工忠诚于公司，自身能够得到十方面的回报：

第一，让你的才华有一个施展的天地，忠诚的人从来不会怀才不遇。

第二，获取公司、老板、上司、同事对你的忠诚。

第三，让你有一个稳定的工作，而不至于像不忠诚的人那样总是漂泊。

第四，让你受到老板的重视，有机会成为老板重点培养的对象，从而获得晋升。

第五，让你比不忠诚的人获取更多的物质回报。

第六，让你分享公司的荣誉，并从内心深处体会到这份荣誉带来的快乐。

第七，让你的能力、品质随着企业的发展而成长，让你的个人品牌更具价值。

第八，让你在人才市场上更具有竞争力，让你的名字更具含金量。

第九，让你面临更多的机会，老板总是乐意把机会让给忠诚的人，忠诚的职员会被企业竞相聘用。

第十，让您的工作精益求精，成为专家级人物。

忠诚于企业，始终和公司保持一致，就是激活正能量。只有健康、积极、乐观的人才带有正能量，在日常工作中，要坚持正面思维，正如稻盛和夫所说：“凡事往最好的方向去想。”规避自私、猜疑、沮丧、消沉等负能量，不要揣摩领导的心理，绝大多数情况下，“事情并非你想象的那样”。而行动是正能量的源泉，从余世维博士给出的七条建议中可以看到，表现出主动进取的行动会带来正能量。

余世维博士的七条建议：

第一，自动报告工作进度 ——让上司知道。

第二，对上司的询问有问必答 ——让上司放心。

第三，充实自己，努力学习，了解上司的言语 ——让上司轻松。

第四，接受批评，不犯三次错误 ——让上司省事。

第五，不忙的时候，主动帮助同事 ——让上司有效。

第六，毫无怨言地接受任务 ——让上司圆满。

第七，对自己的业务，主动提出改善计划——让上司进步。

2. 工作为先，勤奋为本

从两万元起家，到2021年销售收入近6368亿元，华为公司的管理理念一直以来都是外界颇感兴趣的话题。华为低调，它的创始人任正非更低调，过去几十年里几乎看不到他出现在公众的视野中。但一个不容置疑的事实是，华为成功了。正如其创始人任正非所言："是什么使华为快速发展呢？是一种哲学思维，它根植于广大骨干的心中。这就是'以客户为中心，以奋斗者为本，长期坚持艰苦奋斗'的文化。并不是什么背景，更不是什么上帝。"这就是华为超越竞争对手的全部秘密，这就是华为由胜利走向更大胜利的"三个根本保障"。

稻盛和夫说："除了拼命工作外，世界上不存在更高明的经营诀窍。"他在年轻时就提出了"六项精进"，精进又叫作勤，即努力向善向上，只要做好，就能搞好企业，就能创建美好人生。

稻盛和夫的"六项精进"：

第一，付出不亚于任何人的努力；

第二，要谦虚，不要骄傲；

第三，要每天反省；

第四，活着，就要感谢；

第五，积善行，思利他；

第六，忘却感性的烦恼。

在他看来，"六项精进"是搞好企业经营所必需的最基本条件，同时也是度过美好人生必须具备的最基本要求。如果人们能够日复一日地持续实践这"六项精进"，人生必将更加美好，美好的程度甚至超过自己的能力和想象。稻盛和夫说："我自己的人生就是如此。""六项精进"中率先登场的就是"付出不亚于任何人的努力。"除了拼命工作以外，不存在第二条通向成功的路。他27岁时，开始经营企业，成立了京瓷公司，常常从清晨干到深夜12点，甚至凌晨1、2点，正是因为这种勤奋，才有了京瓷今天的辉煌。"工作中产生的喜悦是最大的喜悦，拼命工作是所有生物被赋予的本能。稍微有了点钱，公司刚有起色，就想偷懒，就想舒服，这种浅薄的想法也就是我们人类才有。在自然界里，这样的生物决不存在。自然界中的动植物，他们都在竭尽全力，拼命地寻求生存。在环境严酷、灼热的沙漠里，一年也不会下几场雨。有些植物趁着下雨，很快出芽、长叶、开花、结果，然后枯萎，生命过程只有短短的几周。他们在沙漠里顽强地生存，尽管生命短暂，为了留下子孙，只要有一滴水，它们就要开花结果，把种子留在地表，以待来年下雨时再次发芽。"

图 7-31　房山蒲洼乡花台生命树

在北京房山蒲洼乡花台的一座石头山上，生长着一棵茂密的大树，其顽强的生命力使人为之惊叹，被人称为生命树（图 7-31）。

稻盛和夫说，只要喜欢工作，拼命努力也不觉其苦。拼命工作是件辛苦的事情，辛苦的事情要一天天地坚持下去，必须有个条件，那就是让自己喜欢现在的工作。喜欢的事，不管怎么辛苦都心甘情愿，如果你热爱甚至迷恋自己的工作，尽管在外人看来，你是那么的辛苦，但在你自己看来却很自然，因为你喜欢自己的工作，有机会从事自己喜欢的工作，当然很好，但大多数人，没有这种幸运，一般的人都是为了生计而从事某项工作。既然如此，就有必要付出努力，让自己喜欢自己所从事的工作。

稻盛和夫说，全身心投入工作就会产生创意。竭尽全力，认真专注地工作，还有一个功效，当你每天都聚精会神、全身心投入工作的时候，低效的、漫不经心的现象就会消失。不管是谁，只要喜欢上自己的工作，只要进入拼命努力的状态，他就会考虑如何把工作做得更好，就会寻求更好的、更有效的工作方法，让每一天都充满创意。真挚、认真、不懈地努力，走投无路也不言放弃。上帝看到人类这么努力，这么执着，便不嫌人愚笨，慷慨赐予人新的智慧、新的灵感、新的启示。上帝之所以赐予人原本并不具备的卓越的想法和智慧乃是一种回报，是人拼命努力的结果。

神宗的和尚和修道的修行者们，在刻苦修行的过程中磨炼自己打磨灵魂，将心思集中到一点，抑制杂念狂想，整理自己的心绪，磨炼自己的心志，产生利他之心，会萌生好心善意，萌生出关怀他人的悲慈之心，为社会、为他人着想，并落实到行动中，造就纯粹而又高尚的人格。和修行一样，全身心地投入工作，就没有时间胡思乱想，也就是说，拼命工作和修行过程一样，能磨炼人的灵魂。

要努力从忙碌的工作中体味到人生真谛。劳动对人来说是具有更深刻、更崇高的价值和意义的行为，劳动有磨炼精神、创造人性的效果。而获得生存需要的粮食只不过是劳动的附属功能而已。专心致志、一心扑在日常工作上是最重要的，这才是磨炼精神、提高心性的尊贵的“修行”。这样，通过专心致志于一事，努力工作的人就会形成厚德载物的人格，以出色和勤劳赢得人们的尊重。劳动这种行动的尊贵就在于此。

坚持工作永远是第一位还在于它是和我们的领导、同事和企业和谐相处的基础。有三种员工在企业被视为不受欢迎的员工：第一种是不能融入企业文化，不尊重企业规则的员工；第二种是拿着工资却整天想着跳槽的员工；第三种是习惯于冷眼旁观，没有工作激情的员工。

英国大科学家法拉第，为了更好地进行自己的研究，要进皇家科学院。知情人告诉他，那里的工作十分辛苦，报酬也相当少。法拉第毫不在意地说：“我不是为了高薪的报酬，工作本身就是一种报酬。”

著名投资专家约翰·坦普尔顿通过大量的观察研究，得出了一条很重要的定律——多一盎司定律。盎司是英美的重量单位，1 盎司 =0.02834949254kg，在这里以一盎司表示一点微不足道的重量。所谓“多一盎司定律”，意即只要比正常多付出一丁点就会获得超常的成果。坦普尔顿指出：取得中等成就的人与取得突出成就的人几乎做了同样多的工作，他们所做出的努力差别很小——只是“多一盎司”。但其结果，所取得的成就及成就的实质内容方面，却经常有天壤之别。尽职尽责完成自己工作的人，最多只能算是称职的员工。如果在自己的工作中再“多加一盎司”，就可能成为优秀的员工。尤其是应该确立这样的工作标准：对自己的要求要适当地高于老板的要求。做到这一点，就一定能把工作做好。在工作中，有很多东西都是需要增加的那“一点”。以背单词为例，每天背 10 个英语单词，一年下来就是 3650 个，而我国国家英语四级考试需要掌握的词汇量只有 4500 个，六级考试也只有 6000 个；每天比别人早来 5 分钟、每天比别人多看 10 页书、每天都记录自己的工作感悟和心得……其实很容易，但人生却会从此与众不同。

案例 “成功者没有 8 小时以外”

侯祥麟（1912.4.1—2008.12.8）——中国化学工程学家、燃料化工专家、中国科学院院士、中国工程院院士，为发展中国炼油工艺新技术，研制航空煤油和合成油脂等新产品作出了重要贡献，是中国石油化工的开拓者和奠基人之一。他说过这样一句话：“每天只工作 8 小时，当不了科学家。”这句话言简意赅，是侯祥麟院士的切身感受和经验之谈。侯老 90 多岁的时候还经常到办公室上班，有一位 70 多岁的老部长感慨地说：“我看到这位 90 多岁的老科学家上班的背影，就对自己说：‘你还小呢，还得做更多的工作啊！’”科学家作为某个科学技术领域进行探索的专家，之所以能够不断地发明和创造，是付出了自己毕生精力、智慧和心血的结果，投入比常人多得多的时间和精力。正如鲁迅先生所说，他是把别人用于喝咖啡的时间也都用来工作。与慵懒无为的人相比，勤奋地工作和因此而体现的自身价值，这本身就是人生的乐趣。正如美国著名作家马克·吐温所说：“人的思维是了不起的，只要专注于某项事业，那就一定会做出自己都感到吃惊的成就来。”

3. 尊重他人，善于合作

图 7–32　安徽桐城六尺巷

清朝宰相张英接到远在安徽桐城的一封家书，信上写道，他的邻居在围院子时，把本应是张宰相家的地界圈了进去，要张英想办法处理。张英并没有自恃皇上的恩宠而逼迫当地的官员强拆邻居的院墙，而是写了 28 字家书——“千里家书只为墙，让他三尺有何妨，万里长城今犹在，不见当年秦始皇”。宰相家人阅信后顿悟，立即将好端端的院墙拆除并后退三尺。张英的邻居被他的待人之举所感动，也后退三尺。这就是千古流芳的六尺巷的来历。如今六尺巷（图 7–32）已经成为安徽桐城的市重点文物保护单位，时刻警醒后人，要善待他人。

人际关系就是生产力。正如美国思想家本杰明·富兰克林所说：“成功的第一要素是懂得如何搞好人际关系。”几乎所有人都懂得处理好人际关系的重要性，但并非所有人都知道怎样正确处理人际关系。仅靠溜须拍马、请客送礼处理不好人际关系，那么如何处理人际关系呢？首先，要坚持工作第一，成为业务上的核心骨干。工作第一，自动自发是一种大智慧，用自己的出色劳动赢得人们的尊重。其次，要坚持正确的思维方式，“凡事向最好的方向想”，努力形成乐观、开放的人格，真诚地去欣赏他人和尊重他人。欣赏是尊重的前提，真诚地欣赏领导、同事、亲人、下属，就会发现在他们身上都有令人佩服的闪光之处，就会发自内心地尊重他们，就会在行为上以他们的优点为榜样去模仿他们。

如果一个人不是自恃权利、职务，就是自恃资历、特长、家庭及社会背景，自以为是、自命不凡而轻视他人，甚至背后诋毁公司的政策和文化，得到的结果必然是组织上的不认可和同事间的疏远，也谈不上会有真正的朋友。良好的人际关系，可以使工作成功率与个人幸福达成率达 85% 以上；一个人获得成功的因素中，85% 决定于人际关系，而知识、技术、经验等因素仅占 15%。有报道说，某地被解雇的 4000 人中，人际关系不好者占 90%，不称职者占 10%；大学毕业生中人际关系处理得好的人平均年薪比优等生高 15%，比普通生高出 33%。

“尺有所短，寸有所长。”每个人都有自己的长处和短处，妄自菲薄和恃才傲物都不可取。学会欣赏别人，要见贤思齐、虚怀若谷去接受别人的意见，反躬自省去正视自己的不足。一个人少了嫉妒之心、攀比之心、报复之心、排他之心才能做到真正欣赏他人。

学会欣赏他人是做人的一种至高境界，欣赏与被欣赏同样快乐。以仁者、智者、爱者的情怀，去欣赏生活工作中的每一天、每一个人，就会感到愉悦，收获更多的快乐。欣赏应该包括三个层次——欣赏他人、欣赏自己和欣赏上级（图 7-33）。而这三个层次，做起来是由易到难的。欣赏他人，作为领导不但要善于发现员工的闪光点，还要挖掘员工的闪光点和培育员工的闪光点。作为普通员工，真诚地欣赏同事，欣赏自己，欣赏上级。不论是领导者还是普通员工，“凡事都要往最好的方向去想”，并经常给自己积极的暗示；管理者和被管理者是一对矛盾，公司的要求本身是对人的惰性的约束，公司的发展过程是不断提高对人的要求的过程，它会和人们的习惯定式发生冲突，本着欣赏的态度会在行动上自觉和公司保持一致，做到思考问题上行一级，自觉维护公司形象。

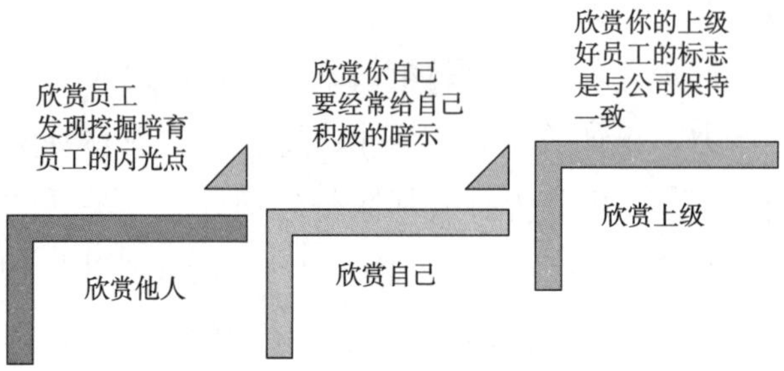

图 7-33　欣赏的层次示意图

在现实工作生活中，一些人尚未学会欣赏，看不到事物积极的一面，“凡事都不对”是惯常的表现。更有甚者是“端起碗来吃肉，搁下饭碗骂娘”。这种人对人、对事、对物，要么以粗求精、以浅揣深，不求甚解又夸夸其谈，要么以一己之心、一时之情来度社会、企业之腹，时空之变，明明是“一年好景君须记，正是橙黄橘绿时”的多彩多果的秋天，却叹息“最是秋风管闲事，红他枫叶白人头”。

欣赏是尊重的前提。不会欣赏谈不上尊重，也不知道对自己对他人该尊重些什么。尊重包括尊重自己和尊重他人两个方面。尊重自己就是尊重和维护自己的人格，自重自爱。尊重他人就是尊重他人的人格，尊重他人的工作，尊重他人的感情、愿望和习惯等。尊重他人，就是尊重自己。

2006 年 3 月，时任俄罗斯总统的普京访问中国。其时，少林寺为欢迎普京总统，由武僧团为他进行了一场精彩绝妙的表演。观赏完少林武僧们的演出后，普京总统大加赞赏，并主动提出要跟这些参加演出的武僧们握手、合影。就在合影之前，一个小武僧由于年龄小、个头矮被挤到了后面。这时，普京总统竟然出人意料地把他拉了过来，并将他举起来，放在了自己肩上，随行的记者立刻拍下了这感人至深的一幕。第二天，普京扛着小武僧合影的照片在中国、俄罗斯和世界诸多媒体上都上了头条。这或许是普京不曾预料到的，或许他仅仅出于对一个可爱孩子的关爱，出于对一个付出劳动的人的尊重。

事实上，每个人在生活中也都如此，你把别人放在肩上，别人也必然会将你放在心上。人与人之间的相互尊重，是合作的前提。一个强大的团队，成员必然彼此尊重，每个人都愿意贡献自己的经验，乐于合作。工作中，每个人都需要在这个团队里获得智力支持。每个人也要努力学习，成为企业发展的动力源。合作使团队的力量发挥到最大。

石油化工行业往往用心脏比喻化工装置流体输送的泵，用血压比喻压头。事实并非如此，心脏不是像水泵一样机械地抽取和发送。心脏动脉输出血管的上端构造十分奇特，它像一面“鼓”，血液输出首先击中“鼓面”，然后产生一个特定频率的脉冲信号，激活血管壁产生共振，使血液被轻松输送到全身各器官。原来，动力只有一部分源于心脏，更多的动力来源于激活血管协调动作。这就是为什么心脏的功率只有1.7W，而人造心脏需要30W才能勉强工作一会儿。这也说明，自己干和大家一起干差距很大，说明团队配合的重要性。

要实现“动车组式”的管理。传统的火车速度很难超过160km/h，主要的制约因素是动力不够。而动车组的出现，使列车的时速达200km/h以上。这是因为与传统的火车相比，动车组除了火车头有动力外，全部车厢或部分车厢也自带动力。对于企业管理而言，传统的“火车跑得快，全靠车头带”的管理模式已经不适合现在这个社会，取而代之的是组织结构扁平化。这就要求每个车厢都带有动力，就是要点燃员工“内部发动机”，尽力使每个员工在企业为之搭建的舞台上大显身手，使每个员工都成为企业发展的动力源。再者，管理者就像“动车组”的车头一样，重要的不是亲自出马，而是把握好方向，使员工劲往一处使，这也是人们经常所说的团队和群体的重要差别。动车组将动力分散，这一方面提升了整列火车的动力性能，减轻了火车头的压力，使车头（领导者）能够抽出时间来思考更重要的问题；另一方面就是通过授权现场人员独自解决问题的权利，提升下属的学习动力。

4. 注重积累，勤记经验

所谓积累，包括三个方面的内容：第一是人际关系的积累。杨澜曾说过：“你要相信积累的力量。还有，就是诚意、善意的力量。”善于和同事相处，共享知识、资源与感情，积累自己的朋友；在没有别人监督的时候，也要谨言慎行，形成习惯，积累你的品格；敢于担当，在完成艰苦任务中，积累经历与信念；遵守规则，注意安全，积极锻炼，积累你的健康。第二是工作经验的积累。从工作经验中总结，积累自己的能力，主要是积累一些反映不同工作时期的能印证自己成长的实物资料。最后才是财富的积累。

对于工作经验的积累来说，一定要有自己的工作档案。李瑞环说过：“人的智力、能力差别不大，关键是否善于总结，打一仗进一步，吃一堑长一智。”相信写下来的力量——随时记录自己的灵感，以实现信息共享、总结得失，对知识进行管理。这样可以帮助自己厘清思路，把问题想得更加清楚，同时在写的过程中人会变得更加理智。白纸黑字，可以督促把写下来的任务完成。不敢撒谎，因为别人也会看到，工作总结的水分就会大大减少。传播广泛，保存更长久。随着时间的推移，经验可以积累并固化。正如《德胜员工守则》所说——员工要做到笔记本不离身。要学会剪接、整理文件、资料，多渠道搜集信息。

一位宝洁公司 CEO 说：“我们所有的高级管理员都从内部提拔，但如果你要想升迁，最好是学会写备忘录。”而在华为公司，员工每天必须填写工作日志。工作日志表精确到以半小时为时间段，员工必须详细记录各个时间段的目标是什么、完成得如何、有什么心得体会，如果没有完成预定目标，要写出原因。工作日志实质上是将员工的工作目标细化、具体化，将一个长远目标细化到每一天、每一个工作阶段，甚至是每一个小时，明确每天、每个阶段的工作任务，这样会使工作更有针对性，目标更加明确，更加有利于员工进行自我管理。同时，工作日志还是领导和员工交流的一个工具；工作日志是员工成长的依据；工作日志更是推广经验的重要标本。

从以上案例可以看出，对员工的工作档案的要求是成熟企业的普遍做法，这也有助于员工工作经验的积累，而把积累的工作经验写下来是第一步。

5. 构思创意，时刻充电

提供创意是员工价值的最大体现，也是企业对员工的最高期待。提升自己对于工作的创意，就需要时刻充实自己。

要常读书。习近平在《领导干部要养成爱读书、读好书、善读书的习惯》中引用了这么一句话“每天坚持读书一小时，三年以后，可以成为某一问题的专家。”如何读书？首先，手头要有历史简表、地球仪（地图）和字典，以便随时查阅书中所涉及的年代、地理位置和字、词的读音和含义，这样，在读书的过程中，出现的问题马上就能解决了。其次，要做读书笔记，毛泽东毕生珍惜时间，博览群书。其中“三复四温”式阅读和“不动笔墨不读书”是他主要的读书方法。鲁迅先生在博览群书的基础上，形成了有自己特色的读书方法。浏览、“硬看”和活读。浏览，他提倡博采众家，取其所长，在消闲的时候，也要“随便翻翻。”“硬看”，对较难懂的必读书，硬着头皮读下，直到读懂钻透为止。活读，他主张读书要独立思考，注意观察并重视实践。

最后，要与人分享读书心得，写出来和别人一起探讨，会记得更牢，理解更深。

要把自己拔高一层思考问题。构思创意要坚持把自己拔高一层思考问题。当像老板一样思考时，就真正掌握了自己的命运，真正找到了可以为之献身的事业，就真正成为自己事业的老板。大前研一在《创新者的思考》一书中说：构思创意最好的模式就是换位思考。因为人们一旦把自己放到别人的立场上，大脑以往没被使用的部分就会开始活跃起来。如果平时就经常想："虽然我现在是科长，但我是部长或者总经理，我会如何。"那等真的成长为部长、总经理时，就会从容不迫。他还说：如果你每天上下班需要花费两个小时，可以把这些时间用来构思创意。你可以试着想一下如果你是市长、区长当面对景色不优美、街道肮脏、缺少停车场等诸多问题，你会如何解决这些问题？这样把自己拔高一层思考问题，一定是积极向上的态度，每天如此重复进行，构思创意的方法就会千变万化。

一定要常出去看看，特别是到本行业最先进的企业学习，多参加行业年会，对自己本专业的发展趋势一定要有清晰的理解。专注自己的专业，不断充实自己的专业资料，一定要有本专业的国内外的核心期刊，并要敢于在核心期刊上发表自己的见解。

熊彼特认为构思是"生产要素的重新组合（两个旧事物的组合诞生出一个新事物）"。微软公司就是将苹果以及IBM等公司发明的东西巧妙地组合在一起，放到Windows系统中。微软的MSN Explorer吸纳的是Netscape浏览器的技术；莲花公司的Lotus1-2-3电子表格软件是微软Excel的一部分；莲花公司用于演示的商业软件Freelance，变成了微软公司的简装版PowerPoint。苹果公司乔布斯改变世界的无键盘系列创新产品的基础源自施乐公司的图形界面。模仿加改良就等于创新，这里给人们的启示是，要跳出本行业考虑，用大视野在更高层次上考虑问题。

构思创意要充分应用互联网信息资源。有研究表明，优秀的企业制订一个商业计划，来自公司的外部信息占70%~80%，公司内部信息占20%~30%。外部信息是更重要的资源，设立一个主题，在网上建立一个社区，然后和互不相识的人集体构思创意，这样就可以收集到仅为少数人掌握的信息，非常有助于构思创意。在企业内部同样也可以建立这样的社区，来集合大家的智慧。

构思创意要善于为自己充电、加油。人才学上的"蓄电池理论"告诉我们，一块高能电池的蓄电量是有限的，只有不断地进行周期性充电，才能可持续地释放能量。那种一次性"充电"即可受用终生的时代，已成为历史。要努力取得比现在高一级的学历，具备相应的从业资质。保持和高人接触，一方面向自己的前辈学习；另一方面要向业内专家学习，在工作中请对了一个专家，可能对全国乃至全球的一个行业发展有更清晰的了解，而在具备一定实践知识上，通过系统的理论学习，就能提出自己的创意。

要有“现场感”。企业的现场是生产、销售和科研的一线员工为客户创造价值的场所，也是员工锻炼成长的场所。所谓“现场感”，就是对现场的了解程度和感情，“现场感”就是人们始终充满激情地为一线服务、为客户创造价值的精神状态。现场的两个最重要的要素是“客户”和“员工”，这也是企业管理的原点，也是构成企业核心竞争力的重要因素。现场是为客户创造价值的场所，是服务客户的场所，正如海尔公司总结的那样：“与顾客的零距离就是与竞争对手的远距离。”这种零距离体现的是对客户的敬畏，正是这种零距离使海尔创造了能洗地瓜的洗衣机、能洗阿拉伯长袍子的超大洗衣机、即便是停电 30 小时里面东西也不坏的电冰箱，只有身临其境、感同身受才能有如此创意。人们常说的“问渠哪得清如许，为有源头活水来”，这里的源头就是现场，这个活水就是客户和员工。如果管理者远离“现场”，缺乏“现场感”，就意味着他正在远离客户和员工。如果远离客户，感受不到客户的需求，客户会无情地抛弃你；如果远离员工，企业的创新与成长就成了无源之水。长此以往，企业的核心竞争力就会受到极大的挑战。

在企业，我们说“现场感”，应该具有如下含义。具有“现场感”的不单指企业的管理者，也应包括所有的员工。现场是企业所有人的现场，无论在国企还是外企，也不论从事何种行当，都要始终保持对一线的关注、对核心业务的关注，要用自己的专业服务于核心业务，服务于终端客户，为客户创造价值。具有“现场感”是企业、员工成长的需要，企业的管理层要和一线的员工感同身受，致力于一线员工智慧的挖掘，为企业的成长提供不竭的动力。对每个员工而言，要紧挨着核心业务这棵大树不放松，创意才有价值。具有“现场感”，企业要把所有的关爱放到一线，这样就能使企业的每个神经末梢都充满灵动，企业就会充满生机与活力。企业的决策通过现场而产生结果，这个结果是否有价值，就取决于管理层是否对一线有一个清晰的了解，失去“现场感”就会被虚假的二手信息误判，就会被“劫持、绑架”。具有“现场感”是对现场的现在的现实感受，必须始终对一线现场关注，而不是自以为“那是我的专业、我在那里工作过”忽视现在的现实感受，犯经验主义的错误。具有“现场感”需要亲力亲为，不要以为应用信息化手段，就能对现场有一个清晰的了解，要知道这样得到的信息是“二手货”，可能会被误导，可能造成“交通工具发达了，干部与群众的距离却远了；通信工具先进了，干部与群众的沟通却难了；干部的学历高了，做群众工作的水平却低了”。具有“现场感”，管理者不是把自己作为“另一个员工”，而是从管理者的角度，重新在现场发现问题、解决问题，并挖掘出企业持续增长的核心元素。大多数管理者，当他遭遇成长天花板时，当他遇到困惑、彷徨、工作没有思路时，最好的方式就是重新回到“现场”，用国学的话讲叫作“接地气”。而缺乏“现场感”，对生产现场不闻不问，对核心业务开展情况不清楚，缺乏对一线的感情，职业生涯就到了天花板上！因此，“现场感”是企业、员工职业生涯的生命线。

要有问题意识——带着问题进装置。古语云：“生于忧患，死于安乐。”具有问题意识，是企业、员工成熟的重要标志。成熟的企业开会是用 80% 的时间在讲问题，20% 的时间在讲成绩并重在总结经验；成熟的企业先讲问题，后讲成绩，面对出现的问题、故障和事故，各部门、每个员工都会主动反思自己的失误，深挖问题根源，并勇于承担责任，而不成熟的企业相互推诿、想办法把自己摘干净，更谈不上将本企业的事故作为一种资源，让企业内外共享；成熟的企业、员工，面对别人出现的问题、故障和事故，反思自己的不足，“别人有病，我吃药”，而不成熟的企业和个人以为“反正不是我的事，离我远着呢”，甚至是幸灾乐祸；成熟的企业，将问题消灭在萌芽状态，因而管理起来总是波澜不惊；成熟的个人，“吾日三省吾身”，善于找到自己的短板，不断提升自己的职业素养。

6. 永坐首排，自信亮剑

一位哲人说过：无论做什么事情，你的态度决定你的高度！

有位教育学家做过这样一项试验：10 年前，他要求他的学生毫无顺序地进入了一个宽敞的大礼堂，并随机找个座位坐下。反复几次后，他发现有的学生总爱坐前排，有的学生则盲目随意，四处都坐，还有一些学生似乎特别钟情于后面的位置。他分别记下他们的名字。10 年后对他们的调查结果显示，爱坐前排的学生中，成功地比例高出其他两类学生很多。这位教育学家将这个理论也应用到实际，当他受委托为某公司招聘人才时，总会莫名其妙地让那些应聘者选座位。他说：“其实，那些应聘者知识实力相差无几，我哪里知道谁是‘千里马’，我不过是知道谁爱坐前排罢了。”不是说一定要抢坐前排，而是说这种积极向上的心态十分重要。在漫长的人生中，人们一定要有“永争第一”的精神状态，才会不断进步，达到事业的高峰！

电视剧《亮剑》以 5 年重播 3000 余次，获得重播剧第一。如此之高的重播率无疑与该剧的精良品质有关，然而更重要的是其中所体现的“亮剑精神”。面对强大的敌手，明知不敌，也要亮出自己的宝剑。即使是倒在对手的剑下，也虽败犹荣，这就是“亮剑精神”。“两军相逢，勇者胜”，职场是勇敢者的游戏场。对于企业员工而言，应当在竞争中谋求生存，在困难中寻找机会，在绝望中创造希望，把不可能变成可能。

“亮剑精神”是一种敢于战斗、善于战斗的精神，是一种自强不息、主动出击、锲而不舍的行动力，是一种敢于负责、压倒一切的霸气。“亮剑精神”不仅是军魂，还是企业和个人发展壮大的精气神。“亮剑精神”正以一种狂飙突进的冲击力，被联想、上海大众等中国许多知名企业作为竞争与强势发展的战斗决胜力，“亮剑精神”在很短的时间内迅速深入各行各业，唤醒了人们心中沉睡已久的“扬眉剑出鞘”的英雄情结。

人的一生就如同在打一场持久战，每天的工作中都有可能遇到想象不到的困难，这个时候如果退却了，就有可能失去机会，被淘汰出局。因为在这个不进则退的时代里，别无选择只能快步前进。人要在竞争中求生存，就必须把握住身边的每个机会，像李云龙那样视困难如草芥，手持利剑，才能突出重围，拥抱成功的光环。

“亮剑精神”不但是一种勇往直前的精神，更是一种人性的升华。凡事争取就有百分之一的希望，不争取成功的概率就只能为零。只有站在一个更高的平台上，用更广阔的视角去筹划一件事，去洞察周围的世界，才能攻无不克，战无不胜。

拥有永远都要坐前排的意识和“亮剑精神”，就是拥有积极的人生态度，这种态度能激发一往无前的勇气和争创一流的精神，从而获得成功。试想如果没有自信，机遇来到面前也是不敢去抓住的，即使犹犹豫豫地去努力也是不容易抓住机遇的。“爱拼才会赢”，只有主动争取，才有取得成功的机会。

7. 创造价值，坚守专业

日本管理学家大前研一在《专业主义》一书中明确提出专家的定义：“专家要控制自己的情感，并靠理性而行动；他们不仅具备较强的专业知识和技术以及较强的伦理观念，而且无一例外地将顾客放在第一位，并具有永不消亡的好奇心和进取心，严格遵守纪律。”在这里，大前所说的专家，并不是拥有某个学位，或者某项能力、专业技术就可以成为专家，而专家是把顾客作为出发点，成为满足顾客要求的专家。

在大前研一看来，无论一个专家（专业主义者）处在哪种职位上，他在从事任何工作时都要首先明确自己的“顾客”，并发誓为顾客做出贡献，哪怕是政府或公司里的行政人员，也要明确自己的“顾客”，并在心中自问：“我能为顾客作出什么贡献。”对领导而言，员工是你的顾客，要以人为本，满足员工的成长要求；下道工序是上道工序的用户，要“不制造、不传递、不接受”有缺陷的产品等。但真正理解专家的出发点还应当考虑“顾客的顾客”，满足终端顾客的利益。以医院为例，医生的顾客是患者，而院长的顾客是医生，院长作为专家，其终端顾客也是患者。要想成为专家、大家，就要像王忠诚那样永远也不能离开手术台、不能离开患者。

要树立价值创造的理念，在生产经营过程中，不仅仅要看是否把事情做好了、做对了，更要看是否创造价值了。每个人都要树立服务心态，找到自己的服务对象，在服务中实现自己的价值，在服务过程中也必须明确，终极目标是为客户创造价值。如果一个人找不到自己的服务对象，也就失去了在企业存在的必要了。服务当然要坚守自己的专业，“终身只挖一口井”，一辈子从事自己的专业，以为客户服务为导向，这样才能成为真正的专家。

从希波克拉底的誓言中，能更好地理解专家。

希波克拉底誓言：

第一条，请允许我行医，我要终生奉行人道主义。

第二条，向恩师表达尊敬与感谢之意。

第三条，在行医过程中严守良心与尊严。

第四条，以患者的健康与生命为第一位。

第五条，严格为患者保守秘密。

第六条，保持医学界的名誉与宝贵的传统。

第七条，把同事视为兄弟；不因患者的人种、宗教、国籍和社会地位的不同而区别对待。

第八条，从受孕之始，即把人的生命作为至高无上之物来尊重。

第九条，无论承受怎样的压力，在运用自己的知识时也不会违背人道主义。

8. 成就他人，乐意人际

真心诚意助人。成功学上有一个关于什么是贵人的定义，所谓贵人：就是别人作为一个过来人给予你指点的人。作为领导要有把自己的部下努力培养成自己的上级的胸怀，要把表现优秀的员工主动介绍给上级。工作中愿意帮助他人，愿意接受他人的帮助，在这样的团队里，就会激发每个人心中的正能量。这也正是培育团队精神的真谛。

不给他人添乱。在工作中怎样不给别人添麻烦？这就要具备服务的心态和健康的职业心理。夸夸其谈、自作聪明、投机取巧、好大喜功等都属于不健康的职业心理，需要通过处理好工作中自己和他人的以下几种关系来避免这种心理的产生。

首先，要处理好别人和自己的关系。比尔·盖茨说：“世界上没有绝对的公平，你不要想先改造它，只能先适应它。”有些事情没有可比性，人格是平等的，岗位价值却有高低之分。永远把握好我自己。提倡个人之间的关系简单化，工作中只有工作关系，老乡、同学、战友、亲属等不能影响工作，这些关系要成为努力工作的正能量。同时还要正确看待自己和领导的关系。私交再好，职级上的差别也不能忽视。若以此为谈资提高自己，只能和同事距离疏远，不但提高不了身价，还拉远了和领导的距离。此外，在工作场合和领导间的称谓一定要准确，第一次一定要把称谓叫对。

其次，要处理好功劳和苦劳的关系。要始终强调做事的目的性，注重价值管理，所做的一切都要为企业创造价值。工作再辛苦，没有产生价值，只能是浪费资源。对功劳的尊重就是职业态度，能够让人们自信的只有业绩，衡量一个人的价值也只能凭业绩说话。

再次，要处理好表扬和批评的关系。接受表扬，不等于不能接受批评。表扬可以，批评不可以，是不成熟的职业心态，说明一个人的成长空间到了"天花板"。接受表扬时，一要反思还有哪些可以提升的空间，二要想到我们每个人的成绩都是建立在团队所有成员的努力之上。要正确对待自己的过失，职场上最令人深恶痛绝的是为自己的过失寻找种种借口、千方百计将过失推到别人头上。当出现问题时，绝不能这样说和有这样的思维："我以为……"和"他们说……"。那么怎么面对批评呢？要说的第一句话是"这是我的错"，无论什么场合、无论什么样的错误，只要是自己的错，就要勇敢站起来，承认它们。第二句话是"下次从哪几个方面去改正"，提出解决办法，防止重复出错。

最后，要处理好过去和现在的关系。过去不能够代表现在，现在也不一定预示着未来。无论过去多么辉煌都挽救不了现在平庸，无论过去多么默默无闻也不能够阻挡今天的成功。走下奖台，从头再来。

掌握说话技巧。"急事，慢慢说；大事，清楚地说；小事，幽默地说；没把握的事，谨慎地说；没发生的事，不要胡说；做不到的事，别乱说；伤害人的事，不能说；别人的事，小心地说；自己的事，听听自己的心怎么说；现在的事，做了再说；未来的事，未来说；如果，对我有不满意的地方，请一定要对我说！"职场上，少说闲话，任何时候不能说别人不好，背后诋毁领导更是大忌；说话绝不能涉及领导和其他同事的隐私；要习惯以"我们"开头讲话，特别是在取得成绩时；保持微笑，同时绝不能阿谀奉承；更不能参加那些互道"苦水"的牢骚聚会；对领导、同事要有正确的称谓。不要揣摩领导心里，"事情不是你所想的那样"。

在蒙牛集团董事长牛根生的办公室里有这样一句话"百分之九十九的矛盾都是由于误会"，以表达对员工个人之间关系简单化的提倡。德胜公司《同事关系法则》第二条规定，不得从同事的表情及眼色或无意的话语中猜测同事的内心想法。实践证明，猜测一般都是错误的（错误率高达99%以上），而且猜测会使同事之间的关系变得复杂和紧张。

善于控制情绪。冲动是魔鬼。职场上过于情绪化的人，难成大事，这是坏情绪所造成的必然结果。工作中，要调整好自己的心态，坚持做到"有话好好说"，就是一种正能量。在控制不了自己情绪的情况下，所做的一系列事情，就好像倒下的多米诺骨牌，没有一件是正确的。历史上，因为"怒发冲冠"而造成的悲剧，甚至造成终身遗憾的例子数不胜数。事实上，越高层次的人，大多数失败都是自己造成的。在感觉自己的情绪失控时，及时调整心态。即便是面对别人的责骂和误解，还是要以笑容来面对。控制自己的语言，不要把事情说得太绝对，要善于给自己留下后路。注意换位思考，说话要注意委婉，避免直来直去，减少对对方的伤害。控制自己的动作，很多人发脾气时表现在动作上，比如说拍桌子、跺脚等，这样的动作会让对方感到愤怒恐惧，切不可因为动作而暴露出你是一个不善于控制情绪的人。

2009 年 4 月 2 日，欧洲举行了一场足球赛。比赛双方是大名鼎鼎的德国队与威尔士队。当比赛进行到下半场 38 分时，德国队队长巴拉克在一次防守结束后，抬手指向本队年轻的前锋波多尔斯基，更令人震惊的是，这位年轻的队员竟然抬手拨开巴拉克的手臂，打了这位功勋卓著的将领一个耳光。所有人都认为巴拉克不会善罢甘休，更有可能会发生内讧而使球队战斗力锐减。就在大家对此忧心之下，巴拉克仅捂了一下脸颊，很快就投入了比赛中，最后德国队以 2 ： 0 完胜。作为德国队的领军人物，巴拉克在遭受耳光羞辱时，从大局出发，以他宽大的胸襟，征服了无数观众的心，也成了波多尔斯基永远的偶像。

第三节　基层领导干部核心能力建设

基层领导干部核心能力建设，要找准党政之间融合点，在发挥班子整体功能上下功夫，不断提升调查研究与总结提升能力，提升抓落实能力。

一、在发挥班子整体功能上下功夫

1. 找准党政之间融合点

抓“三基”促融合。“三基”工作是党政工作的最佳结合点，党支部抓“三基”会使党建工作更好地融入中心工作，使思想政治工作更有针对性和时效性，基层建设和基本功训练的效果体现在基础工作这层面，反过来，在强化基础工作中，不断强化的是员工团队精神的培育和员工个人技能的提升。基础工作和基层建设的联系体现在员工的责任心上，责任心是责任制的灵魂，基层建设的重点是提升员工责任心，基本功训练和基础工作的联系是知识管理，员工的每一项独到的专业技能要通过基础工作中的制度建设加以固化、放大。总而言之，“三基”工作的核心是“人”，重视“人”，培养“人”，依靠“人”。作用于人的层面的基层建设和基本功训练的效果，最终要通过基础工作“物”的层面、通过现场来体现（图 7–34）。

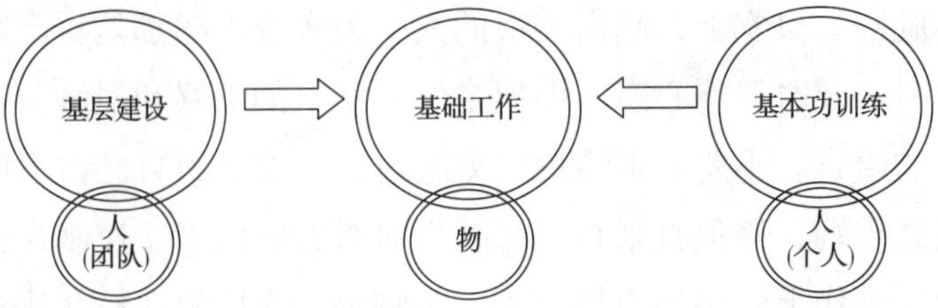

图 7–34　基层建设、基础工作与基本功训练的关系

抓“人才成长”促融合。岗位是最好的训练平台，骨干在一线中成长；党员应该是骨干，骨干应该是党员；党支部要定期分析员工岗位素质能力，以及重点关键岗位员工素质能力的适应性和匹配度，提出目标任务和措施，增强基本功训练的实效性；要发挥党支部的组织优势，以掌握岗位应知应会为重点，大力开展岗位练兵、业务竞赛、技术比武，以赛促学，以赛促练，以赛促干；要鼓励党员带头提升岗位素质能力，“把党员培养成骨干，把骨干培养成党员”，使党员技能高于群众，业绩优于群众；要建立党员“传帮带”工作体系，发挥党员在基本功训练中的带头作用，开展党员上讲台等活动，提升员工系统操作和突发事件处置能力。

抓“文化引领”促融合。基层班子要以文化育人，强调文化对于人的教化作用，通过营造健康向上的文化氛围，使职工时时、事事、处处置身其中，在潜移默化中陶冶情操，净化心灵，不断增强自主管理意识和能力；在安全管理工作中，党支部应侧重于解决员工不想遵章守纪的问题，强调安全文化是解决员工不安全行为的根本。具体讲，基层单位要建立一本蓝皮书《企业文化建设手册》，循循善诱、春风化雨告诉员工你应该这样做；行政、专业管理应侧重于督促员工不敢违章、不能违章，强调令行禁止、不安全的行为是引发事故的直接原因，侧重于识别和改变人的不安全行为。基层单位要建立以负面清单为主要内容的红皮书《员工行为规范手册》，告诉员工你绝对不能这样做。两者都作用于员工身上，实现人的本质安全（图 7–35）。

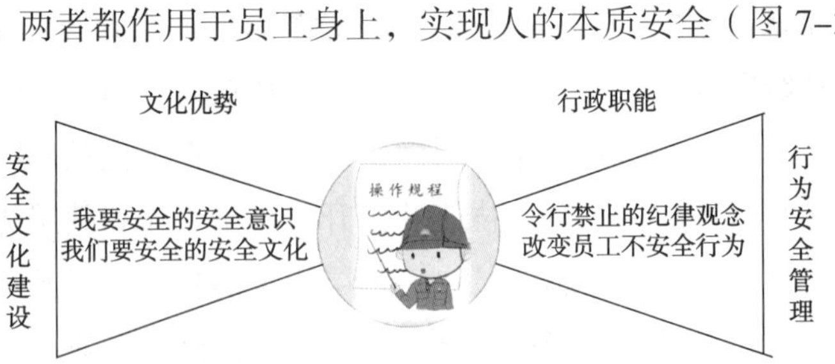

图 7–35　安全文化建设与行为安全管理

2. 坚持民主集中制

民主集中制就是民主基础上的集中和集中指导下的民主有机结合的制度。民主集

中制既是我们党的根本组织制度，又是我们党的根本领导制度。

（1）坚持民主集中制

班子要有核心：一把手要广泛听取副职的意见，充分讨论、会议决定重大事项；副职要坚决执行班子决定；一把手要旗帜鲜明表明管理观点，要有权威，要善于把上级的要求解码为本单位的具体计划。

自觉维护班子整体形象：用一个声音说话、正面思维、绝不能发表与班子会议决定相悖的意见；副职不能把分管的领域变成独立王国，一把手也不能越级指挥，而要越级检查。

自觉维护制度的权威：绝不做制度的破坏者、绝不搞下不为例；确定本单位“三重一大”的具体内容；可视化管理，一切都是公开透明的。

（2）处理好班子成员间的关系：

正职对正职：分工不分家，补台不拆台；事无不可言，彼此不设防；心往一处想，责任共担当。

正职对副职：放心不疑心，放权不揽权，放手不插手，多支着儿，多关心，多帮助，多鼓励，帮助副职成长进步。切记：“唱主角”不“演独角”，信任不放任。

副职对正职：摆正位置，甘当绿叶，敢讲真话。当好助手、二传手、主攻手。

副职对副职：权力不争、责任不推、困难不让、有功不居、有过不诿，相互尊重、相互沟通、相互补位。

（3）一把手要成为班子主心骨

把握大局：吃透上情，把握大局方向，理解精神实质，保持政治敏锐性、政治方向。明确生产经营形势、目标任务和专业技术进步情况；摸清下情，从特殊实际出发，增强工作针对性。

善于用人：讲原则、讲感情，善于团结“一班人”，扬长避短。“金无足赤，人无完人”；用人唯贤，不唯顺、不唯亲、不唯貌；正确对待犯过错误的人；搞五湖四海，不搞山头帮派；当伯乐不嫉贤妒能，努力培养人。

思路清晰：善于解码，不照抄照转上下一般粗；管理理念观点化；管理思想可视化；管理目标具体化(SMARTY 原则)；没有重点就没有章法（李瑞环）；责任保证绩效（德鲁克）；选准工作载体。

沉稳持重：每临大事有静气，“想想再说、商量商量再做”。在拍板定案时，不草率行事；在受到赞扬时，不忘乎所以；在遇到困难时，不灰心丧气；在发生矛盾时，不心烦气躁；在受到误解时，不冲动辩解；在突发事故时，不手忙脚乱。

3. 增强班子团结

基层单位的领导干部是“带兵的”，更直接面对员工，一言一行、一举一动关系到企业的成败、企业的兴衰，应该特别注重细节。

班子的不团结更多产生于沟通不够、沟通不及时，要坚持例行碰头会制度，常见面，多沟通；除非生产中出现紧急情况，工作安排要想一想再说，商量商量再做；做事情一定要坚持对事不对人的原则。

要用一个声音说话，会议中的争吵、发表意见是正常的，一旦形成决议决不可私下发表议论，班子里的“一班人”要养成用“我们”开头讲话的习惯，推功揽过、相互补台、相互捧场，坚决反对个人英雄主义。

规则高于一切，班子成员要带头执行好制度，绝不能是制度的制定者，又不受制度的约束，同时要旗帜鲜明严肃纪律，绝不能搞下不为例。

坚持系统思考，做到开放式学习，取长补短，学习可以防止官僚主义、经验主义。

只有面对面才能心贴心。坚持和员工面对面沟通，掌握好倾听这门工作艺术，在倾听中增进理解，在倾听中增进感情，在倾听中了解实情，在倾听中取得信任；面对问题，要想方法尽早解决，而不是在追究责任上面纠缠不清。

坚持把培养人放在第一位；坚持把大部分精力放在装置现场上，把装置现场当作管理的第一现场；明确车间的管理思路，形成管理特色，从文化建设角度增强企业软实力。

二、努力提升调查研究与总结提升的基本功

调查研究不仅是一种工作方法，它体现的是党的实事求是的思想路线，党的从群众中来、到群众中去的根本工作路线。作为基层领导干部也需要始终坚持和不断加强调查研究，调查研究的目的是很明确的，就是明确发展方向、密切联系群众、汲取实践智慧。

没有总结就没有提高，基层领导总结能力的提升是带有根本性的，坚持从正反两方面进行及时总结，“打一仗、进一步，吃一堑、长一智”，练就“下笔千言、倚马可待”的基本功。

1. 调查研究的三个重点

通过对本企业的调查研究，通过对国内外同行业的调查研究，通过对市场的调查研究，我们将始终保持清醒的头脑。搞好调查研究，要改变思维方式，坚持把“自己拔高一层”。

1）要始终对本企业、本装置当下的经济技术指标有一个清醒的认识。与本装置

历史最好水平、国内同类最好装置最好水平、国际上同类装置最好水平相比，差距在哪里？要通过调查研究企业内外、系统内外，确定自己所要追赶的目标，通过标杆管理的管理方法，明确具体工作措施，要始终对本装置技术现状有一个清醒的认识。要追踪最先进的石化技术，走向石化技术的最前沿，明确本装置的发展规划。

2）要始终坚持对职工队伍现状的真实了解和对现场管理水平的清醒认识。基层一线的领导干部不要以为是直接面对职工群众的，有时也是整天被困在会议室里、办公桌前的，即使整天和职工干在一起，但缺乏和职工沟通交流的方法、了解职工心理的意识，也不会真正走进职工的心里面去。要站在发扬密切联系群众的优良传统和作风、发挥政治优势作用的高度，多渠道了解职工群众的所思所想，更好地服务职工群众。

3）要始终坚持汲取实践智慧。调查研究是密切联系群众的过程，是拓宽工作思路的过程。通过调查研究，可以更多地汲取职工的实践智慧，从这点上来说，也是肯定职工贡献的过程，既丰富了自己的知识，也是对职工的激励过程，事实上，有些本来是很难的事情，只要发动群众，问题马上就会迎刃而解。正如毛泽东一直主张的，“群众就是孔明”。

2. 做好总结，推动工作更上一层楼

毛泽东同志曾经说自己是“靠总结经验吃饭的”。李瑞环同志也曾经说过：“我们有许多同志，年龄差不多，经历差不多，天赋差不多，实干精神也差不多，进步快慢却差得很多。原因可以找很多，其中一条就是善不善于总结经验。有的同志每干完一件事，都要琢磨琢磨，找出对的在哪，错的在哪，这叫作‘吃一堑、长一智’、‘打一仗，进一步’。”

要养成随时随事总结经验的习惯，每日一反思，事事都总结。只有通过总结经验，才能找到成功和失败的原因，做到坚持正确的，克服错误的，吃一堑长一智，打一仗进一步，不吃糊涂亏，不占糊涂便宜，把感性认识上升到理性认识。总结经验，要面向基层，面向群众，抓住基层创造的成功经验，用制度加以固化。

总结经验既是习惯，也是本领，要掌握要领，要注重观察，善于发现问题，对发现问题紧盯不放，从发现问题、解决问题，参与观察和思考，积累一定素材。工作中往往是平凡的人给我们更多的感动，看似惯常的工作，一些不经意的动作也会蕴藏着职工的创造性。平时，注意留存文字和照片，有些材料，当时没有记录，以后就很难找到了。比如，建立自己的工作档案是总结经验不可缺少的。

要掌握一定理论。想要写好总结，必须要掌握理论，特别是要应用马克思主义哲学，对所收集的材料进行深加工。“实践可以产生经验，但不等于经验，如同木头可以做成桌子而不等于桌子一样，有了材料，有了工具，还得有加工的本事。”

总结经验还应注意以下几方面的问题：

第一，要“快”。要有“吾日三省吾身”的精神，及时进行总结，在第一时间将材料收集齐全，及时进行总结，防止事过境迁，忘记重要情节和过程，要带着感情做群众工作，及时发现员工的闪光点和典型做法，通过总结给职工以及时的激励。

第二，要“实”。即不要那些冠冕堂皇的、空话套话连篇的“做总结”，而是要靠事实和数据说话的真总结。

第三，要“简”。提倡“100字总结”，简明扼要地说明哪种做法好，好在什么地方；哪方面存在不足，如何改正。

第四，要“深”。对于对全局有影响的典型案例，要增加总结的深度，使对工作大方向的把握有比较清楚的思考。

3. 经验的浪费是最大的浪费

要正确认识总结经验，总结经验是为了提炼已有的知识，通过总结形成文字材料，推动工作更上一层楼。通过总结及时激励员工，经验的形成不是工作的终点，是为了将好的经验文字化、文本化，进而放大到企业的整个管理行为。其实，总结不是为了评功摆好，而是为了相互借鉴、促进全面提高。所以，要搭建知识交流的平台，典型引路，使大家学有榜样，榜样就在身边。

对不同层次的员工要有不同的要求，对基层领导干部而言，要不断通过学习、实践，通过不断总结，努力形成自己的管理风格，要用多种形式，扩大各种经验的应用效果。也要不断增强积累的意识，通过总结、资料收集，对历史负责，为企业留下成长的见证。

对专业技术干部而言，要不断研究本专业最前沿的课题，应用专业知识解决装置存在的问题，提升装置技术经济指标，明确装置发展方向。要及时将工作和研究成果形成总结材料，在全员中共享。同时，要鼓励专业技术人员发表论文，要让他们在更大的平台上展示自我。

对于一线技术工人而言，要善于把工作心得记下来，学会掌握好第一手材料，并学会分析判断异常现象。鼓励他们按技术人员的思维方式和工作做法，积累、分析现场数据。

三、善于解码、结果导向，提升抓落实的基本功

古人曰：“道虽迩，不行不至；事虽小，不为不成”“为政贵在行”“以实则治，以文则不治”。历史上有许多空谈误国的教训，比如战国时期的赵括，只会“纸上谈

兵”，以致40万赵军全军覆没，赵国从此一蹶不振直至灭亡。此类误国之鉴，发人深省。反对空谈、强调实干、注重落实，是我们党的一个优良传统。抓落实，是我们党执政能力的重要展现，也是对各级领导干部工作能力的重要检验。

1. 执行力

1）所谓执行力，指的是贯彻战略意图，完成预定目标的操作能力。它构成企业竞争力的核心要素，是把企业战略、规划转化成为效益、成果的关键；执行力是一个对终极效果的评价。

企业核心竞争力 = 为客户创造独特价值的能力 + 组织执行力，组织执行力构成企业核心竞争力的基本要素，基层领导干部的执行力决定组织执行力。

执行力是企业组织和个人贯彻落实企业决策的力度；执行力就是按质按量完成指定的工作和任务；执行力就是员工在每一个阶段都一丝不苟地切实执行。

基层领导干部执行力不强，表现在不敢管、不能管、不会管等三个方面，更多的是不会管的问题，需要提升抓落实的能力，提升执行力。

2）关于执行的学问：信念比利益更重要；速度比完美更重要；胜利比公平更重要；结果比理由更重要。

执行的八字方针：认真第一，聪明第二。

执行的十六字原则：结果提前，自我退后；锁定目标，专注重复！

执行的二十四字战略：（前）决心第一，成败第二；（中）速度第一，完美第二；（后）结果第一，理由第二。

执行文化的“三要”：要敢，要快，要对。

3）对绩效负责的管理观和结果导向的执行力文化

对绩效负责的管理观。管理只对绩效负责：只有功劳产生绩效、苦劳不产生绩效；一切凭业绩说话，只有能力会产生绩效，态度转化为能力后才会产生绩效；才干才产生绩效，品德转化为才干后才会产生绩效。管理始终为经营服务：经营能力就是选择正确的事情，管理能力就是把事情做正确。所以，经营是第一位的，管理是第二位；管理做什么，必须由经营来决定，管理水平不能超过经营水平。如企业不能培训过度，不能人人都是MBA。

结果导向的执行力文化。结果不好就是不好：企业是靠结果生存，不可能靠理由生存，没有结果，就不能生存，这是硬道理。结果导向的基本含义：以达成目标为原则不为困难所阻挠；在目标面前没有体谅和同情可言；以完成结果为标准没有理由和借口；管理不讲同情，体谅不过是迁就而已；结果不好就是不好；顾客购买的是结果不是理由；事情没有做成同情有什么用，同情能做什么？

建立外包思维模式。所谓外包，就是指企业将生产或经营过程中的某一个或几个环节交给专业公司完成。“外包思维”就是将每个人提供的工作结果作为交换物，强化日常工作的“契约”精神，把结果放在第一位。做事以“我是一家公司”来要求自己，明确服务标准和所要得到的结果，清晰界定出目标。当以这样的思维去工作时，看问题的角度就发生了变化，“我们必须考虑要提供怎样的服务和产品才能让客户付费？”“我们到底提供什么价值？”“别人到底要不要用我们？”，等等。

外包思维从本质上讲是一种以结果为导向的思维方式。它可以促进企业各个经营单元和职能部门之间建立起一种等同外部客户的关系。管理工作和执行需要倡导“结果导向”和“外包思维”。

如我们在某网站订购一台跑步机，我们一般不会考虑堵车、下雨、快递员生病等因素，我们要的是那一天要收到这台跑步机。

2. 抓落实的几个关键环节

目标一定要分解。目标是管理的基础，只有在目标导向下，管理才变得有价值。将目标分解到每一个员工身上。“三个和尚没水吃”，其根本原因是群体承担责任，而成员总是认为别人不会尽全力，自己也就不会去努力。因此除了员工必要的角色岗位，确保事事有人做，人人有事做外，还必须提出衡量个人努力程度的指标，这样才能使员工的努力能更科学地量化出来，以有效激励先进，鞭策落后。

按 SMART 原则确定每个人的行动目标，具体 (Specific)，可衡量的 (Measurable)，可达到的 (Attainable)，相关性 (Relevant)，有截止期限 (Time-based)。

如，领导干部的个人安全行动计划要体现五个原则，可量化、可执行、可坚持、可更新、可视可感受。如每月召开 1 次安全例会或安委会、组织开展 1 次隐患排查、组织 1 次事件调查或分析会、参加 1 次班组安全活动、开展 1 次安全观察与沟通等。

选准实现目标的有效载体。一切向“作战”靠拢，所有形式主义都应该消亡。“不要在层层表态、层层开会、层层造声势上做文章，而要在层层抓落实、层层抓解决问题上下功夫。”

美国西南航空公司认为：“飞机只有在空中才能赚钱，一天能飞更多的航班就能赚更多的钱，而且能降低更多的单位成本。”

正是这种有效的目标导向，使美国西南航空 67% 的航班都能在 15 分钟内完成起飞，这就是它的效率，与此同时还要保证安全、准时。美国西南航空公司的获利能力达到了 12%，而同期美国航空企业的平均利润水平只有 5%，西南航空公司已经成为美国最优秀的航空企业。

要紧盯不放，强化过程控制。通过“记数字、记名字、记日子”，保证工作进度受控，不要越级指挥，但越级检查是不可少的。对细节把握程度越高，做得越细，执行效果就越好，要通过可视化的管理方法，迅速准确传递现场工作进度等信息，强化管理人员的责任心，将压力传递给每一个员工。

海尔公司OEC管理（Overall，全方位；Everyone，每人、每天、每件事；Control&Clear控制和清理管理）：全方位地对每人、每日所做的每件事进行控制和清理。“要想保证时钟的准确，一定要控制分钟的运行”，OEC管理（日事日毕），就是对于当天发现的问题要及时采取措施、分清责任，防止问题积累，保证目标得以实现。日清体系的关键环节是复审，工作只布置不检查，便不可能达到预期效果。

海尔OEC解决问题的思路：

先有数，反映不出损失，但实际损失会放大很多倍。比较分析数必须有差异，差距最大的数就是有问题的事；后有事，不是事有问题，而是做事的人有问题；再找人，一个人的问题，必然是一类人的问题，是氛围造成的错误的激励机制导致错误的观念；教育人，用造成损失的数来教育做错事的人，把不良“数”变成可教育人的数，才会有震撼。

OEC解决系统中老大难问题的思路：

确定系统中的老大难问题。根据系统上主项目标完成情况的差异入手分析确定；多次发生、重复出现，以前用过多种办法一直未能解决；对系统整体性的分析，具体要见数见人；对数据来源及问题的具体原因亲自分析研究，确信其真实性。

找出老大难中最具代表性的问题。用分析工具分析出所有的具体问题，找出最为突出的问题；问题要分解到不可再分解的程度；解决了此问题可以带动其他问题的解决；要具体到具体的地点、具体的责任人、具体的差异。

找出代表性的人。容忍以上老大难具体问题及现象存在的直接责任人；具体的人名。

将该人作为SBU（战略业务单元）找原因。从代表性的人上个月的激励分配入手找具体的原因：目标方面的问题；日清方面的问题；激励方面的问题；兑现方面的问题；资源配置方面的问题；人员素质及工作标准方面的问题。

解决方案试点，形成模式。解决问题的目标是什么；资源配置方面；工作标准及考核方面；方案验证。

模式推广。根据以上模式下一步推广到哪些点或面，有具体的人员、地点、目标。

OEC管理中，领导干部的“四个不能代替”：

不能用数字目标的差异代替目标工作的差异；

不能以部下的工作代替自己的工作；

不能以部下的工作目标代替自己解决问题的路线；

不能用简单的罚款代替解决问题的方案。

拒绝借口，以身作则。管理者不能害怕承担责任，不能把执行不利，落实不利归罪于外，要从自己身上找根源，看自己的意志是不是坚定。管理者要专注，抓住重点，一个时间专注一件事情，专注就是力量，专注做事情就会成功。管理者要以身作则，亲力亲为，成为带动全局的发动机。

常见借口：

我已经给部下安排了；

我现在非常忙，无时间去管这事；

我们现在已比别人要好了，出点问题是不可能避免的；

这个问题是 ××× 负责，我不清楚；

部下已做好了，现在没有问题了；

这个问题部下已经向我汇报了；

现成制度规定是这样，我只能这样做；

这件事我已通报了处罚了，问题就肯定解决了；

这个事是 ××× 提供的，他是我部门专门负责此事的人，数据肯定不会错；

安排了≠听明白了≠记住了≠懂了≠认同了≠做了≠做对了≠习惯了≠落实到体系上了≠做好了。

发动群众，典型引路。群众是真正的英雄。任何一项工作失去全体员工的参与和支持肯定搞不好，要开展好形势任务教育，通过抓典型案例，用事实说话，用数字说话。通过典型案例，具体生动地体现公司的企业文化和具体的工作要求。

“马上做，快执行。”在实际工作中，有些工作并不需要我们像工程施工一样有一套完整的设计资料，有详细的工作方案；有些工作并不都是万事俱备，需要我们马上做，快执行，而是在执行过程中开阔思路，先从 1% 干起。这样，思维会被积极的思维力量所牵引，好的办法就是在这种状态中产生的。对问题和困难回避或者停滞不前与主动往前迈半步是两种工作态度、两种境界，是完全不同的两种结果。要学会将问题分解，将复杂问题简单化，“先开枪、后瞄准”，一旦开始，思路就会产生，不能追求万事俱备。更不能在干之前为不干或做不好找一堆理由，正如歌德说的：“只有投入其中，思想才会燃烧，一旦开始，完成在即。”

案例 农场的石头

一个农场主买下了一片农场，因为地上有很多石头，所以价格非常低廉。农场主的妻子建议把石头搬走，他却不同意：“如果这些石头可以搬走的话，那原来的农场主早就搬走了，他何必以这么低的价格把地卖给我们呢？这些石头都是一座座小山头，与大山连着，哪里搬得完呢？”

有一天，农场主进城买马去了，他的妻子带着孩子们在农场劳动。母亲对孩子们说：“让我们把这些碍事的石头搬走，好吗？”孩子们欢呼雀跃，兴致勃勃地挖起石头来了。没过多久，他们就把石头搬光了。因为这些石头并不是农场主想象中的小山头，而是一块块孤零零的石块，只要往下挖一英尺，就可以把它们晃动了。

在这些孩子中，有一个叫作林肯的人。几十年后，他成为美国总统。林肯在一封信中提到了小时候搬石头的事情。在信的结尾说道：“有些事人们之所以不去做，只是他们认为不可能。而许多不可能，只存在于人的想象之中。”农场的石头让林肯有了勇气去做别人认为不可能的事情，而正是这种勇气让他签署了《解放黑奴宣言》，并成为美国历史上最受人们爱戴的几位总统之一。

这则小故事告诉我们，这世界上绝对没有不可能的事情，除非你不给自己机会去尝试。当你想去做一件别人看来根本做不到的事情，与其将精力和心思都花在做与不做的抉择之中，还不如将所有的精力集中于思考怎么去做。只要你去尝试，你会发现太多的“不可能”不过是林肯那片农场里的石头，可见不要让事情只停留在想法阶段，而要将其落实到实际中。

四、提高系统思考、融会贯通的能力

系统思考（Systems Thinking）是常见于企业系统的，用来研究和管理复杂反馈系统的一种方法，是指人们按照系统论的要求，用系统的观点看待组织的发展，从看局部到纵观整体，从看事物的表面到洞察其变化背后的结构，以及从静态的分析到认识各种因素的相互影响，进而寻找一种动态的平衡；从自己身上、自己的行为中查找问题的原因。

系统思考是一种结构化、深入而有效的思维方法，对于思考的深度、广度和动态性都有一些拓展。

1. 系统思考是发动机

系统思考被视为核心技能，团队学习和改善心智是基础，自我超越和共同愿景是向上的动力。这五种能力被认为是五项修炼，其关系如图 7–36 所示。

系统思考的特征：深入思考、动态思考、全面思考、整体思考。

深入思考：从专注个别事件到洞悉系统的潜在结构。

系统思考看待世界，不只是关注一个个孤立的事件，而是主张看到事件之间的相

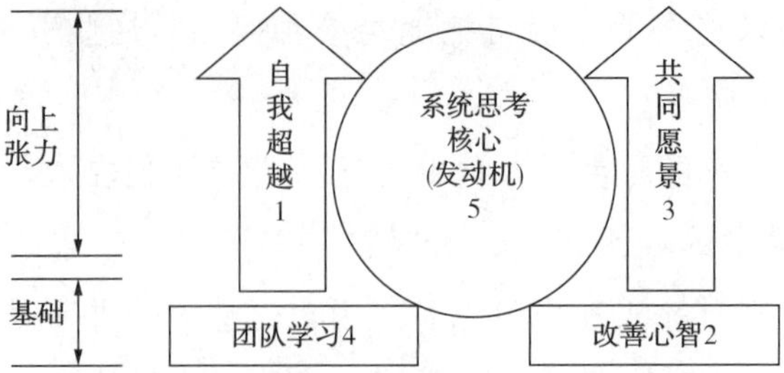

图 7–36　五项修炼的关系

互关联与作用模式以及发展趋势，更进一步要看清影响、推动该模式与趋势发生的潜在的“结构”。

在系统思考看来，“结构影响行为”——正是构成系统的主要变量之间的相互作用与影响，驱动着系统的变化，生成不同的行为模式，从而表现出一个个事件。

动态思考：从线性思考走向环形思考。

在传统的思维模式中，人们假设因与果之间是线性作用的，即“因”产生“果”；但在系统思考中，因与果并不是绝对的，因与果之间有可能是环形互动的，即“因”产生“果”，此“果”又成为他“果”之“因”，甚至成为“因”之“因”。

在企业管理方面最为典型的应用是，针对一个问题，人们借助鱼骨图、思维导图等方法分析其原因，然后再探讨解决方案。如果只是停留在把问题分解和聚类的层面上，而没有审视原因与结果之间的相互关联或相互作用，就没有做到系统思考。

全面思考：从局限于本位到关照全局。

组织是一个环环相扣的复杂系统，任何一个部门或成员的一个举措，都可能在不同的时间、对系统中的不同主体产生这样或那样的影响。

虽然“我们是一个整体”的道理很好理解，“盲人摸象”的寓言也是妇孺皆知，但在组织中，最常见的问题仍然是“本位主义”，每个人每个部门都只是从自己的本位出发，“归罪于外”，结果造成组织中充满了相互指责和平庸，甚至是愚蠢的决策。产生这个问题的原因一方面在于组织系统的动态复杂性；另一方面，也与人们缺乏有效进行整体思考的技能不无关系。

整体思考：从机械还原论到整体生成论。

如果希望了解一个系统，影响和控制系统的行为，并进而能够预测它的行为，就必须将系统作为一个整体。系统整体具备它们组成部分所不具备的特性，因此，将事物分割开来，无论分割得多细，研究得多深，可能也无法辨识出系统层面上的特性。然而，将事物分割开来进行分析、研究的“还原论”思维方法，其结果往往并不是一个个有机联系的整体，而是削弱了人们看到整体的能力，产生了诸多现代企业的典型问题：相互推诿，矛盾重重，效率低下，甚至工作越努力，整体绩效却越差！

案例　抗疫期间上海立得催化剂有限公司向客户赠送口罩

一、实施背景

2020年新型冠状病毒肺炎疫情爆发，因其自身的高传染性成为全球性的灾难。

二、基本做法

在得知客户所在国家疫情后，上海立得催化剂有限公司市场开发部第一时间对海外客户表示关心，始终保持与海外25家客户的日常联络工作。在得知多家客户口罩紧缺后，立即请示公司领导，希望捐赠抗疫物资帮助渡过难关，公司领导心系市场，在了解情况后紧急调拨采购口罩，但是在面临国内口罩严重吃紧的情况下，短时间内采购数量不小的口罩谈何容易？经过商议，领导班子、市场开发部、物资装备部发动个人及社会关系，全方位开辟防疫物资渠道，功夫不负有心人，经过大家的共同努力，一批又一批的口罩接踵而至，总计达3万多只。

等到物资后，市场开发部立即行动，备好免洗消毒液、消毒手套等工具，戴上口罩做好消毒工作，大家利用休息时间分组进行物资搬运分装，为了节省运费，将原始包装纸盒一个个拆掉、重新码放紧凑（图7–37），并在包装上印制温暖的关怀问候：“Take care, wish you and your family safe and sound! All the best!”

疫情期间出口物资困难重重，但难不倒公司的技术服务团队：没有口罩的英文说明书就自己做全套出口资料，在多方协调下想方设法打通航运渠道，确保物资顺利送达。3万只口罩，带着公司的慰问与关怀，爱与希望，飞向了遥远的大洋彼岸，飞到了远方朋友的身旁。

三、实施效果

公司通过真诚的服务，从中东多个市场拿到近70t的发货需求，并争取到了韩国的

图7–37　为客户准备口罩

浆液催化剂订单，拿到了印尼CAP催化剂试用机会，获得了科威特5t铬系和500kg浆液的实际销售量，并收回了相关市场的全部货款，为后疫情时期扩大合作奠定了基础。

四、评级与体会

雪中送炭绝不是功利的手段，在能力范围内，帮助的不光是联系密切的业务对接人，在得知中东代理和客户公司的几位员工家人不幸感染，除了另外增加口罩，市场开发部技术服务团队还代表公司表达了真切的关怀和慰问。

2. 从线性思考走向环形思考，现场安全管理的四个维度

系统思考的思维方式，在现场安全管理上，要从四个维度出发，系统考虑问题，如图7–38所示。

图7–38　现场安全管理四个维度

第一个维度，要考虑要到国家层面的法律法规、标准规范和国家宏观大环境的变化及要求，识别到企业的规章制度中。

比如，2019年造成78人死亡、76人重伤的江苏响水“3·21”特别重大爆炸事故，2019年造成15人死亡、15人重伤的河南义马“7·19”爆炸事故之后，应急管理部出台《化工园区安全风险排查治理导则（试行）》和《危险化学品企业安全风险隐患排查治理导则》的通知（应急〔2019〕78号），该导则明确吊销安全生产许可证的（六个）条件，这些是需要基层单位清楚的管理内容。

6.2　企业存在以下情况的，属地应急管理部门应依法暂扣或吊销安全生产许可证：

（1）主要负责人、分管安全负责人和安全生产管理人员未依法取得安全合格证书。

（2）涉及危险化工工艺的特种作业人员未取得特种作业操作证、未取得高中或者相当于高中及以上学历。

（3）在役化工装置未经具有资质的单位设计且未通过安全设计诊断。

（4）外部安全防护距离不符合国家标准要求、存在重大外溢风险。

（5）涉及“两重点一重大”装置或储存设施的自动化控制设施不符合《危险化学品重大危险源监督管理暂行规定》（国家安全监管总局令第40号）等国家要求。

（6）化工装置、危险化学品设施“带病”运行。

第二个维度，上级的管理要求、企业存在的问题。

某公司2016年至2019年二季度，共发生上报A级事故47起，死亡60人，其中承包商事故33起，占70%；死亡人数45人，占75%。承包商安全管理问题就是制约安全生产的顽疾。那么，承包商存在哪些问题呢？

所有事故原因都是严重违章作业。如违反制度，违反操作规程，违反施工方案，违反工作要求，等等。

所有事故都是危害识别不到位。如盲目作业，心存侥幸，从众心理等。

所有事故都是安全措施不落实或落实不到位。如高处坠落，不系安全带，没有防护栏，脚踏板不牢，等等。

所有事故都是过程监管不力或监管缺失。如安全监护“木头人”“稻草人”等。

为此，该公司出台了多项措施：《关于从严直接作业环节管理、杜绝严重违章行为的通知》《关于印发“加强直接作业环节安全管理十条措施”的通知》《加强直接作业环节安全管理十条措施》《关于加强炼化板块承包商、直接作业和危化品安全管理的意见》。

第三个维度，基于事故的分析。

基于事故的分析，从过去的失败中总结经验、积累知识，用以指导现在的行动并预测将来，努力不犯同样的错误。

基于事故的分析，需要用操作规程、操作法和管理上的规章制度、停开工方案、检维修作业指导书承载事故教训。

基于事故的分析，一是深度，要挖掘事故的深层次原因；二是广度，要把同行业的全国，乃至全世界的事故作为自己的管理资源。这也是系统思考中的全面思考：从局限于本位到关照全局。

2006年10月28日，新疆某石化企业在建$10\times10^4m^3$原油储罐罐顶浮船进行防腐作业时，发生重大爆炸事故，造成13人死亡、6人受伤。事故的直接原因是：非防爆电器产生火花引爆了达到爆炸极限的油漆稀料。

2018年5月12日，上海某石化企业对苯罐进行检维修作业过程中，因苯罐发生闪爆，造成在该苯罐内进行浮盘拆除作业的6名作业人员当场死亡。事故直接原因：作业过程中浮箱内残余苯流出、挥发形成爆炸性混合气体；施工人员违规使用非防爆电动工具、铁质撬棍，产生的火花引爆了可燃气体。

在储罐检修和施工过程中，要坚决使用防爆工具。

第四个维度，学习优秀企业的实践。

标杆思维法是企业管理的最基本的思维方法。如杜邦公司：

他们上下楼梯要手扶扶手；

他们上车后的第一件事永远是系安全带（不分前后排）；

他们不会因贪图美味而去安全设施不完备的小店，而且一般在就餐时都选在饭店一楼靠门口的地方；

他们出差住酒店会选择比较低的楼层；

他们开会或搞活动让所有人知道安全通道在哪；

他们停车一定是车头向外；

他们用的笔一定是笔头向内；

他们在工作时一定不会奔跑；

他们开车时一定不会接、打电话（不管是否用耳机）；

他们招聘了大批医学博士和医学教授。

3. 从局限于本位到关照全局，建立安全管理体系

20 世纪 80 年代后期，国际石油石化业事故频发，如 1987 年，瑞士 SANDEZ（桑迪兹）大火；1988 年，英国北海油田的帕波尔 · 阿尔法平台事故；1989 年，EXXON 公司的 VALDEZ（瓦尔迪斯）泄油事故等使国际石油界认识到加强安全管理的重要性。一起恶性事故不仅对事故发生的企业有影响，而且对企业所在的行业有整体影响，而事故发生原因是复杂的、多方面的，因而，控制事故发生的途径只有采取全面的、系统的方法。所以，进入 90 年代，许多大石油公司相继提出建立 HSE 管理体系。HSE 管理体系是国际石油石化界普遍采用的现行管理模式，也是当前进入国际市场竞争的通行证。

实施 HSE 管理体系体现新的管理理念：变纵向单因素管理为横向综合管理；变事后处理为预见分析；变事故管理为隐患治理；变管理对象为管理动力；变静态管理为动态主动管理。

中国石化 HSE 体系，体现的是系统思考，夯实了安全环保基础。中国石化 HSE 体系特点如图 7–39 所示。

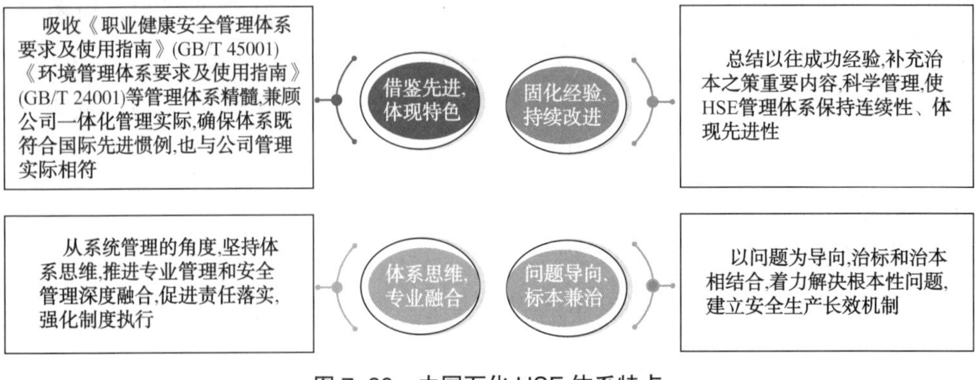

图 7–39　中国石化 HSE 体系特点

第四部分

基础工作

第八章
基础工作的基本概念

“基础不牢、地动山摇”，基层单位的基础工作是企业全部战斗力的体现。抓基础工作需要始终如一的坚持，需要明确管理思路，需要下苦功夫、笨功夫。重点工作要抓员工责任心，要从最基础的台账管理等工作抓起，要把发现现场问题放在首位，抓反复、反复抓，持续不断地开展“低、老、坏”治理，要抓制度建设，强调规则意识。

基础工作强调的管理观点：

① 责任心是责任制的灵魂；

② 失去台账支撑的制度是假制度；

③ 天下所有制度，如不和利益挂钩就不叫制度；

④ 制度有“三个维度”，不想、不敢、不能；

⑤ 干你所写、写你所干；

⑥ 养成在监督下工作的习惯；

⑦ 工作意味责任，细节决定成败；

⑧ 因为任重，所以责骂；

⑨ 对犯规者有情，就是对企业无情。

第一节　基础工作的基本概念

基础工作是指基层单位完成生产任务必不可少的一系列基础性管理工作。一切加强“基层建设”和“基本功训练”的努力都是为了夯实生产现场的“基础工作”，可见基础工作在“三基”工作中具有重要的地位。

一、基础工作的由来

1.“一把火烧出的问题”大讨论

1962 年 5 月 8 日 1 时 15 分，大庆油田最早建成投产的“中一注水站”因管理不善酿成火灾，起火后，发现两个灭火器失效，水龙带被截断，水枪头不知去向，无法灭火。3时15分，注水站全部被烧毁。大庆会战工委发动群众围绕“一把火烧出的问题”展开大讨论，提出了“从大量的、细小的、常见的工作入手，全面管好生产”的要求。

当时的会战领导认为，大油田刚起步就出现如此重大事故，不是就事论事能解决了的，必须从根本上杜绝。紧接着，会战工委召开党员干部大会，总结中一注水站失火的教训，并组织“一把火烧出的问题”大讨论。同时，组织160名生产管理干部，分别到10个不同类型的基层单位蹲点调查。

他们按照张洪州班把每样东西、每件事情，落实到每一个人的经验，建立起了“岗位专责制”。他们又总结田发林班按固定的路线检查，先干什么后干什么，一点也不马虎的经验，建立了“巡回检查制”。按此办法，他们又总结了苗安安班认真交接的经验，建立了八不交接的“交接班制”；总结一号泵断连杆的教训，建立了“设备维修保养制”；针对注水水质化验不及时的问题，建立了“质量负责制”。以后，又学习外单位经验，完善了“岗位练兵制”“安全生产制”和“班组经济核算制”。

2. 岗位责任制的确立

1962年7、8两个月，会战工委在北二注水站召开现场会，介绍他们创建岗位责任制的经验，自此岗位责任制在战区推广。此后，岗位责任制逐步发展成为石油系统基层管理的重要基础工作。包括八个方面，即岗位专责制、巡回检查制、交接班制、设备维修保养制、质量负责制、班组经济核算制、安全生产制、岗位练兵制。岗位责任制是大庆油田最基本的生产管理制度。

3. 岗位责任制的意义

1）将责任落实到每个岗位每个人，将大庆油田“严、细、实”精神具体化。岗位责任制就是把全部生产任务和管理工作，具体落实到每个岗位和每个人身上，做到事事有人管，人人有专责，办事有标准，工作有检查，保证广大职工的积极性和创造性得到充分发挥。当时大庆油田就提出：“让每台设备、每寸管线，甚至每块玻璃都有人负责。”

2）岗位责任制等一系列的制度建设，将大庆油田的现场管理水平推向了一个新的高度。制度化建设是现代管理最重要的基础工作，是实现标准化、精细化、规范化的前提。“一切按制度办事”是现代化大生产的基本要求，当时大庆油田会战初期，参战员工大都有军人背景，往往习惯于靠命令指挥生产，也往往会产生“人为”管理的失误因素，企业通过各种制度来规范员工的行为，员工更多的是依据其共同的契约即制度来处理各种事务，会使企业的运行逐步趋于规范化和标准化。

3）岗位责任制等一系列制度的建设，是员工现场智慧的总结，体现了员工广泛参与的原则。大庆油田的成功开发建设，是靠“两论”起家，是靠“两分法”大踏步前进的，中一注水站突然失火这件事，要透过现象看本质的问题，背后是这个注水站的管理责任没明确，责任制不明确又是当时大庆油田会战期间的普遍矛盾，怎么办？从群众中来、到群众中去，追根溯源发动群众深挖事故根源，并深度挖掘员工现场智慧，提出了一系列解决方案。

当时大庆的处理事故的方法，正如当今事故管理规定的，“事故调查组至少包括管理组和技术组。管理组重点调查分析事故发生的管理原因，技术组重点调查分析技术标准、技术方案、操作规程等方面存在的缺陷。事故原因应分析出直接原因、管理原因和根本原因，重点是管理原因和根本原因，事故调查组应对事故原因分析和责任认定负责”。值得借鉴的是，更深入地、更广泛地发动群众参与到管理中来，往往真正的、最好的解决方案源于一线员工的智慧。

二、基础工作的基本概念

1. 基础工作的定义

基础工作是指基层单位为完成生产任务必不可少的一系列基础性管理工作。

基础工作具体表现为：抓制度建设、维护和制度的落实；明确现场管理的基本要求；现场管理的方法、工具等。

2. 基础工作的核心

1）抓人的责任心、人的执行力，责任心是责任制的灵魂，基础工作看起来是抓事，实际还是抓人的责任心。没有责任心，岗位责任制规定得再好也没有用，基层员工的责任心是执行力的保证，定下来的事情都认真去办。

2）抓制度建设，强调制度为先，文本化实质上就是制度化，实现一套文本支撑多个体系；制度建设既要满足业务流程的广度建设，覆盖生产经营的全过程，也要满足业务流程的深度建设，让每一个操作步骤都有标准可依。强化制度化建设，将公司每一名员工的经验都变成公司的财富，持续不断将公司的管理经验提升为管理标准和规范，以文本为载体将公司的管理成果持续不断地传承下去。

3）基础工作强调精细化管理的理念，坚持“严、细、实”的管理方针，基础工作强调管理好每一个过程，做好每件小事：在安全生产上不放过任何一个隐患；在降本减费上控制每一笔费用；在优化增效上挖掘每一个空间；在基础管理上做精做细每一个环节。

3. 基础工作和基层建设、基本功训练的关系

基础工作是“三基”工作在现场的直接体现，作用于人的层面上的基层建设和基本功训练的效果，最终要通过基础工作“物”的层面，通过现场来体现，如图 8–1 所示。

图 8–1　三基的效果要在基础工作中体现

基层建设与基础工作的关系。抓基层建设重点是培育员工的团队精神，提升员工的责任心，基础工作强调制度为先，责任心是责任制的灵魂。

基本功训练与基础工作的关系。抓基本功训练重点是提升每名员工的专业技能，每一名员工的经验都是企业的宝贵财富，抓基础工作就是要将员工的现场智慧通过制度加以放大和固化，放大到整个组织，变成整个组织的财富。

基层建设、基础工作与基本功训练的关系见表 8–1。

表 8–1　基层建设、基础工作与基本功训练的关系

项目	定义	概括	核心	关系
基层建设	基层单位的组织（班子、班组、群众组织）建设、队伍建设、文化建设	概括地讲：团队的力量，包括：职业化素养、合理的分工、高效的人员配置、卓越的团队文化	强调以人为本，激活每一个细胞，打造始终充满激情的战斗团队	想干事 态度 安全意识
基本功训练	以岗位说明书确定的工作内容和任职条件为依据，明确培训需求和目标，开发和提升基层单位领导干部、专业技术人员和技能操作人员职业能力的一系列活动	概括地讲即个人力量，包括修炼学习型员工、使用和创造先进的方法和工具	提升每个员工的每一项素质，其基本要求是在应急情况下第一反应是正确的，应知应会的岗位胜任能力，其最高目标是培养职业化的员工队伍	能干事 能力 安全技能
基础工作	基层单位完成生产任务必不可少的一系列基础性管理工作。基础工作的主要内容是抓标准、抓制度、抓责任制、抓考核等	组织执行力。包括运用知识管理的方法，将员工的智慧和创造放大到整个组织；从事故中学习，将应吸取的事故教训，落实到操作规程、操作法中去；运用组织学习的理念，做好组织间的学习等	抓制度建设、维护和制度的落实，通过精细化的管理手段，实现管理上的科学规范	干成事 业绩 安全知识

三、责任心是责任制的灵魂

1. 责任与责任心

责任心是指对事情敢于负责、主动负责的态度，是对自己所负使命所具备的忠诚和信念。责任是一个人应该具备的基本素养，是分内应做之事，是健全人格的基础，是家庭和睦、社会安定的保障。

案例 最美司机吴斌

2012年5月29日，杭州长运客运二公司员工吴斌，驾驶客车从无锡返杭途中，突然有一块铁块像炮弹一样，从空中飞落击碎车辆前挡风玻璃砸向他的腹部和手臂。面对肝脏破裂及肋骨多处骨折，肺、肠挫伤的危急关头，吴斌强忍剧痛，换挡刹车将车缓缓停好，拉上手刹、开启双跳灯，以一名职业驾驶员的高度敬业精神，完成一系列完整的安全停车措施，确保了24名旅客安然无恙，而他自己虽经全力抢救却因伤势过重去世，年仅48岁。

生命诚可贵，责任价更高。在飞来横祸面前，吴斌选择了牺牲自己挽救他人，他用1分16秒诠释了生命的责任。“平凡岗位、职业行为、交通骄傲、弘扬光大”，浙江省交通运输厅党组书记、厅长郭剑彪这样称誉吴斌。

从案例中可以看出，一个组织、一个员工具有责任感所产生的巨大力量。他们平时在自己的岗位上恪尽职守、默默奉献。但当面临危难时期的生死抉择时，他们便化身为镇定自若、视死如归、正气凛然、顶天立地的旷世英雄。

（1）工作意味责任

毛主席说过：“越是困难的地方越是要去，这才是好同志。”在这个世界上，没有不需承担责任的工作。每个人都肩负着对工作、家庭、亲人和朋友的责任。负责任、尽义务是成熟的标志。一个对工作不负责的人，往往是一个缺乏自信的人，无法体会快乐的人。

工作是生存之本。坚持工作第一，干好自己的本职工作是基础，以干事业的精神对待每项工作，将敬业当成一种习惯，把工作看成自己的事。工作本身没有贵贱之分，但是对于工作的态度却有高低之别。看一个人是否能做好事情，只要看他对待工作的态度。

工作是立业之基。工作第一，事业为重，每一项任务都是一次锻炼的机会。当热爱自己所从事的工作时，会用更多的时间去接受新的知识，培养自己的能力，展现自己的才华，因为这些东西才是真正的无价之宝。在个人未来的资产中，它们的价值远远超过了现在所积累的货币资产。

工作是快乐之源。工作就是生活的命脉，工作就是身与心的投入，而由工作得来的劳动成果，更说明工作是美丽的。陈学昭的小说《工作着是美丽的》中提到，工作传递的是一种“热”和“美”。被誉为“无臂书法家”的刘京生曾说过，美是劳动创造的。

（2）细节体现责任

管理关注细节。管理工作要从小事入手、从细节抓起，因为任何一件小事、一个细节问题，都有可能被无数次地复制，而影响整个管理水平。管理者不必事必躬亲，但却要明察秋毫，要敏锐地感觉到某个细节在整个系统中所发挥的连锁作用，切勿因小失大。

细节决定成败。能够每天认真地把每一件简单的事做好，就是最有效的管理。抓作风训练，更多地表现在细节、小事上，做好小事需要高度的责任心、敬业精神和严谨求实的态度。

（3）责任贵在坚持

坚持之“坚”，是坚定之意，要求工作方向明确，重点突出，详略得当；坚持之“持”，是持续之意，要求紧盯不放，循序渐进，积跬步至千里，积小胜为大胜。

优良作风源于坚持。作风是人们态度和能力的表现，作风建设不能一蹴而就。军人通过将被子叠成“豆腐块”培养他们严谨认真的作风。培养好的作风，就要在日常工作中将“写仿宋字”“物品摆放一条线”等一点一滴看似苛刻的制度和要求一丝不苟地坚持执行下去。

管理进步始于坚持。现在，很多现代管理理论，如目标管理法、学习型组织理论等，虽刚刚被企业界广泛认识和应用，但是就其理论所要求的工作形式，在工作的很多“点”上早已有所体现，只是人们没有将其持续改进，更没有从“点”扩展到“面”。换言之，管理不缺亮点，就缺坚持。

企业发展成于坚持。《世界是平的》一书告诉我们，大部分企业都有其自身独特的优势和条件，企业之间的竞争就是优势的竞争。一个企业如果培养和发展了自己的优势，将在竞争中获胜，反之，则将在竞争中败北。

（4）责任需要文化引领

责任是企业文化的根源，企业要想成就百年基业，责任必须贯穿始终。

中国石化催化剂有限公司的安全理念是“全员主动、人人尽责”，其核心是责任的明确。所谓全员主动，就是要明确安全是每个员工的权利，企业有责任把保护员工的生命健康放在第一位，明确员工参与至关重要，尊重员工的安全建议权，员工的每一项建议都具有增值性和独特性，让员工享受安全的权利；所谓人人尽责，就是要明确每个员工的安全责任，在日常作业活动，明确最小作业点、分散作业点的责任，让每台机泵、每寸管线、每块玻璃都有人负责，这样长期坚持，将公司倡导的安全理念，变成员工自觉行动，形成责任文化。

企业对社会履责。2020年一场新冠肺炎疫情让口罩成了中国最紧俏的商品。中国石化集团公司认为，熔喷无纺布生产线项目是党中央、国务院交给中国石化的政治任务，事关国家疫情防控和复工复产大局，事关人民群众生命安全和身体健康，务必将该项目当成“头号工程”来抓！

2月24日，中国石化决定投资约2亿元，在燕山石化和仪征化纤两家企业抓紧建设熔喷无纺布（即熔喷布）、纺粘布生产线。

中国石化以“火神山速度”建设这两条熔喷无纺布生产线，3月上旬就投产了（图8–2）。

图8–2　中国石化建设熔喷无纺布生产线

企业对个人负责。企业要把每个员工都看成企业的宝贵资源，始终坚持把培养人放在第一位，促使人力资源向人才资源的转化。通过为员工提供安全和健康的工作环境，为员工构建适合人才成长的组织架构，创建学习型组织、培养知识型员工，为员工参与管理提供机会，强化绩效考核与管理等手段，履行企业对员工的责任。

员工对企业尽责。温家宝在《焦点访谈》开播10周年的那天，写给记者的一封信中讲道：“责任，源于对国家和人民的深刻了解，对国家和人民的深厚感情，只有对国家和人民了解得深，爱得深，才会有强烈的责任感。”同样只有对企业了解得深，爱得深，才会驱使自己成为企业发展的动力源，就如同动车组一样，一旦“点燃”所有员工的“内部发动机”，就会自动自发地工作。

2. 责任心与责任制

（1）大庆油田《生产工人岗位责任制度实施纲要》

1964年大庆油田会战指挥部《生产工人岗位责任制度实施纲要》第三十九条明确提出“岗位责任制的灵魂是政治责任心”。这就是说，大庆油田岗位责任制的内容只是它的“肌体”，而不是它的全部。它的“灵魂”是广大职工对革命事业的高度政治责任心。

有了政治责任心，就能充分发挥职工群众的主观能动作用，丰富制度的内容，弥补管理上或制度上的不足，使制度不仅在正常情况下能执行，在复杂情况下也能执行，制度规定的条款能落实，制度没有规定的也能主动去做好。

有了政治责任心，就能做到人人坚守岗位，埋头苦干，执行制度严肃、认真，一丝不苟，干出高标准、高质量、高水平。有了责任心，才能发挥制度的威力，使制度真正落到实处。

（2）大多事故是由于责任心缺失造成的

美国安全工程师海因里希经过大量的研究，认为各类事故存在88102规律，即100起事故有88起纯属人为，10起为人和物的不安全状态综合造成的，只有2起是难以预防的。美国曾调查了7500起工伤事故，由于不安全行为造成的事故占88%。日本曾统计了8天以上的事故，有96%的事故与人的不安全行为有关，多是由于“三违”行为所导致。我国事故统计表明，80%以上事故是由于职工不安全行为所致，不是因为装备不好、制度不完善，而是职工安全意识不强、大量的违章操作所导致的。

案例 某公司炼油厂操作失误球罐区液化气爆炸事故

1988年10月22日，某炼油厂某球罐区，由于操作人员操作失误，又未及时改正，造成液化气爆燃事故，26人死亡，15人烧伤，直接经济损失98万元。

10月21日23时40分，操作工陆某某在班长张某某的监护下，在三区14号球罐开阀放水，由于不按操作规程办事，致使液化气与水一起排出。23时50分，门岗保安人员发现车间有异常气味，当即找当班班长询问，班长回答说没有问题。至22日0时05分陆某某关闭脱水阀时，液化气已外溢约9.7吨。22日0时45分，门岗保安人员觉得有问题，又再次找到这位班长，班长答应尽快处理。门岗仍不放心，又立即向保安队书记反映，书记亦觉得有问题，让其向保卫科反映，保卫科又让其找值班室，值班室主任立即给当班班长打电话询问。但是，这样转来转去贻误了时机，22日1时07分，通过污水池扩散到罐区西墙外民工棚的液化气与明火相遇，发生爆炸。在连续沉闷的爆炸声中，南北约350m、东西约250m的地带燃起熊熊大火。消防队接到报警后虽然及时出动30多辆消防车奋力扑救，但是仍造成几十人伤亡。

这是一起由违章操作、纪律松弛、管理混乱、领导官僚主义引起的重大责任事故。

按规定，放水时进口阀和出口阀应切换开关，可是操作时阀门却全都打开。

班长在接到门岗保安人员报告后麻痹大意，既不认真查找原因，又不向领导汇报。

事故当天班上有7人，其中3人脱离岗位去菜地拔葱准备做饭；到22时，又有2

人关门睡觉。

该球罐区民工棚安有炉灶，严重违反了有关安全规定，但各级领导及安全人员却熟视无睹，无人制止。

某集团公司历年上报的安全事故也主要是因为违章作业违章指挥造成的，特别是2009年，100%事故都是“三违”所造成的。2005年11月13日，位于吉林省吉林市的某石化企业双苯厂的硝基苯精馏发生爆炸，共造成8人死亡，60人受伤，直接经济损失6908万元，并引发了震惊中外的松花江重大水体污染事件，直接起因是岗位操作人员两次违反操作规程操作，深层次的原因是生产现场运营管理粗放。

3. 如何提升员工的责任心

1）管理者的责任心决定基层员工责任心，要始终把培养人放在第一位，“义不理财、慈不掌兵”，紧紧抓住作风训练不放松。

案例 因为任重，所以责骂

春秋战国时期，耕柱是一代宗师墨子的得意门生，不过，他总是挨墨子的责骂。有一次，墨子又责备了耕柱，耕柱觉得自己真是非常委屈，因为在许多门生之中，大家都公认耕柱是最优秀的人，但又偏偏常遭到墨子指责，让他没面子过不去。一天，耕柱愤愤不平地问墨子：“老师，难道在这么多学生当中，我竟是如此的差劲，以至于要时常遭您老人家责骂吗？”墨子听后，毫不动肝火：“假设我现在要上太行山，依你看，我应该要用良马来拉车，还是用老牛来拖车？”耕柱回答说：“再笨的人也知道要用良马来拉车。”墨子又问：“那么，为什么不用老牛呢？”耕柱回答说：“理由非常的简单，因为良马足以担负重任，值得驱遣。”墨子说：“你答得一点也没有错，我之所以时常责骂你，也只因为你能够担负重任，值得我一再地教导与匡正你。”

2）“我愿意”是一个大前提。《孝经·开宗明义》中讲“身体发肤，受之父母，不敢毁伤”。在安全管理工作中，将企业安全还原到员工个体的身体健康和家庭幸福方面，启发员工的自觉，形成“我要安全”的意识，是提升责任心的有效途径。

3）制度约束是保障。要用热炉法则维护制度权威，要制定执行制度的保障性条款，明确员工行为负面清单，触及底线的行为要依规及时处理，不搞下不为例。

案例 鸟巢焊缝

鸟巢——国家体育场工程为特级体育建筑，主体结构设计使用年限100年，耐火等级为一级，抗震设防烈度8度，地下工程防水等级1级。工程主体建筑呈空间马鞍椭圆形，南北长 333m、东西宽 294m，高 69m。主体钢结构形成整体的巨型空间马鞍形钢桁架编织式“鸟巢”结构，钢结构总用钢量为 4.2×10^4t，混凝土看台分为上、中、下三层，看台混凝土结构为地下 1 层，地上 7 层的钢筋混凝土框架——剪力墙结构体系。

为了保证鸟巢建设万无一失，建设者采取了“谁焊缝，谁留名”的方法，在鸟巢的每条焊缝边上，都刻上焊接工人的名字。而且，每一条焊缝的焊接工人、焊接时间、焊接部位等全部记录存档，并由焊接人、施工负责人、质检员分别签字，凭此来追溯焊缝的焊接质量和过程。对建设者来说，这既是压力和责任，更是最好的激励。

第二节 制度建设

制度一般指要求大家共同遵守的办事规程或行动准则，也指在一定历史条件下形成的法令、礼俗等规范或一定的规格。制度建设是抓好工作的根本。邓小平曾经有过极其精辟的论述：“制度问题带有根本性、全局性、稳定性和长期性，制度好可以使坏人无法任意横行，制度不好可以使好人无法充分做好事，甚至会走向反面。”企业管理中，制度就是一棵树的根系，执行力的表象是枝叶。人们很容易感知到执行力的问题，却总是就执行力而“执行力”，治标不治本。这也使“低、老、坏”成为企业老解决，老解决不好的老大难问题。

一、制度制定

1. 制度制定存在的问题

1）制定的制度与企业文化相脱节：一是，制度不能准确反映企业文化的内涵，往往不考虑企业的文化背景，照搬先进企业的管理制度，制度可以复制，但先进企业的文化不可复制，需要长时间的磨炼才能形成。二是，没有建立制度体系，制度间缺乏联系，相互矛盾。

2）制度的可操作性不强：一是，目标太高、太远、遥不可及。所定目标应该符合企业管理、技术水平和文化背景，目标的合理确认很重要，应该是“跳一跳，够得着”，也应有阶段性目标作为分解目标。二是，制度多而烦琐，又缺乏必要的制度学习。三是，制度的定性描述多、文字描述多，或者意义含糊，缺乏定量的描述，一般员工很难准确掌握。

某公司《巡检作业指导书》中有这样的描述条款“由浅入深学习和理解各管理体系的术语、方针、目标等相关知识，熟悉本系统或本岗位环境因素危险源，熟悉应急与响应方案。逐步领会自身生产活动过程质量环境计量安全等因素及源点的影响，并设法预防，熟悉应急与响应方案，参加应急演练工作”。

这样的作业指导书几乎全是定性宏观的表述，如何去执行呢？某国家《小学生守则》中规定的具体条款都是可以操作的：

1. 平安成长比成功重要。2. 背心、裤衩覆盖的地方不许别人摸。3. 生命第一，财产第二。4. 小秘密要告诉妈妈。5. 不喝陌生人的饮料，不吃陌生人的糖果。6. 不和陌生人说话。7. 遇到危险可以打破玻璃，破坏家具。8. 遇到危险可以自己先跑。9. 不保守坏人的秘密。10. 坏人可以骗。

3）制度的制定者一厢情愿。制度的本质就是集体的契约，而不是企业管理者强加在员工身上的外在束缚性条款。企业的制度应当是员工与管理者共同制定出来的约束自己和所有人的共同规则。当这种所有人参与并贡献了自己智慧的共同规则形成之后，就变成了高于个人意志的信条——心理契约，人就成为自己制定的规则的遵从者。这样，一方面凝聚了众人的智慧，更主要的是让每个人从简单的被制度约束变成了主动的自律。

2. 怎样制定制度

（1）要从企业倡导的文化出发，制定、设计制度

“文化是制度的内涵，制度是文化的外显”，这就是制度和文化之间的关系。而照搬或袭用他人的制度体系，往往是行不通的，因为文化底蕴不同。制度也是文化的保证，无论企业文化有多么深的内涵，离开了制度这种“篱笆”，终究不能长久抵御外边精彩世界的诱惑。

（2）兼顾广度建设和深度建设

制度的广度建设是指，制度建设必须涵盖企业管理的全过程。做到“横到边，竖到底”，不留死角。体现系统性的要求，实现没有不受约束的人，也没有不受约束的事，所建立的制度必须形成执行、检查、考核的闭环体系。

制度的深度建设是指，要对现场的每一个岗位的每一个的操作环节，制定标准作业程序，尽可能地改进、量化、优化、完善相关的操作步骤。

（3）坚持系统思考，一套文本支撑多个体系

“上面千条线，下面一根针”，要结合 ISO、HSE、内控、ERP 等管理体系、方法，对基层管理中的各类规章制度进行优化整合，化繁为简，做到“一套文本支撑多个管理体系”。所谓系统思考，要制定执行制度的保障性条款，要坚持对制度动态维护。

（4）要坚持全员参与的原则

成熟度越高的企业，流程和制度的显性程度就越高，这种显性化集中表现在将经

验分析整理后严谨的文字、数字表达。这种显性化的表现不是领导和几个人的表现，而是全体员工的表现。这是一个团队智慧经验的凝结，这是团队的力量。如若不然，制度会失去存在的土壤，是一种“管、卡、压”。另外，全员参与的原则，还体现在全员或部分骨干参与制定制度的全过程。参与是一种很好的激励，体现了对制度约束者的尊重。

二、制度执行

1. 制度实施存在的问题

1）制度实施中缺乏与制度相配套的一系列台账、报表和实施细则，没有留下执行制度过程中的管理痕迹。

2）制度的学习宣传不到位，不能做到应该知道的制度都知道，缺乏必要学习制度的形式和具体规定，员工缺乏为什么要执行这些制度的理解。

3）检查监督不严，执行制度缺乏始终如一的坚持，往往一开始很严，上下都比较重视，时间长了，警惕性降低，要求就低，制度慢慢全被蚕食了。

4）单纯的就执行制度而执行制度，认识不到执行制度的过程是培养高素质职业化员工的过程，缺乏思想教育，不能使员工心悦诚服地接受制度的处罚。

2. 怎样执行制度

制度一旦制定，就必须坚决执行。人人都能遵守约定，是对员工利益的一致保护，是对大多数员工的爱。制度不能严格执行，找借口，强调客观，搞下不为例，后患无穷，势必造成“按下葫芦浮起瓢”的混乱局面。

（1）要制定与制度相配套的一系列台账、报表和实施细则

强调制度在执行过程中留下管理痕迹，以便对执行制度的情况随时、定期检查考核，而没有这些台账、报表和实施细则作为支撑的制度只能是管理者的主观诉求。

在企业制定制度的过程中，特别要注重将实施细则、台账和相关报表一并出台。比如说，制定劳动纪律管理制度，要求员工不迟到、不早退、不脱岗、不睡岗，就需要相继制定考勤表和劳动纪律检查台账，并确定谁来进行检查，实现对制度执行的全过程进行监控，留下管理痕迹，为考核、评价、分析留下资料和依据。

台塑公司的“规范制度运作流程，实行电脑化管理”。台塑从制度设计、制度运行、制度监督到制度改善，整个流程都固化下来，实行电脑化管理。统一制度编号，统一设计制度表单，把制度的实施对象、解决问题、推行步骤、评价标准等内容纳入表单，分类分级编号，通过计算机上线操作。在制度颁布前，台塑统一组织制度讲解，对相关业务人员进行培训，并对受训人员进行测试，纳入个人考核；制度颁布

后，由计算机自动开立交办单，跟催落实规章制度；制度执行中出现问题及时修订，自动管制系统开立交办单，相关部门进行检讨修订。

（2）要坚持可视化的管理原则

要坚持可视化的管理原则，所制定的制度，必须简洁明了方便执行者记忆，同时，要让标准、制度进现场，进入到生产装置现场，防止在执行过程中忙中出错，在重要操作点上时刻给现场操作人员以准确、清晰的提示，怎么干的明示。同时，也给检查人员判断操作人员干好、干坏、干对、干错的判定标准。

在某公司一个生产车间的角落里，码放着叉车专用的垫板。为了安全，垫板码放的高度有严格限制。为此，有人在限定高度位置画了一条红线，垫板码放不能超过红线。按理说，这并没有什么问题。但是事实上，这样的标准并不能最好地指导执行。因为，只有有经验的叉车司机才知道红线下能码放多少层垫板。后来，他们在红线旁边添加了一句话“此处最多可放七层垫板”，问题迎刃而解。

（3）要强化对制度执行的监督考核

制度制定多，检查落实少；突击检查多，日常检查少；口头要求多，实际落实少；下不为例多，严厉惩罚少；表面严格多，具体考核少。这几多几少是一些企业日常出现的问题，怎么样保证制度的落实呢？一是要对制度进行全过程的跟踪检查，二是要对检查的结果进行考核。“天下所有制度，如不和利益挂钩就不叫制度。”所谓制度的另一种解释就是明确员工的责任，责任是有形的具体的，管理就是要通过“有形”（责任）打造“无形”（责任心），没有明确的责任，就谈不上责任心。

《德胜员工守则》第20条规定：“员工不得接受客户的礼品和宴请。”这样规定是定性的要求。怎么样操作呢？德胜根据制度条款的要求，提出更具体的执行细则：“不得接受20支以上的香烟、100克以上的酒、20元以上的工作餐，违者属于谋取非法收入，一经查实立即开除。”

两种制度化管理结构的比较如图8-3所示。

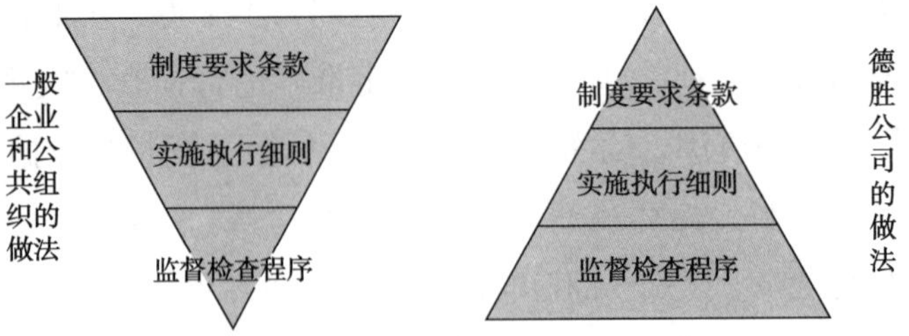

图8-3　两种制度化管理结构的比较

三、维护制度的权威性

1．“耶哈克假说”与热炉法则

“耶哈克假说”认为，管理制度对被管理者是一个强制执行的过程。例如，为了保证客机飞行安全，要对所有的飞机乘客进行安全检查。假设所有登机者都可能是危及飞行安全的人，可通过安全检查排除嫌疑。这样做的目的是保证所有乘客的安全，维护公众利益。因此，不仅得到社会广泛支持，更得到大多数受检人员的理解和遵守。按照这一机理，制度是为了保证企业生产经营全过程的安全有效运作，强制所有被管理者按照制度规定去做，违反了就要受到相应的处罚，这也是对大多数守法员工利益的维护。

“热炉”法则，如图 8–4 所示。首先当触摸热炉时，需做出即时的反应。人在瞬息间感受到灼痛，使大脑毫无疑问地在原因与结果之间形成联系。其次，人得到了充分的警告，知道一旦接触热炉会发生什么事情。再次，其结果具有必然性。每次接触热炉，都会得到同样的结果——被烫灼。最后，其结果不针对某个具体人，无论是谁，只要接触到热炉，都会无一例外地被烫灼，体现公平性。

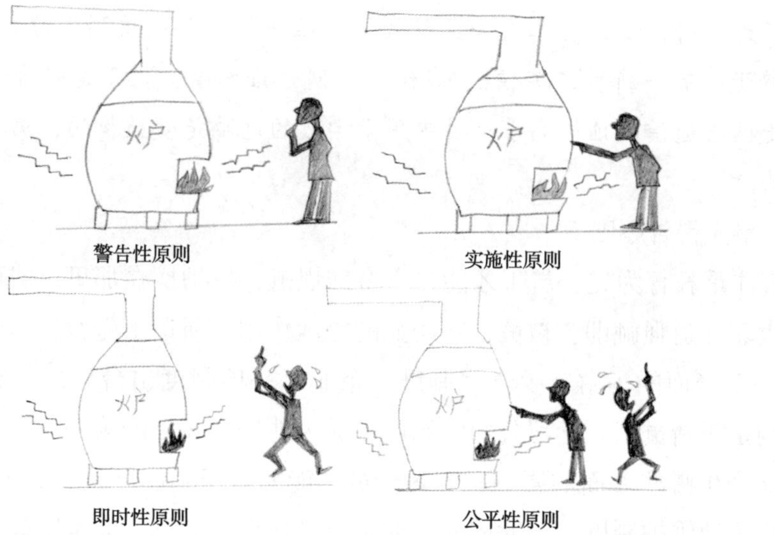

图 8–4　热炉法则

2．“热炉”法则的应用

制度就是一只炙热的炉子，在执行制度的过程中也应遵循：即时性原则、事先警告原则、必然性原则和公平性原则。

（1）即时性的原则

制度一旦建立，就需要坚定不移地执行，没有雷厉风行的实施，就等于没有制度，有时效性才能体现制度的严肃性。对于破坏制度的人，工作中出现过失后，越迅速进行处罚，员工越容易将所受的处罚与自己的过失联系在一起。随着事态的危害性减弱，员工的关注度淡化，对制度信任度也大打折扣，出现违反制度时要在第一时间公开处理。在管理中，即时性原则，还表现在问题一露头就把它敲掉，避免小隐患积累为大事故，小毛病酿成大问题，特别要对安全生产中的典型性问题、倾向性问题紧盯不放，对事故苗头露头就打。

如果一个团队缺乏执行氛围，管理者很大一部分精力将会耗费在推动制度的执行上，而且个人的力量，最终是有限的。纪律是有形的，氛围是无形的，氛围是喊不出来的，要通过铁的纪律这种有形打造良好执行氛围这种无形。

真正的热炉是由完善的制度和铁的纪律共同组成的一个维持秩序的屏障。企业制度执行不到位，往往是没有做到奖惩的及时。多人犯同样的错误，而“法不责众”，往往会给今后的严格管理埋下隐患。企业管理中，还要坚持“慎初”的原则，要紧紧抓住第一个犯错误的人和事，及时处罚，给大家一个清楚的提示，这个高压线碰不得。而对避免事故等对企业作出贡献的人，也要及时地给予快奖，而不能等到年终先进个人评比时。

在华为公司，新进员工有一条管理“高压线”就是：培训学习时不许上网聊天，违者，辞退。有一新员工不信，“我偷偷上网，谁知道？”于是以身试规，他没有想到华为是网络通信的顶级高手，员工用于学习的电脑是受监控的，第二天该员工就被请离华为。

（2）事先警告原则

只有注重教育为先，员工才能自觉遵守规范，热炉摆在那里，威而慑之，通红的炉体让大家知道强触即会被烫，有明显的警示作用。所谓事先警告，就是要求员工对制度有一个全面的了解，要学习制度。企业每一项制度出台后，一定要组织员工学习，特别是对新员工，学习公司的制度应成为他们入职后的第一课，让员工理解制度会对企业产生哪些方面的影响。当每个员工能够认识到制度是在保护自己的利益时，他们会积极地维护制度。与此同时，如果自己违反了制度，非常明确自己将会受到怎样的惩罚，需要承担怎样的责任。只有对制度有清晰了解，才能使员工同时成为制度的执行者和制度的宣判者，从而达到制度在员工心里的透明度和公正性，实现制度的事先警告功能。

1）采用灌输式教育。特别是对于制度刚刚出台、新员工入职和员工转岗交流，掌握制度最快最有效的方法是集中办班学习。由制度的考核部门讲解制度，另外，就是要把制度汇编成册下发到每个员工和最基层的班组，以便员工能时时以制度的要求为对照，查不足，找根源，来规范自己的行为，从而增强员工对制度条款的理解。

2）采取舆论式教育。在企业要营造一个宣传制度、学习制度、按制度办事、以制度管理的良好氛围，在工作场所，如办公室、班组等处将制度上墙，使员工时时刻刻能看到制度的要求和宣传口号，以规范员工的各种行为。

3）采取案例式教育。采取案例教育避免重视理论教育，偏离实际应用的现象，要将本单位和同行业中违反规章制度造成损失事故以及严格执行规章制度避免事故的案例作为培训教育教材，给员工以清晰明确的要求。

案例 孙子见吴王阖闾

孙子带着自己所著的兵法进见吴国国王阖闾。阖闾要孙子用妇女来检验他的兵法。于是，选出宫中180个美女。孙子将其分成两队，并用吴王宠爱的两个妃子担任两队的队长，命令每个人都拿着戟。孙子讲清楚了训练的动作要领，三番五次地宣布纪律，并把用来行刑的斧钺摆好。于是击鼓命令向右，妇女们却哈哈大笑起来。孙子说："纪律不明确，交代不清楚，这是将帅的罪过。"又三番五次地讲纪律，然后命令击鼓向左，妇女们又哈哈大笑起来。孙子说："纪律不明确，交代不清楚，这是将帅的罪过；既然已经再三说明了而不执行命令，那就是下级士官的罪过了。"于是孙子不顾吴王的反对，杀了他的两个宠妃示众。在孙子接下来的训练中，无人敢再笑，所有的动作都符合规定的要求，队伍训练得整整齐齐。阖闾知道孙子善于用兵，终于用他为将，孙子的威信也从此建立。

（3）必然性原则

每当碰到热炉，肯定会被灼伤，什么时候碰到，结果是一样的。也就是说，只要触犯规章制度，就一定会受到惩处。执行和落实惩罚制度虽然会使人痛苦一时，但绝对必要，如果在执行赏罚时优柔寡断、瞻前顾后，就会使制度成为摆设，失去其应有的作用。"蒲鞭罚罪"对违反制度的人是一种纵容，明知企业有相关规定，还要以身试法，触犯单位的规章制度，就一定要进行处罚、以明纪律、以儆效尤。

案例 蒲鞭罚罪

据《后汉书》记载，汉桓帝时，南阳太守刘宽立了一条荒唐的规矩：凡吏人有过，均以蒲鞭（用柔软的蒲草编织的鞭子）打之。用软绵绵的蒲鞭抽打一下犯罪者的屁股，既不伤皮肉更不动筋骨，无异于鼓励他们继续违法。有如此纵容下属的官僚，东汉末年吏治松弛、贪污之风盛行，最终导致黄巾起义爆发，大汉王朝土崩瓦解也就不足为怪了。

（4）公平性原则

不管是谁碰到热炉，都会被灼伤，管理者对自己倡导的制度更应该身体力行。如果“刑不上大夫”，那么制度有不如无，甚至比没有更糟糕。

企业内部坚持“规则高于权力”的理念，制度高于权力，大于身份，强于资格，谁在制度面前搞特权，就让谁在公众面前丢面子。

第三节　生产现场三项基本制度

班组是预防事故的第一阵地，执行好三项制度是大前提。所谓三项制度，一般是指交接班、巡回检查和设备维护保养等三项最基本的制度。

一、交接班制

交接班的内容主要包括交接完成任务情况、设备运行情况、资料记录情况、环境卫生情况、工具（用具）仪表及材料消耗情况、生产运行异常及处置情况、安全生产及预防措施、上级布置工作及注意事项等。

坚持现场交接班制，要严格落实“十交”“五不接”，切实做到班前预检和管理人员班班在场，防止和避免交接班流于形式；明确交接班双方责任和权利，确保岗位工作有序衔接、工作责任有效落实；开好班前班后交接班会，如实、按时记录和填写交接班日志和生产记录，异常情况做到及时分析，及时处理。

1. 交接班的内容

1）交接班制是上下班之间交接情况，保证生产连续稳定运行的制度。要求做到“十交”“五不接”，见表 8-2。

2）在做到“十交”“五不接”的同时，具体还要做到“三一”“五报”“五清”“两交接”。

“三一”：对重要的生产部位一个一个地交接；对重要的生产参数一个一个地交接；对主要的生产工具一个一个地交接。

“五报”：报事故部位、报遗留问题、报注意事项、报采取措施、报处理结果。

“五清”：看清、讲清、问清、查清、点清；

“两交接”：现场交接和实物交接；

现场交接：指的是交接班人员共同对现场设备的运行情况、操作方式和故障情况进行现场确认，特别是对安全设施存在的缺陷、设备设施变更情况、报警联锁信号完好状态进行现场确认。

表 8-2　十交、五不接

序号	交接内容	主要内容	
1	十交	交任务和指示	任务完成情况、领导指示及注意事项等
2		交操作	报警、操作调整、操作波动、计量器具、仪表和产品流向等
3		交指标	工艺指标执行情况、工艺参数偏差、装置平稳率情况等
4		交质量	馏出口合格率、原料及产品质量等
5		交设备	设备运行、备用及缺陷处理情况等
6		交安全环保	安全生产、事故预防处理、环保及职防设施运行情况等
7		交现场定置化	岗位卫生、资料摆放、消防器材、现场工器具摆放及有无缺失情况等
8		交问题和经验	报警未处置、设备设施故障、生产指令未完成等
9		交工具	对讲机、报警仪、空气呼吸器、巡检仪、扳手、消防器材等
10		交记录	装置运行记录、内外操操作记录等
11	五不接	设备润滑不好不接	设备润滑油缺失或油雾润滑系统故障交代不清不接
12		工具不全不接	扳手、对讲机、巡检仪发生损坏或丢失不接
13		操作情况交代不清不接	操作波动、主要参数失常未处理好不接
14		记录不全不接	记录资料、数据不全不接
15		现场定置化和卫生不好不接	消防器材及现场工具摆放杂乱，岗位卫生不好不接

实物交接：指具体物件如文件通知、公用工具用具、仪器仪表等物件要交接实物，不能只进行账面交接。

3）交接班注意问题。要严格控制替换班，一般每班替换班人员不得超过 1 人，替换班要提前经车间主任批准。

“工人三班倒，班班见领导”，工艺、设备管理人员及车间领导要定期参加交接班。

班组长在交接班会上，要开展口头 JSA 分析，进行安全喊话，并带领全员进行安全宣誓或喊安全口号。

坚持对口交接、现场交接、实物交接，杜绝马路交接、信任交接、单独交接、提前交接。

2. 交接班日志的管理

“没有记录就没有发生”，交接班日志是反映管理、操作痕迹，传达上级指令，明确管理责任，发现问题及隐患，记录装置缺陷的重要手段。要做到：

1）交接班日志记录标准：记录及时、准确，字体端正、整洁，仿宋字。

记录内容真实、齐全，语句通顺，标点符号准确。

记录写错时杠改，并在旁边写出正确的字，签字并填写日期，差错率小于1‰。

当班人员在交班前写好本班记录，按照“接班情况、本班情况、交班情况”三部分填写。

“接班情况”记录内容包括本班、本岗位所辖区域安全生产的总体情况，操作指标情况、生产状态等。

“本班情况”记录内容包括本班、本岗位生产调整情况；调度指令、车间指令内容及指令人；执行“安全生产十大禁令”情况等。

“交班情况”记录内容包括本班、本岗位需要交给下一班的工作、工具、方案；当班未能解决的问题及相应采取的措施；未终结的作业票的具体内容、安全注意事项等。

2）交接班日志重点：记录本班所发现的问题及处理情况。

3）班长交接班日志由车间领导签阅，其他岗位交接班日志由车间工艺或设备管理人员签阅，节假日由值班管理人员签阅。签阅于次日前完成。

4）交接班日志按照两年的标准进行归档保存。

3. 交接班的管理标准

1）接班人员到岗后先对生产情况进行预检。

2）正常情况下，交接班在交接班室内进行，主要程序如下：

接班班长组织本班人员按指定位置就座，听取交班班长全面交班讲评。

接班班长布置本班工作及安全注意事项。

车间管理人员布置工作，提出管理要求。

出现紧急情况需要进行现场处理时，相关人员可直接在现场交接班。

接班人员同意接班并签名确认后，交班班组离开岗位，交接班过程结束。

3）交班班长完成交班后，可根据实际情况继续组织班后会，以总结本班安全生产、完成任务、执行岗位责任、遵章守纪等情况，表扬好人好事，批评不良现象，开展安全经验分享。

4）在特殊时间、特殊作业、特殊工况和特殊气候下，车间领导、车间值班人员必须参加交接班，有针对性地提出安全生产要求。

5）交接班管理关键词：

1小时：交班前1小时进行一次全面检查。

20分钟：交班前20分钟记录本班情况。

10~15分钟：接班者提前10~15分钟到岗。

10分钟：交班后10分钟，进行班后会。

案例 中石化催化剂（北京）有限公司交接班流程（图 8-5）

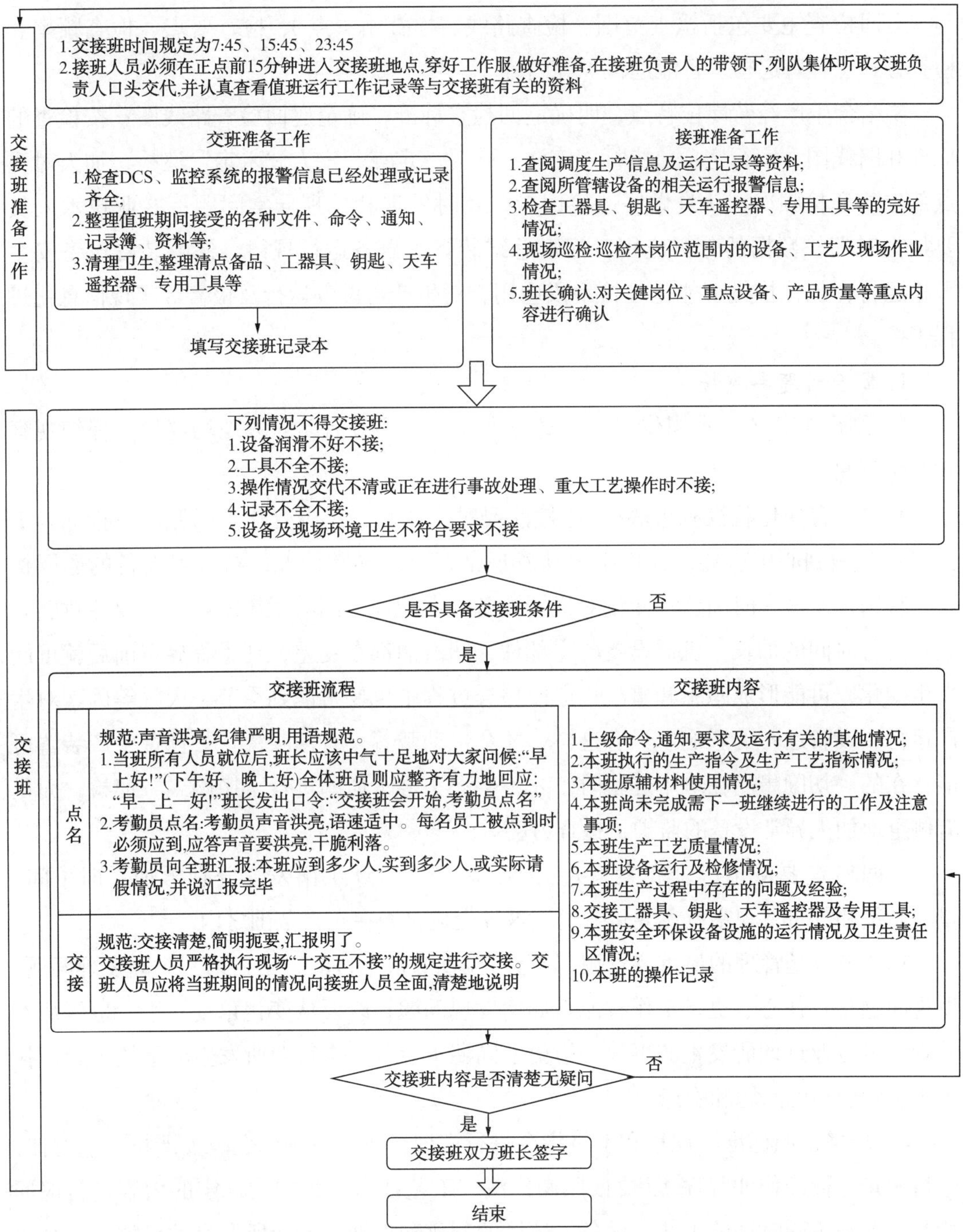

图 8-5 中石化催化剂（北京）有限公司交接班流程图

二、巡回检查制

巡回检查主要包括检查范围、检查路线、检查站（点）、检查要点、检查频率和检查方式（挂牌巡检、智能巡检）等内容。

要结合生产经营岗位特点，明确巡回检查标准，确定巡回检查路线图；按检查的标准和路线图，实行定项、定标、定法、定时、定点、定人“六定”巡检，加大对重点部位的巡检频次，认真做好巡检记录，及时发现和处理异常问题；专业技术人员要加大对巡检数据的分析应用，探索总结装置、设备运行规律，保障装置设备安全平稳运行；加快推进智能化巡检手段应用，对生产与设备运行及报警等实现信息化过程管控。

1. 带着问题去巡检

1）结合本装置、本岗位“查找身边十大薄弱环节活动”去现场巡检，仔细观察其变化情况。

2）“没有变化就没有事故”。巡检前要对生产装置区内变化了的原料、指标、工艺路线等做到心中有数，巡检中主动发现是否出现异常情况；对机器设备的巡回检查，特别是要考虑时间这一变量对机器设备、零配件、润滑系统的影响，要注意随着装置运行时间的加长，机器设备、零部件、润滑油都在变差，到了临界点前后就可能发生变化，可能形成隐患和事故；巡回检查过程中也要考虑到季节、天气等因素对生产运行、设备运转的影响。只有这样，才会主动戴着“有色眼镜”去怀疑生产装置可能存在的一切隐患。在班中巡检时，才不会一头雾水似的进行“撒网式”巡检，而是有侧重地加大异常设备的监护、检查力度。

巡回检查要从生产全要素（人、机、料、法、环）出发，分别再加上时（间）量、质量和数量，观察有无变化发生、这种变化是否在正常范围之内。

3）“事故是管理的最重要资源。”巡回检查的根本目的，是在第一时间发现问题，发现问题是责任心、更是工作技能。如何发现问题，既要从变化角度入手，也要从本装置、本行业近期所发生的事故、历史上同期本装置、本行业所发生的事故出发，找出本装置现在的问题和隐患。

4）严格依照标准、规程和上级指令进行巡回检查，发现问题。要严格工艺纪律，坚持SOP（标准作业程序）。要依照操作法、工艺技术规程中所规定的内容进行巡回检查；针对不同时期的工艺、设备、环境的变化和近期本行业所发生的事故，上级都会有针对性地提出现场重点检查内容，要严格按照上级指令，对所强调的重点检查内容进行现场检查。

5）数据的真实性是企业的生命。巡回检查要从确认现场数据的真实性入手，发现问题和隐患，特别是现场最原始数据、现场所发生的第一个数据是否真实。如果现场最原始数据失真，一方面企业所有的生产信息、财务指标都是假的，另一方面最原始数据失真，下一个时段、下一个班次就可能发生事故。

就源输入：数据在哪发生就在哪里输入，谁当班时发生的数据谁输入。

班组长的“三记工作法”：班组长布置工作任务时，要明确由谁去干的——记名字；要规定什么时间干完——记日子；要确定完成工作任务的质量要求——记数字。

2. 巡回检查的“四到”

所谓“四到”，就是在巡回检查过程中，要做到“心到、眼到、手到、行动到”。

心到：发现问题需要责任心，要对装置的薄弱环节和变化心中有数。

眼到：该看到的一定要看到，既要看低处问题，也要看到平台、塔罐上的问题；既要发现巡检路线上的问题，也要发现非巡检路线上的问题；既要能在白天发现问题，也要能在晚上、夜间发现问题；既要发现一般问题，也要发现重大问题和隐患。

手到：该摸到的一定要摸到，不能凭主观判断。

行动到：对于发现的问题与隐患，能处理的马上处理；不能处理的马上报告；无论能否及时处理，都要及时进行缺陷记录，进入问题整改模式。

3. 发现问题马上行动

现场管理的金科玉律是：要善于发现问题，要善于马上解决问题，要善于举一反三解决一批问题，更要善于从根本上解决问题。发现问题是管理的第一步，发现问题不能口头间传递信息，要及时进行记录，留下管理痕迹。

善于发现问题是学习效果的体现，善于发现问题是基本功，善于发现问题是责任心。现场操作人员在发现安全隐患、异常情况后，能解决的马上解决就是行动；而对于不能解决的问题、其他的专业问题进行准确的记录和及时的上报也是行动。

现场操作人员发现设备隐患要及时做好记录，重大设备问题要及时在交接班或专门记录本上记录。相应的专业技术人员要将属于本专业的问题进行认领和分析，并制定解决方案，在问题解决后要第一时间告知问题发现人，形成闭环管理。技术人员要在解决一个个具体问题的同时，找出规律性的东西，寻找高一级的解决方案，从根本上解决问题，防止问题的重复出现。

4. 班组长的安全检查

班组长安全检查主要是日常检查，检修过程中还要对直接作业进行检查，主要内容见表 8–3。检查可按“四查、三掌握、二抓、一严”的原则进行。

四查：查安全意识，查安全操作规程执行，查危险部位、危险作业、危险源及控制措施，查安全作业环境。

三掌握：掌握员工的心理状态，掌握员工的性格和优缺点，掌握员工的技能。

二抓：抓岗位责任制的落实，抓隐患整改的落实。

一严：严格的安全生产规章制度和操作规程。

表 8–3 班组长安全检查的重点内容

人员	是否自觉遵守安全规程 是否掌握安全操作技能 是否知道上岗资格 精神状态是否良好 是否会隐患排查及应急处置 物品摆放是否符合规定 是否正确佩戴劳动保护用品	设备	是否按要求进行了维护、保养 安全防护装置是否良好 工器具是否符合作业要求 消防和应急设施是否齐全、有效 临时用电、设备是否符合要求 特种设备安全装置是否良好 设备保养记录是否齐全、规范
环境	工作场所是否无杂物、废水、油污 消防和紧急通道是否畅通无阻 安全标志是否齐全、位置是否正确 照明是否符合规定 尘、毒气、噪声是否超标	管理	设备运行参数是否在控制范围内 工艺控制指标是否在控制范围内 安全检查记录是否齐全、规范 安全活动记录是否齐全、有效 应急演练情况 员工发现现场问题情况

班组长的安全检查注意点：

点名时观察情绪：注意情绪低落者，防止事故。

交接时观察程序：程序混乱，留下事故隐患。

工作中观察人机：人的不安全行为、物的不安全状态。

完工后观察结果：工艺稳，质量好，无隐患，现场清。

全过程观察控制：质量、产量、隐患、设备、人员。

5. 发现问题及时奖励

《某公司未遂事件管理规定》，对精心巡检、及时发现隐患，成功处置、有效避免事故发生的有功人员给予重奖，最高奖金 5 万元。

任何人（包含管理人员、基层职工以及外来施工作业人员、技术服务人员及其所在单位）发现表 8–4 所列隐患，都按照同一标准（表 8–5）给予奖励。

6. 生产现场例行管理

例行管理的目的就是将生产运行中一定时间周期必做的项目制度化，固定什么时间做，谁来做，谁来检查，谁来考核。这样，就将所谓例外的操作例行化了，有效避免丢项、形成隐患。

表 8–4 某公司未遂事件奖励评分表

序号	岗位职责	发现难度（只能选择一类）		程度（只能选择一类）			物料性质（只能选择一类）		潜在后果（只能选择一类）				处理难度
		可见度	技术含量	能量异常	泄漏程度	设备故障类型	火险分类	毒性分类	人员伤亡	火灾爆炸按爆炸极限分类	设备损坏	影响生产（公用工程内容用括号里的分数）	
1	□制止危险作业 4	□夜晚 3	□需极强专业技术 5	□能量异常转移 4	□渗漏 4	□渐发性故障 5	□轻烃、氢气 4	□剧毒或极度危害Ⅰ 4	□死亡 8	□爆炸 8	□公司关键机组、设备报废 10	□多套装置停车 10（5）	□危险物料带压处理 2
2	□非本岗位 3	□节假日 3	□需一定技术、计算 3	□能量异常释放 4	□滴漏 3	□突发性故障 3	□高温油浆、渣油 4	□高度或高度危害Ⅱ 3	□重伤 3	□不可控火灾 5	□公司关键机组、设备损坏 5	□ 1 套装置停车 5（3）	□公用工程带压处理 1
3	□本岗位 0	□恶劣天气 3	□需仔细检查、分析 2		□内漏 3	□其他 1	□易自燃 3	□中等毒或中毒危害Ⅲ 2	□轻伤 1	□可控火灾 3	□关键机组、设备损坏 3	□装置局部停车 2（1）	□切出处理 0
4		□无明火 2	□巡检可见 1		□喷溅 2		□液态易燃 2	□低毒以下或轻度危害Ⅳ 1		□环境污染 1	□单台设备报废 2	□单台设备停车 2（1）	
5		□明火 1	□仪器报警 0		□泄漏 1		□其他 1	□无毒 0			□单台设备损坏 1	□跳闸事故 1（1）	
小计		□白天 1											
合计得分		评分人			职务			单位部门					

说明：1. 在“□”处画“√”，表中数字为分值，各项分值相加为最后得分。

表 8–5　奖励标准

奖励等级	得分	奖金范围	分值
特等奖	28~30	40000~50000 元	5000 元 / 分
一等奖	20~27	15000~39000 元	3000 元 / 分
二等奖	15~19	6000~14000 元	2000 元 / 分
三等奖	10~14	1000~5000 元	1000 元 / 分
四等奖	5~9	单位内部奖励	

（1）现场安全管理一些时效性规定（例行管理）

各作业班组每月至少开展 2 次班组安全活动，活动时应有安全分享内容。

各作业班组在接班前应进行安全告知。

企业应根据风险辨识结果进行分级管理，建立各级风险清单，每半年更新 1 次。发生重大变化或变更后应及时更新。

在项目开工前或装置开、停车前，组织风险评估，编制和审查项目开工方案或装置开、停车方案。

在新改扩建项目开车前组织编制开车前安全检查表，进行开车前的安全检查（PSSR）和整改消缺。

企业应在现役装置停工交出前对装置进行处理，达到安全条件后，方可组织检修前的验收并履行交接手续。

企业应在现役装置检修全部结束后组织装置开车前的安全验收并履行交接手续。

所有施工作业都要在作业前运用 JSA 等方法进行危害识别及风险分析。

许可证审批人在许可证签发前应结合 JSA 组织现场安全确认，对交叉作业要指定协调人。

安全检查：岗位操作人员每天要做好交接班安全检查和岗位安全巡查。基层单位每周组织 1 次综合性安全检查。二级单位每月组织 1 次综合性安全检查。生产、技术、设备、工程等专业部门每月组织 1 次专业安全检查。督查大队对现场安全管理和作业活动进行全覆盖、全天候安全督查。

（2）班组日常管理清单

班组日常管理清单见表 8–6。

表 8–6 班组日常管理清单

序号	事项	工作内容	台账、记录	记录频次	基准项 / 创优项（创优项标注★）	星级班组评价标准
1	安全	加强群体安全生产意识和自我保护意识，严格遵守安全生产规定，做到不违章指挥、不违章作业、不断提高遵章守纪的自觉性。熟知岗位安全行为负面清单，规范安全行为				视问题程度，扣 2~10 分 / 项
2	安全	积极组织、开展和参加各种安全活动。班组安全活动每月不少于 2 次，每次不少于 1 小时，按要求认真记录《安全活动记录本》	《安全活动记录本》	每月不少于 2 次		发现问题扣 2 分 / 项
3	安全	熟知本辖区内的易燃易爆、有毒有害物、重点部位、重点设备、危险点以及安全标志、安全设施和事故防范对策，并能熟练掌握应用预防事故的具体措施和应急对策				发现问题扣 2 分 / 项
4	安全	会正确维护和使用防护用具、消防器材等安全设施，严格执行统一着装的规定，室外作业必须戴好安全帽				发现问题扣 2 分 / 项
5	安全	认真执行安全教育、安全培训等考核制度，做到持证上岗。班组长安全教育培训时间不少于 24 小时，每年再培训不少于 20 小时；新员工（含转岗、脱岗 12 个月以上）上岗前接受"三基"安全教育，时间不少于 72 小时	《职工 HSE 档案》			发现问题扣 2 分 / 项
6	安全	严格执行岗位操作法，加强班组间、岗位间、工种间工作协调和协作，树立全局观念，确保系统安全				视问题程度，扣 2~10 分 / 项
7	安全	每月开展班组安全应急（实战）演练				发现问题扣 2 分 / 项
8	安全	对直接作业环节做到认真监护，严格执行《直接作业环节检查与考核标准》要求				视问题程度，扣 2~5 分 / 项
9	环保	树立环保意识，强化"人造环境、环境育人"的理念				
10	环保	熟知所在装置环保指标和影响环保指标的因素，并针对异常情况能及时作出判断、处理和上报工作				视问题程度，扣 2~10 分 / 项
11	环保	对环保设施运行情况进行巡检和维护，确保运行稳定有效				视问题程度，扣 2~10 分 / 项
12	生产	熟练掌握所在装置工艺流程和操作法，按照工艺技术规程和岗位操作法，实施生产调整、事故处理及开停车操作，并按要求认真记录				视问题程度，扣 2~10 分 / 项

续表

序号	事项	工作内容	台账、记录	记录频次	基准项 / 创优项（创优项标注★）	星级班组评价标准
13	生产	按照巡回检查制度要求开展巡回检查工作。严格执行外操不多于每 2 小时巡检一次的要求，高空巡检每月不少于 2 次，采用“查、测、看、摸、听、比”的方法进行认真巡检，发现问题及时处理，对影响较大而又难以处理的问题，及时向上级报告；内操严格落实监盘要求，认真做好《操作记录》和《岗位交接班日志》	《操作记录》和《岗位交接班日志》			视问题程度，扣 2~10 分 / 项
14		按照交接班制度要求进行班前准备、预检、召开班前会、集中交接、对口交接、日志签字、召开班后会，每项工作依据规定程序进行，交接班工作做到“十交”（交指令、交原料、交操作、交指标、交质量、交设备、交问题和经验、交工具、交安全和卫生、交记录）、“五不接”（设备润滑不好不接、工具不全不接、操作情况交接不清不接、记录不全不接、卫生不好不接）、“三一”（对重点生产部位要一点一点交接、对重点生产数据要一个一个交接、对主要工具要一件一件交接）。《交接班日志》要认真按照标准要求填写				发现问题扣 2 分 / 项
15		负责夏季设备高温、防汛抗洪等检查和落实应急措施，负责雨污分流；冬季检查设备伴热、防冻防凝情况；负责跑、冒、滴、漏检查，对于发现的问题及时消除，并按照要求做好《季节性生产记录》	《季节性生产记录》			视问题程度，扣 2~10 分 / 项
16		参加全面质量培训；掌握产品质量指标、产品质量现状、影响产品质量的因素、处理影响产品质量的办法；按照规范进行取样操作；发现不合格及时调整				视问题程度，扣 2~10 分 / 项
17		积极开展 QC 小组活动★	《QC 小组活动记录》		★	开展 QC 小组活动加 2 分，获得公司奖励加 3 分，活动省部级以上奖励加 5 分
18	设备	设备维护做到“四懂三会”（懂设备结构、懂设备原理、懂设备性能、懂设备用途；会操作、会维护保养、会排除故障）				发现问题扣 2 分 / 项
19		严格执行岗位操作法和工艺操作指标，设备运转做到“四不准”（不准超温、不准超压、不准超速、不准超负荷），备用机泵按照要求盘车；备用机泵执行定期切换，切换前盘车不少于三圈，并认真做好《机泵切换记录》	《机泵切换记录》			视问题程度，扣 2~10 分 / 项

续表

序号	事项	工作内容	台账、记录	记录频次	基准项 / 创优项（创优项标注★）	星级班组评价标准
20	设备	按照要求开展设备巡检，巡检携带测振仪、测温仪、对讲机，至少每班一次对高温油泵振动、温度进行测量、记录；每班对冲洗油注入量、注入压力、注入温度等进行检查、记录，并定期检查冲洗油过滤网是否完好；每班对背冷的注入量、注入压力、注入温度等进行检查、记录；每班对缓冲液罐液位进行检查、记录；每班对机泵冷却水线进行检查，确保水线畅通，无过热现象；每班对机泵漏油、漏水的情况进行检查、记录，随时消除设备异常，对影响设备正常运行的缺陷和故障及时录入设备完整性管理系统，做到“三勤一定”（勤检查、勤打扫、勤保养，定时准确记录），并认真记录《设备状态监测数据表》	《设备状态监测数据表》			视问题程度，扣 2~10 分 / 项
21		遵守设备润滑管理规定，坚持“五定”（定人、定质、定时、定点、定量）和“三级过滤”（油桶至油箱一级过滤、油箱进油壶二级过滤、油壶进设备三级过滤）				视问题程度，扣 2~10 分 / 项
22		根据设备包机制和点检制，负责设备或区域现场环境维护，现场设备、区域环境做到“一平、二净、三见、四无、五不缺”（地面平整，门窗玻璃净、四周墙壁净，沟见底、轴见光、设备见本色，无垃圾、无杂物、无废件、无闲散器材，保温油漆不缺、螺栓手轮不缺、门窗玻璃不缺、灯泡灯罩不缺、地面盖板不缺）				发现问题扣 2 分 / 项
23		负责设备报警实时确认、分析、处置和上报工作				发现问题扣 2 分 / 项
24	综合	建立明确的岗位专责制，各岗位熟知岗位职责内容				发现问题扣 2 分 / 项
25		树立文明生产意识，岗位职工做到：严格遵守工作纪律、工艺纪律、操作纪律、施工纪律、劳动纪律，上岗时按规定穿工作服，衣冠整洁、姿态端正，遵守职业道德，注意个人卫生；进入装置现场必须戴好安全帽，特殊作业必须穿戴好劳动保护用具。现场存放的物料、备件、工具等按品种定位摆放、标识清楚、有防护措施、定期清理。以饱满的精神状态坚守工作岗位，做到不脱岗、串岗、睡岗，不干与工作学习无关的事情，不在操作台、记录本上乱写乱画，不随意摆放个人物品；爱护公物，节约材料、文明操作；工作中做到团结互助、热情主动，接待参观来访要讲究礼貌、语言文明。在班内形成文明、礼貌、有爱、互助的良好风气				视问题程度，扣 2~10 分 / 项

续表

序号	事项	工作内容	台账、记录	记录频次	基准项 / 创优项（创优项标注★）	星级班组评价标准
26	综合	开展班组岗位练兵，制定班组年度岗位练兵计划，制定岗位能力矩阵，将工艺流程、生产操作、应急处置、设备知识、安全技能、环保知识等内容作为班组人员自学、班组长（技术人员）辅导、师带徒、换岗学习、仿真模拟的主要内容。各岗位每月开展至少 3 道题的岗位练兵活动，每年参加一次年终考试				发现问题扣 2 分 / 项
27		班组每日据实记录考勤情况，并在醒目位置进行公示；民主讨论建立内部绩效考核机制，并依据考核机制开展奖金分配、员工绩效考核工作，做到班务公开	《考勤记录表》《奖金分配记录》			发现问题扣 2 分 / 项
28		参加小指标竞赛，掌握小指标竞赛指标和影响因素，定期开展班组经济活动分析，将活动分析情况记录在班组综合记录本中★			★	获得小指标竞赛前 2 名（四个班组及以上参与竞赛），第一名加 2 分，第二名加 1 分
29		围绕安全生产、职工队伍建设开展思想政治工作，落实班组民主管理，关心职工生活，做好形势任务教育，传达上级要求，反映职工诉求和想法，畅通沟通渠道，坚持做实"五必访""五必谈"，为职工解决困难★			★	发现问题扣 2 分 / 项，有特色做法、成效显著加 1 分
30		各种记录台账做到内容翔实、书写正规、整洁完好，摆放整齐。共性台账包括：班组管理综合台账（班组基本情况、班务公开情况、民主管理、劳动保护监督检查、年度计划和总结★、班组政治学习★、合理化建议采纳★、经济活动分析★）（每班）	《班组管理综合台账》《岗位练兵本》		★	发现问题扣 2 分 / 项，有特色做法、成效显著加 1 分
31		民主选举工会小组长，工会小组活动有生气★			★	抽查活动开展成效情况，对班组加 1~2 分
32		班组按照"五大员"强化班组建设工作分工★			★	抽查工作开展情况，对班组加 1~2 分
33		班组党员发挥党员先锋模范作用，开展党员联系群众工作，确保覆盖率 100%，至少每季度谈心一次★			★	抽查工作开展情况，对班组加 1~2 分

案例 中国石化催化剂有限公司上海分公司构建“智能化”巡检系统

一、实施背景

中国石化催化剂有限公司上海分公司综合车间目前拥有流化床催化剂、贵金属催化剂、钯炭催化剂和浸渍型催化剂四套装置，并且承担着上海分公司新产品转化的重任。产品多、设备多、楼层多的“三多”特点，对综合车间原有“巡检棒感应＋纸质记录”的传统巡检模式提出了挑战，建立更加科学、灵活、全面的巡检体系势在必行。本项目以深耕制度建设抓执行为基础，以强化基础工作抓落实为手段，引进并使用电脑端、手机端、云端集成的巡检系统，配套相关管理细则，优化构建“智能化”巡检体系，有效保证车间安全、稳定运行。

二、基本做法

运用“互联网＋”思维，通过大数据采集、分析，对巡检方式进行系统设计、全面升级，使员工巡检操作更加便捷、巡检路线切换更加灵活、数据分析反馈更加及时，达到构建“智能化”巡检体系的目的（图 8-6）。

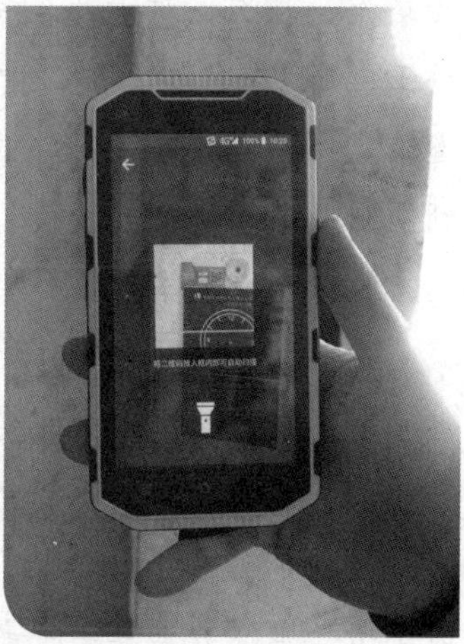

图 8-6 扫码巡检

（一）“智能化”巡检系统内容

1. 灵活制定巡检计划：管理人员可随时在后台调整巡检模块、制定巡检计划，分别上传手机 APP 和电脑管理端，适应不同生产方案与试验需求。

2. 实时监测巡检信息：巡检人员每日在手机终端收到巡检任务展示和提醒，按照任务要求完成巡检工作，并将数据上传至云平台。管理人员在 APP 实时查看巡检信息，完成巡检信息的实时监测。

3. 隐患报修：巡检发现异常，管理人员可以通过监管平台第一时间联系相关负责人，及时处理问题，过程全程跟踪，缩短异常处理周期，降低事故发生率。

4. 数据分析：通过设备云管理平台，分析日常巡检、检修工作的完成率、异常处置情况，预测隐患点，对比各区域工作，对巡检人员绩效进行考核，实现巡检管理工作痕迹化、闭环化。

（二）运行实施步骤

1. 试运行“智能化”巡检系统，根据实际生产规划巡检路线、频次、要素等内容。

2. 结合实际情况，在运行过程中发现问题，及时反馈分析，不断改进完善巡检系统。

3. 巡检系统高效稳定适配于企业生产时，对相关监管人员和巡检人员进行集中专业培训，全面推广应用。

4.根据运行情况，制定合理完善的巡检实施、监管细则和奖惩考核制度，提升员工对巡检工作的重视程度。

三、实施效果

“智能化”巡检系统五月底上线测试，六月正式启用，经过三个多月的使用，逐步迈入正轨，巡检合格率、巡检路线正确率100%。为满足巡检终端的本质安全需求，车间通过设备选型比对选用了带有网络功能的防爆4G终端。防爆4G终端相较于之前的巡检棒系统更加智能，不仅能扫码打点也能拍照录像上传异常情况，使巡检系统从数字化变成可视化，同时有步数及巡检轨迹显示以杜绝云扫码。特别是数据实时上传功能可以让车间管理人员在自有手机上通过APP就能随时随地查看巡检情况，无须再用数据线导入电脑，大大提升了巡检系统的时效性。管理人员可通过电脑后台编制巡检路线、频次，对于开车装置，实行1h/次的巡检计划，由运转班完成；停车装置实行工作日24小时1次，由所处装置工段长完成；运保12小时1次对整个车间进行巡检。对于巡检终端报警的情况，管理人员能够立即发现、立即分析、立即整改，做到问题处理“快、准、狠”。

四、评价或体会

随着“互联网+”时代的到来，工程智能化发展有了更多可能。基于二维码+移动互联网技术，利用GPS定位、信息实时上传、APP数据实时共享等，构建“智能化”巡检体系，其具有以下创新点：

（1）通过无纸化巡检，源头上避免伪造签名和巡检时间，GPS定位和数据信息实时上传，确保数据真实可靠，杜绝“假巡检”，符合绿色企业要求。

（2）系统引进并使用了电脑端、移动端、云端集成的巡检系统，实现巡检“四化”（要素标准化、巡检过程信息化、巡检结果实时化、巡检问题解决及时化），保证巡检流程闭环管理。同时，配齐巡检系统管理细则，以制度护航管理。

（3）通过扫码及勾选巡检内容项目，确保巡检过程清晰、巡检结果真实；实现文字、语音、拍照和录视频等多种方式填写报警备注，简化报警流程，便于员工操作。

（4）巡检数据信息在APP实现实时共享，管理人员可在APP后台实时监测故障及隐患，获知装置运行实时或历史记录，查看巡检工作汇总结果。

（5）针对产品种类较多的车间，巡检点可以通过“排列组合”的方式灵活、快速转换，形成不同的巡检路线，适应不同产品生产状态下的巡检要求。

上海分公司综合车间“智能化”巡检体系在半年的应用过程中，体现了灵活度高、适应性强、覆盖面广的特点，同时，对发现的不足之处不断完善、持续优化，确保该巡检体系既能够更加契合车间的实际情况，推动上海分公司“三基”工作持续进步，也可以适用于不同生产装置工况，助力催化剂公司巡检水平不断提升。

三、设备维护保养制

设备维护保养主要包括设备管理模式、设备前期管理、设备运行及维护管理、设备检修及机动专业项目执行、管理、设备绩效考核管理及相关业务界面的划分等内容。

落实设备维护保养制，首先要建立健全设备设施基础台账，为推行设备全生命周期管理提供基本保障。在此基础上，要落实设备管理责任，坚持包机制和点检制，对各类设备实行定岗、定责、定人管理，确保设备操作维护人员“四懂三会”；完善设备维护保养方法，实行“清洁、润滑、调整、紧固、防腐”十字操作法和“查、测、看、摸、听、比”六字检查法；落实关键设备特护制度，实行“机、电、仪、管、操”五位一体特级维护；加强设备缺陷管理，实行及时发现和解决异常问题的消缺机制，确保在线设备平稳运行和备用设备随启随用。

1. TPM 的管理理念

（1）TPM 的定义

全面生产维护（Total Productive Maintenance，TPM）是一种全员参与的生产维修方式，其主要特点就是在“生产维修”和“全员参与”上，通过建立一个全系统员工参与的生产维修活动，使设备性能达到最优。

TPM 有八大支柱和两大基石：两大基石是 5S 活动和小组活动，八大支柱是人才培养、初期管理、品质管理、课题改善、安全管理、事务改善、专业保全、自主管理。TPM 八大支柱两大基石已经很明确地强调了 TPM 管理涉及企业管理的人力资源、生产线建设、品质、成本、环境安全、流程、设备保全等方面。

TPM 的基本含义：

在企业内部建立起团队合作和主人翁精神的企业文化；

使企业中的所有部门都参与到 TPM 的管理系统中；

企业中的所有人（从最高层领导到一线的员工）都参与到 TPM 的活动中；

通过各项有效工具，挑战零事故、零损失、零缺陷和零浪费；

追求生产和经营效率的极限。

（2）TPM 的主要观点：

全员生产维护的根本目标是使设备的总效率 OEE 最高；

建立包括设备整个生命周期的生产维修系统；

包括与设备有关的所有部门：规划、使用、维修部门；

从最高管理部门到基层员工全体人员都参与；

加强教育培训，开展小组自主活动，推进生产维修。

（3）TPM 与 5S、TQM 的关系

TPM 与 5S、TQM 的关系，如图 8–7 所示。

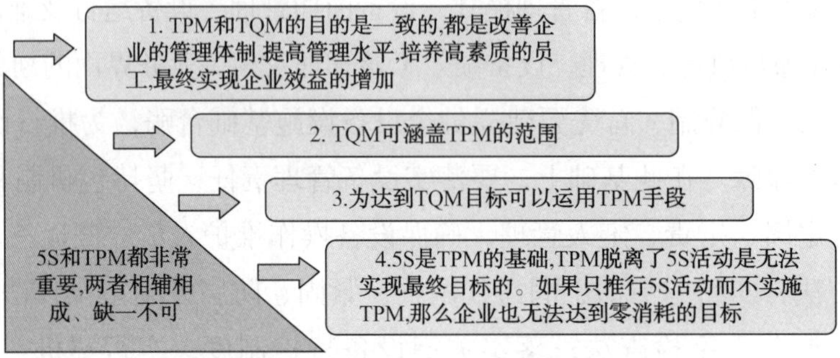

图 8–7　TPM 与 5S、TQM 的关系

（4）大型机组特护、LDAR

大型机组特护：大型机组的日常巡检和维护是特护工作的重要内容。以周检为中心的特护活动，应做好以工艺参数变化为主要内容的机组性能监测；以振动、噪声变化为主要内容的机械运行状态监测；以油品变化为主要内容的润滑状态监测；以仪表显示准确性、动作保护可靠为主要内容的机组报警、联锁的状态监测；以电机电流、电压显示准确性及电气设备动作保护可靠性为主要内容的状态监测。通过特护活动分析会将各专业的运行状况汇总、归纳、分析，每周对机组运行状态作出评价，部署下周特护工作的重点。

在日常维护方面，主要维护工作是清洁、润滑、紧固、防腐。如机组现场卫生状况、泄漏点、过滤原件压差异常、润滑的温度、压力异常、油品颜色的改变等。设备锈蚀、紧固件的松动等是显性缺陷，主要由操作工巡查；专业性的维护工作主要是基础沉降观测、管道应力检查与调整、结垢或腐蚀速率的测定、依据工艺和机械运行参数的改变及经验制订优化运行方案、预测易损件的使用寿命等，对机组来讲是隐性缺陷。

LDAR：是使用专门的气体检测仪器进行检测，确认泄漏的设备，通过修理降低无组织排放的一项工作。美国环境总署指出，一旦实施 LDAR，一个装置可以实现密封、阀门和配件的 VOC 排放水平降低 60%~80%，80% 的泄漏可以被修复。图 8–8 所示的管线组件是石化行业 VOC 重要排放源。

（5）动设备管理、腐蚀管理和泄漏管理应关注的重点

动设备管理应重点关注：关键机组“五位一体”的特护管理；高温油泵和液化烃泵等高危泵；转动设备润滑管理；机组、机泵的密封、轴承等监测数据引入控制室，并设置超标报警和趋势报警，纳入日常管理；转动、传动、移动等机械伤害风险较高、敞口部位的保护措施。

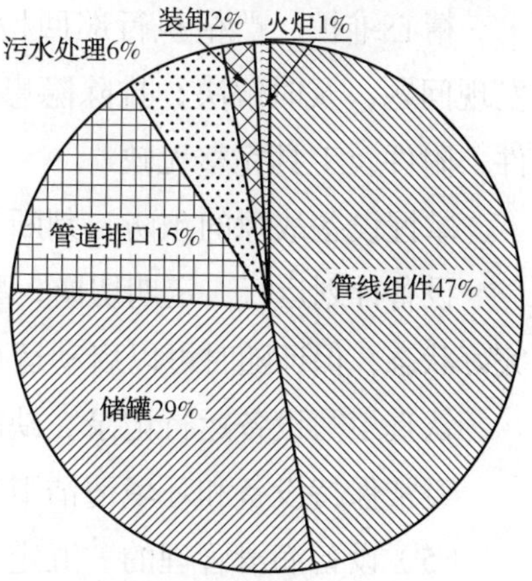

图 8–8　管线组件是石化行业 VOC 重要排放源

腐蚀管理应重点关注：工艺防腐措施的药剂选型、采样分析频率、数据分析、效果评价；装置设防值管理；基于风险的检验（RBI）评价结果；常规测厚和定点测厚、涡流扫查，以及在线腐蚀探针数据分析；处于湿硫化氢应力腐蚀环境的设备管线；采用不锈钢焊材焊接的铬钼钢等合金钢管道的焊口；高压空冷设备；埋地、贴地、浸泡、地下穿越管道，以及低温系统小口径碳钢接管、管嘴、盲头，常温低温管托部位，保温层下腐蚀；阴极保护，装置恒电位仪的电流变化和测试桩。

泄漏管理应重点关注：含硫化氢介质、氯、氨、苯等物料的泄漏；装卸过程泄漏；液化烃和高温、高压油气介质法兰密封；含有腐蚀性介质、高温高压油气、氢气等风险较高介质的设备和管线；高温油泵和液化烃泵等高危泵密封；温度和压力剧烈波动后的相关密封点；大型常压储罐密封、罐底。

2. 设备管理具体要求

（1）使用设备要遵守五项纪律

正确按操作规程使用，安全规范操作；保持设备清洁，按规定加油润滑；遵守设备交接制度；管理好工具、附件，不得遗失；发现异常，立即停车，及时上报，检查处理。

（2）“四懂、三会”

懂原理、懂结构、懂性能、懂用途；会使用、会维护保养、会排除故障。

（3）使用设备享有“三项权利”

有权制止他人私自动用自己操作的设备；未采取防范措施或未经主管部门审批的超负荷使用设备，有权停止使用；发现设备运转不正常，超期不检修，安全装置不符合规定应立即上报，如不立即处理和采取相应措施，有权停止使用。

（4）操作人员设备维护的 6 项主要工作

正确使用设备，严格遵守操作规程，启动前认真准备，启动中反复检查，停车后妥善处理，搞好调整，认真执行操作指标，不准超温、超压、超速、超负荷运行。

精心维护、严格执行巡回检查制，定时按巡回检查路线，对设备进行仔细检查，发现问题，及时解决，排除隐患。搞好设备清洁、润滑、紧固、调整和防腐。保持零件、附件及工具完整无缺。

掌握设备故障的预防、判断和紧急处理措施，保持安全防护装置完整好用。

设备计划运行，定期切换，配合检修人员搞好备用设备的检修工作，使其经常保持完好状态，保证随时可以启动运行，对备用设备要定时盘车，搞好防冻、防凝等工作。

认真填写设备运行记录、缺陷记录，以及操作日志。

经常保持设备和环境清洁卫生，做到沟见底、轴见光、设备见本色。

（5）设备润滑管理的“五定”“三级过滤”

五定：定点、定时、定质、定量、定人。

三级过滤：一级，从领油大桶到岗位储油桶；二级，岗位储油桶到油壶；三级，油壶到加油点；同时对润滑部位和油箱等定期进行清洗换油。

3. 催化剂生产企业设备分类及完好标准

（1）催化剂生产企业设备分类

离心泵、离心式压缩机、往复式压缩机、管式加热炉、塔类、管壳式换热器、压力容器、常压储罐、汽轮机、锅炉、电动机、测量、控制仪表等13类。

（2）设备完好标准

运转正常、效能良好；内部构件无损、质量符合要求；主体整洁、零部件齐全好用；技术资料、齐全准确。

以CB泵为例其完好标准如下：

压力表完好、指示正常，铅封和校验标示齐全。

连接法兰螺栓不缺、紧固、无泄漏。

联轴器护罩紧固、防护到位。

阀门手轮齐全、无泄漏。

机泵冷却水管齐全、紧固。

附属电机接地线齐全等。

设备润滑油（脂）按“五定，三级过滤”要求添加，油质符合标准。

阀门、阀杆润滑良好。

设备本体及附件外观卫生清洁。

基础表面、周围及基础内干净、无杂物。

各连接部位无泄漏、无漏痕。

两米以下管线、阀门、法兰外观清洁，防腐面漆状况良好。

第九章 现场管理基本要求

现场体现“三基”工作效果，现场管理水平代表“三基”工作水平，现场管理的基本要求是制度管用、台账齐全、数据真实、现场整洁、设备完好、作业标准。

现场管理基本要求的主要观点：

① 在哪儿发生的数据在哪儿输入，谁当班发生的数据谁输入；

② 台账是执行制度的保证；

③ 管安全就是管风险、管风险就要关注异常；

④ 干你所写、写你所干；

⑤ 制度识别到现场、分解到岗位；

⑥ 明确最小作业点的负责人；

⑦ 账实相符、有账可查，有据可依；

⑧ 小作业往往引发大事故；

⑨ 识别大风险、消除大隐患、杜绝大事故。

第一节 现场与现场管理

“三基”工作的出发点和落脚点是现场，“答案就在现场”，现场是企业管理水平的一面镜子，清爽整洁的现场是生产安全平稳运行的第一条件，“低、老、坏”是事故基础，“脏、乱、差”就是隐患，解决现场“跑、冒、滴、漏”、员工的习惯性违章是现场管理的起点。

一、现场管理基本概念

现代管理学对现场管理的定义是：用科学的标准和方法对生产现场各生产要素，包括人（工人和管理人员）、机（设备、工具、工位器具）、料（原材料）、法（加工、检测方法）、环（环境）、信（信息）等进行合理有效的计划、组织、协调、控制和检测，使其处于良好的结合状态，以达到优质、高效、低耗、均衡、安全、文明生产的目的。

1. 现场

现场即包含"现"和"场"两个因素。"现"是现在、现时的意思，强调时间性。"场"是场所、地点的意思，强调区域性。两者结合在一起赋予了一定时间的特定区域。现场就是组织和个人直接输出自己的产品，并能产生价值的场所。

现场有广义和狭义两种。所有的企业，都要从事三项直接与赚取利润有关的主要活动：开发、生产及销售。若缺少这些活动，公司是无法存在的。因此广义的"现场"指的是这三项主要活动的场所。狭义的现场，是企业内部直接从事基本或辅助生产过程组织的结果，是生产系统布置的具体体现，是企业实现生产经营目标的基本要素之一。在催化剂行业，狭义的现场仅指生产装置和辅助生产装置的作业现场。

2. 现场管理

管理是在特定的环境下，对组织所拥有的资源进行有效计划、组织、领导和控制，以便达成既定的组织目标的过程。管理学大师彼得·德鲁克（Peter F. Drucker）认为："管理是一种工作，它有自己的技巧、工具和方法；管理是一种器官，是赋予组织以生命的、能动的、动态的器官；管理是一门科学，一种系统化的并到处适用的知识；同时管理也是一种文化。"

现场管理是生产第一线的综合管理，是生产管理的重要内容，也是生产系统合理布置的补充和深入。"眼睛盯住市场，功夫下在现场"，现场和市场是紧密联系在一起的，现场是市场的基础，市场是现场的动力。为客户创造独特价值和员工的成长是现场管理的绩效目标。没有市场意识，缺乏对终端客户的关注是做不好生产现场管理的。这是因为，缺乏干事的目的性，缺乏工作的动力。员工与产品的连接才能激发企业真正的活力，企业专注于核心业务，生产的产品为客户所认可，每一位员工都会以自己公司的产品为荣，才能激发每一位员工的工作激情，才能造就卓越的员工队伍。而只有卓越的员工队伍，才能有卓越的现场，才能生产卓越的产品，才能不但令客户满意，还能令客户惊喜，才能为客户创造独特的价值。

3. 现场管理基本要素

现场管理的基本要素，就是企业在生产经营过程中需要投入的各种资源，现场管理是生产第一线的综合管理，就是将这些基本要素进行有效的分配，以保证企业安、稳、长、满、优生产和优质服务。现场管理包含六大基本要素，包括：人（人员）、机（机械设备）、料（材料）、法（作业方法）、环（环境）和信（信息），而这六要素都指向同一目标——绩效（图 9-1）。

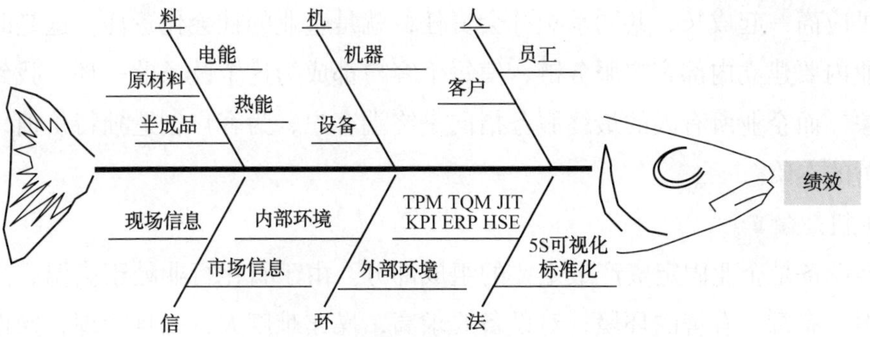

图 9–1 现场基本要素

（1）人

人是现场管理中最重要的基本要素，包含员工和客户两个层面。狭义的员工是指生产现场的直接作业环节的管理人员、工程技术人员和技能操作人员，如生产一线车间的领导、工程技术人员、班组长和操作人员；广义的员工还应该包括承包商、供应商。现场是企业所有人的现场，不论层级高低、也不论所从事的行当。现场是每个人成长的动力之源，现场是取之不尽、用之不竭的宝藏。每个人都要有“现场感”，关注核心业务，树立服务心态，用自己的专业为一线服务。所以说，现场管理的基本要素的“人”，“人”也应该是企业所有的员工。

员工是企业的宝贵财富，每个员工都应成为企业发展的动力源。员工是效益的直接创造者，是在战场上直接扣动扳机的人。合格的员工应是每个人都能按照岗位说明书的要求，进行准确的操作，保证“一出手就是正确的”。

同时，要注重团队精神的培育，发挥团队的力量。团队不仅强调个人的工作成果，更强调团队的整体业绩。团队所依赖的不仅是集体讨论和决策以及信息共享和标准强化，它强调通过成员的共同贡献，能够得到实实在在的集体成果，这个集体成果超过成员个人业绩的总和。团队精神的重要性在于个人、团体力量的体现，小溪只能泛起破碎的浪花，海纳百川才能激发惊涛骇浪。个人与团队的关系就如小溪与大海，每个人都要将自己融入集体，才能充分发挥个人的作用。团队精神的核心就是协同合作。

“人”的因素中另一个重要组成部分是客户。“有了客户的成功，才有企业的发展”，为客户创造独特价值是构成企业核心竞争力的最基本要素。所以，现场管理的基本要素的“人”，也应该包括客户、承包商和供应商等，他们是企业发展的重要资源。现场和市场的联系是一线的员工，一线的员工通过服务为客户创造价值，为终端客户提供完整的解决方案，反过来，客户的成功也促进企业的发展。而企业和承包商、供应商一起成长，共同承担社会责任，就是企业的社会化责任，这是时代的主题。企业内要建立内部客户服务链，使每个客户都成为这个链条的一环，找到自己的服务对象，而企业所有人的最终服务指向是终端客户，为客户创造独特价值，这也是企业经营的本质。

（2）机

机器设备是企业固定资产最主要的组成部分。由于石化行业处于高温、高压、易燃、易爆、有毒、有害的环境，对设备要求高，操作难度大，一旦管理、操作不善就会引起灾难性事故。机器设备能够优质、高效和长周期运行，是对企业最大的节约，是企业实现经济效益的基础。

对生产现场的设备进行 ABC 的分类管理，例如对大型关键机组分公司级、厂级和车间级进行特护管理就是实现上述目的的手段之一。除此之外，应用信息化技术，通过对设备运行状况的实时分析判断，通过机器设备和零部件使用周期的管理，实现预知维修，实现零损失；应用全员生产维护（Total Productive Maintenance，TPM）这种综合性的现场管理方式，通过采取自主管理手段，促使生产设备得到全面管理，从而实现故障、事故、损失为零，以预防为主，力争将各种隐患消灭在萌芽状态。

（3）料

“料”主要是指生产过程所需的各种原材料及半成品，以及生产所需的电能、热能等最基本的生产资料。材料的质量、数量、价格、库存和物流周期等因素将直接影响产品的品质、设备的运行状况和企业的经济效益。企业生产现场的各种物料消耗、各种原材料和半成品占用的资金是构成企业成本控制的重点，因为有 70% 左右的物料消耗都发生在现场，而企业 80% 的能源消耗也发生在现场。

在石化企业中，要按照“JIT（Just in Time，准时生产制）”管理模式组织生产，采用“一泵到底”的工艺流程，绷紧生产链条，减少原料、产品的库存。这样，也就减少了资金的占用、减少了管理费用、减少了事故发生的概率。正如丰田公司那样，上午汽车底盘是以配件的身份进厂的，下午就作为整车的一部分出厂了；而对于生产设备的备品配件，如采用“寄售制”，用后结算，设备的备品配件采用随用随进的方式，可节约大量的资金，像惠普公司通过供应链管理实现企业备品备件的“零库存”；企业的能源管理是企业管理的重点，是控制成本的重要途径，采用物料直输、装置间的热联合，这些都是节约成本的重要手段。

（4）法

“法”就是现场管理的方法，即现场采用的制度、标准以及管理的工具等。方法是生产现场管理的管理标准和技术标准，如操作技术规程、操作法、工艺控制指标、现场设备管理标准、完好机泵房标准等；方法是现场的各种管理制度，如岗位责任制、行为规范及运行机制等。

（5）环

环境包括企业现场的作业环境、安全环境等内部环境，也包括企业生存、发展的外部环境，还包括适合于员工成长的和谐、健康的人际氛围，能够对现实环境充分把握，是现代企业现场管理的基础。环境把握不当，轻则引发事故、士气下降，重则失去企业生存的必要条件。

企业的生产环境代表企业的形象，整洁有序、标识清晰的现场，会给人们赏心悦目的感觉，特别是公共地带，如卫生间干净整洁，说明企业管理真的到了一定的水平。不仅如此，整洁的现场还能为现场操作人员提供健康舒适的工作环境。氛围也是生产力，健康向上、相互帮助的和谐环境，传递的是一种正能量，培育的是团队精神。每个人在一个团队里愿意帮助别人，也愿意接受别人的帮助，这个团队是有战斗力的。相互之间提醒、帮助、传承经验，丰富了企业的知识存量。

作为管理者，要始终对变化的环境保持清醒的认识。比如安全管理，要对作业环境、人员状况的变化有清晰的把握，首先是对生产现场直接作业环节的把握。比如，在动火作业、进入受限空间作业时，要对环境进行分析，确保动火和进入受限空间的安全。同时，也必须注意到环境是经常变化的，每隔 4 小时就要进行重新分析，而每一天又都是新的开始，新的作业环境又产生了。有很多企业因为第二天没有重新分析，想当然地以为没有问题，而盲目动火引发着火、爆炸事故，进入受限空间引发窒息事故。

生产现场顺应大环境，就是对企业整体发展战略的把握。比如说绿色低碳的发展战略、服务外包的管理理念、为客户创造价值的经营方针、合作与开放的管理模式等，要解码为现场员工的具体行动。企业所处的环境是一种资源，要利用这种资源为企业的现场服务，同时企业要履行社会责任，通过社会责任的具体化、当地化、长期化，努力营造企业周边和谐发展的环境。员工要通过微公益的活动，提升自身素养、展示企业形象。

（6）信

信息流的管理是现代企业管理的重要内容。信息流是指人们采用各种方式来实现信息交流，从面对面的直接交谈到采用各种现代化的传递媒介，包括信息的收集、传递、处理、储存、检索、分析等渠道和过程。通过观察企业的物流、资金流和信息流“三流”的情况可以判定企业运营的好坏。其中信息流的质量、速度和覆盖范围，可以反映企业的生产、管理和决策等各方面实际情况。因为物流、工作流，最终以信息流的“高级形式”展现，就像生物体的所有活动都是基于神经系统传递的生物电信号一样。

企业所有信息的发源地是一线的现场，现场信息是第一手信息。如果第一层次的现场信息不准确，那么第二层次的生产信息和第三层次的会计信息就不可能准确，即便发现错误，纠正起来也是费时费力，浪费资源。譬如现场施工工程量的确认，如果第一个签字人没有认真核对，造成数据不准，在后续管理流程中就很难发现问题。

企业发展到一定规模，就不可避免患上大企业病。所谓大企业病，是指机构臃肿、信息不畅和员工的忠诚度下降。而信息不畅影响员工的忠诚度，影响企业的正确决策。畅通信息渠道就需要上情下达、下情上传，各级管理人员要保持“现场感”，轻松直面一线，了解现场到底发生着怎样的变化。

工业化和信息化的深度融合是时代的声音，是企业做强的必要条件。企业的信息化建设拥有“决策分析、经营管理和生产运行”三层架构，拥有 ERP 与 MES 两个核心系统，通过建立生产经营综合分析、生产运营实时监控和运维支持平台，形成全方位应用、全过程管理、全业务支撑的工业化和信息化的融合模式。

（7）绩效

绩效是一个组织或个人在一定时期内的投入产出情况，投入指的是人力、物力、时间等物质资源，产出指的是工作任务在数量、质量及效率方面的完成情况。绩效是指员工的工作结果对企业的目标达成具有效益、具有贡献的部分。绩效管理是指各级管理者和员工为了达到组织目标共同参与的绩效计划制定、绩效辅导沟通、绩效考核评价、绩效结果应用、绩效目标提升的持续循环过程，绩效管理的目的是持续提升个人、部门和组织的绩效。

绩效考核本质上是一种过程管理，而不是仅仅对结果的考核。它是将中长期的目标分解成年度、季度、月度指标，不断督促员工实现、完成的过程，有效的绩效考核能帮助企业达成目标。绩效考核是一个不断制订计划、执行、检查、改正的 PDCA 循环过程，体现整个绩效管理环节，是绩效目标设定、绩效要求达成、绩效实施修正、绩效面谈、绩效改进、再制定绩效目标的循环过程，这也是一个不断地发现问题、改进问题的过程。绩效考核的最终目的并不是单纯地进行利益分配，而是促进企业与员工的共同成长。通过考核发现问题、改进问题，找到差距进行提升，最后达到双赢。

二、现场管理的重要性

德鲁克说：“真正卓越的企业，往往是波澜不惊，枯燥和乏味的。”这种波澜不惊主要是将危险在第一时间化解了，问题一露头就把它敲掉了，而不是把问题积累成事故。班组是预防事故的第一阵地，问题在第一时间发现、解决，会有效提升企业安全管理水平。

1. 装置现场问题是管理起点

现场的问题能够及时地发现和解决，是保证生产安全、产品质量和节约成本的最有效措施。强化现场能力，注重在生产过程中将一切可能形成的隐患全部消除，一道道程序已经能够保证产品无瑕疵出厂，即使没有检验人员，也不能形成产品缺陷。

要将发现装置现场问题当作重点。答案就在现场，装置现场是企业所有管理工作的落脚点。从稻盛和夫的"我去生产现场时总是带着放大镜"，到日本丰田公司的"三现"（现场、现物、现实）主义，再到任正非的"让听见炮火的人呼唤炮火"，这些都说明了高度重视生产现场的管理正是成功企业的管理核心。姜汝祥博士认为："现场现物"就是丰田模式的执行秘密，形象一点讲，"现场现物"之于丰田，就如同车轮之于汽车。车轮是汽车行驶的关键，无论有多么伟大的发动机、多么伟大的底盘，没有车轮，都不能称为汽车。反过来讲，车轮保证了汽车的一切伟大构想变成了现实。所以，要带着问题进现场。对于现场的问题要有这样的认识，只有"现在"的问题，没有"过去"的问题，也没有"未来"的问题。

2. 现场是事故预防的第一阵地

人的不安全行为是事故的主因。控制人的不安全行为是有效避免事故的根本方法，不安全行为主要是指一线班组员工做了不该做的事、没做该做的事。2021 年全国共发生各类事故死亡 26307 人。80% 以上的事故是违章造成的，而违章事故中有 95% 是习惯性违章，而 90% 的员工伤亡正是习惯性违章造成的。

某集团公司 2013 年至 2015 年发生的事故，按事故原因统计，违反操作规程（三违）导致的事故最多，共 22 起；缺乏保护措施（高处作业未系安全带等）导致的事故次之，共 11 起（图 9–2）。

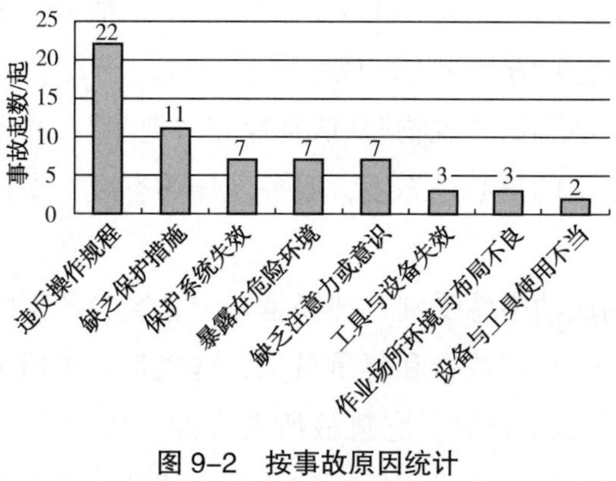

图 9–2 按事故原因统计

根据破窗理论，现场“脏、乱、差”（图 9–3）、“跑、冒、滴、漏”，会给现场操作人员一个暗示，此处可以随意；那么根据海恩里希法则，小问题积累成大事故，人的不安全行为、物的不安全状态积累到 30000 次，必然发生质的变化，最后导致一个人死亡；5S 管理的真谛是人造环境、环境育人，企业管理的第一步永远从现场抓起。

图 9–3　现场“脏、乱、差”“低、老、坏”现象

关于海恩里希法则，我们这样认为，不是一个人、一个班组、一个岗位、一个车间达到 30000 次人的不安全行为、物的不安全状态，才导致重伤、死亡等严重后果，这个 30000 次是一个整体的、一个企业的概念，具体到某个人那里有一次就可能导致严重后果。

3. 基层一线是企业知识、经验的宝库

真理最朴素，经验在基层。做好企业安全工作也是如此，就是要深度挖掘一线员工的智慧，让员工参与到安全管理中来。

起源于日本丰田公司的“三现”主义，代表了丰田精神，也成就了丰田公司的伟大。“三现”主义指的是现场、现物、现实，就是说，当发生问题的时候，管理者要快速到“现场”去，亲眼确认“现物”，认真探究“现实”，并据此提出和落实符合实际的解决办法。三现主义的核心是态度，服务现场的态度，支持现场的态度，培训现场的态度。

可以从丰田公司的成功中感受到，现场是知识、经验产生的宝库。丰田公司将丰田精神总结为两个方面，持续改善和尊重员工，这也是“丰田之道”的“两大支柱”。持续改善是丰田经营的基本方针，它挑战所有方面，更重要的是创造持续学习的精神，接受并保持变革的环境。而要创造这种环境，就必须尊重员工。丰田生产方式的创始人大野耐一，紧紧抓住了一个朴素的真理：对人才的浪费是最大的浪费。丰田公司能够做到数十年如一日致力于一线员工智慧的挖掘，也成就了丰田公司的伟大。而持续改善最重要的发生地就是一线现场。

《赢在执行》一书的作者姜汝祥博士将欧洲和亚洲极具代表性的两大汽车公司福特公司和丰田公司的管理模式进行对比后得出结论：丰田与福特管理模式的入口完全不同，福特的管理模式入口是技术和机器，是“物财”（把产品转化为财富），而丰田的管理模式入口是“人财”（把人的智慧转化为财富）。一般管理容易将现场看成一堆数字，而丰田生产体系（Toyota Production System，TPS）把握了现场的活人，将现场看成充满灵性的隐性知识集结地。管理的重点是要将那些储存在血肉之躯中的潜在的、隐性的创造能量挖掘出来，让由下而上的现场力与由上而下的战略传递之间没有断点。

三、现场管理之屋

1. 现场管理之屋

现场管理的基本方法有标准化、可视化、5S 管理等，现场安全管理还有 HAZOP（危险与可操作性）、JSA（工作安全分析）、MOC（变更管理）、SCL（安全检查表）、PSSR（安全评审）等专用管理工具和 KPI 关键安全管理指标、JIT 的管理理念，如图 9-4 现场管理之屋所示。

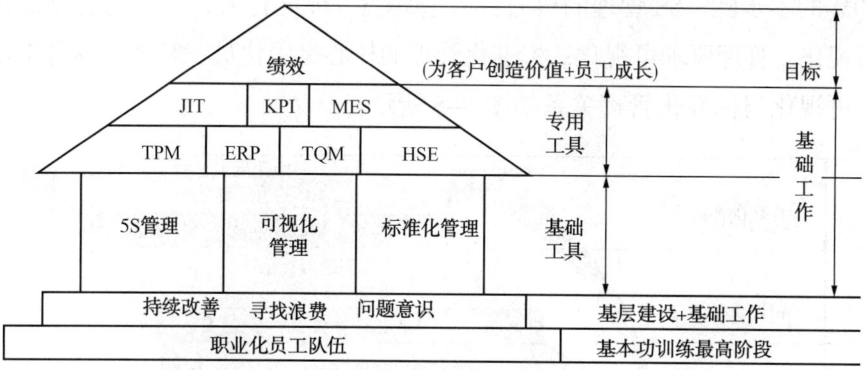

图 9-4　现场管理之屋

由图 9-4 可以看出：

第一，人的因素是现场管理之屋的基石。人是生产力要素中的关键因素，人与人、人与物、人与工具、人与环境的组合，是生产要素最基本的组合。以人为中心，就是要激活每一个细胞，要提升每一个人的职业化素养；更要注重发挥团队的力量，重在培育团队精神，以成长为动力培养学习型团队。

第二，理念变天地变，理念不变原地转。现场管理之屋的第二层次的“持续改善、消除浪费和问题意识”，是讲现场管理需要坚持的思想方法。日本学者今井正明的“现场低成本改善永恒论”，是讲现场改善无止境；改善是一种思想，改善是一种方法；改善是全员的事。而消除浪费是现场管理的切入点，当然，浪费也蕴含着任何事情或活动，不产生价值的都称为浪费，这也是现场管理的基本思想方法。

第三，现场管理需要基本的管理方法和工具。标准化管理、5S 管理、可视化管理这三项管理是最基本的管理方法，也是 TPM、TQM 等专用管理方法的基础。一个连 5S 都做不好的现场，其他的管理都无从谈起。所以，标准化管理、5S 管理、可视化管理，可以形容为现场管理之屋的支柱。

第四，绩效是现场管理的目的，也是“三基”工作的目的。它是现场管理之屋的屋顶。绩效就是秋收的果实，没有果实都是在浪费资源。绩效的最终表现为：为客户创造独特价值和员工的成长。

2. 5S、可视化、标准化的核心

从现场管理之屋可以看出，5S、可视化、标准化是顶梁柱，所以说，这“三大”方法是现场管理的基本方法，可以把其他的 TPM、TQM、KPI 等当作专业、专项管理工具。

另外，5S 管理、可视化管理和标准化管理之间，最基础的管理方法是 5S，5S 也是 TPM、TQM 的零步骤。5S 管理的核心：人造环境、环境育人；可视化管理的核心：现场问题可视化、管理要求可视化；标准化管理的核心是固化员工智慧、提升工作效率。

5S、可视化与标准化管理关系如图 9–5 所示。

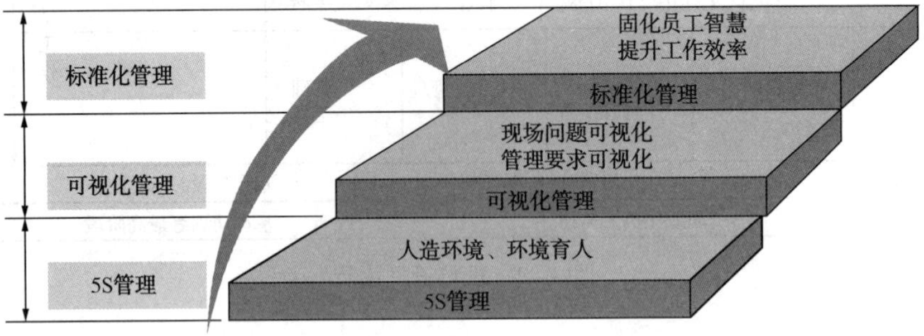

图 9–5　5S、可视化与标准化管理关系

3. 持续改善是现场管理的核心

（1）改善

改善是一种经营理念，用以持续不断地改进工作方法和人员的效率。“改善”，意

指持续不断地改进，此词也隐含每一位管理人员及作业人员，要以相对较少的费用来改进工作方法。“改善”的理念是要求在工作上、社交上及居家的日常生活中，应致力于经常不断地改进。

（2）从丰田公司的成功实践认识持续改善

丰田公司有两大支柱，一是尊重员工，二是持续改善，改善是依靠员工的持续改善。持续改善是日本企业的典型特征，也是日本企业制胜的关键因素。日本企业的管理理念是全员性、持续性和实践性的结合。所谓全员性，就是重视全体员工的作用，致力于一线员工智慧的挖掘；持续性就是始终如一地把一件事做好、做到极致；实践性就是注重现场、现物和现实，体现的是一种实事求是的态度和对现场的重视。持续改善是指企业的全体员工，在现场持续不断地追求最好的过程。

由王永庆先生所创办的台塑集团是中国台湾最大的工业集团，第二大民营集团，也是世界最大的石化企业之一，共有 30 多家子公司和事业部，经营领域横跨塑胶、化纤、货运、机械、医疗、教育等行业，在美国、印尼及中国香港等地设有 6 家海外分公司。根据统计，自 1980 年以来，台塑集团在资产总额、营收净值、员工数量等方面均独占鳌头，为台湾民营企业之龙头，也为其主要创办者王永庆赢得“台湾经营之神”的美誉。由经营理念长期孕育而成的优秀企业文化是台塑的基因。台塑集团的经营理念，归纳起来就是：以勤劳朴实的态度，针对企业经营上所涉及的各个环节都能追根究底，点点滴滴追求一切事物的合理化，并且以“止于至善”作为最终的努力目标。

（3）现场改善的观点

现在做的永远不是最好的，你周围都是财富；

先从 1% 干起，一旦开始就会不断产生新的改善创意；

改善是每个人的事，要集合大家的意见；

改善从寻找现场的浪费点、发现问题开始；

找到问题的真正原因；

立即纠正错误；

从自己所从事的工作开始改善；

改善应遵循 PDCA 循环（图 9–6），要将改善的结果标准化。

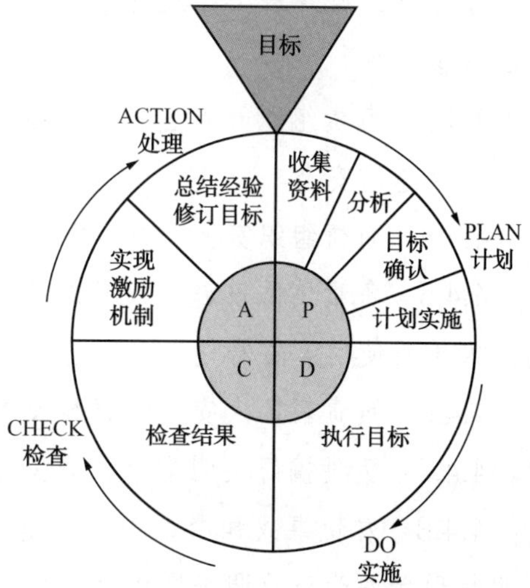

图 9–6 PDCA 循环

第二节　现场管理基本要求——制度管用

现场基础管理，包括班组的“十大制度”，其中最基础的是交接班、巡回检查和设备维护保养等三项制度，这在前一章讲过了。这一节，主要论述现场岗位责任制和工艺技术管理所涉及的制度要求。

一、基层单位岗位责任制

从 2011 年至 2017 年，在机动车、驾驶人数量分别增长 49.6%、80.6% 的情况下，全国因酒驾、醉驾导致的一般、较大以上交通事故起数却能双双下降，造成的人员伤亡数量明显减少，这就是制度的力量所发挥的重要作用，与 2011 年国家开始实施的“酒驾入刑”密切相关。

1. 如何制定岗位责任制

（1）责任制内容要精练、到位、管用

案例　班组长《安全生产责任制》（节选）

4.4　班组长

4.4.1　班组长是本班组的安全生产工作第一责任人。要模范遵守和带头执行各项安全生产法规、规章制度、操作和工艺规程。

4.4.2　负责组织员工学习各项安全生产规章制度和操作规程、工艺规程，教育员工遵章守纪，监督员工穿戴好个人劳保用品，制止违章作业行为，并提出批评教育和进行考核。

4.4.3　负责组织开展各种安全活动，开好班前会，坚持班前讲安全，班中检查安全，班后总结安全。

4.4.4　负责组织安全检查，发现安全隐患，及时整改，一时解决不了的要及时上报。

4.4.5　负责消防设施、设备的检查维修工作，使其始终保持完好和正常运行，教育工人正确使用消防器材。

4.4.6　负责新工人安全教育和岗位安全知识培训。

4.4.7　负责搞好文明生产，保持作业现场整齐、清洁。

4.4.8　发现事故和严重违章、违纪应立即上报，组织班组工人做好事故抢救，保护事故现场并为事故调查提供真实材料。

4.4.9　辨识本班组作业环境、作业场所、作业过程、作业人员的危险源、危险点、危险因素和岗位风险，并教育培训班组全体成员。

（2）制度识别到现场、分解到岗位

案例 某石化公司“7·18”机械伤害事故

7月18日6时30分，某石化公司合成橡胶SBS车间，S703工号挤压脱水机返料停车，履带式干燥机等设备保持运转，班长胡某带领卜某、黄某两名员工清扫现场粉尘胶，胡某、黄某站在干燥箱出口段顶部的保温隔板上清扫粉尘，6时49分左右，隔板突然塌陷，胡某脚部被旋转的爬胶器卡住，卷入干燥箱内，卜某立即停运有关设备，并将胡某救出，胡某因头部受伤，经抢救无效死亡。

事故直接原因：作业人员在未停机情况下站在干燥箱顶部保温隔板上作业，因隔板腐蚀，受压断裂塌陷，胡某落入干燥箱出口段内，被旋转的踢胶器耙齿挤压致死。

事故间接原因：干燥机为国外引进设备，其保温隔板分为3层，上层为1.5mm钢板，下层为0.5mm不锈钢板，中间为保温层。其维修手册明确规定，“避免在顶板上行走或爬行”，但企业没有将此安全要求转化为操作规程，人员到隔板上作业已成常态，从而导致事故发生。

（3）不能出现真空和模糊地带

每一台设备、每一寸管线、每一块玻璃都要有人负责。

案例 把每一个水饺追溯到个人

日本加卜吉株式会社，以生产速冻食品为主，尤其是速冻水饺，几乎占据了企业的半壁江山。然而，很长一段时间，其销售业绩却一直平平，甚至还有逐年下降的趋势。销售人员告知，该品牌的水饺容易开皮进水。

加藤义和召开了基层管理人员会议。大家各抒己见，只有一个新来的年轻人道出了不同的想法：“您有没有注意，最近一段时间仓库里的产品数量有所增加？”

“这是好事啊。”加藤义和很不解。“这仅仅是一个假象。”年轻人接着说，“最近一段时间，公司开始实行一套多劳多得的方案：数百个操作车间的工人，在奖金的诱惑下，每个人都为了追求效率，只注重数量而忽视了品质，所以才导致仓库里产品的大量堆积和超市里的滞销现象。”

那么，究竟如何杜绝这种现象的发生？年轻人建议：“扩大流水线，把以前的混合操作改为独立操作，即两个人一条流水线，由以前的好几个人挤在一团工作改为两个人面对面操作。如此一来，负责装箱的工人就很容易在每一个箱子上标注上操作者的姓名。”

“有奖有罚，把责任追究到个人。”加藤义和微微颔首。

从此，水饺就像刻上了操作者的名字，再也没有出现过开皮进水的现象。3个月后，加藤义和来到超市，看到该品牌水饺柜台前排起了长长的队伍。

很多时候，责任不能由众人分担，必须细化到每一个人，而能够把每一个水饺追溯到个人，这才是该企业成功的真正原因。

2. 如何执行岗位责任制

（1）制度要嵌入业务流程中

国内一考察团考察日本一饮料厂。考察团团长去洗手间，进门的时候他就发现门是一个电动门，会自动打开，像宾馆一样，可能是为了避免污染，后来他就按照通常的习惯洗手、烘干，他想出来的时候电动门没有打开，他以为门坏了，就在里面找电话，就像电梯坏了报修一样，但是发现里面没有电话，卫生间的门是玻璃门他就敲门，外面一个日本人正好过来了，日本人明白了他的意思，让他回头看，墙上画着四张卡通画，日文他看不懂，但是意思他能看懂，是上洗手间的流程图，第一先洗手，第二消毒，第三是再洗手，第四是烘干，他才明白为什么出不去了，因为有两个环节他没做，整个这套系统是由电脑控制的。然后他重新做了一遍，洗手、消毒、再洗手、烘干。到了门口，电动门还是打不开。他回头再重新看这个图，他发现流程过程他是遵守了，但是管理标准没有达到，什么叫管理标准呢？里面规定消毒的环节是十秒钟以上，他把手伸进去就拿出来了，没有达到十秒钟，他按照这个要求又做了一遍，门终于打开了。

（2）制度的生命力在于执行

关键在真抓，靠的是严管。岗位责任制的要害，在于“写实”“落实”和“考实”，在于日常检查、奖优罚劣、形成习惯。

海尔公司的张瑞敏曾经说“什么是不简单？能够把简单的事千百遍都做对，就是不简单；什么叫不容易？能够把公认的非常容易的事情认真地做好，就是不容易”。

海尔推行6S现场管理方法，其中的白手套、白袜子检查法，能够从中看见管理的严格。

在检查每个车间前，检查人员都会换上新的白袜子、白手套。穿着白袜子就直接站在车间的地面上，用白手套来检查设备是否干净，通过目视来检查物品是否摆放整齐。检查完一个车间之后，回到车间门口，他们会脱下袜子，摘下手套，拿出色板和白袜子、白手套的脏乱程度进行对比、打分，判断车间的6S管理清扫状况，同时，将用过的白袜子、白手套挂在车间门口，提醒工作人员做的还不完美。

同时，海尔这种严格的量化考评直接和员工绩效与收入挂钩，极大推进了6S管理。

（3）明确最小作业点的负责人

小作业、临时作业、一般作业、非常规作业往往引发大事故。2017年某石化公司事故呈现三个特点：一是，承包商事故占比最高，12起事故中，承包商事故占8起，占比高达67%；二是，事故多发生在边边角角、非常规作业等部位和环节；三是，12起事故均涉及违章作业，员工缺乏制度敬畏感。

预防小作业、临时作业、一般作业、非常规作业往往引发大事故，提升员工的安全意识、对制度的敬畏感很重要，实际工作中特别要明确这类作业的现场负责人，管理者一定要有这种意识和具体的管理规定。比如，球罐打开、盲板抽堵这类小作业、临时作业必须明确现场作业负责人。

案例 北京房山昊天宾馆，每一楼层都明确“最小防灭火负责人”（图9-7）

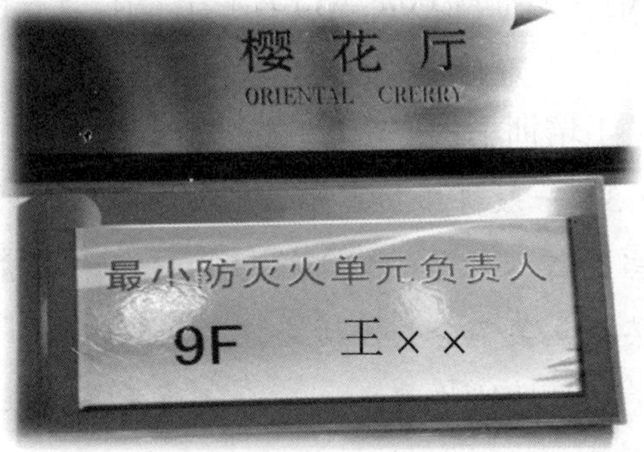

图9-7 最小防灭火负责人标识牌

3. 安全培训是大责任

（1）员工教育与培训的重要性

几乎所有所有事故都与员工教育与培训不到位有关，员工素质不能适应岗位要求，不啻“谋财害命”。安全教育与培训是见效最快、成本最低、措施最长久的一项工作。

培训不到位是最大的安全隐患，没有经过培训的劳动力是最大成本。

（2）安全培训矩阵

要建立培训矩阵，明确各个专业部门对不同人的培训要求，某部门安全培训矩阵见表9-1。

表 9-1　安全培训矩阵

专业部门要求	培训内容	主任	值班主任	班长	内操（催化）	外操（催化）
安全部门	工作安全分析	B3/M1	B2/M1+M6	B2/M1+M6	B2/M1+M6	B2/M1+M6
	工艺安全基础	B3/M1	B3/M1	B3/M1	B3/M1	B3/M1
生产部门	生产计划执行	A1/M3	C1/M1	B1/M1	A3/M1	
	装置数据填报	A3/M2	C1/M1	B1/M1	A3/M1	
机动部门	设备润滑管理	C3/M3	A3/M1+M3	B3/M1+M3	A3/M1+M3	B3/M1+M3
	设备维修程序	C3/M3	B3/M1+M3	A3/M1+M3	A3/M1+M3	A3/M1+M3
车间	操作规程	A1/M5	B1/M6	B1/M6	B1/M6	B1/M6
	装置流程图	A1/M5	B1/M6	B1/M6	B1/M6	B1/M6
	应知应会	A1/M5	B1/M6	B1/M6	B1/M6	B1/M6
	DCS 使用	A3/M1	B3/M6	B3/M6	B3/M6	B3/M6

1. 字母代表掌握程度。A：知晓；B：独立应用；C：指导他人。

2. 数字代表周期。1：周期为 1 年；2：周期为 2 年；3：周期为 3 年。

3. 培训方式。M1：课堂讲授；M2：课堂讲授 + 考试；M3：各种会议；M4：主管主持的专题研讨会；M5：网络；M6：实际操练。

（3）案例：事故与员工培训不到位密切相关

某公司 2017 年"9·3"一般机械伤害事故。赵某在回盖捞渣机尾部张紧轮上部检维修口盖板时，操作不当，掉入旁边的中部检维修口内，赵紧急呼救。随行的纪某紧急施救，但拉拽不动赵某。纪某不会关停捞渣机，只能跑至事发处外，进行呼救。

某公司 2018 年"6·26"机械伤害事故。承包商王某某在处理"滤布跑偏"故障时，违章站在滤布上，试图用踩踏方式调整（应通过"调偏顶丝"进行调整），脚部被卷入压辊与滤布之间，进而整个身体被卷入，经抢救无效死亡。一同作业的谢某某，不清楚现场有设备停运按钮，更不知道滤布旁就有数十米长的紧急拉绳，紧急情况时未能及时停运机器，错失时机。

二、化工企业工艺技术管理

1. 化工企业工艺技术管理之基础管理、专业管理

（1）化工企业工艺技术管理之基础管理

主要包括工艺技术规程、岗位操作法、开停工方案、工艺卡片、原始记录、巡回检查、技术标定、操作指令、工艺联锁及报警、盲板管理、技术月报年报、生产应急预案、技术台账、技术资料、岗位练兵等方面。

（2）化工企业工艺技术管理之专业管理

主要包括达标管理、节能降耗管理、生产优化及技术攻关、工艺防腐、生产工艺变更、工艺技术例会等方面。

（3）现场管理要求

生产指导性技术文件:《工艺技术规程》《岗位操作法》《工艺卡片》《开（停）工方案》《产品切换方案》《生产应急预案》《工艺技术改造说明书》、PID 图、主要设备及内构件图等。基层单位必须建立生产指导性技术文件目录并集中保存。

中控室内技术文件按受控管理，要使用最新版本的资料文件，废止的要及时收回。

2. 工艺技术文件的种类及管理要求

（1）工艺技术规程

工艺技术规程是具有法规性的生产技术文件，是组织生产的技术依据。

新建和改造装置应在运行考核后半年内修订。工艺技术规程每 3 年组织修订一次。当装置工艺过程、原材料等发生重大变化或技术改造后要及时修改与补充。

（2）岗位操作法

岗位操作法是指导操作人员生产操作的主要技术文件，规定生产操作的技术要求、操作步骤及注意事项等。

新建和改造装置应在运行考核后半年内修订。岗位操作法每 3 年组织修订一次，当装置工艺过程、原材料等发生重大变化，或技术改造后要依据工艺技术规程等技术文件及时修改与补充。

（3）开停工方案

开（停）工方案，是指导装置开工、停工过程的技术文件，规定准备工作、停工步骤及注意事项等。要求以下情况必须编制装置开（停）工方案：装置检修或抢修，物料倒空后长时间停车，新建及重大改造装置。

开（停）工方案的扉页上必须有编制人、审核（单位）人及批准人手写签字；组织装置人员认真学习（包括现场交底）装置开（停）工方案，必要时进行书面考试，确保所有操作人员均能熟练掌握该次开（停）工的有关步骤和知识；装置开（停）工前，基层单位要将开（停）工方案上墙，并绘制装置升温曲线图，并按时做好记录；装置开工后的 1 个月内完成开（停）工总结。

案例

2019 年 10 月 15 日上午 8 时 30 分左右，广西玉林一企业试生产，反应釜发生爆炸（图 9–8），造成 4 死 8 伤。反应釜内原料及半成品储量约 5t 左右。

图 9-8 广西玉林某企业“10·15”事故

（4）工艺卡片

工艺卡片是对装置主要指标控制范围进行明确规定的技术文件，应根据工艺技术规程及设计资料编制。

1）工艺卡片的编制、修订。工艺卡片应依据设计资料、工艺技术规程及岗位操作法、安全环保规范、原料性质、产品方案及质量标准、实际运行情况等进行编制，并参照国内同类型装置先进指标。新建或改造装置必须在投用前 1 个月完成工艺卡片的编制（修订），开工过程必须执行有效工艺卡片。工艺卡片要求根据生产实际需要及时修改报批，每年至少修订一次。

2）工艺卡片的审批。工艺卡片指标应实行分级管理，根据指标重要性由高至低标识为 A 级（公司）、B 级（车间、运行部）、C 级（装置）。A 级工艺卡片由基层单位编写，逐级审核批准后执行。

3）工艺卡片的执行。装置必须严格按照工艺卡片进行生产过程控制。班组将指标超标调整情况记录在交接班日志中，运行部、车间的工艺技术人员或值班人员每天要检查工艺卡片执行情况，在技术月报中分析工艺指标超标原因及采取的措施。

（5）原始记录

原始记录是工艺技术管理和组织生产的重要技术资料，包括岗位操作记录、交接班日志、DCS 和 PLC 电子记录等。

岗位操作记录、交接班日志等原始记录不得提前预记或事后补记。交接班日志采用手写或电子化记录均可，交接班时由交接方分别签字确认。岗位操作记录必须由操作人员手写，记录频率原则上 2 小时 1 次，实行新厂新机制的装置记录频率最长不得超过 4 小时 1 次，外操具备条件的可采用电子化记录。要求外操、内操对现场、控制室操作参数定期进行校核。

班组长每班必须审阅各岗位交接班日志，审阅后签字；基层单位工艺技术人员或值班人员每天检查交接班日志并签字；主管部门必须定期抽查交接班日志。

DCS、PLC、报警记录等电子记录要定期导出、保存。

（6）巡回检查

巡回检查是指为及时了解、掌握装置运行情况，发现和消除隐患，根据设备重要性、运行周期和季节特点，在不同的时间段进行有目的、有重点的巡视，实现彻底、无遗漏检查。

各单位应建立巡回检查管理制度，规定相关部门及各级单位职责。对各专业技术岗位、操作岗位的巡检内容、路线、巡视间隔时间做出统一明确规定，并进行检查考核。

（7）技术标定

技术标定是指按照规定方法和程序，对装置生产能力、工艺参数、物料质量、技术经济指标进行系统性评定的技术活动，原则上至少每四年标定一次。新建装置建成投产后、装置重要技术改造、工艺路线及生产方案发生较大变化、重大关键催化剂更换品种必须进行标定。

（8）操作指令

操作指令适用于重要的工艺参数调整与现场操作，包括 B 级及以上工艺卡片控制指标范围内调整；岗位操作法没有明确规定的操作；装置开（停）工方案、临时方案没有明确规定的操作；关键设备切换操作；危险性大以及需要相关岗位互相协调配合的操作；容易引起装置生产波动或造成联锁停车的特殊操作。

操作指令由基层单位的专业技术人员编写指令单，主要包括以下内容：工作步骤及作业内容；主要危害因素辨识、风险评估及环境因素识别；流程示意图；HSE 保证措施及注意事项。

操作指令单在实施前必须由基层单位主管领导审批，并由指令下达人员、班长签字确认、执行。

（9）工艺联锁及报警

工艺联锁及报警是生产装置或独立单元超出安全操作范围、机械设备故障、系统自身故障或物料能源中断时，发出警报直至自动（必要时也可以手动）产生的一系列预先定义动作，使操作人员和生产装置处于安全状态的系统。

基层单位必须根据职责，建立健全所管辖的工艺联锁、报警台账和相应的变更台账。

工艺联锁变更、摘除必须经过风险评估，由生产、技术、设备、安全等相关专业审核会签，报分管领导审批后执行。

（10）盲板管理

各单位应根据装置检修、现场施工作业以及工艺操作的需要，以防止物料、可燃及有毒有害气体的窜线及泄漏为目的组织实施盲板拆装作业。盲板拆装作业范围包括公用工程系统、储运系统、管廊以及工艺单元等。

盲板抽堵作业属于特种作业，需要办理作业许可。

车间负责盲板拆装作业方案编制，编制盲板位置图及盲板编号，制定和落实安全技术措施，监督现场盲板拆装作业。填写保管盲板台账，承担盲板的发放、回收、保管等工作，并指定专人负责。

装置开（停）工必须安排专人进行盲板拆装确认，确认表由责任人手工签字确认，并保存至少两个生产周期。

（11）技术月报、年报

技术月报、年报是指定期对产品产量、技术经济指标等生产运行情况进行分析的技术报告。

技术月报由基层单位组织工艺技术人员编写，经逐级上报审核签字确认。

（12）生产应急预案

生产应急预案是指为避免或最大限度降低工艺、设备、公用工程等异常工况对装置生产的影响，及时、有效处理装置突发事件的文件。各单位必须编制各级生产应急预案，并加强预案演练。

要加强班组培训，定期组织模拟演练、实战演练并制定检查监督、考核管理流程。

（13）技术台账

技术台账是指工艺技术管理过程中形成的记录、报表等。

各基层单位必须建立工艺技术运行台账等记录类技术台账。

三、事故案例

1. 2019 年 3 月 25 日，山东某化工公司发生一起爆裂着火事故，造成 1 人死亡，4 人受伤。该企业从 2011 年开始一直停产，在不具备开车条件的情况下，不顾监管指令，于 3 月 24 日擅自开始调试设备和投料生产，3 月 25 日零时 50 分左右，四苯基锡工段反应釜发生爆裂，导致其北侧车间发生火灾。

2. 2017 年 7 月 26 日，新疆某化工公司在对停产的造气车间进行复产期间发生燃爆事故，造成 5 人死亡、15 人重伤、12 人轻伤。

事故的间接原因是未按照《造气系统停车方案》，将停用的 12 号造气炉炉顶煤仓中的煤进行清理，造成留存的煤发生阴燃，在 12 号造气炉点火准备过程中也未检查 12 号造气炉炉顶煤仓中是否有留存的煤，为燃爆提供了点火源。

3. 2015 年漳州某公司“4・6”爆炸着火事故，二甲苯装置停产检修后开车时，加热炉区域物料泄漏达到爆炸极限，遇明火发生爆炸，并引燃装置西侧的 607、608 号重石脑油储罐和 609、610 号轻重整液储罐。开工引料操作过程中出现压力和流量波动，引发液击，存在焊接质量问题的管道焊口作为最薄弱处断裂。

4. 1993 年 10 月 22 日 11 时 05 分，某厂高压车间在用高压乙烯气导通因高聚物堵塞的一线 V-4D 管线时，在导通的瞬间发生恶性爆炸，致使切料厂房房顶结构松动，北墙被气流推倒，着火及爆炸使许多工艺、电气及仪表设备损坏严重，当场死亡 3 人，重伤 2 人，轻伤 3 人，直接经济损失 61.8 万元。这起事故是该厂有史以来最严重的伤亡事故，发生该起恶性爆炸事故的主要原因是工艺处理不科学，大量的乙烯气体排放到厂房内并达到爆炸极限，遇静电火花而引发。

第三节　现场管理基本要求——台账齐全

台账是现场管理最重要的管理要素，台账是执行制度的保证，没有台账支撑的制度是假制度；对于台账的管理，要坚持就源输入，留下管理痕迹，防止事故的发生。

一、台账的定义、作用和体现

1. 台账的定义

台账原指摆放在台上供人翻阅的账簿，也称流水账。工作台账不单是一些统计数字，还包括有关文件、工作计划方案、工作汇报总结、操作记录、支部“三会一课”记录、重要活动记事、操作法、规程、说明书、标准、公文等；是在生产、经营、管理过程中形成的各类台账，以体现管理体系符合要求，为有效运行提供证据，为持续改进提供信息，在需要时实现可追溯性。其形式有纸质的、有电子文档的，有文字图表的，也有图片、影像的。

2. 台账的作用

通过台账的管理可以使每件事情都事前有计划、事中有跟踪、事后有总结。通过台账的管理可以将问题、隐患早发现、早解决，强化过程控制，减少管理成本。现代化生产、规范化管理一定离不开完整、周全的台账，通过台账管理，留下管理痕迹，也是分析问题、明确管理责任的需要。

3. 台账齐全的体现

台账必须还原该企业管理的全过程。“没有记录相当于没有发生”，一方面要保证“干什么事都不是随意”，另一方面也要保证“干什么事都要留下痕迹”。因此必须保证其齐全性，即：及时完整、始终如一。做好台账齐全管理，是培养员工严细管理的需要，要从认真记录好每个操作过程开始，培养作风过硬的员工队伍。

二、化工企业需要完备的资料、台账

1. 各基层单位必须建立的记录类技术台账

《工艺技术运行台账》：每天记录工艺操作执行情况，技术经济指标、工艺防腐指标完成情况，加工量、收率、产量、质量完成情况等。

《工艺参数执行台账》《工艺参数控制指标变更台账》。

《工艺联锁、报警管理台账》：包括工艺联锁、报警清单，工艺联锁、报警变更记录，工艺联锁摘除和复位记录，工艺联锁、报警检验记录等。

《装置大事记》：建成开车时间、重要荣誉，重大技术改造，开停车及检修，生产、安全、环保、重大设备事故。

《工艺技术分析会（工艺例会）记录》：工艺技术管理相关内容的完整记录或会议纪要。

2. 中控室必须存放的技术资料

《工艺技术规程》《岗位操作法》《工艺卡片》、PID 图、工艺管理制度汇编、生产应急预案、应急处置卡。

三、案例

1. 2015 年某公司化工六厂“3・12”反应釜着火事故

2015 年 3 月 12 日，化工六厂 EVA 装置因引发剂配制错误导致反应釜底部泄漏着火。

原因之一，是引发剂配制程序混乱。引发剂配制居然是用电话联系且没有痕迹，要求配制 TBPA，而物装人员误听成 TBPO，这是第一道错误；TBPO 送到后，配制岗位人员未与班组人员沟通确认，就把本要配制的 TBPA 改配 TBPO，并未通知当班人员；当班人员及装置负责人，未经确认就将 TBPO 误当作 TBPA 加入反应釜，导致后来一系列问题。

2. 对某重大经济犯罪案件的剖析

李某，原某公司供销部供应处驻某厂供应站计划员，1999 年 4 月 13 日因犯有侵占、商业受贿罪，被法院判处有期徒刑 20 年，剥夺政治权利 5 年。

李某于 1993 年 8 月—1997 年 3 月，在任某公司供销部供应处驻某厂供应站计划员期间，利用负责化工原料的计划编制、采购订货及物资管理工作的便利条件，采取由购货单位进货后，再由另一业务单位走账，虚开增值税发票，加大付款金额，谎称为本单位谋福利、进货或发票丢失，伪造出入库手续等手段，先后 21 次侵吞公款 3066425.22 元；12 次索取业务单位贿赂款 690650 元，两项合计为 33 笔 3757075.22 元。

李某的犯罪原因是多方面的，公司在制度管理上的漏洞更是李某放纵的温床。

公司制度规定仓库保管员必须见货入账进库，现实中确有因生产急用而先用后补手续的情况，李某利用这一点，多次谎称“车间已经用上了”，让保管员在其虚开的进货票据上签字。

公司制度要求，车间领导必须在用料调拨单上签字予以确认，但有的同志对李某拿来的单据不审核，一签了事。

公司制度规定，5 万元以下的物资由供应站长审批；5 万 ~50 万元的由供应处长审批；50 万元以上的由供销部领导审批。但事实上，李某在岗期间，经手签订的合同超过 100 项，付出的款项累计超过 1.7 亿元，在查实的涉案单据上，有关的签字十分完整，然而谁也没有提出异议，放弃了签字审查的职责。

上述诸环节，如果保管员、车间领导、主管业务的领导都能严格执行制度，负起责任，那么李某的犯罪计划也许就不会轻易得逞。

李某的犯罪事实令人震惊，其教训也是十分深刻的。所有物资应该有账，这是看似简单，又毋庸置疑的事情，完全做好是强化企业管理、防止腐败事件发生、保护干部的重要举措。因此，企业管理工作必须加强对物资流通环节的监管，对于物资的购入、调入、验收入库、保管、使用、调出、报废的各个环节，都要有一套完整的管理办法和账物记载，要做到有账可查，有据可依。

第四节 现场管理基本要求——数据真实

数据的真实性是企业的生命，特别是现场发生的第一个原始数据的不及时、不准确，就是事故隐患。

一、数据真实的意义

1. 数据的定义

数据原指科学实验、检验、统计等所获得的和用于科学研究、技术设计、查证、决策等的数值。数据又指存储在某种介质上能够识别的物理符号，是信息的载体，这些符号可以是数、字符或者其他。

2. 数据的作用

数据应是客观存在的反映。数据是企业管理中最原始的数据，其统计的真实可靠性是企业统计工作依据的灵魂，是一切管理工作的基础，是经营者进行正确经营决策必不可少的第一手资料。如果没有这些数据的支撑，企业各项经营决策就无从下手，如果原始数据是虚报、瞒报、不实报的，这样的数据就会导致企业看不到真实的状况从而做出错误的经营决策，使企业步入歧途，后果不堪设想。

3. 数据真实的体现

数字化体系的真实，在要求数据本身的真实，绝不弄虚作假以外，更要求统计体系、统计方法的真实准确，后者远远比前者更加重要，直接决定了数据本身的真实是否有实际意义。没有统计体系、统计方法的真实准确，会陷于“数据皆真数据，信息尽假信息”的尴尬。因此数据真实可靠才能保证现场管理一出手就非常正确，这样才能减少管理成本，防止问题发生。

中国石化安全“三基”指导意见中明确，记录数据应真实、准确是安全基础工作的重要内容，基层单位要从确认现场数据的真实性入手，发现问题和隐患，特别是现场最原始数据、现场所发生的第一个数据的真实、准确：

① 所有数据源于现场：计量仪表、现场的检尺；

② 提高仪表精度、完善计量手段；

③ 现场操作人员精心操作，保证初始数据的准确；

④ 台账齐全、就源输入。

二、优秀企业的管理实践

台塑创始人王永庆始终认为，企业永续经营主要靠制度。他甚至说，台塑 95% 的利润都是内部管理合理化的结果。可以说，持之以恒地推行一套适合企业发展的管理模式，是台塑成功的秘诀。

1. 就源输入、多次应用、环环相扣、相互勾稽

“就源输入”就是说，这个信息在哪儿发生就在哪儿输入，跟级别没有关系，所以说只要在这个岗位上发生的信息，就要由当班人员负责输入，而且要真实地输入。“多次应用”就是信息输入后横向多次应用，比如输入的信息财务部用、人事部用、采购部用，可能生产部也用，就是多个部门多层次地应用这一个信息，不会重复采集信息，只采集一次。“环环相扣”，就是所有的信息之间是有内在的逻辑关系的，这些信息加工成这个信息，那些信息再加工成那个信息，这个是有内在关系的。而且还要“相互勾稽”，要相互论证，就像资产负债表一样，必须做到相互勾稽。

上海立得催化剂有限公司，坚持对现场发生的数据“就源输入”，其压缩机巡检记录台账就在压缩机组厂房内，操作工巡检时观察到的数据，就可以就地填写在台账上（图 9-9）。

图 9-9 上海立得催化剂有限公司的压缩机巡检记录

2. 建立在数据分析基础上的“异常管理”

传统的管理叫职能管理，而现代企业管理叫流程管理。台塑所有的管理流程都非常清晰，管理环节（除决策外）实现了标准化和电脑化。每一个环节的标准值都会被输入电脑中，如果执行结果和目标值产生偏差，就称为异常。这样，对常规业务和事务的管理不再成为台塑的重要工作，甚至沦为机器可以从事的程序，管理核心转为对异常情况的快速反应和预案管理。异常管理就此成为台塑管理的核心。

台塑有一个工作人员陪同国资委的考察团从台北去台中麦寮考察，这个人到了麦寮之后第一件事就是刷卡，考察团问他：“你干吗刷卡？你都出差了。”他回答，我们这是流程管理环节，比如说买票，9 点钟从台北出发，10 点钟到台中，因为有一段公路要坐大巴，有半个小时，就是说正常 10 点半应该到达麦寮，在台北出发之前输入的标准是 11 点之前他要反馈信息，他一刷卡就表明他带的考察团安全抵达，就等于反馈了。如果他 11 点钟没有刷卡，台北总部那边就开始报警，他上司的电脑就开始报警。

台塑设立了一个标准，比如说报警之后，规定组长半小时之内要搞清情况，如果在标准时间内不能够把问题搞清楚并且输入电脑，上级的电脑开始报警，一直到王永庆。

发现异常要处分当事人，还要处分经办人的上一级主管。异常发生后，还必须由发生异常的那个人和所在单位提出改善方案，改善方案要经过审核，并被列入计算机管制，计算机监控发现有改善了，异常处理才算结束。

台塑对制度运行也实行“异常管理”。台塑把以下几种情况作为制度管理的异常现象，见表 9-2。

制度管理出现异常现象，也要纳入计算机稽核系统，由计算机进行立案管制，检讨改善后才能结案。

表 9-2 制度运营的异常管理

序号	制度异常现象	关键数据
1	工作规范和办事细则 1 年内未修订	1 年
2	同一经办人员同一检查项目 1 年内发生 3 次异常	1 年、3 次
3	自主检查异常件数未达到外部稽核异常件数的 4 倍	4 倍
4	自主检查异常发现率未达到 33%	33%

三、管理案例：2000 年某厂苯乙烯失窃案

某厂油品车间苯乙烯罐区 2000 年 5—6 月发生一起苯乙烯失窃案，犯罪人以购买苯乙烯为由，采取在地磅上做手脚，使运输用车空车变重，装苯乙烯后重车变轻为手段，共诈骗苯乙烯 346.84t，价值 2604752.53 元。

其在管理上存在的问题：

地磅岗位管理的问题：缺乏设备巡检制度，也无巡检台账，由地面进入地下设备间的锁被犯罪人撬坏，形同虚设，班组人员没有发现，致使犯罪人能顺利进入潜藏作案，在犯罪人行为暴露后，当民警询问有关人员时，班组人员竟不知道钥匙在谁手中。工作责任心差，也缺乏对台账中的车辆空、重数据的分析，每种型号的空车重多少，地磅工作人员应该知道，没有发现地磅显示与空车重量的异常。

油品车间从岗位操作工到车间统计员，在两个月时间里，没能发现出入库的不平衡，对岗位操作记录和台账反映出的不平衡，熟视无睹。也没引起车间领导和厂生产部计量组的警觉。日平衡制度、月盘点制度形同虚设。

第五节 现场管理基本要求——现场整洁

一、标识清晰

1. 标识的定义及作用

“标识”与“标志”在现代汉语中是等价的，表明事物特征的记号。它以单纯、显著、易识别的物象、图形或文字符号为直观语言，除表示什么、代表什么之外，还具有表达意义、指令行动等作用。其范围包含：文件的标识，材料的标识，工序的标识，成品的标识，量具的标识，工位的标识，检测的标识等。现场标识又泛指：道路交通标识、设备位号、铭牌、操作提示等标识；管线名称、介质、尺寸、流向等标识；安全警告、禁止、强制、危险品保障、电力行业、提示类、工作场所职业病危

害、环保可回收、环境保护、注意、当心、危险、消防设施、灭火器提示、逃生指示等标识。

标识清晰是现场可视化管理的基本要求。现场标识的受众是可能暴露于现场的人，用以指导日常操作，辨别材料、文件及时可靠，日常操作中操作人员通过查看现场标识以使其对流程、设备进行切换或确认；紧急情况下，现场人员可以进行正确迅速疏散逃离或应急处理。

2. 标识清晰的体现

现场安全标识根据所在区域安全环境的情况在醒目的位置设置齐全清晰；现场的每台设备在明显的位置标注设备名称及相应性质；现场各调节位置对应的管线名称及介质流向在对应操作的位置标注；现场消防设施使用颜色标识、办公楼应急疏散指示箭头明显、文件存放盒标识清晰等。

（1）营造浓厚的“三基”工作氛围

企业文化可视化是指借助图形、图片、色彩、构造以及文字等方式，向企业内外展示本企业的经营方针、目标、宗旨、企业精神、企业历史、典型人物、社会责任等，属于企业“精神层面”的外化。通过企业文化的可视化，使得企业对外能够树立良好形象，帮助宣传企业发展愿景和阐述企业的核心价值理念。对企业内部而言，可以使员工深入了解企业，增强对企业的归属感和认同感，更好地凝聚力量。企业文化的可视化是一种管理手段，其所追求的目标是简单易懂，准确无误。

中国石化催化剂有限公司齐鲁分公司改进“三基”先进评比，缩短评选周期，季度进行先进评选，充分调动基层单位工作积极性。在厂区设立“三基”工作宣传栏，积极宣传先进，营造“比学赶帮超”氛围（图 9-10、图 9-11）。

图 9-10 “信得过红旗车间”授旗仪式

图 9–11　营造“三基”工作氛围

（2）让制度、管理要求进现场

生产现场的可视化管理（图 9–12）是指通过视觉采集信息后，利用大脑对其进行简单判断（并非逻辑思考）而直接产生“对”或“错”的结论的管理方法。这种方法最大的优点是直接、快捷，广泛应用于现代制造业和公共管理领域。简而言之，生产现场可视化管理就是用眼睛看得懂而非大脑去想的管理方法，从而使生产现场资讯共有化，问题透明化。

图 9–12　现场可视化管理

3. 管理案例

2010 年 2 月 18 日 22 时 46 分，某厂蒸馏装置当班职工田某听到装置内异常响声，迅速赶到现场，发现蒸馏装置三层换热器平台处着火，便立即用对讲机呼叫内操孙某报警，随后组织班组人员进行紧急停工。22时48分时内操打电话报火警，同时迅速关闭减底抽出控制阀，班长带领外操停原料泵、渣油泵，装置紧急停工。消防支队第一时间赶到现场并立即组织灭火，火于当日23时13分时扑灭。

检测结果表明，事故弯头爆裂处最薄仅1.6mm，其他部位最厚处也只有3.5mm，远低于设计规格 ϕ325×8.5mm。对弯头材质进行半定量光谱检测，发现此弯头实际材质为15CrMo，与设计材质1Cr5Mo不符。经调查，故障弯头供应商北京某建筑安装公司在产品出厂前喷涂标识时把关不严，误将15CrMo材质的弯头喷成1Cr5Mo字样，造成混料。这是造成这次事故的根本原因。

二、现场整洁

1. 现场整洁的作用

在石化行业，狭义的现场仅指生产装置和辅助生产装置的作业现场。由固定的设备设施组成，通过自然形成和人为因素构成现场的不同面貌，做到地面平整、设备洁净、工具物料摆放整齐且不挡通道，是现场整洁的体现之一。员工在满地脏污、到处灰尘、灯光昏暗、过道拥挤的现场环境工作，工作士气无从谈起，如果坚持现场“一平、二净、三见、四无、五不缺”的整洁现场环境能让人心情愉快，并有效提高工作效率。

2. 应用JIT管理理念，防止危险叠加

应用JIT的管理理念，尽量减少现场作业人员、设备、材料和工器具，防止危险叠加。

2018年，北京某大学发生爆炸燃烧事故，事故造成3人死亡。该起事故直接原因为：在使用搅拌机对镁粉和磷酸搅拌、反应过程中，料斗内产生的氢气被搅拌机转轴处金属摩擦、碰撞产生的火花点燃爆炸，继而引发镁粉粉尘云爆炸，爆炸引起周边镁粉和其他可燃物燃烧，造成现场3名学生被烧死。事故调查组同时认定，该大学有关人员违规开展试验、冒险作业；违规购买、违法储存危险化学品；对实验室和科研项目安全管理不到位。

《危险化学品企业安全风险隐患排查治理导则》中明确规定，企业应对厂区内人员密集场所及可能存在的较大风险进行排查，其核心就是防止作业现场危险叠加。

1）试生产投料期间，区域内不得有施工作业；

2）涉及硝化、加氢、氟化、氯化等重点监管化工工艺及其他反应危险度2级及以上的生产车间（区域），同一时间现场操作人员控制在3人以下；

3）系统性检修时，同一作业平台或同一受限空间内不得超过9人；

4）装置出现泄漏等异常状况时，严格控制现场人员数量。

1984 年 12 月 3 日发生在印度博帕尔的甲基异氰酸酯（MIC）泄漏事故，是迄今为止最严重的工业安全事故。事发后短短的几天内造成 3000 多人死亡，50000 多人双目失明。对剧毒化学品的储存量应以维持正常运转为限，博帕尔农药厂每日使用 MIC 的量为 5t，但该厂却储存了 55t，这样大的储存量没有必要，还埋有相当大的安全隐患。

3. 采用 5S 管理方法，消除“脏乱差”

“低标准、老毛病、坏习惯”就是事故的基础，现场“脏、乱、差”就是事故的隐患。消除现场“脏、乱、差”，保持清爽怡人的工作环境，全面开展 5S 管理是行之有效的管理方法，5S 的实施要领见表 9–3。

表 9–3　5S 的实施要领

项目	实施要领	目的	核心
整理（Seiri）	全面检查工作场所（包括看到与看不到的）； 制定“要与不要”判断基准； 判定不要物品的处理方法； 每月自我检查	清除凌乱根源； 腾出空间； 防止误用； 塑造清爽的工作场所	保留你所需要的东西； 清除你不需要的东西
整顿（Seiton）	流程布置，确定放置位置； 规定放置方法，确定数量； 划线定位，用完后，物归原位； 现场标识； 整顿三要素：场所、方法、标识； 整顿“四定”：定点、定容、定置、定标识； 整顿“三易”：易见、易取、易还	工作场所标准、方法一目了然； 减少寻找物品的时间； 防止现场误操作； 创造井井有条的工作程序	定位之后，明确标识； 用完之后，物归原位
清扫（Seiso）	将生产现场、设备、环境划分责任区； 执行例行扫除； 建立清扫标准，作业规范（如沟见底、轴见光、设备见本色）； 建立清扫检查考核办法，每日进行检查	使岗位变得无垃圾、无灰尘、干净整洁，创造一个一尘不染的环境	达到零故障、零缺陷、零伤害
整洁（Seiketsu）	制定 5S 实施管理办法； 领导带头，定期检查； 按办法进行奖惩	成为惯例和制度； 养成员工遵守规则的习惯	制度化、定期检查、考核到位
素养（Shitsuke）	长期坚持，才能养成良好习惯； 员工共同参与制定行为规范； 开展教育培训	提升人的品质； 养成良好的工作习惯； 树立规则意识； 增强员工集体荣誉感； 培养团队精神	人造环境； 环境育人

三、完好泵房、完好罐区、完好房间区

1.“一平、二净、三见、四无、五不缺”

一平：地面平整；

二净：门窗玻璃净，四周墙壁净；

三见：沟见底，轴见光，设备见本色；

四无：无垃圾，无杂草，无废料，无闲散器材；

五不缺：保温油漆不缺，螺栓手轮不缺，门窗玻璃不缺，灯泡灯罩不缺，地沟盖板不缺。

2. 完好罐区

完好罐区情况可参照表 9–4 的评分标准进行判定。

表 9–4 完好罐区评分标准（设备状况部分）

考核项目	评分标准	备注	得分	意见
设备本体完整，质量符合要求（10 分）	1. 罐体有严重变形，发现一处扣 2 分； 2. 罐底板、罐壁板腐蚀严重，未制定监护及整改措施扣 2 分； 3. 未标定位号或标志不符合要求 1 台扣 0.5 分； 4. 无标牌 1 台扣 0.5 分； 5. 罐体有不均匀下沉现象或有明显倾斜现象，有一项扣 2 分； 6. 浮顶罐密封件存在老化、破损、弹性失效等现象，密封效果不良，有 1 项扣 2 分	1. 要求每台储罐标有工整字体（仿宋体）的工艺位号； 2. 要求每台设备有标牌，标明该设备位号、名称及各项参数		
设备本体整洁，防腐良好，无脏、漏、松缺（12 分）	1. 缺手轮或手轮损坏 1 处扣 0.5 分； 2. 缺各种紧固螺栓 1 处扣 0.5 分； 3. 其他部件松动，固定不好 1 处扣 0.5 分； 4. 外部保温有脱落缺损现象或外部防腐层不完整，有明显锈蚀，每发现 1 处扣 1 分； 5. 进出口阀、人孔、清扫孔或罐体本体有渗漏，每发现 1 处扣 0.5 分，明显泄漏扣 1 分，泄漏点未挂牌每处扣 0.5 分； 6. 气动阀风线连接不完好有泄漏，汽缸活塞有泄漏，电动阀导线连接不完好，电动头不符合防爆要求，每发现一处不合格扣 0.5 分； 7. 罐底边缘板防水层有破损失效扣 1 分	1. 设备本体包括外防腐层、罐底板防腐层及外层保温； 2. 明显泄漏标准为 3~5 滴 /min		
储罐附件齐全，灵活好用，罐区管线走向整齐（12 分）	1. 呼吸阀、密封检尺口、通风管、排污孔、高低出入口、放水阀、加热盘管、液位计等附件有堵塞渗漏或泄漏现象，每有 1 项扣 0.5 分； 2. 液位计、液面计脏乱、指示不准确，1 项不合格扣 0.5 分； 3. 消防照明设施不齐全，有安全隐患，安装不符合规定，且不符合防爆要求，每发现一项扣 1 分； 4. 压力表不定期检验或无铅封 1 处扣 0.5 分； 5. 防雷、防静电设施不符合安全规范扣 2 分，不完好，未定期检测，每项扣 1 分； 6. 浮顶罐未按要求安装高液位报警器，自动送风阀、通气孔不完好，扣 1 分； 7. 罐区内管线吊卡、管托缺少或脱落 1 处扣 0.5 分； 8. 胶管未盘好，冷却水线没对准漏斗或水沟造成水漫出地面，法兰配对及螺栓不符合要求，每发现 1 项扣 0.5 分； 9. 伴热线泄漏、疏水器未做调整出气过大，每 1 处扣 0.5 分； 10. 管线保温破损，发现一处扣 0.5 分； 11. 电气仪表槽板破损不完好 1 处扣 0.5 分	1. 附属管线、电气线路和仪表的安装走向，布置方位应符合设计要求，基本保持一致； 2. 设计要求的附件应安装齐全； 3. 防静电设施包括罐体静电接地、管线法兰防静电跨线、扶梯静电消除设施、浮顶罐防静电接线等		

3. 完好泵房

完好泵房标准如图 9-13 所示。

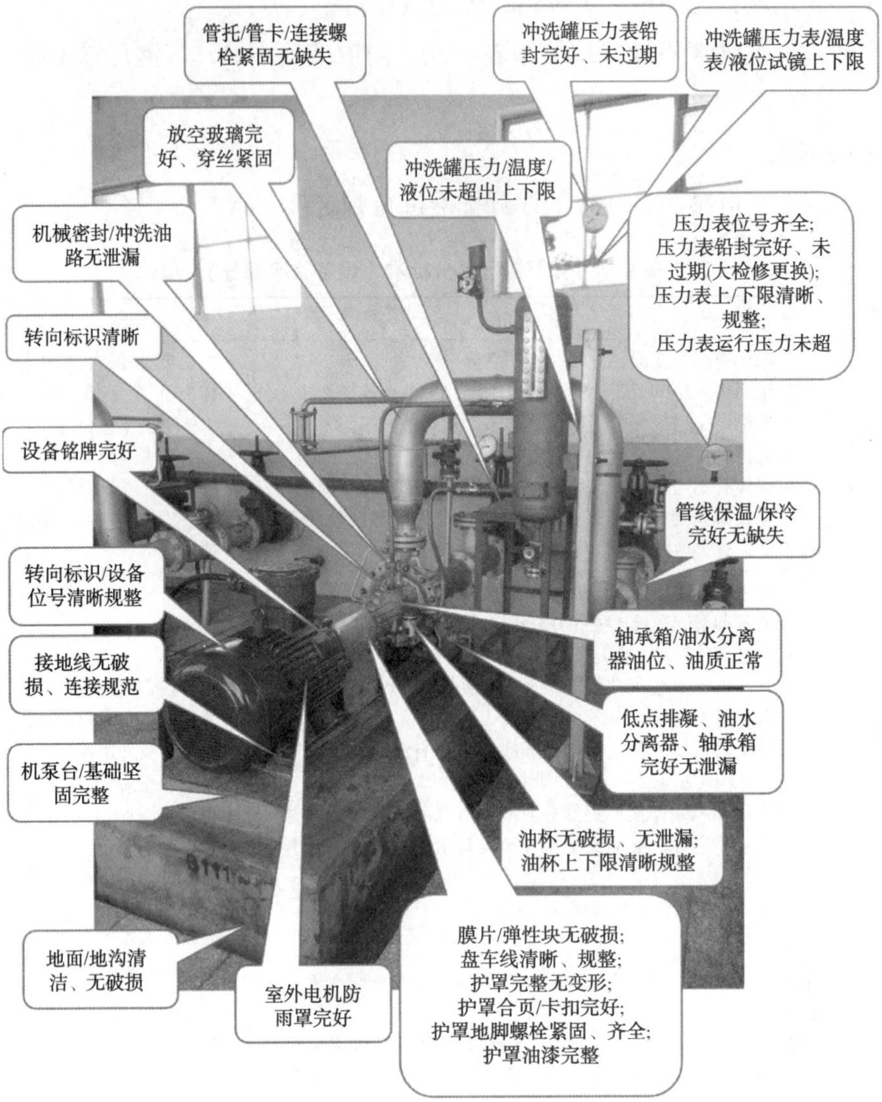

图 9-13 完好泵房标准

第六节 现场管理基本要求——设备完整

设备、设施是装置运行的肌肉和骨骼，其完整性与否直接关系装置安、稳、长、满、优运行，也是安全生产管理的重要因素。

一、设备完整性工作内容

1. 设备完整性

设备的机能状态，即设备正常运行情况下应有的状态，也就是采取技术改进措施和规范设备管理相结合的方式来保证整个装置中关键设备运行状态的完好性。设备完整性是现场安全的重要保证。储罐人孔打开没加防护网罩、设备转动部位无防护罩网、临边保护栅栏没有上锁挂牌（图 9–14）是作业现场设备完整性不好的典型表现，而“有洞必有盖、有台必有栏、有轮必有罩、有轴必有套”是设备完整性的基本要求。

图 9–14　现场设备完整性不好

2. 设备完整性基本工作内容

（1）质量控制的关键点

在选择物资或设备时，要关注安全和质量要求，规避价格陷阱，保证设备零部件、物资质量合格。

对于有特殊质量要求的设备，在设备制造前，应与设备供应商沟通，根据需要派驻代表到现场监造。

正确安装新设备并进行初始检查、检验和测试，形成报告，并妥善保存。

（2）运行管理的关键环节

缺陷管理：建立设备缺陷识别、分析、报告、处理的闭环管理机制并持续改进。

趋势分析：关键设备应安装在线监测系统，及时准确掌握设备运行状态，对重要工艺参数进行实时监控预警。

特护管理：对关键装置、大型机组实行“机电仪管操”特护。

基础管理：完善设备台账管理制度、电气安全管理制度、仪表自动化控制系统安全管理制度。

预知维修：根据各种设备设施数据和设备故障频率及重要程度进行分析，并根据分析结果编制设备设施维护和预防性维修方案。

薄弱环节：基于事故教训的完善措施，机械密封、膨胀节、金属软管等薄弱部件的定期检查、更换。

安全仪表：安全仪表功能安全管理。

（3）泄漏管理的关键点

应全面辨识可能发生泄漏的部位，评估泄漏风险，建立静动密封点台账，重点关注有毒有害物料、高温油泵密封、可燃气体的压力管线、装卸等泄漏风险，并明确具体防范措施。

应从源头采取措施防止泄漏，包括：

① 选用先进的工艺路线降低操作压力、温度等工艺条件，减少泄漏的可能性。

② 按照标准进行设备、备件选型，采用合适的设备材质和密封形式，减少设备密封、管道连接等易泄漏点。

③ 属于重点监控范围的工艺以及重点部位应按照国家或行业中的最新标准要求执行，根据物料特性选用符合要求的优质垫片、金属软管等配件；合理选择动设备的密封配件和密封介质。

④ 涉及腐蚀性介质的设备设施应采取适当的防腐蚀措施，加强检测。

涉及易燃易爆有毒有害介质的装置（设施），按照 GB 50493 和 GB Z/T 223 要求应在现场安装相关气体监测报警系统，重点部位应安装视频监控设备，并定期标定各类泄漏检测报警仪表，确保仪表准确、有效。

应通过采用泄漏检测和修复（LDAR）技术等措施，不断查找泄漏源，对无组织排放实施控制。

企业应根据物料危险性和潜在泄漏量对设备泄漏风险进行分级管理，对泄漏后可能导致严重后果的设备，采取技术措施第一时间切断泄漏源，并采取有效的防护措施。增强员工的泄漏管理意识，掌握泄漏辨识和预防处置方法。在高风险的泄漏部位，配备必要的现场应急处置设施和物资。

3. 设备完整性主要管理经验

1）预防性维修。设备完整性所要求的设备管理是“预防”重于“治疗”；强调持续改善，设备的健康情况是动态的，必须建立持续改善的机制；强调系统思考，强调整体成效，其目的是确保一个工厂或一套装置的设备整体完整性。

① 企业应建立设备预防性维修管理程序，根据管理程序制定预防性维修计划，并按计划实施。

② 工艺和设备异常状态往往是设备重大故障的先期征兆，必须做好异常状态的管理与处置。应及时对设备设施检验检测和故障数据进行数据分析、研究，根据分析研

究结果调整设备设施预防性维修方案。

③ 应对检查、测试和设备预防性维修效果定期评估，动态更新设备检查、测试与预防性维修计划，不断提高设备预防性维修水平。

2）缺陷管理。应建立设备设施缺陷的辨识、分析、报告、处理的闭环管理机制并持续改进，包括：

① 制定缺陷辨识标准，并根据标准对缺陷进行辨识，明确缺陷等级；

② 依据缺陷等级，建立缺陷响应程序，及时对缺陷进行处理；

③ 建立缺陷修复验收准则，对缺陷修复情况进行评估，确认缺陷已消除。

3）保证备品备件质量。机械密封、金属软管、膨胀节、轴承、流量计、压力表、管线导淋是薄弱环节，对关键易损部件的管理应建立使用台账、定期更换。

2016 年 8 月 11 日，某发电厂的热电联产项目在试生产过程中，2 号锅炉高压主蒸汽管道上的差压式流量计爆裂，导致发生一起重大高压蒸汽管道裂爆事故，造成 22 人死亡，4 人重伤。

二、现场设备设施的维护

1. 安全设备设施的维护

在生产设备、设施、厂房上起保障人员安全的所有附属装置（如防护罩、冲淋装置、洗眼器、防尘装置、安全护栏、平台、钢梯、护笼等）和设备安全的所有附属装置（安全阀、限位器、联锁装置、报警装置、防雷装置等）总称为安全防护装置。

其中：可燃气体报警仪（有效期 1 年）、空气呼吸器（有效期气瓶 3 年或 5 年，压力表 1 年，面罩 3 年）、绝缘工器具、安全阀等必须是经过国家有关检测部门鉴定合格的产品。使用中，要对安全工器具实行定量管理，对号入座。使用车间要按类分别建立安全工器具台账，并及时登记检验、试验日期，检验情况和结果。

1989 年 8 月 12 日，公司黄岛油库发生特大火灾爆炸事故，灭火抢险中 10 辆消防车被烧毁，19 人牺牲，100 多人受伤。

事故调查报告：消防设施缺损是导致事故扩大的主要原因之一。事故发生时，刚刚爆燃的原油火势不大，消防人员也已初步控制火情，这是灭火的最好时机。然而装设在罐顶上的消防设施因平时检查维护不足，事到临头不能使用，站内消防车力量有限，不能及时控制火情，最终导致事故扩大。

2. 操作人员设备维护的六项主要工作

① 认真执行操作指标，不准超温、超压、超速、超负荷运行。

② 按照“五字操作法”（听、擦、闻、看、比）进行巡回检查，发现隐患设备要

按照“清洁、润滑、紧固、调整和防腐”十字方针进行设备维护。

③ 掌握设备故障的预防、判断和紧急处理措施，保持安全防护装置完整好用。

④ 设备计划运行，定期切换，对备用设备要定时盘车，搞好防冻、防凝等工作。

⑤ 认真填写设备运行记录、缺陷记录，以及操作日记。

⑥ 经常保持设备和环境清洁卫生，做到沟见底、轴见光、设备见本色、门窗玻璃净。

3. 建立设备操作 SOP（标准作业程序）

重要工艺设备应建立维护保养程序文件，保存相关记录，确实执行 SOP。设备的设计、建造、验收、操作、保养、检查、修护等作业，应依循良好的工程方法或习惯来执行，要建立企业内的工程标准，并要求员工都要依照工程标准进行作业。

（1）操作人员必须遵守的“五项纪律”

① 正确按操作规程使用，安全规范操作；

② 保持设备清洁，按规定加油润滑；

③ 遵守设备交接制度；

④ 管理好工具、附件，不得遗失；

⑤ 发现异常，立即停车，及时上报，检查处理。

（2）操作人员的“三项权利”

有权制止他人私自动用自己操作的设备；

对超负荷使用设备，有权停止使用；

发现设备运转不正常，超期不检修，安全装置不全，应立即上报；如不立即处理和采取措施，有权停止使用。

三、典型案例

1. 2011 年 2 月 18 日，某公司四蒸馏装置减底渣油线弯头因安装建设阶段材质错用，致运行中严重腐蚀减薄，发生泄漏着火事故。

图 9-15　2017 年某石化“8·17”火灾事故

2. 2012 年 4 月 3 日，某公司乙烯装置换热器 EA-203A 循环水回水管线埋地部分由于安装时未对埋地管线地面以下 0.5m 范围内进行防腐处理，造成管线严重泄漏，装置停车。

3. 2017 年某石化“8·17”火灾事故（图 9-15）。第二联合车间 140×10^4t/a 重

油催化裂化装置，原料泵检修过程中对轴承箱内未进行有效清洁，泵驱动端轴承箱内存在异物，导致润滑失效，造成轴承异常损坏，密封波纹管多处断裂，引起油料泄漏着火，原料泵出口逆止阀前法兰垫片、预热管和封油管因泵体剧烈振动损坏或破裂导致大量油料泄漏，造成事故扩大。

事故教训：

设备监测管理制度不严不细。《转动设备状态监测管理办法》对监测发现故障后如何登记、汇总、研判、反馈、上报等工作规定不具体。

设备运行管理不严。4 月份发现事故泵水平振动超标、有异声等问题，但没有及时通知生产车间。

设备检查记录不细。设备巡检人员在检查记录中只记载问题，不记录正常数据，且同一检查在不同记录中数据不一致。

设备检修质量控制存在漏洞。泵组检修规程缺少对轴承箱体及部件清洁的确认制度。

巡回检查不认真。

4. 2015 年某石化“4·21”事故（图 9–16）。事故直接原因是：由于环氧乙烷精制系统中醛类自聚，导致 T–430 塔仪表引压管堵塞、压力指示失真，再加上岗位操作人员判断失误且处置不当，使得 T–430 塔系统超温、超压，进而引起泄漏火灾和塔内化学爆炸。

5. 2005 年 12 月 11 日英国邦斯菲尔德油库发生一系列爆炸（图 9–17），大火持续 5 天左右，1000 多名消防员参与救援；912# 储罐加装汽油过量溢流 300t 左右，最终导致总量大约 1×10^4t 的油品泄漏，并引发火灾事故。

图 9–16　2015 年某石化“4·21”事故

图 9–17　英国一油库“12·11”事故

事故直接原因：储罐的自动测量系统失灵，储罐装满时，液位计停止在储罐的

2/3 液位处，报警系统没能启动，储罐独立的高液位开关也未能自动开启切断储罐的进油阀门，致使油料从罐顶溢出，从罐顶泄漏的油料外溢，油料挥发，形成蒸气云，遇明火发生爆炸、起火；部分储罐和管道系统的电子监控器以及相关的报警设备处在非正常工作状态。

第七节　现场管理基本要求——作业标准

一、作业标准的基本含义

1. 作业标准（化）的定义

就是对在作业系统调查分析的基础上，将现行作业方法的每一操作程序和每一动作进行分解，以科学技术、规章制度和实践经验为依据，以安全、质量效益为目标，对作业过程进行改善，从而形成一种优化作业程序，逐步达到安全、准确、高效、省力的作业效果。

创新改善与标准化是企业提升管理水平的两个轮子。改善创新是使企业管理水平不断提升的驱动力，而标准化则是防止企业管理水平下滑的制动力。没有标准化，企业不可能维持在较高的管理水平。

2. 作业标准的作用

标准化的作用主要是把企业内的成员所积累的技术、经验，通过文件的方式来加以保存，而不会因为人员的流动，整个技术、经验跟着流失。达到个人知道多少，组织就知道多少，也就是将个人的经验（财富）转化为企业的财富。有了标准化，每一项工作即使换了不同的人来操作，也不会因为不同的人，在效率与品质上出现太大的差异。

3. 作业标准的目标和实现途径

（1）目标

目标是使每个班员都能上标准岗、干标准活、交标准班，保证企业安全和效益。

以管理标准化、行为规范化为原则，以建设标准化班组、标准化现场和标准化岗位为抓手，打造“三标”班组。

核心是制定并严格执行标准程序。

（2）“三标”建设与“三基”工作间的关系

“三标”建设属于基层建设中的班组建设内容，但从“三标”建设的具体内容上，要从基层建设的角度理解“内部管理标准化”，强调员工参与管理，从基础工作的角度理解“作业环境标准化”，强调现场改善，从基本功训练的角度理解“岗位操作标准化”，强调不断提升工作本领。不能就“三基”抓“三基”，不能就基层建设抓基层建设，基层建设里有基础工作、基本功训练，不能就“三标”建设抓“三标”建设，“三标”建设中的内部管理标准化实质上是基层建设内容，“三标建设”中的作业环境标准化实质上是基础工作内容，“三标建设”中的岗位操作标准化实质上是考验员工基本功训练水平。

二、建设标准化班组、标准化现场和标准化岗位

1. 标准化班组

一是落实岗位责任。按照“谁的岗位谁负责”的原则分解落实每名员工的岗位责任，每个岗位都要明确责任人员、责任范围和考核标准，切实做到职责明确，有岗必有责，上岗必担责。

二是坚持标准作业程序。坚持执行标准作业程序（SOP），实现岗位操作标准化、表单化，对重要特殊操作要建立可视化操作卡片。基层单位要对现场操作行为的合法性负责，对于操作法中没有囊括且偶然使用的，由技术人员编制操作指令，保障班组的任何操作均有书面依据可循。抓好装置的例行管理，基层单位要建立各生产单元的例行操作一览表，防止日常操作丢项，避免形成安全隐患、引发事故。

三是强化纪律约束。严格执行劳动纪律，加强手机管理，杜绝与岗位无关的行为。要合理安排员工工作与休息，保证员工精力充沛的工作。严格执行工艺纪律，在岗员工对操作规程和制度的执行负责，企业应每月对操作规程的执行情况进行检查。

2. 标准化现场

一是应用5S管理方法，打造清爽整洁的装置现场。要从“低、老、坏”问题入手，通过可视化的管理方式，对现场缺陷挂牌，使现场问题可视化，明确管理责任，消灭“低、老、坏”问题，提升现场设备的管理水平。按照JIT（准时生产制）的管理理念，尽量减少现场人员、工器具和施工材料，防止危险叠加。生产现场物流有序、消防道路和紧急通道畅通无阻，安全标识清晰，消防器材、安全帽、工具定置摆放。对危险化学品储罐区、仓库实行封闭化管理，并设置防止人员非法侵入的设施。

二是企业安全文化可视化。基层单位要营造浓厚的安全氛围，提升员工“我要安全”的安全意识。积极践行“任何人有权拒绝不安全地工作，任何人有权纠正不安全的行为”的安全理念。

3. 标准化岗位

一是检查标准化。全面制定各专业、各业务流程、各作业节点检查标准，指导员

工按照检查表内容逐项确认，避免漏项。明确班组操作人员、班组长安全检查内容。

二是优化基层单位、班组管理台账，分层级建立完善记录表格，同时利用管理信息系统做好基础数据的提醒功能。

三是装置事故处理。明确公用工程故障紧急处理方法与步骤，例如局部或全部停水、停电、停蒸汽（低压、高压）、停仪表风、停动力风等状况；装置主要设备故障，设备泄漏、着火爆炸紧急处理方法与步骤；装置发生物料供应故障、设备和仪表等故障时的紧急处理方法与步骤等。高度重视其他一般作业和“小”作业的安全管理，明确作业点负责人，加强现场的安全监管，杜绝事故发生。

三、坚持SOP，反对习惯性违章

1. SOP的含义

标准化管理的核心就是制定标准并保证实施。在标准化管理中所制定的“标准”被称为SOP（Standard Operating Procedure），即标准作业程序。

SOP的精髓，就是对细节进行量化，是对某一程序中的关键控制点进行细化和量化。

SOP是一种标准的作业程序。SOP是一个体系，属于业务流程深度建设的内容。

2. 习惯性违章

（1）习惯性违章的危害

据国家安全监督管理总局的调查数据显示，90%的安全事故发生在班组，其中80%以上的事故是违章造成的，而违章事故中又有95%是习惯性违章。有高达90%以上的员工伤亡是由习惯性违章引起，95%以上的财产损失是习惯性违章造成的。

习惯性违章削弱队伍战斗力，习惯性违章禁锢了企业进步，习惯性违章是最大的安全隐患。

习惯性违章具有传染性，往往表现为一个单位的群体行为，一种不良的文化。习惯性违章就是在每一个管理链条上缺失一点点，就是每一个人的工作标准降低一点点，最后积重难返造成事故。安全管理没有90分，必须是100分，$0.9\times0.9\times0.9\times0.9\times0.9=0.59049$，这个等式说明，5个环节少了一点点、5个人的工作标准降低一点点，最后就是不及格。

（2）习惯性违章的心理分析

习惯性违章的发生是多方面因素引起的，但“经验主义、自由主义、形式主义”是习惯性违章的思想根源。往往表现的是一种坏风气、坏文化。

经验主义：喜欢强调过去都是这么干的，“我干了多少年都没事儿”的麻痹思想，置规章制度于不顾，工作中存在侥幸心理。

自由主义：注重“自我感受”完全凭个人兴趣和好恶工作，“上有政策、下有对策”，无视工作流程，追求“方便”，热衷于投机取巧、走捷径。

形式主义：脱离实际，注重形式而不管实质的工作作风，制度识别不到各岗位，干部不能直面一线，不能和员工面对面交流，对习惯性违章不敏感、不批评。

（3）怎样克服习惯性违章

克服习惯性违章，管理者的态度是关键。管理者的最低行为 = 员工的最高工作标准。

开展行为安全观察与沟通。美国杜邦公司自 20 世纪 80 年代在公司内部推行安全观察项目以来，18 个月内将工伤事故率降低了 75%，这种方法在国外跨国公司也得到了广泛的应用。

行为安全管理（Behavior-Based Safety Program）操作简单、容易执行，且成效显著。美国杜邦公司的安全训练观察计划 STOP（Safety Training Observation Program）和英国 BP 石油公司的 ASA（Advanced Safety Auditing），美国陶氏化学公司的 BBP（Behavior-Based Performance）等行为安全管理都是非常成功的案例。

所谓行为安全观察与沟通，是指对一名正在工作的人员观察 30s 以上，以确认有关工作是否在安全地执行，即为 HSE 观察。HSE 观察包括对员工健康状况、作业行为和作业环境的观察（如是否满足个人防护装备要求、许可证是否完备等）。

这种观察与沟通的方法，主要是针对各级管理者如何到基层与作业人员就作业行为、环境、规程、工器具等方面 HSE 事项进行探讨、交流而建立的一套实施程序和方法。

改变目前由管理人员进行的集中式、权威式、警察式的 HSE 安全检查现状。

在管理者和员工之间建立一种请教、咨询、互动式的平等、双向沟通机制，落实有感领导的载体，真正体现“以人为本”。

根据统计结果，建立以 HSE 观察和沟通分析统计结果为主的预警系统。

HSE 观察与沟通重点强调的内容：强调员工行为的关键作用、强调领导正向激励的作用、强调员工与领导的平等地位、强调双向沟通可增强执行力。

员工广泛参与是基础，全员开展查找身边违章行为活动。

安全文化建设是根本。建立负面清单，强调令行禁止，坚持“三不动、三不离、三预想”：

“三不动”：正在使用的设备不动；对设备的性能、状态不清楚不动；不是自己分管的设备、工具不动。

“三不离”：正在进行的作业活动，没进行完不离开；影响正常使用的设备缺陷，未修好前不离开；发现设备有异常时，未查清原因不离开。

"三预想"：工作前要预想，可能出现的风险有哪些，我具备控制风险的技能和工具吗？工作中要预想，时间和工作地点是否和工作要求相一致？工作后要预想，按要求记录和上报给我的主管了吗？

3. 抓好例行与异常管理

所谓例行管理，就是对技术规程、操作法所要求的，带有时效性的定量规定的管理，比如每天、每周、每月必须做什么，以及做到什么程度（标准），由谁检查考核等进行管理。同时，例行管理必须坚持可视化管理，让技术规程、操作法进操作室、进现场，某装置例行操作一览表见表 9–5。

表 9–5　某装置例行操作一览表

岗位	序号	内容	时间	岗位	序号	内容	时间
压缩	1	V–1A 再生	星期一上午班	聚合	1	OP–55A/B 备用选择	星期一上午班
	2	V–1B 再生	星期二上午班		2	Z–37 下部倒淋排放（不可使 CAT 吸入中断）	星期一上午班
	3	V–1A 再生（生产花料时）	星期一、四上午班		3	D–19 补水	星期一上午班
	4	V–1B 再生（生产花料时）	星期二、五上午班		4	HCV–31 放空筒检查	星期一上午班
	5	OP–57A/B 备用选择	星期一上午班		5	P–5A 不用时试运转 2 小时	第一个下午班
	6	SV–13~19 倒淋排油	星期五上午班		6	P–5B 不用时试运转 2 小时	第一个下午班
	7	C–2 油压安全阀倒淋排油	星期五上午班		7	PCV–5 油压趋势检查	每班进行
	8	V–1A/B 安全阀倒淋排油	星期五上午班		8	D–27、0D–51 排放	每班进行
	9	E–11A/D 畅通情况检查（手摸）	第一个上午班		9	检查聚合区管卡	每月 2 日上午班
	10	E–1/2/3 倒淋排放	第一个上午班		10	停车线 CAT–P 运转	每天夜班
	11	压缩机系统（除 D–6 外）排油	每班进行		11	PCV–5 油站主辅泵切换	停车允许时

抓好例行管理，主要是防止忙中出错、丢事忘事，关键是克服自由主义、坚持 SOP、杜绝习惯性违章。

所谓异常管理，就是对正在发生，如不能及时有效处置将会恶化并可能酿成事故的波动、报警、故障等现象的管理。要树立"没有变化就没有事故""管安全就是管风险、管风险就要关注异常"的理念，异常包括安全设施报警、工艺异常、设备异常、储运异常、施工作业异常、外部影响和人员异常等。

图 9–18　某装置"1・22"事故

2021 年 1 月 22 日，某企业顺丁橡胶装置回收系统丁二烯中间罐发生爆燃事故（图 9–18）。事故原因：规程中要求应定期检测丁二烯罐氧含量，企业仅在系统波动或检修后进行了检测；实际氧含量 800μL/L，远超工艺指标要求；事故发生前，生产中需频繁切换机泵和清理过滤器，已经反映出系统内发生严重的自聚现象，但未引起相关人员警觉。

抓好异常管理，主要是防止由于对变化的生产要素没有及时把握，从而造成事故，关键是克服麻痹心理、防止经验主义、第一时间对异常作出反应。比如，班组长要“上班看脸色、班中看干劲、休息看情绪”，要关心员工心理、情绪变化，从而第一时间做好思想政治工作。

第八节　中国石化催化剂有限公司的现场管理

一、推行标准化管理手册

中国石化催化剂有限公司强化现场管理，进一步夯实基础工作，通过编制《工程现场标准化手册》《设备现场标准化手册》《HSSE 现场标准化手册》《生产技术质量标准化手册》《实验室现场标准化手册》（图 9–19），实现了让标准、规范进现场。

图 9–19　中国石化催化剂有限公司系列标准化手册

案例　《设备现场标准化手册》（第二部分　机泵现场标准）

1. 整体要求

机泵本体整洁,泵体、轴承箱统一刷银灰漆。机泵密封及进出口管线、法兰无泄漏。

2. 电机与标志

设备电机外表面刷苹果绿漆。屏蔽泵、计量泵电机部分和泵头部分全部刷苹果绿漆。
标志使用设备位号,与设备大小相匹配,位置统一设置在电机后部正上方或朝向巡检通道侧的立面侧,用大红漆喷涂,字体选用黑体(或使用黄底黑字标识),字高根据电机功率进行选择。

3. 联轴器防护罩

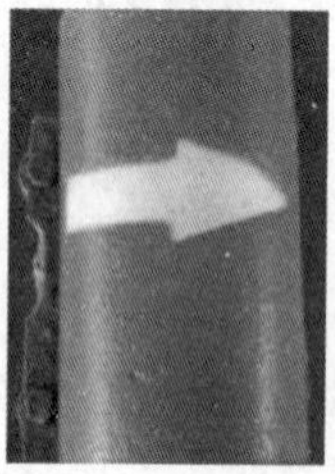

联轴器防护罩刷大红色面漆。统一使用上翻式护罩。对于有联锁的机泵，在护罩上方设置当心自启伤人的标识。机泵转向标识统一设置在联轴器护罩上方,颜色为白色。

4. 盘车线

盘车线设置在联轴器上,白色:宽度10~20mm,长100mm,泵轴较短的盘车线长度根据泵轴长度决定。

5. 测振标识

泵体及电机测温、测振标识完整,统一喷涂 ϕ20红色实心圆。原则上每个轴承对应的壳体外侧应分别设置一个水平、垂直方向的测振点,但如泵体较小或者受现场位置限制时,应至少保证泵体及电机本体至少各有一个测振点,此测振点位置不局限于水平或垂直方向。

6. 油视窗

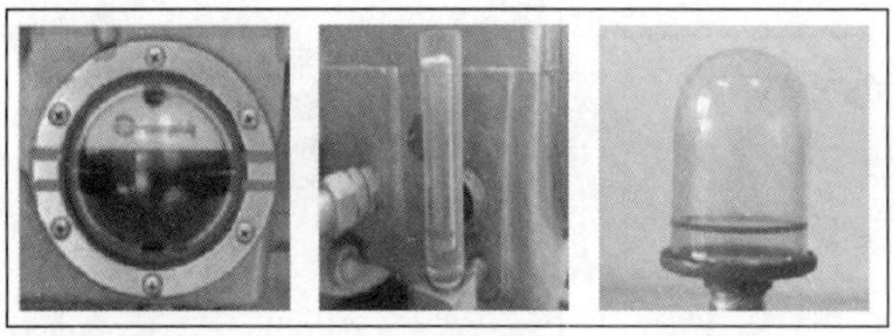

油视窗用红色双横线标识上下限。自动补加油杯标识下限油位线,标线规整,油杯下限油位线距油杯底部1/3处(油杯总高度的1/3),下限标识线统一用2mm宽的大红线标识。

7. 底座

机泵底座统一刷中灰漆。地脚螺栓齐全且紧固,机座内部严禁积水和堆放其他杂物。

8. 接地

接地线完好,接地极符合GB 50169—2016《电气装置安装工程接地装置施工及验收规范》规定。

9. 操作柱

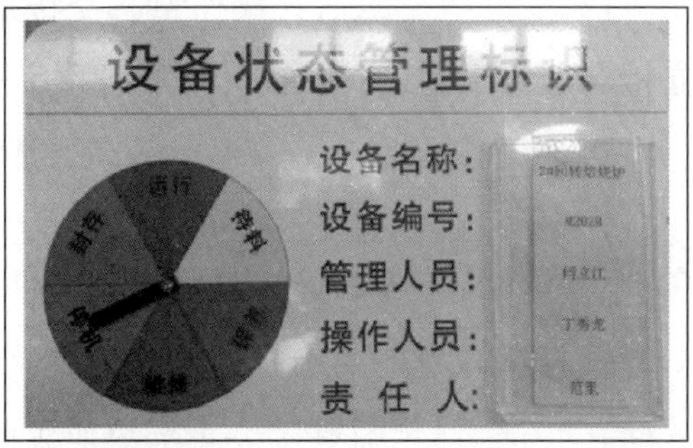

现场操作柱完好、干净,颜色为中灰色或黑色,防爆,指示灯显示正常。现场应设置能反应设备运行状态(运行、停机、备用)的标识,方式不做统一要求。

10. 包机铭牌

中国石化 SINOPEC	催化剂XX分公司XX装置	
设备名称	工艺位号	
介质:	温度:	压力:
额定转速:	额定电压:	额定电流:
包机班组:	包机责任人:	

应在现场醒目位置设置包机铭牌(材质为不锈钢等),内容应包含:装置(车间)、设备名称、位号、设备性能参数、包机责任人等。

11. 进出口管线

进出口法兰螺栓齐全且紧固。需保温的机泵,出入口阀以内管线、管件、阀门保温完好,无破损、超温现象,保温规整无变形、无油污。

12. 压力表

所选压力表量程为指示压力的2~3倍,上下限用红色标识(三针耐振压力表无须标识),宽度2mm,长度35~40mm。机泵出入口压力表应朝向出口阀门位置,其他压力表应朝向巡检通道位置,便于观察。上下限设置正常指示值±10%×压力表量程值。

二、“两房两室”标准化建设

中国石化催化剂有限公司以“两房两室(泵房、库房;操作室、交接班室)”标准化建设为抓手,明确管理标准,建立检查考评机制,有效提升现场管理水平。

案例《标准化泵房(区)管理规范》

主要依据:《石油化工设备完好标准》(SHS 01001—2004)、《中国石化设备管理办法》(中国石化生〔2015〕583号)、《中国石化催化剂有限公司节约能源管理细则》(石化催生〔2019〕18号)、《设备现场标准化手册》《HSSE现场标准化手册》及集团公司、催化剂公司相关管理制度等。

1. 设备状态

1.1 房（区）内每台设备选型合理，运行可靠，不见“脏、乱、缺、锈”，无“跑、冒、滴、漏”，设备运行参数符合操作规程要求，振动不超标，无松动、无杂音等现象。

1.2 房（区）内设备、设施完整可靠。

1.2.1 设备、管道、管件、阀门、电气线路、支吊架、现场仪表等安装合理、规范，牢固完整，标识清晰。

1.2.2 设备主体完整、稳定，挡水盘等附件齐全好用；基础、泵座坚固完整，地脚螺栓及各部连接螺栓应满扣、齐整、紧固，无乱扣或秃扣，螺栓螺纹露出螺母2~4个螺距。

1.2.3 围栏、平台、爬梯、保温（冷）、油漆、安全防护设施符合标准，完整无损。

1.2.4 压力表应符合标准，配件齐全，定期校验；控制及自起动联锁系统灵敏可靠；有正常运行参数的范围标识。

1.2.5 房（区）内设备标识、安全警示标识、定置定位标识、闲置标识、设备铭牌等齐全符合标准、设置规范、字迹清晰。

1.2.6 关键机组厂房和输送高危介质的机泵房应有视频监控系统。

1.2.7 冷却水、冲洗液满足设计及设备运行要求，进出口阀及润滑、冷却管线安装合理，横平竖直，不堵不漏；止逆阀灵活好用。

1.2.8 泵体清洁、油漆颜色及品质符合标准、保温完整。

1.2.9 机泵房照明设施、通风系统完善，运行良好。

1.2.10 附机完好。

2. 维护保养

2.1 认真执行巡检及设备维护保养等规章制度。

2.2 操作人员清楚本岗位设备使用的润滑油（脂）名称、牌号、加注要求等常规润滑知识，认真执行“五定”“三级过滤”制度，润滑油（脂）更换、添加记录齐全。

2.3 设备润滑良好，润滑系统畅通，油质符合要求。

2.3.1 润滑油站各器具按种类、规格分组摆放整齐，标识清晰。

2.3.2 三级过滤设施配置齐全、清洁符合标准，滤网符合要求。

2.3.3 设备润滑油位正常，冷却系统畅通，附件齐全好用；润滑油（脂）选用符合规定；油视镜（杯）符合标准，油位线清晰，无渗油。

2.4 运转正常，效能良好。

2.4.1 压力、流量平稳，出口压力能满足正常生产需要。

2.4.2　运转平稳无杂音，振动符合相应标准规定。

2.4.3　轴封无泄漏。

2.5　备用设备按切换周期定期切换，备用转动设备应定期盘车或按相关规定和要求执行。

2.6　属地单位及钳工、电气、仪表维护单位巡回检查制度健全，巡检时间、路线、内容、标识、记录准确、规范，设备缺陷及时发现处理。

3. 房（区）内卫生

3.1　室内四壁、顶棚、地面、门窗玻璃清洁符合标准，无破损、无污迹。

3.2　地沟盖板齐全、完整，地沟内清洁、无杂物，排污、排油系统畅通。

3.3　室内（外）定置定位摆放规范，包机牌、润滑器具、消防器具、工机具、卫生用具的定置定位摆放有序，标识清晰。

3.4　房（区）内设施清洁，设备见本色，无杂物、无积水、无污迹。

3.5　设备、管道表面油漆品质及着色符合标准要求。

4. 资料管理

4.1　设备竣工、检修验收资料齐全。

4.2　设备润滑台账、加换油记录、备用设备切换记录齐全。

4.3　设备管理规章制度、操作规程、检修规程齐全。

4.4　设备运行记录、巡检记录、交接班日志齐全，记录准确、字迹规整、涂改标准，保管妥善。

4.5　主要设备定期状态监测记录齐全。

4.6　设备易损件图纸齐全。